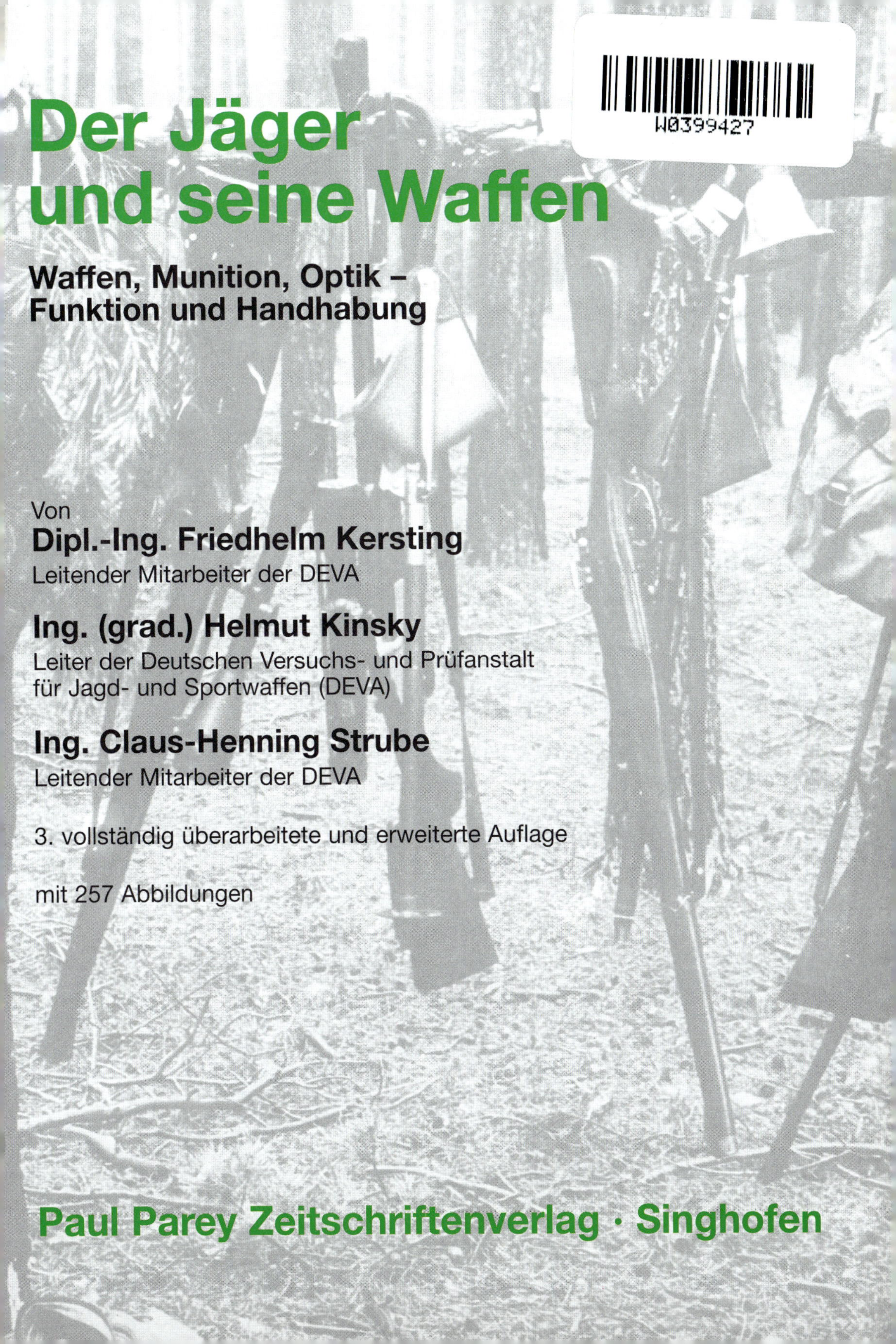

Der Jäger und seine Waffen

Waffen, Munition, Optik – Funktion und Handhabung

Von

Dipl.-Ing. Friedhelm Kersting
Leitender Mitarbeiter der DEVA

Ing. (grad.) Helmut Kinsky
Leiter der Deutschen Versuchs- und Prüfanstalt für Jagd- und Sportwaffen (DEVA)

Ing. Claus-Henning Strube
Leitender Mitarbeiter der DEVA

3. vollständig überarbeitete und erweiterte Auflage

mit 257 Abbildungen

Paul Parey Zeitschriftenverlag · Singhofen

Die Deutsche Bibliothek – CIP-Einheitsaufnahme

Lehrbuch Jägerprüfung: ein Lehrbuch in 5 Bänden. – Singhofen: Parey, Zeitschr.-Verl.
ISBN 3-490-33912-6 (1. Auflage)
ISBN 3-89715-500-1

Band 4: Der Jäger und seine Waffen.
3. Auflage/2001
ISBN 3-89715-507-9

Der Jäger und seine Waffen: Waffen, Munition, Optik – Funktion und Handhabung/von Helmut Kinsky... – 3. Auflage, Singhofen: Parey, Zeitschr.-Verl., 2001
(Lehrbuch Jägerprüfung; 4)
1. Aufl. u. d. T.: Kinsky, Helmut:
Der Jäger und seine Waffen
ISBN 3-490-23512-6
NE: Kinsky, Helmut

Anschrift: Erich-Kästner-Str. 2,
56379 Singhofen

Printed in Poland.

Satz: Werbeagentur Rakow, Bode

DTP: Werbeagentur Rakow, Bode

Lithografie: J&W Studio. Prag und Werbeagentur Rakow. Bode

Druck und Bindung: Koprowscy Sp. z o. o.

Umschlaggestaltung: Jürgen Meyer, Hamburg, unter Verwendung von Fotos aus dem Buch

Gesamtwerk: ISBN 3-89715-500-1
Band 4: ISBN 3-89715-507-9

Friedhelm Kersting / Helmut Kinsky / Claus-Henning Strube

Der Jäger und seine Waffen

Lehrbuch Jägerprüfung, Band 4

Lehrbuch Jägerprüfung

Ein Lehrbuch in fünf Bänden

Band 1:

Sepp Bauer / Günter Claußen

Der Jäger und sein Revier

Ökologische Grundlagen der Jagd und Hege des Wildes

Band 2:

Günter Claußen / Andreas David

Der Jäger und sein Wild

Wildkunde und Wildkrankheiten

Band 3:

Friedrich Karl v. Eggeling / Heinrich Uhde

Der Jäger und der Jagdbetrieb

Jagdarten, Wildbretverwertung und Hundeführung

Band 4:

Friedhelm Kersting / Helmut Kinsky / Claus-Henning Strube

Der Jäger und seine Waffen

Waffen, Munition, Optik – Funktion und Handhabung

Band 5:

Mark G. v. Pückler

Der Jäger und sein Recht

Ein Leitfaden für Prüfung und Praxis in Grundfällen

Paul Parey Zeitschriftenverlag · Singhofen

Zur Einführung

Die 5 Bände des Lehrbuches „Jägerprüfung“ haben bei Ausbildern, Prüfern und Teilnehmern von Jungjägerkursen seit ihrem Erscheinen große Verbreitung gefunden. Dies hat gute Gründe. Die Bände erlauben es nicht nur, sich optimal auf die Jägerprüfung vorzubereiten, sie vermitteln auch soviel Wissen, daß sie ein nützlicher Ratgeber für das spätere Wirken als Jäger sind.

Dieser Band behandelt die Themen, die im Zusammenhang mit Waffen, Munition, Optik und Sicherheit stehen. Die drei Autoren des vorliegenden Bandes sind Prüfer in Jägerprüfungskommissionen und bearbeiten im Rahmen ihrer Tätigkeit bei der DEVA (Deutsche Versuchs- und Prüf-Anstalt für Jagd- und Sportwaffen e. V. in Altenbeken) u. a. Widerspruchsverfahren zu Jägerprüfungen und beteiligen sich als Lehrkräfte an Seminaren für Ausbilder und Prüfer. Darüber hinaus bringen sie die gesamten Erfahrungen ein, die sie als Mitarbeiter von Deutschlands einzigem Prüfinstitut für Jagd- und Sportwaffen in vielen Jahren gesammelt haben.

Das Prüfungsfach Jagdwaffen und deren Handhabung hat innerhalb der Jägerprüfung einen sehr hohen Stellenwert. Der Umgang mit den Jagdwaffen erfordert vom Jäger ein hohes Maß an Verantwortung, Disziplin und Sicherheitsbewußtsein, damit Menschen nicht zu Schaden kommen.

Deshalb empfehlen wir, den Kapiteln über die Handhabung von Waffen und der Sicherheit besondere Aufmerksamkeit zu widmen.

Wir haben versucht, die technischen und physikalischen Gegebenheiten so darzustellen, daß es keine Verständigungsschwierigkeiten gibt.

Altenbeken, im Dezember 2000

Friedhelm Kersting
Helmut Kinsky
Claus-Henning Strube

Inhalt

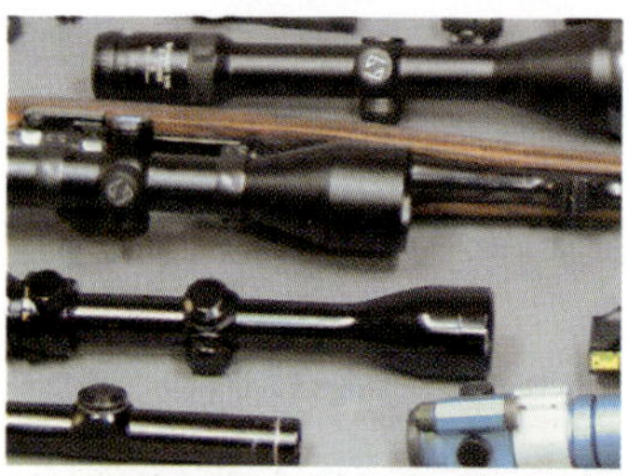

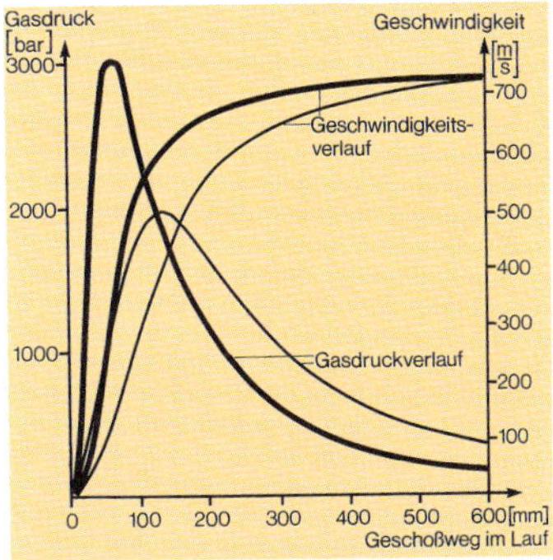

Gasdruck [bar]
3000
2000
1000
Geschwindigkeit [m/s]
700
600
500
400
300
200
100
Geschwindigkeits-verlauf
Gasdruckverlauf
0 100 200 300 400 500 600 [mm]
Geschoßweg im Lauf

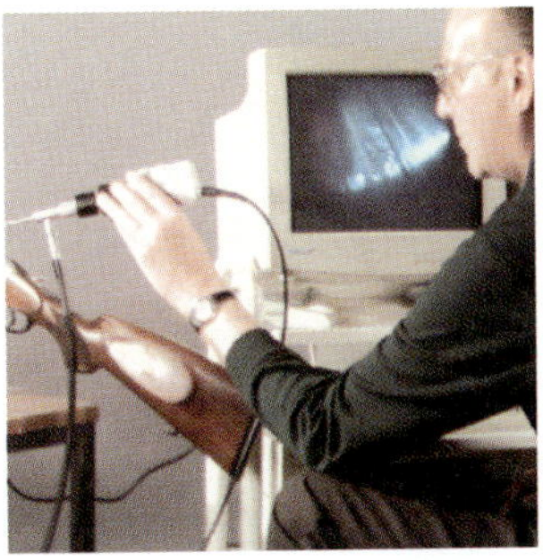

1 Waffen

Wer tierschutzgerecht jagen will, muß über die Verwendungsmöglichkeiten der großen Anzahl von Waffentypen und -fabrikaten Bescheid wissen, damit er sich seinen jagdlichen Gegebenheiten entsprechend ausrüstet.
Auch das Zubehör (Einsteckläufe, Messer, Einsteckpatronen, Rückstoßminderer etc.) ist so vielfältig, daß diesem Kapitel besondere Aufmerksamkeit gewidmet werden sollte. Nur wer optimal ausgerüstet ist, wird auch in gleicher Weise jagdlichen Erfolg haben.
Solange der Mensch auf dieser Erde existiert, jagt er. Um die wilden Tiere zu erbeuten, muß er sich irgendwelcher Hilfsmittel (Waffen) bedienen. Welch gewaltige Entwicklung haben die Waffen des Jägers durchgemacht: vom Faustkeil und der Holzkeule des Neanderthalers bis zum ersten Feuerrohr, das mit Hilfe einer schwarzen Materie – Schießpulver genannt – Geschosse auf ein entferntes Ziel schleudern konnte!

Die in nur fünf Jahrhunderten erfolgende Weiterentwicklung der Feuerwaffen ist beachtlich. Man stelle sich einmal vor, welche beträchtlichen Schwierigkeiten und geringen jagdlichen Erfolge der Jäger von heute hätte, wollte er die Jagd mit der Radschloßmuskete seiner Vorfahren aus dem Jahr 1550 ausüben!

Unser heutiges Wild muß sich in einem ständig enger werdenden Lebensraum zurechtfinden und vordringlich gegen ganz andersgeartete Störungen und Bedrohungen behaupten, als sie die Waffen des Jägers darstellen. Es zeigt sich tags immer seltener, wird oft zum Nachttier. Die Dekkung wird bevorzugt, und die Fluchtdistanz wächst. Folglich ist der Jäger von heute auf Gewehre angewiesen, die weit tragen und präzise schießen. Seine Chancen zum jagdlichen Erfolg zu kommen, sind vergleichsweise gering, und nicht nur sein ethisches Empfinden, sondern auch eine ihn argwöhnisch beobachtende Öffentlichkeit bedingen das, was er selber als waidmännisches Jagen bezeichnet: Er muß das Wild auf eine saubere Art schnell und ohne Qualen töten.

Die Waffen, die ihm dafür zur Verfügung stehen, sind hochentwickelte technische Geräte, die leisten können, was für den gedachten Zweck von ihnen erwartet wird.

Ganz besonders der angehende, aber auch der praktizierende Jäger hat die Verpflichtung, sich mit seinen Jagdwaffen so vertraut zu machen und sie in einem solchen Zustand zu erhalten, daß sie ihm ermöglichen, das Wild waidgerecht zur Strecke zu bringen und daß sie bei richtiger Handhabung kein Sicherheitsrisiko darstellen.

Bei der Prüfung, die jeder werdende Jäger zu bestehen hat, bevor er seinen ersten Jagdschein lösen kann, und die heute oft nicht ganz unberechtigt als „grünes Abitur" bezeichnet wird, werden an das Fach „Jagdwaffenkunde" strenge Maßstäbe angelegt, und nicht selten fällt in diesem Fach die Entscheidung über Bestehen oder Nichtbestehen der ganzen Prüfung. Diese Teilprüfung muß aber so anspruchsvoll sein, denn sie ist zugleich Waffensachkundeprüfung, wie sie das Waffengesetz für alle Waffenbesitzer vorschreibt.

Die folgende Beschreibung der Jagdwaffen enthält viele Einzelheiten, Schnittbilder und Zeichnungen. Damit ist nicht beabsichtigt, den Jungjäger gleich zum Büchsenmacher auszubilden. Er muß aber viel von Jagdwaffen und ihrer Funktion verstehen und sich zu eigen machen, auch wenn das für einen Nichttechniker nicht immer einfach ist.

Die Verfasser wissen aus Jägerprüfungen, daß viele richtig vorgeführte Handgriffe nur eingedrillt sind und nicht auf Verständnis des Zusammenwirkens der Teile beruhen, also nur ein höchst gefährliches Halbwissen darstellen, das in dem Augenblick versagen wird, indem etwas nicht planmäßig abläuft.

Derjenige, der den Führerschein gemacht hat, tritt vor Bewegen des Schalthebels das linke Fußpedal nicht jedesmal deswegen nieder, weil der Fahrlehrer ihm das so eingepaukt hat, sondern weil er weiß, daß damit eine Einrichtung betätigt wird, die den Motor vom Getriebe und den Antriebsrädern abkuppelt, damit der Schaltvorgang erfolgen kann.

Wir möchten mit den anschließenden Darstellungen erreichen, daß der Jäger weiß, wie er sein Gewehr richtig handhabt, aber auch warum bei seiner Waffe unter bestimmten Bedingungen ein Schuß losgehen kann, obwohl gesichert ist; wie die Ursache einer Störung der Waffenfunktion zu erkennen ist und welcher Handgriff diese Störung sicher beseitigt.

Schließlich soll der Jungjäger durch dieses Lehrbuch auch in die Lage versetzt werden, soviel Übersicht über die einzelnen Typen und Bauarten der Jagdwaffen zu erwerben, daß er in der Lage ist, eine für seine besonderen Bedürfnisse geeignete Jagdwaffe auszuwählen.

1.1 Büchsen

Den ersten Nachweis einer Schußwaffe im europäischen Raum finden wir im 14. Jahrhundert.

Ein kurzes metallenes Rohr, geladen mit einer Mischung aus Salpeter, Holzkohle und Schwefel und einer Rundkugel, wurde mit einem glühenden Draht oder einer glimmenden Lunte an dem am hinteren Ende angebrachten Zündloch gezündet und so die Kugel abgefeuert. Diese primitive Schußwaffe wurde schon als *„Büchse"* bezeichnet.

Die Laufbohrung war glatt, und auch die in den folgenden Jahrhunderten aufkommenden weiterentwickelten Schußwaffen blieben zunächst bei dem glatten Rohr, wenn auch die Zündungssysteme und die der besseren Handhabung dienende äußere Formgebung der Waffen Verbesserungen erfuhren.

Die glattläufigen Musketen fanden in großem Umfang noch das ganze 18. Jahrhundert hindurch Verwendung. Hier treffen wir mitunter schon auf die Bezeichnung „Flinte" für das Gewehr mit glattem Rohr. Der für die vorherrschende Steinschloßzündung verwendete Flintstein gab dem Gewehr den Namen.

Einführung des gezogenen Laufes. Die Gewehre mit den gezogenen Läufen, die Büchsen, brauchten lange bis zu ihrer allgemeinen Einführung. Als die ersten gezogenen Läufe dieser Art schon zu Beginn des 15. Jahrhunderts auftauchten, brachte man ihnen anfänglich Mißtrauen entgegen. Aber die Hauptgründe für ihre verzögerte Einführung dürften die Herstellungskosten und die Probleme gewesen sein, die das Laden eines durch Schwarzpulverrückstände verunreinigten Laufes von vorn mit sich brachte.

Daß die gezogenen Rohre präziser schossen, hatte man schon bald gemerkt und begann, seinen Vorteil daraus zu ziehen. Man konnte dazu übergehen, das Laufkaliber schrittweise zu verkleinern, und wenn der Ladevorgang auch umständlicher und mühsamer war als bei einem glattläufigen Gewehr, so hatte man dafür doch den Vorteil der besseren Präzision und der größeren Reichweite. Von der Rundkugel, die zur besseren Führung in den Zügen in Leder- oder Stoffstücken, sogenannte Pflaster, eingehüllt wurde, führte die Entwicklung zu den Langgeschossen.

Damit sind wir eigentlich schon bei dem angekommen, was uns heute zur Verfügung steht.

Unsere Büchsen sind Waffen mit gezogenen Läufen, aus denen Langgeschosse verschossen werden.

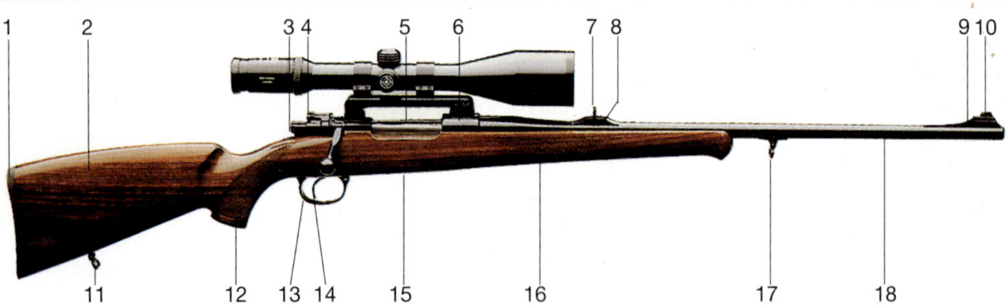

1 = Schaftkappe
2 = Schaft
3 = Schlagbolzenmutter
4 = Flügelsicherung
5 = Kammer (Verschluß)
6 = Systemhülse
7 = Visier
8 = Visiersattel
9 = Kornsattel
10 = Korn
11 = Riemenbügel
12 = Pistolengriff
13 = Abzugbügel
14 = Abzug
15 = Magazindeckel
16 = Vorderschaft
17 = Riemenbügel
18 = Lauf

Abb. 1 Bauteile der einläufigen Büchse (Repetierbüchse Mauser 98)

Einführung des Mantelgeschosses und rauchlosen Treibladungspulvers. Die ursprünglich verwendeten *Langgeschosse* aus Blei finden heute, außer beim Kleinkalibergewehr, für Jagdzwecke kaum noch eine Anwendung. Um höhere Geschoßgeschwindigkeiten erzielen zu können, war es notwendig, die Geschosse mit einem Mantel aus härterem Metall zu umgeben, der dem Drall besser folgen kann und das Abschmelzen von Blei im Lauf verhindert.

Etwa gleichzeitig mit der Umstellung vom Blei- zum *Mantelgeschoß* erfolgte vor etwa 100 Jahren auch die Umstellung vom leistungsschwachen, qualmenden Schwarzpulver, dessen schmutzige und übelriechende Rückstände die Gewehrläufe verengen und sie schnell zum Rosten bringen, auf das heute verwendete rauchschwache *Nitrozellulosepulver.*

Die Büchse als Jagdwaffe. Die Büchse dient vorzugsweise der Jagd auf Schalenwild. Das richtige Kaliber vorausgesetzt, erstreckt sich ihr Einsatzbereich bis auf eine Entfernung von etwa 200m, in Ausnahmefällen (Hochgebirgsjagd), in der Hand eines guten Schützen, bis auf 300m.

Abb. 2 Mündungssymbol der einläufigen Büchse (Repetierer und einläufige Kipplaufbüchse)

Die einläufige Büchse als Einzellader. Zu den *einläufigen Büchsen* zählen zunächst die Einzellader. Diese können nach dem Verschlußsystem entweder Kipplaufbüchsen, Blockverschlußbüchsen oder Büchsen mit Zylinderverschluß sein.

Büchsen mit *Zylinderverschluß* als Einzellader werden für das jagdliche Schießen und als reine Sportwaffen gebaut. Für den jagdlichen Einsatz spielen sie kaum eine Rolle.

Büchsen mit *Kipplauf* werden gern jagdlich geführt, weil sie leicht und elegant sind. Es sind Waffen für den erfahrenen *Pürsch-* oder *Ansitzjäger*, der sich seines Schusses sicher ist und auf einen Mehrlader verzichten kann. Oft findet man diese Büchsen in hochfeiner Ausführung, teilweise auch mit einem Wechsellauf für ein zweites Kaliber.

Büchsen mit *Blockverschluß* gibt es mit verschiedenen Systemen. Allen ist gemeinsam, daß dieser Verschluß besonders stabil ist und jede Patrone verarbeiten kann. In der jagdlichen Verwendung entsprechen sie den Kipplaufbüchsen.

Übrigens kann man mit diesen beiden Einzelladern mit etwas Übung fast so schnell wie mit einem Repetierer schießen, denn beide Systeme werden auch mit automatischen Auswerfern (Ejektoren) gebaut.

Die Mehrlader. Die zweite Gruppe der einläufigen Büchsen umfaßt die *Mehrlader.* Das können entweder Repetierer oder Selbstladebüchsen sein.

Der *Repetierer* ist die gebräuchlichste einläufige Büchse. Ursprünglich waren die Systeme baugleich mit denen der Militärgewehre. Unser altes, immer noch beliebtes Repetiergewehr „Mauser Mod. 98“ ist ein typisches Beispiel dafür.

a

b

Abb. 3 Repetierbüchsen, **a)** Sauer 202 in Stutzenausführung; **b)** Steyr-Mannlicher SBS 96

In neuerer Zeit entstanden dann eine Anzahl eigenständige, speziell für die Jagd entwickelte Konstruktionen.

Die Repetierer sind durchweg gut schießende, robuste Gebrauchswaffen für alle vorkommenden Jagdarten. Meistens findet man sie in der Ausführung als *Büchse mit Halbschaft*.

Aber auch die Stutzenausführung erfreut sich großer Beliebtheit. Der *Stutzen* ist eine Kurzausführung des Repetierers mit einem um 10 bis 15 cm kürzeren Lauf und einem bis zur Mündung reichenden Ganzschaft.

Ursprünglich war er für den Jagdgebrauch im unwegsamen und schwierigen Gelände (Hochgebirge) gedacht, und der Ganzschaft sollte weniger der Zierde als dem Schutz des Laufes dienen. Der leichte, handliche und sehr führige Stutzen wurde aber schnell zum Liebling vieler Jäger in allen Revieren.

Der Stutzen hat wegen des kürzeren Laufes eine um einige Prozent verminderte Geschoßgeschwindigkeit, was nicht entscheidend ins Gewicht fällt. Je nach der verwendeten Ladung kann er jedoch sehr unangenehm laut knallen und ein störendes Mündungsfeuer erzeugen.

Die Präzision ist grundsätzlich nicht schlechter als bei einer Büchse mit längerem Lauf. Allerdings gibt es einige Stutzen, bei denen sich durch wechselnden Einfluß des langen, am Lauf anliegenden Vorderschaftes immer wieder die Präzision und/oder Treffpunktlage verändert, so daß sie langsam zum Alptraum ihrer Besitzer werden. Ein geteilter Vorderschaft hilft hier in vielen, aber nicht in allen Fällen.

Da manchen der Stutzen noch nicht kurz genug ist, sind spezielle Kurzgewehre konstruiert worden. Bei in etwa normaler Lauflänge ist zur Erreichung der kurzen Bauweise das komplette System im Schaft weiter zurück verlegt worden.

Die Selbstlader. *Die Selbstladebüchsen* nützen entweder den Gasdruck oder den Rückstoß aus, um den Repetiervorgang einzuleiten. Das Entriegeln des Verschlusses, Auswerfen der abgeschossenen Patronenhülse, Spannen des Schlosses, Zuführen einer neuen Patrone aus dem Magazin und das Schließen und Verriegeln des Verschlusses geschehen automatisch in Sekundenbruchteilen, so daß sich der Schütze ganz auf sein Ziel konzentrieren kann. Unmittelbar nach dem Schuß läßt sich der Abzug erneut betätigen, und der nächste Schuß wird ausgelöst. Von Selbstladebüchsen werden nur relativ wenige Modelle angeboten, denn das Interesse an diesem Waffentyp ist hierzulande nicht besonders groß.

Die Jagdgelegenheiten, in denen eine Selbstladebüchse anderen Bauarten überlegen ist, sind selten. Hinzu kommt, daß bei vielen Jagdherren diese Büchse, obwohl ihre Kapazität vom Gesetz her auf drei Patronen beschränkt ist, nicht gern gesehen wird, weil sie das Führen einer solchen mit unangebrachtem Schießertum gleichsetzen.

Die zweiläufige Büchse. Als mehrläufige Büchsen kommen die *Doppelbüchsen* mit neben- oder übereinanderliegenden Läufen in Frage.

Es hat früher Drillinge mit drei gleichen Büchsenläufen gegeben, und auch heute werden auf besonderen Auftrag noch „Kugeldrillinge“ mit einem Doppelbüchslauf und einem zusätzlichen kleinkalibrigen Schonzeitlauf gebaut, jedoch sind beide Bauarten selten anzutreffen.

Die Doppelbüchsen dagegen sind, besonders wenn sie mit automatischen Auswerfern (Ejektoren) ausgestattet sind, beliebte und zweckmäßige *Drückjagdwaffen*. Weil die zwei Läufe selten die Schußleistung eines Einzellaufes erreichen, beschränkt sich ihr Einsatzbereich in der Regel auf Entfernungen bis ca. 100 m.

Bei normalen Doppelbüchsen sind die Läufe nebeneinander angeordnet. Ihr Vorteil ist, daß sie zum Laden nicht so weit gekippt werden müssen, und sich daher etwas schneller nachladen lassen.

Für die Doppelbüchsen mit *übereinander* angeordneten Läufen lautet die korrekte Bezeichnung Bockbüchsen. Diese wirken schnittiger und eleganter. Das Visieren über die schmale Laufschiene erscheint vielen Jägern einfacher.

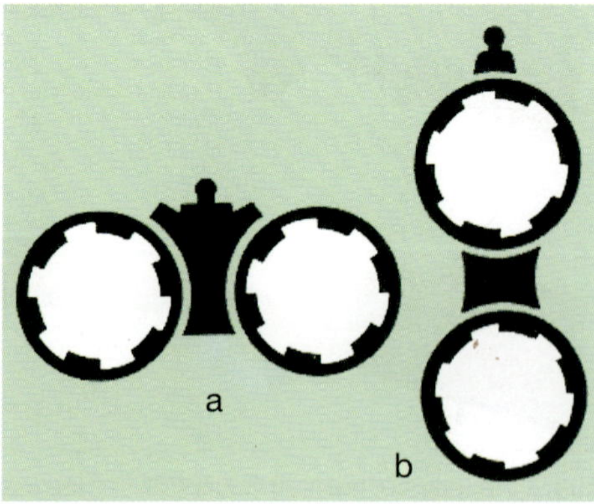

Abb. 4 Mündungssymbole der zweiläufigen Büchsen. **a** Doppelbüchse; **b** Bockbüchse

Beiden Waffen ist gemeinsam, daß sich nach dem ersten Schuß der heiße rechte bzw. untere Lauf in der Länge ausdehnt und den noch kühlen Nachbarlauf nach links bzw. nach oben durchbiegt. Dieser Wärmeeinfluß verliert sich zwar nach einer gewissen Zeit wieder, aber in dieser Spanne wird normalerweise der zweite Schuß abgegeben.

Die zweiläufige Büchse ist für den Doppelschuß konstruiert und daher so zusammengelötet, daß die beiden Läufe zusammenschießen, wenn der zweite Schuß etwa 5 bis 8 Sekunden nach dem ersten fällt. Das bedeutet, daß bei anderen Zeitabständen die Läufe nicht unbedingt den gleichen Treffpunkt haben. Das bedeutet auch, daß der erste Schuß unbedingt aus dem rechten bzw. unteren Lauf kommen muß. Fängt man mit dem anderen Lauf an, so hat man einen deutlichen Rechts- bzw. Tiefschuß.

Ferner muß bei Doppelbüchsen und Bockbüchsen beachtet werden, daß die Läufe meistens nur mit der Laborierung optimal zusammenschießen, auf die das Gewehr einjustiert wurde. Bei einem Laborierungswechsel kann das völlig anders werden.

Inzwischen gibt es aber von mehreren Herstellern *Bockbüchsen mit freiliegenden Läufen*, von denen jeweils einer verstellbar ist. Bei diesen Konstruktionen läßt sich sowohl das Problem der Lauferwärmung wie auch das Problem des Laborierungswechsels in den Griff bekommen.

Abb. 5 Mündungssymbol des Bergstutzens

Eine besondere Art der zweiläufigen Büchse, eine Waffe für den Pürsch- und Ansitzjäger, ist der *Bergstutzen*, eine Bockbüchse für das Verschießen eines großen und eines kleinen Geschosses. Weil diese Waffe normalerweise nicht wie eine Doppelbüchse geschossen wird, sind beide Läufe unabhängig voneinander Fleck eingeschossen.

Schießt man sie aber unmittelbar nacheinander oder wechselt eine Laborierung, so erlebt man die gleichen Probleme, die bei der Doppelbüchse beschrieben sind.

Es gibt allerdings auch Bergstutzen, bei denen wegen eines freiliegenden und einstellbaren kleinen Büchsenlaufes diese Schwierigkeiten nicht in dem Maße auftreten.

1.2 Flinten

Als Flinten werden die *glattläufigen* Jagdgewehre bezeichnet, die in einer Garbe eine Vielzahl von Einzelgeschossen *(Schroten)* verschießen und für die Jagd auf *Niederwild* eingesetzt werden.

Die Flinte als Jagdwaffe. Die *Flinte* ist ein häufig gebrauchtes Jagdgewehr. In der uns bekannten Form des Hinterladers ist sie jetzt schon über hundert Jahre alt. Zunächst war die Munition noch mit Schwarzpulver laboriert, und der Übergang bis zur fast ausschließlichen Verwendung des Nitropulvers nahm eine ganze Zeitspanne, etwa bis zum 1. Weltkrieg, in Anspruch. In der Schwarzpulverzeit waren z. T. extrem lange Läufe (bis 80 cm lang) im Gebrauch. Mit dem rauchlosen Pulver brachten diese unhandlichen Läufe keine Vorteile mehr, so daß die Flinten mit kür-

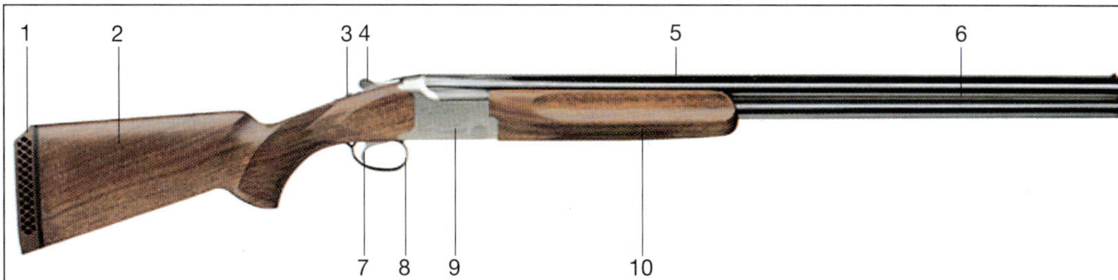

1 = Schaftkappe
2 = Hinterschaft
3 = Sicherung
4 = Oberhebel
5 = ventilierte Laufschiene
6 = Laufbündel
7 = Einabzug
8 = Abzugbügel
9 = Basküle Verschlußgehäuse
10 = Vorderschaft

Abb. 6 Die Bockflinte und ihre Bauteile

zeren Läufen ausgestattet wurden.

Lauflänge und Choke. Weil das Nitropulver schon bei recht kurzen *Lauflängen* völlig verbrennt, wurde natürlich das andere Extrem ausprobiert, und es tauchten Flinten mit bis zu 55 cm kurzen Läufen auf. Die *Schußleistung* daraus steht der längerer Läufe nicht nach, und der Energieverlust ist ziemlich unbedeutend. Der große Nachteil ist aber, neben einem unangenehm lauten Mündungsknall, daß diese kurzen Flinten eine schlechte *Balance* und eine zu kurze Visierlinie haben. Allgemein schwingen längere Flinten besser und gestatten durch die längere Visierlinie ein besseres Abkommen.

Daher haben sich die Lauflängen der Flinten inzwischen als bestem Kompromiß bei etwa 70 cm eingependelt. Die extremen Lauflängen sind selten geworden. Nur Spezial-Wurftaubenflinten werden noch mit 76 cm langen Läufen angefertigt, und die kurzen Schrotläufe sieht man vornehmlich bei Drillingen für die Waldjagd,

Die *Schußleistung* des Flintenlaufes wird neben der Patrone durch die Laufbohrung, vor allem an der Mündung (Choke), bestimmt.

Einsatzbereich der Flinte. Von Anfang an hat es immer wieder Bestrebungen gegeben, die *Reichweite* des Schrotschusses auszudehnen. Alle haben keinen nennenswerten Erfolg gehabt, egal was an der Patrone oder Laufbohrung versucht wurde.

Wegen der ballistischen Voraussetzungen hört die wirksame Schußentfernung für den Schrotschuß bei 40 bis max. 45 m auf. Selbst extreme Ladungen oder Mündungsverengungen bringen nur einen sehr geringen Gewinn. Sind so viele Schrote in der Garbe, daß auf größere Entfernung noch ausreichende *Deckung* gegeben ist, so haben diese verhältnismäßig dünnen Schrote nicht mehr genügend *Energie*. Bringen dicke Schrote genug Energie, dann reicht wegen der geringen Anzahl die *Deckung* nicht mehr.

Jeder Schrotschuß, der auf größere Entfernung Wirkung zeigt, ist ein Zufallstreffer. Wer glaubt, er könne mit seiner Flinte Hasen auf 60 oder 70 m Entfernung schießen, der soll mal mit 4 mm Schrot, denn das braucht er der Energie wegen, auf eine entsprechend große Papierscheibe einige Probeschüsse abgeben. Die mangelhafte Deckung, d. h. die Dichte der Treffer wird ihm sicher eine interessante Lehre sein!

Die einläufige Flinte. *Einläufige Flinten* sind entweder Einzellader, Repetierflinten oder Selbstladeflinten.

1. *Einzellader.* Die *Einzellader* sind meistens *Kipplaufgewehre* mit außenliegendem Hahn und werden jagdlich wenig geführt. Ab und zu wird einem Jungjäger von seinem Lehrprinz so eine einschüssige Flinte zudiktiert, damit er lernen soll, den ersten Schuß überlegt abzugeben.
2. Die *Repetierer* können einen *Kammerverschluß* haben wie eine Repetierbüchse. Zwei Patronen liegen in einem herausnehmbaren Mittelschaftmagazin.
   Die anderen Repetierer haben ein mindestens vier Patronen umfassendes Röhrenmagazin unter dem Lauf, und der Vorderschaft, der es umschließt, dient durch Zurückziehen und Vorschieben zum Repetieren. Diese, wegen der eigentümlichen Repetierbewegung auch *Pumpflinten* genannten Gewehre, sind typisch amerikanische Waffen, die inzwischen auch von europäischen Herstellern gefertigt werden. Sie zeichnen sich durch Preiswürdigkeit, Robustheit, zuverlässige Funktion und die Möglichkeit, durch einen Wechsellauf leicht für andere Jagdgelegenheiten umgerüstet werden zu können, aus. Es gibt dafür auch spezielle Läufe mit Visierung zum Verschießen von Flintenlaufgeschossen.
3. *Selbstlader.* Die *Selbstladeflinten,* deren erstes Modell die bekannte Browningflinte, schon 1903 auf den Markt kam, werden durch den Rückstoß oder den Gasdruck betätigt. Auch diese Gewehre sind durch das Gesetz auf eine Magazinkapazität von zwei Patronen beschränkt.
   Diese Flinten haben aus dem einen Lauf eine gleichmäßige Schußleistung und durchweg einen weichen Rückstoß. Auch hier gibt es eine Anzahl von Wechselläufen, und wie die anderen einläufigen Flinten, eignen sie sich besonders zur Anbringung eines verstellbaren Chokeaufsatzes.

Abb. 7 Mündungssymbol der einläufigen Flinte

Zweiläufige Flinten. Die *zweiläufige Flinte* ist das gebräuchlichste Gewehr für die Niederwildjagd. Als *Doppelflinte* wird die Flinte mit *nebeneinander* liegenden Läufen bezeichnet, während die korrekte Bezeichnung für die Flinte mit *übereinander* liegenden Läufen Bockflinte heißt. Bockdoppelflinte ist ein zwar häufig zu hörender aber sprachlich ebenso

Abb. 8 Einläufige Kipplaufflinte

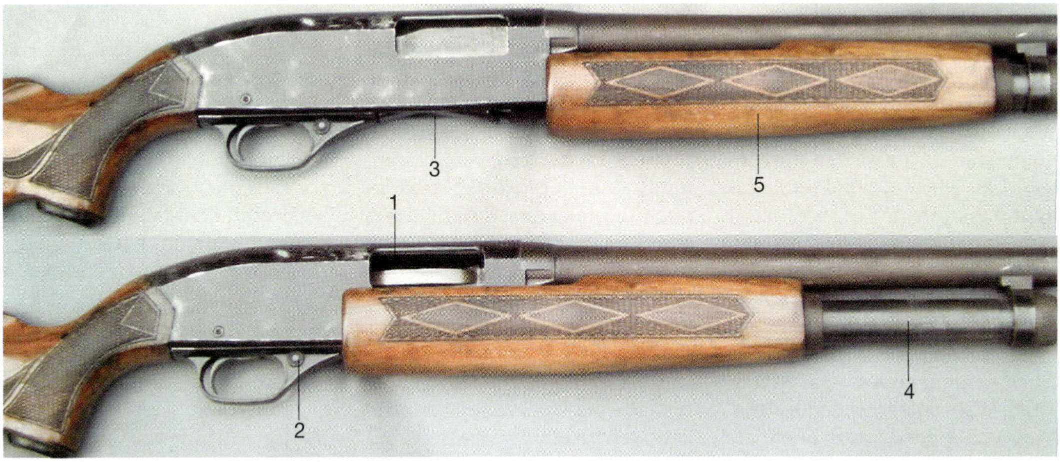

Abb. 9 Vorderschaft-Repetierflinte, geschlossen (oben) und geöffnet (unten):
1 = Auswurföffnung 3 = Ladeöffnung 5 = Vorderschaft
2 = Sicherung 4 = Röhrenmagazin

Abb. 10 Selbstladeflinte Browning, Modell Gold

falscher Ausdruck wie „weißer Schimmel“.

Der große *Vorteil* der zweiläufigen Flinte für die praktische Jagdausübung ist, daß die Flinte normalerweise *verschiedene Mündungsverengungen* hat. Es besteht daher die Möglichkeit, sich durch das Laden verschiedener Patronen und die Auswahl, welcher Lauf für den ersten Schuß benutzt wird, auf anlaufendes oder fortflüchtendes Wild einzustellen.

Ob man eine Doppelflinte oder eine Bockflinte führt, hängt allein vom persönlichen Geschmack ab. Beide Typen haben ihre glühenden Anhänger.

Die *Bockflinte* wird unbestreitbar immer mehr bevorzugt. Beim *Wurftaubenschießen* wird sie heute fast ausschließlich verwendet.

Ihre Anhänger führen als Vorteile ins Feld, daß sie schnittiger aussieht als die Doppelflinte, das „Zielen“ über die schmale Laufschiene einfacher ist, der einzelne sichtbare Lauf weniger vom Ziel verdeckt und der Vorderschaft griffiger ist, auch daß sie stabiler ist und den Rückstoß auf die Schulter günstiger überträgt.

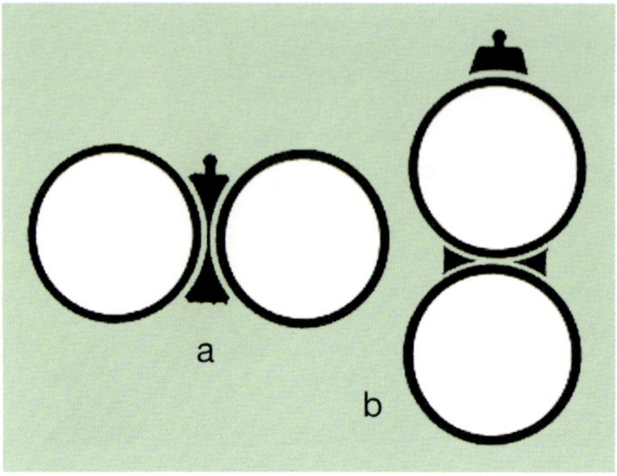

Abb. 11 Mündungssymbole der zweiläufigen Flinte.
a Doppel-(Quer-)Flinte
b Bockflinte

Die beiden letzten Gründe sind nicht bewiesen, und die anderen Ansichtssache.

Die Anhänger der Doppelflinte meinen dagegen, daß ihr Modell sich günstiger und schneller laden läßt, besser ausbalanciert und durchweg auch leichter und damit führiger ist.

Jeder Jäger sollte sich durch eine praktische Erprobung Klarheit darüber verschaffen, welchen Argumenten er zuneigt und seine Wahl entsprechend treffen.

Abschließend muß noch erwähnt werden, daß es auch bei den Flinten Dreiläufer gegeben hat. Dieser schwergewichtige Versuch zur Erhöhung der Feuerkraft hat sich aber neben den modernen Ejektorflinten nicht behaupten können.

1.3 Kombinierte Waffen

Bei den *kombinierten Waffen* sind Büchsen- und Flintenläufe miteinander vereinigt. Dafür werden in der Regel Kipplaufsysteme verwendet.

Die Variationsmöglichkeiten, die sich anbieten, und die von den Waffenherstellern verwirklicht werden, sind sehr vielgestaltig. Bei der kombinierten Jagdwaffe kann sich echte Büchsenmacherkunst in ihrer höchsten Vollendung beweisen. Das betrifft nicht nur die vielen technischen Probleme beim Zusammenfügen der Läufe, sondern auch die teilweise diffizilen Systemkonstruktionen sowie eine hochwertige Schaftverarbeitung, die zu einer wertvollen Kombination gehört. Für Leute, die bereit sind, namhafte Beträge für *Luxuswaffen* auszugeben, fertigen die Büchsenmacher der österreichischen Waffenstadt Ferlach und mehrere Meisterbetriebe in unserem Lande in Handarbeit wirkliche Schmuckstücke, die bezüglich der Kombination, wie der Ausführung auch die ausgefallensten Sonderwünsche des Kunden berücksichtigen.

Dagegen stehen die fabrikgefertigten *Gebrauchswaffen,* die teilweise rein maschinell hergestellt werden oder weitgehend maschinell vorgefertigt und in Handarbeit zusammengefügt werden.

Einsatzbereich der kombinierten Waffen.

Wer zum Kesseltreiben auf Hasen geladen ist, nimmt nach Möglichkeit eine Flinte mit, und geht es zur Drückjagd auf Sauen, eine Büchse. In beiden Fällen könnte er aber z. B. auch mit einem Drilling zurechtkommen.

Eine kombinierte Waffe ist weder eine vollwertige Büchse noch eine vollwertige Flinte. Sie ist ein *Kompromiß,* der dem jagdlichen Praktiker eine Waffe in die Hand gibt, mit der er im jagdlichen Alltag für alle möglichen Situationen entsprechend ausgerüstet ist.

So kann die kombinierte Waffe in vielen Fällen das *Universalgewehr* für den Jäger sein, der sich nur eine Waffe leisten will.

Die kombinierte Jagdwaffe ist vorwiegend eine europäische Angelegenheit. Hier ist sie entstanden und auch am weitesten verbreitet. In außereuropäischen Gebieten wird sie vergleichsweise selten geführt. In einigen Staaten ist es sogar illegal, z. B. auf der Entenjagd einen Büchsenlauf mitzuführen. Entscheidend ist aber, daß die europäischen Jagdverhältnisse häufig so sind, daß Niederwild und Schalenwild gleichzeitig bejagt werden, so daß eine kombinierte Waffe den Jäger davor bewahrt, zwei Gewehre mitnehmen zu müssen.

Besonderheiten der kombinierten Waffen.

Kombinierte Gewehre haben, trotz aller Zweckmässigkeit und universellen Verwendbarkeit, spezielle Schwachpunkte, die man kennen und berücksichtigen muß, um diese Waffe erfolgreich einsetzen zu können.

Sie sind von der Konstruktion und vom Aufbau her diffiziler und oft auch anfälliger und bedürfen daher besonderer Sorgfalt in der Behandlung und Pflege.

Kombinierte Waffen sind nicht dazu geeignet, häufig mit großen

Schußserien belastet zu werden wie das z.B. bei Übungsgewehren in der Jungjägerausbildung der Fall ist.

Ebensowenig soll man etwa einen Drilling dazu verwenden, regelmäßig das Wurftaubenschießen damit zu betreiben. Dafür gibt es geeignetere Waffen. Ab und zu eine Serie Wurftauben und ein paar Schüsse auf dem Büchsenstand sind gut für die Übung und sehr zu empfehlen. Der Waffe soll aber, wenn man lange Freude an ihr haben will, nicht etwas zugemutet werden, für das sie nicht gebaut ist.

Das spezielle Problem komplett verlöteter Laufbündel der kombinierten Waffe ist das gleiche, das bei den Doppelbüchsen schon besprochen wurde, nämlich die Veränderung der Treffpunktlage durch die Wechselwirkung zwischen einem durch einen Schuß aufgeheizten Lauf und seinem kälteren Nachbarlauf bzw. seinen kälteren Nachbarläufen. Die Erscheinung ist bei gebockten (übereinander liegenden) Läufen unter dem Namen *„Klettern"* bekannt. Sie beruht auf einer Durchbiegung des Laufbündels zum kälteren Lauf hin und ein damit verbundenes Wegwandern der Treffpunktlage in diese Richtung. Im Kapitel über Schußleistungsprüfungen sind die Zusammenhänge noch näher beschrieben. Übrigens ist es für die Praxis wichtig, zu wissen, daß diese Wirkung auch von einem zuerst geschossenen Schrotlauf auf den benachbarten Büchsenlauf übergehen kann. So wird z.B. ein Schießen mit dem linken Schrotlauf beim Drilling einen unmittelbar danach folgenden Büchsenschuß nach rechts tief abweichen lassen.

Da die Größenordnung der Abweichungen durch *„Klettern"* keineswegs gleichmäßig oder abschätzbar ist, wird dringend empfohlen, das Verhalten der eigenen Waffe auf dem Schießstand auszuprobieren, damit Pannen bei der Jagdausübung vermieden werden. Beim Schießen mit dem Zielfernrohr wird eine größere Abweichung festgestellt als beim Schießen über Visier und Korn, weil die offene Visierung die Durchbiegung des Laufbündels mitmacht und die Abweichung dadurch zum Teil kompensiert.

Es ist jedenfalls erstaunlich, daß immer wieder bei Wettschießen der Hegeringe Jäger mit kombinierten Waffen auftreten, die von diesen Zusammenhängen noch nie etwas gehört zu haben scheinen.

Schließlich sei noch erwähnt, daß gerade die *Präzision* der kombinierten Waffen oft sehr stark von der *Munition* abhängt. Das trifft besonders auf die Waffen zu, die mehrere Büchsenläufe mit evtl. sogar unterschiedlichen Kalibern aufweisen. In diesen Fällen empfiehlt sich eine entsprechende Vorratshaltung der passenden Laborierung (siehe S. 117). Wie bei den zweiläufigen Büchsen gibt es auch kombinierte Waffen mit freiliegenden und justierbaren Läufen, die die gegenseitige Wärmebeeinflussung der Einzelläufe durch ihre Anordnung umgehen. Die Läufe können unabhängig voneinander in beliebiger Reihenfolge geschossen werden. Es ist jedoch nötig, eine sorgfältige Auswahl solch einer Waffe zu treffen, denn nicht jede Laufführungs- und Justiereinrichtung hält, was der Hersteller verspricht.

Zweiläufige kombinierte Waffen. Die einfachste Form einer kombinierten Waffe ist die Zusammenlegung von einem Flinten- mit einem Büchsenlauf, die *Büchsflinte*. Diese Bezeichnung führt das Gewehr, bei dem die *Läufe nebeneinander* liegen. Sind sie übereinander angeordnet, wobei der Büchsenlauf in der Regel unten, bei einigen Modellen aber auch oben liegt, bezeichnet man sie als *Bockbüchsflinte.* Beide Arten sind schon sehr lange im Gebrauch. Vor allem die Bockbüchsflinte ist eine beliebte leichte und elegante Waffe für den Pürsch- und Ansitzjäger.

Büchsflinten werden heute fast nur noch als Tribut an die „Nostalgie" hergestellt, ebenso wie die sehr ansprechenden (Bock-)Büchsflinten mit außenliegenden Hähnen.

Dreiläufige kombinierte Waffen. Die bekannteste dreiläufige Waffe ist der *Drilling* mit *zwei Flintenläufen* und untenliegendem Büchsenlauf, der in dieser Form schon im Jahre 1878 dem Münchner Büchsenmacher Oberhammer patentiert wurde. Vor allem, wenn er das Flintenlaufgeschoß gut schießt und noch mit einem zusätzlichen Einstecklauf ausgerüstet werden kann, ist der Drilling für den Jäger eine echte *Universalwaffe.*

Obwohl dieses Gewehr ziem-

Abb. 12 Mündungssymbole zweiläufiger kombinierter Waffen. **Links** Büchsflinte, **rechts** Bockbüchsflinte

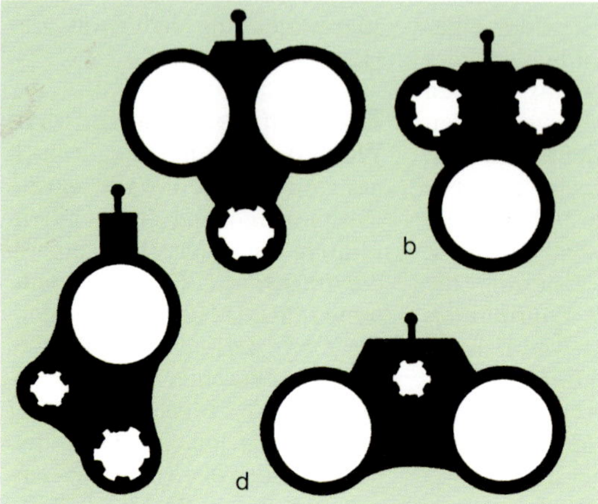

Abb. 13 Mündungssymbole dreiläufiger kombinierter Waffen.
a Drilling;
b Doppelbüchsdrilling;
c Bockdrilling (Triumphbock);
d Waldläuferdrilling

lich vorderlastig ist, kommen viele Leute auf Niederwildjagden sehr gut damit zurecht. Sie haben die Erfahrung gemacht, daß das schwere Laufbündel gut durchschwingt.

Ein Gewehr speziell für den *Hochwildjäger* ist der *Doppelbüchsdrilling,* der gegenüber der Doppelbüchse den Vorteil eines zusätzlichen Schrotlaufes für den gelegentlich vorkommenden Fuchs oder Hasen hat, bzw. ein zusätzliches Flintenlaufgeschoß als dritten „Kugelschuß“.

Doppelbüchsdrillinge werden auf normalen Drillingssystemen aufgebaut. Eine ältere Bauart hat den Schrotlauf auf der rechten Seite und wirkt durch das unsymmetrische Aussehen unelegant. Die Bauart mit untenliegendem Schrotlauf wird daher bevorzugt, allerdings kann dabei, wegen der Platzverhältnisse in der Basküle (Verschlußgehäuse), in den meisten Fällen nur das Schrotkaliber 20 oder kleiner eingesetzt werden.

Eine Bockbüchsflinte mit einem zusätzlichen, seitlich angebrachten, kleinkalibrigen Büchsenlauf wird als Bockdrilling bezeichnet. Da normalerweise die beiden Büchsenläufe für verschiedene Zwecke verwendet werden, sind sie auch jeder für sich eingeschossen. Das heißt, daß sie nicht wie eine Doppelbüchse zusammenschießen. Wer mit dem Bockdrilling Dubletten auf Rehwild schießen will, sollte das wissen. Das Wechseln der Laborierung ist bei diesen Waffen oft besonders kritisch.

Wie alle kombinierten Waffen mit komplett verlöteten Läufen kennen auch sie das „Klettern“ beim schnellen Nachschießen. Eine besondere Bauart des Bockdrillings, bei der alle drei Läufe übereinanderliegen, der kleine Büchsenlauf zwischen den beiden anderen, zeigt sich gegenüber dem „Klettern“ recht unempfindlich.

Eine kombinierte Waffe, die nur noch selten angetroffen wird, ist der *Waldläuferdrilling*, eine Doppelflinte mit einem Kleinkaliberlauf oben in der Laufschiene.

Vierläufige kombinierte Waffe. Der Wunsch nach einem zusätzlichen kleinkalibrigen Büchsenlauf für den Drilling führte zur Konstruktion des *Vierlings.* Hier liegt der kleine Lauf entweder oben in der Laufschiene oder in der Mitte zwischen den drei anderen Läufen. Bezüglich der Schußleistung und der Abhängigkeit von bestimmten Laborierungen gilt das, was zum Bockdrilling gesagt wurde.

Der Vierling ist in seiner Schußpräzision und Schußbereitschaft als Universalwaffe dem Drilling mit Einstecklauf überlegen. Allerdings ist er in vielen Fällen nicht mehr so handlich.

Eine seltene Sonderform des Vierlings ist die Kombination einer Bockflinte mit einer Doppel-

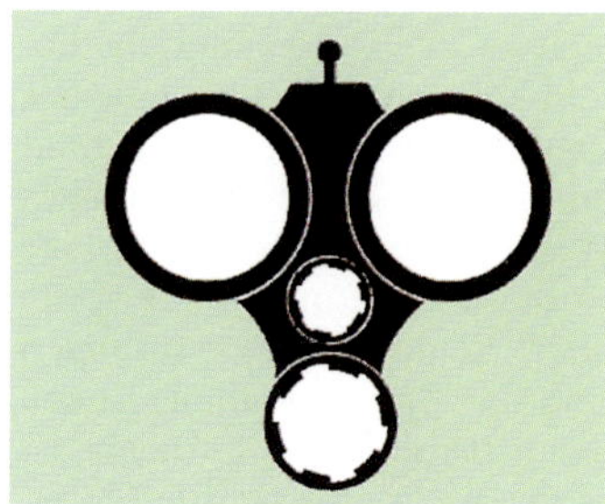

Abb. 15 Mündungssymbol der vierläufigen kombinierten Waffe

Abb. 14 Krieghoff-Drilling, Modell Plus mit separater Büchsenschloßspannung

büchse. Zwei Schrotläufe liegen übereinander und jeweils rechts und links davon ein Büchsenlauf. Dieser Doppelbüchsvierling wird nur auf besonderen Wunsch für Liebhaber ausgefallener Konstruktionen gebaut, und spätestens hier beginnt man sich zu fragen, wie weit es einen Sinn hat, die Variationsmöglichkeiten bei der Herstellung von kombinierten Waffen zu strapazieren.

1.4 Bauteile der Langwaffen

1.4.1 Läufe

Der gezogene Lauf. Der *gezogene Lauf* wird als *Büchsenlauf* bezeichnet. Er ist grundsätzlich für das Verschießen eines Einzelgeschosses gedacht, welches heute fast ausschließlich ein ummanteltes Langgeschoß ist.

1. *Der Drall.* Das Zugprofil besteht aus vier bis sechs *Zügen* und *Feldern,* die sich spiralförmig durch den Lauf winden. Die Felder schneiden sich in die Oberfläche des Geschosses ein und zwingen es so in *Rotation.* Diese erfolgt normalerweise rechtsdrehend, bei einigen ausländischen Waffen auch linksdrehend.
2. *Das Kaliber.* Durch die Zugtiefe ergeben sich zwei Kaliber, des Laufes. Man spricht von dem *Feldkaliber,* das ist das Kaliber der ursprünglichen Bohrung, und dem Zugkaliber. Zwischen beiden besteht in der Regel eine Differenz von 0,2 bis 0,3 mm. Früher hatten die Läufe für Bleigeschosse in bezug auf Züge und Felder andere Konstruktionen und Abmessungen. Die genauen Laufmaße sind für alle Kaliber genormt, und die Maße, nach denen der Hersteller arbeiten muß, sind durch die Waffengesetzgebung festgelegt.
3. *Die Herstellung.* Das *alte Verfahren* zur Herstellung der Züge im Lauf ist das *Ziehen von Hand* oder mit der *Ziehmaschine* mit einem spanabhebenden Werkzeug. Bei *neueren Verfahren* wird entweder ein Hartmetallknopf durch den gebohrten Lauf gedrückt *(Knopf-Ziehverfahren)* oder einem gebohrten Rohling wird in einer Spezialmaschine durch rotierende Hämmer über einem entsprechenden Dorn das Laufprofil eingehämmert *(Hämmerverfahren).* Der Knopf bzw. der Dorn tragen jeweils das negative Laufprofil.

Bevor die Züge in den Lauf eingearbeitet werden können, muß der *Laufrohling* gebohrt und außen abgedreht werden. Danach wird er gerichtet. Die Bohrung wird fein bearbeitet, denn von dem Zustand der hierbei erzielten Oberfläche hängt in starkem Maße die spätere Laufqualität ab.

Die *Patronenlager* werden mit speziellen Formfräsern (-reibahlen) nachträglich eingearbeitet bzw. beim Hämmerverfahren auch durch das Hämmern geformt.

Eine besondere Bedeutung hat der *Übergangskonus* zwischen Patronenlager und dem gezogenen Laufteil. Wird eine Patrone in den Lauf geladen, so liegt der aus der Patronenhülse vorstehende Geschoßteil im Übergangskonus. Dieser muß also so geformt sein, daß er das längste vorkommende Geschoß aufnehmen

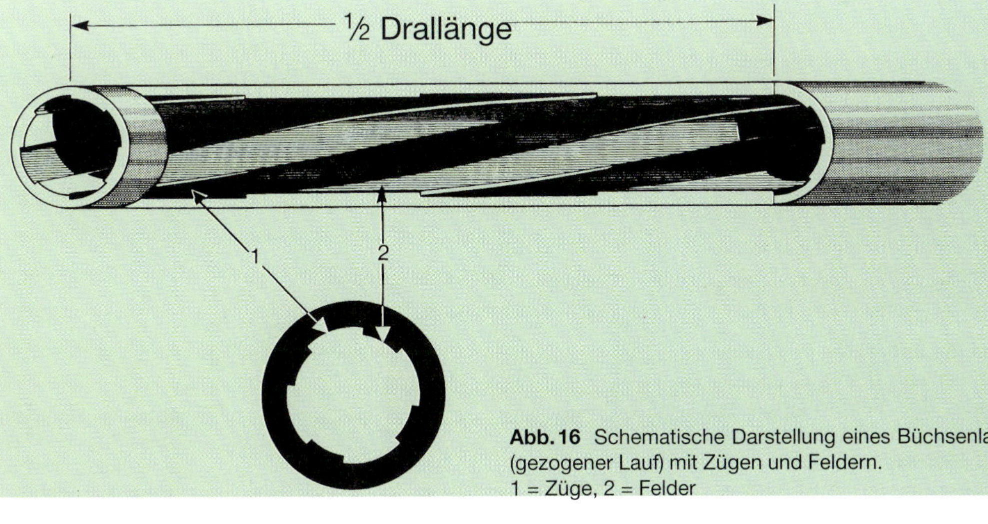

Abb. 16 Schematische Darstellung eines Büchsenlaufes (gezogener Lauf) mit Zügen und Feldern.
1 = Züge, 2 = Felder

kann. Für kurze Geschosse kann das, wegen ungenügender Führung in diesem Bereich, eine Verschlechterung der Präzision bedeuten.

4. *Der Polygonlauf.* Eine neuere Laufkonstruktion ist der *Polygonlauf.* Die Felder sind hierbei nicht scharfkantig ausgeprägt, sondern bilden einen sanften Übergang zu den Zügen, so daß der Geschoßmantel beim Durchgang keine scharfen Markierungen bekommt. Der Vorteil dieser Läufe, die zunächst im militärischen Bereich Verwendung fanden, ist, neben einer vereinfachten Herstellung beim Hämmern, eine höhere *Lebensdauer* und bessere *Pflegemöglichkeit.*
5. *Laufmaterial und Laufqualität.* Die bei der Laufherstellung verwendeten *Materialien* sind vergütete unlegierte oder wenig bis hochlegierte Stähle, wobei die hochlegierten Sorten rostträge bis nichtrostend sein können.
   Zur *Lebensdauer* der Büchsenläufe muß gesagt werden, daß sie bei richtiger Behandlung viele Schüsse, oft sogar mehrere Jägergenerationen, aushalten.

Ein wirklich ausgeschossener Lauf ist sehr selten, die dafür erforderlichen hohen Schußzahlen werden aus einer Jagdbüchse kaum abgegeben. Die meisten Läufe werden durch schlechte Behandlung, fehlende oder falsche Pflege verdorben.

Zeigt ein Lauf echten *Verschleiß,* so äußert sich der in einer Abrundung der Felderkanten im hinteren Laufteil und außerdem durch *Erosionserscheinungen* (Auswaschungen, Ausbrennungen) im Übergangskonus. Läufe für Hochgeschwindigkeitspatronen werden besonders stark beansprucht und neigen eher zum Verschleißen.

Das Maß, bei dem die Züge und Felder eine volle Umdrehung vollenden, heißt *Drall-Länge* und liegt für die meisten Geschosse und Kaliber *zwischen 200 und 400 mm.* Die *Drall-Länge* ist von großer Bedeutung für die richtige *Stabilisierung des Geschosses* und damit für die *Präzision* des Laufes.

Läufe, die von Haus aus schlecht schießen, sind bei dem heutigen Stand der Fertigungstechnik nicht zu erwarten. Die schlechte Schußleistung eines Laufes hat in der Regel Gründe, die nicht in der eigentlichen Laufherstellung zu suchen sind.

Weil die *Schußpräzision* wesentlich durch die im Laufstahl beim Schuß auftretenden *Schwingungen* beeinflußt wird, ist von einem dickwandigen Büchsenlauf grundsätzlich eine bessere Präzision zu erwarten. Nicht umsonst haben Matchbüchsen durchweg dickwandige Läufe.

Die Läufe der Repetierbüchsen sind dick im Vergleich zu den Büchsenläufen der kombinierten Waffen. Bei Repetierbüchsen ist die notwendige Stabilität des Einzellaufes maßgebend. Ein Lauf, der in einem Laufbündel fest verlötet ist, kann dünner gehalten werden. Er kann deswegen aber auch empfindlicher gegenüber allen äußeren Einflüssen sein, die sich auf die Schußleistung auswirken.

In den Bereich der Fabel gehört die Vorstellung von dem tötenden oder nicht tötenden Büchsenlauf. Manche Jäger glauben, beobachtet zu haben, daß von zwei gleichen Büchsen, aus denen die gleiche Munition verschossen wird, bei einer das Wild grundsätzlich am Anschuß liegt, während es bei der anderen noch flüchtet. Es gibt keinen Beweis dafür, daß dies durch den Lauf verursacht sein kann. Bei derartigen Feststellungen werden oft zufällige Beobachtungen zu hoch bewertet.

Der glatte Lauf. Für das Verschießen einer Vielzahl von Einzelgeschossen, einer Geschoßgarbe, wie sie der Schrotschuß darstellt, ist der glatte Flintenlauf vorgesehen.

1. *Damastläufe.* Ab und zu sieht man noch die in der Schwarzpulverzeit gebräuchlichen *Damastläufe,* die durch ihre bräunliche oder gräuliche Färbung und das oft sehr schöne Oberflächenmuster auffallen. Diese Läufe entstanden aus Bündeln miteinander verflochtener dünner Eisen- und Stahldrähte, die um einen Dorn gewickelt, unter Hämmern miteinander verschweißt und so zu einem Rohr geformt wurden. Damastläufe sind nur ganz selten für den Gebrauch mit Nitropatronen beschossen.

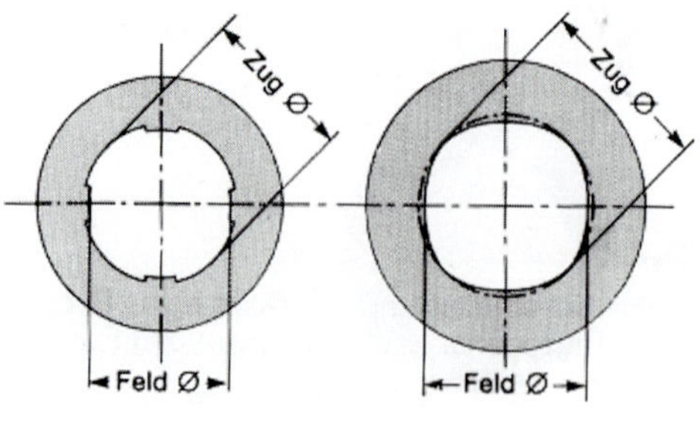

Abb. 17 Herkömmliches Zug- und Feldprofil **(links)** und Polygonprofil **(rechts)**

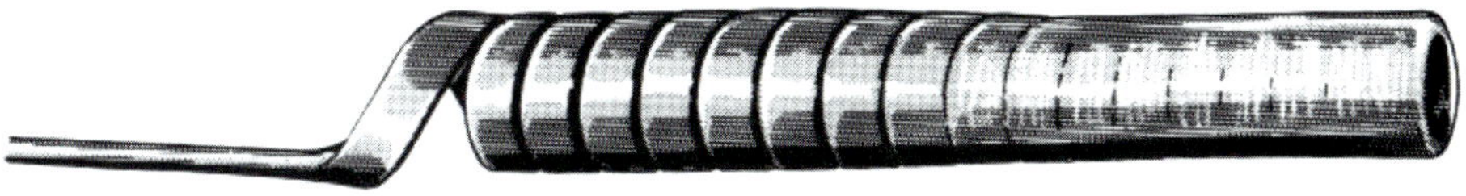

Abb. 18 Herstellung eines Damastlaufes. Dabei werden Eisen- und Stahlstreifen um einen Dorn gewickelt und durch Hämmern verschweißt. Aus solchen Läufen dürfen rauchschwache Patronen nur verschossen werden, wenn die Läufe entsprechende Beschußzeichen tragen

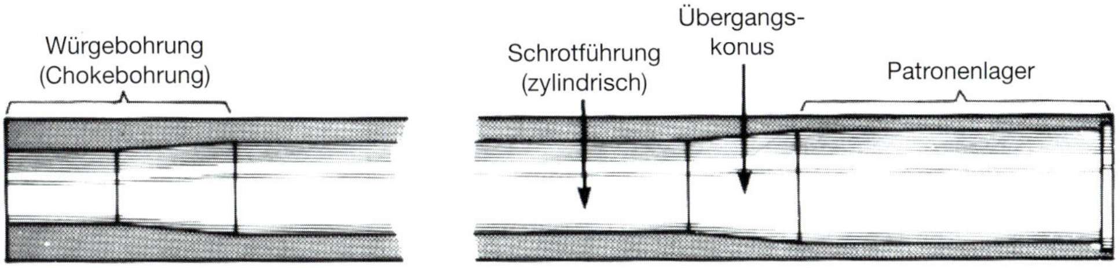

Abb. 19 Schematische Darstellung eines Flintenlaufes mit Patronenlager und Würgebohrung

2. *Moderne Laufherstellung.* Die Flintenläufe werden heute ebenfalls aus Gewehrlaufstählen hergestellt. Geschmiedete Rohlinge werden gebohrt und innen und außen feinbearbeitet.
   Der Flintenlauf hat ein *Patronenlager,* welches in seiner *Länge einer abgeschossenen Hülse* entspricht. Ein konischer Übergang stellt die Verbindung zu dem zylindrischen Laufteil her.

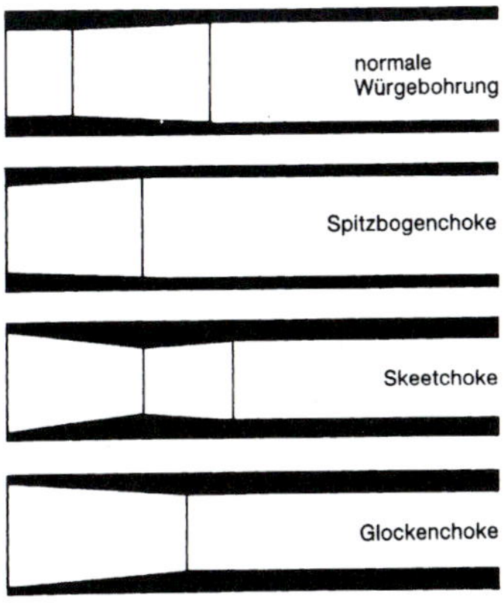

Abb. 20 Verschiedene Würge-(Choke-)Bohrungen

3. *Patronenlager und Hülsenlänge.*

   Auf keinen Fall sollen Patronen verschossen werden, deren aufgefaltete (!) Hülsen länger sind als das Patronenlager.

   Normale Patronenlager haben eine Länge von *70 mm.* Bei anderen Flinten findet man noch die früher üblichen *65 mm* langen Lager und bei einigen neueren Waffen *76 mm* lange Lager für die Magnum-Patronen.
   Das Verschießen von Patronen, deren Hülsen kürzer sind als das Patronenlager, ist völlig unbedenklich. Nur muß in diesem Falle mehr auf die Reinigung des Lagers geachtet werden, damit sich keine ringförmige Ablagerung aufbaut, die für ein späteres Verschießen der längeren Patrone eine Behinderung darstellt.
4. *Die Würgebohrung (Choke).* Der Schrotlauf hat zur *Verbesserung der Schußleistung* an seinem vorderen Ende eine Verengung, *die Würgebohrung,* auch Chokebohrung oder nur kurz Choke genannt. Der Hersteller hat es damit in der Hand, in einem gewissen Bereich die *Trefferdichte der Schrotgarbe* zu steuern und damit bestimmten jagdlichen Erfordernissen anzupassen.
   Verschiedene Hersteller wenden unterschiedlich geformte Chokebohrungen an, um aus einem Lauf eine gewünschte Trefferdichte auf der Prüfscheibe zu erzielen. Im allgemeinen besteht der Choke jedoch aus einem mehr oder weniger langen Übergangskegel vom zylindrischen Laufteil zu einem wiederum zylindrischen kurzen Abschluß an der Mündung, der gegenüber dem Laufkaliber eine *Verengung bis zu ca. 1 mm im Durchmesser* darstellen kann.
   Es hat sich inzwischen die Erkenntnis durchgesetzt, daß es wenig Sinn hat, im normalen Jagdbetrieb sehr eng schießende Läufe zu führen, wenn die vorherrschende

Würgebohrung-Kennzeichen verschiedener Hersteller

	Mündungsverengung ca.	Trefferprozente auf Prüfscheibe ca.	FN	Beretta	andere ital. Fertigungen	Winchester	Valmet	span. Fertigungen
voll 1/1	1,0 mm	70%	*	O	*	F	F	+
dreiviertel 3/4	0,75 mm	65%	*–	OO	**	IM	IM	++
halb 1/2	0,5 mm	60%	**	OOO	***	M	M	+++
viertel 1/4	0,25 mm	55%	**–	OOOO	****	IC	IC	++++
zylinder	0	35–40%	**S	COOOO	cyl		C	
skeet	---	40–45%	***	SK		SK		

Schußentfernung unter 30m liegt.

Bei vielen Flintenmodellen wird die Mündungsverengung durch im Bereich der Patronenlager aufgestempelte Symbole angegeben (siehe Tabelle).

Durch besondere Ausführung der Chokebohrung lassen sich *Flinten* auch *für spezielle Zwecke* einrichten, wie z.B. Skeetflinten, deren Läufe besonders große Streuung aufweisen.

Inzwischen haben sich auch die *auswechselbaren Chokes* sehr gut eingeführt. Man hat damit die Möglichkeit, seine Flinte für verschiedene Zwecke umzurüsten (z.B. Skeet, Trap, Jagd). Die Firma Krieghoff liefert zudem Chokeeinsätze, die sich nachträglich in vorhandene Waffen, (auch kombinierte Waffen) einbauen lassen, wenn die Laufwandstärke ausreicht.

5. *Laufqualität, Spezialläufe.* Für eine *gute Schußpräzision mit Flintenlaufgeschossen* ist es vorteilhaft, wenn das Kaliber des zylindrischen Laufteils dem Geschoßdurchmesser angepaßt ist, und wenn der konische und der zylindrische Teil des Chokes entsprechend gestaltet sind. Ist der Lauf speziell für das Verschießen von Flintenlaufgeschossen eingerichtet, müssen eventuell hinsichtlich der Schrot-Treffpunktlage und Deckung Zugeständnisse gemacht werden.

Die Qualität der Innenbearbeitung ist auch beim Flintenlauf von besonderer Bedeutung. Je feiner die Laufbearbeitung vor allen Dingen in den Übergängen ist, desto geringer die Neigung zur Bleiablagerung beim Schießen.

Einige Flintenmodelle werden mit innen *hartverchromten Läufen* geliefert. Diese Läufe sind wegen der sehr glatten und harten Innenflächen gut zu reinigen und zeigen weniger Neigung zum Verbleien und Rosten. Allerdings läßt sich bei so einem Lauf schlecht eine nachträgliche Veränderung an der Laufbohrung bzw. dem Choke durchführen.

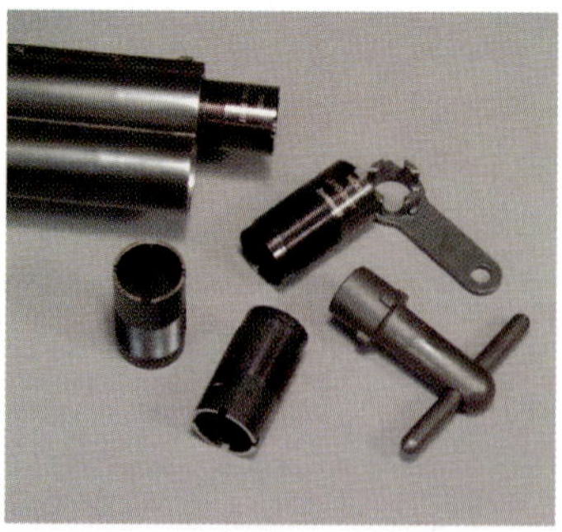

Abb. 21 Bockflinte mit auswechselbaren Choke-Einsätzen

Ein Schrotschuß aus einem gezogenen Lauf liefert in den meisten Fällen unbrauchbare Ergebnisse. Bei der früher einmal gebräuchlichen *„Paradoxbohrung"* war der Flintenlauf vorn auf eine bestimmte Länge mit Zügen versehen, wodurch die Schußpräzision mit dem Einzelgeschoß deutlich verbessert, die Schrotschußleistung (insbesondere die Deckung) dagegen verschlechtert wurde.

Vereinzelt werden in Flinten, von denen man eine extrem starke Streuung wünscht, teilweise oder über die ganze Länge *gezogene Läufe* eingesetzt.

1.4.2 Verschlüsse

Der früher übliche Vorderlader hatte am hinteren Laufende einen fest angebrachten Verschluß, die Schwanzschraube, die höchstens einmal zu Reparaturzwecken herausgeschraubt wurde.

Anforderungen an den Verschluß. Beim *Hinterlader* stand der Konstrukteur der Waffe immer vor dem Problem, einen Verschluß zu erfinden, der leicht zu bedienen und so stabil ist, daß er die Belastung von vielen

Schüssen anstandslos aushält und den Lauf beim Schuß so effektiv nach hinten abdichtet, daß der Schütze nicht gefährdet ist. Die Abdichtung funktionierte erst zufriedenstellend, seitdem die Patronenhülse in ihrer heutigen Form verwendet wird. Durch den Vorgang des Liderns (Anlegen des Hülsenbleches an die Patronenlagerwandung) stellt sie eine sehr gut funktionierende Dichtung dar. Es ist aber völlig ausgeschlossen, daß sie allein den vollen Gasdruck aufnehmen kann.

Dies geht nur, wenn die Hülse überall durch die Bauteile der Waffe so gut abgestützt wird, daß an keiner Stelle der sehr hohe Innendruck bei der Schußentwicklung eine Gelegenheit bekommt, ihre Wandung aufzureißen und nach hinten auszuströmen.

Der Verschluß hinter dem Hülsenboden muß also unbeweglich stehenbleiben, wenn der Gasdruck über die Hülse auf ihn einwirkt. Nicht einmal federn darf er in diesem Augenblick, sonst ist die Hülse verloren, und der Gasdruck treibt nicht das Geschoß nach vorn, sondern zerreißt Teile der Waffe und schleudert sie auseinander; auch dem Schützen ins Gesicht.

Es leuchtet jetzt ein, warum dem *Verschlußabstand* bei allen Verschlußarten so große Bedeutung zukommt. Dieses ist das Maß zwischen dem Boden der im Patronenlager befindlichen Patrone und dem Stoßboden des Verschlusses. Überschreitet es die vorgeschriebene Toleranz, kann das Schießen mit der Waffe zum Risiko werden; die Waffe entspricht in diesem Zustand nicht mehr den Beschußvorschriften.

Es hat im Laufe der Jahre eine große Zahl von Verschlußkonstruktionen gegeben, von denen

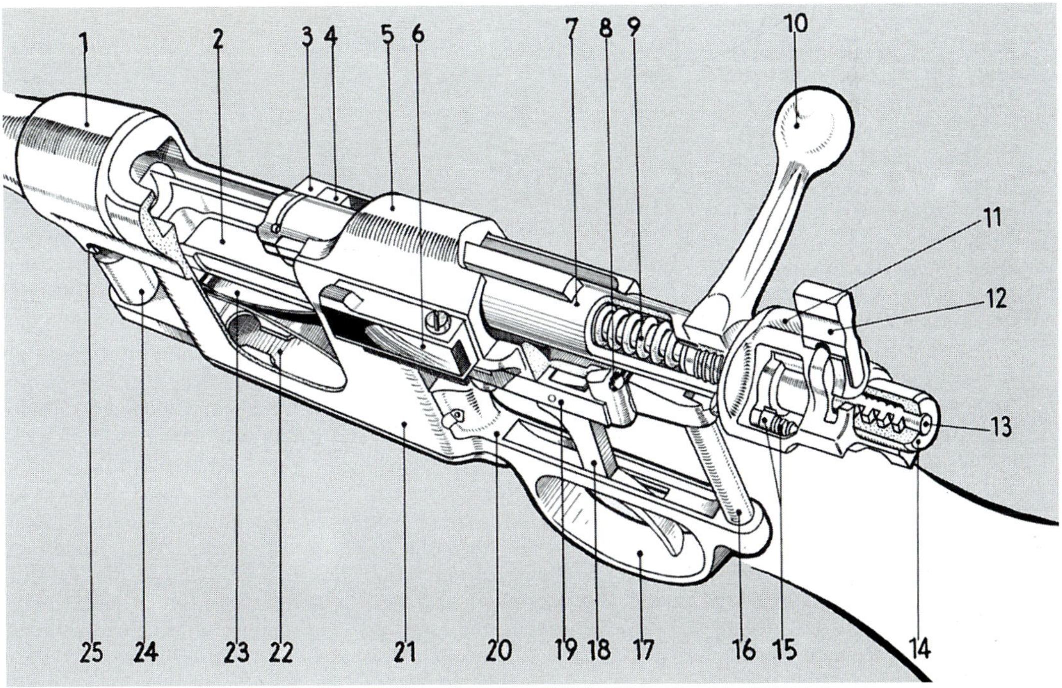

1 = Verschlußhülsenkopf
2 = Patronenzubringer
3 = Auszieher
4 = Verriegelungswarze
5 = Verschlußhülsenbrücke
6 = Schloßhalter und Ausstoßer
7 = Kammer
8 = Nase des Abzugsstollens
9 = Schlagfeder
10 = Kammerstengel
11 = Schlößchen
12 = Sicherungsflügel
13 = Schlagbolzen
14 = Schlagbolzenmutter
15 = Sperre und Sperrfeder für das Schlößchen
16 = Kreuzschraube mit Distanzhülse
17 = Abzugbügel
18 = Abzug
19 = Abzugstollen
20 = Unterbeschlag
21 = Magazinkasten
22 = Magazinbodenblech
23 = Zubringerfeder
24 = vordere Verbindungsschraube
25 = Rückstoßstollen

Abb. 22 Verschlußmechanismus einer Repetierbüchse mit Mauser-Verschlußsystem M 98

nur ziemlich wenige technisch so gut waren, daß sie heute noch verwendet werden.

Verschlüsse für Waffen mit starrem Lauf.

1. *Der Zylinderverschluß.* Eine der ältesten und die in der Folge am meisten gebaute Verschlußart ist der *Zylinder-* oder *Kammerverschluß.* Er wird bei Einzelladern und Repetierern angewendet. Hier ist der Lauf in einer Verschlußhülse befestigt oder ist Teil derselben. In der Laufaufnahme ist der Verschluß, auch Kammer genannt, längsbeweglich angeordnet. Auf dem Umfang des Verschlusses sind, je nach Modell, bis zu neun Verriegelungsnocken bzw. -warzen angeordnet, die durch eine Drehbewegung des Kammerstengels in entsprechenden Ausdrehungen der Verschlußhülse oder des Laufes selbst verriegelt werden können.
   Diese im Grunde sehr *stabile Verriegelung* kann entweder am Verschlußkopf unmittelbar hinter dem Lauf oder weiter zurückliegend im Bereich des Kammerstengels erfolgen.
   Das letztere System ist nicht ganz frei von Tücken. Bei veröltem oder nassem Patronenlager vergrößert sich durch die verminderte Reibung der Hülse im Lager der Druck auf den Verschluß. Die zurückliegende Verriegelung läßt ein leichtes, nicht gleichmäßiges Dehnen der Verschlußhülse und damit verbunden eine Beeinflussung des Laufes zu, als deren Folge in der Regel eine Treffpunktverschiebung des Schusses eintritt.
   Eine spezielle Art des Kammerverschlusses, den es früher in ähnlicher Form schon mal bei einigen Militärgewehren gegeben hat, ist der *Gerad-Zugverschluß*, der heute auch wieder in überarbeiteter Form in Jagdgewehren Verwendung findet (z.B. R93 von Blaser, SR30 von Heym, M96 von Mauser usw.). Dabei wird nur durch das Zurückziehen und Vorschieben des Kammergriffes die Kammer entriegelt und nach dem Durchladen wieder verriegelt. Diese Repetierbewegung geht sehr schnell und flüssig.
2. *Der Blockverschluß.* Auch der *Blockverschluß* ist fast so alt wie der Hinterlader selbst. Der Lauf ist mit einem Verschlußgehäuse fest verbunden, und ein Verschlußblock wird in seinen Führungen zur Verriegelung des Laufes hinter das Patronenlager geschoben oder um einen Drehpunkt dort eingeschwenkt. Diese Verschlüsse, von denen es einige unterschiedliche Konstruktionen gibt, zählen zu den haltbarsten, die wir kennen. Wir finden solche Verschlüsse selbst an Geschützen. Blockverschlüsse sind ideal für einschüssige Büchsen und gestatten eine kurze Baulänge.

Abb. 23 Verschlußsystem z. B. Blaser R93 (Geradzug-Verschluß)

Abb. 24 Verschlußsystem Mauser 98

Verschlüsse für Kipplaufwaffen. Bei den verschiedenen Arten von *Kipplaufwaffen* wird der Lauf bzw. das Laufbündel vorn ins Verschlußgehäuse an einem Drehpunkt, dem Scharnier,

Abb. 25 Büchse mit Blockverschluß

Abb. 26 Kipplaufbüchse

Abb. 27 Hahn-Büchsflinte mit Lefaucheux-Verschluß:
1 = Laufhaken
2 = Hebel zum Entriegeln des Vorderschaftes
3 = T-förmiger Verschlußzapfen
4 = Unterhebel

eingehängt und beim Schließen der Waffe mit seinem hinteren Ende gegen den Stoßboden des Gehäuses geklappt. Beim Schuß drückt der Patronenboden gegen den Stoßboden. Die Aufgabe der Verriegelung ist es, die beiden Teile zusammenzuhalten und daran zu hindern, aufzuklappen.

1. *Der Lefaucheux-Verschluß.* Einer der ältesten Verschlüsse dieser Art ist der abgebildete *Lefaucheux-Verschluß* (Abb. 27), dem man heute nicht mehr oft begegnet. Er hat aber schon die typischen Laufhaken, die nach dem Schließen der Waffe durch das Einschwenken des langen Unterhebels unten im Verschlußgehäuse verriegelt werden.
2. *Der Doppelriegel-Verschluß (doppelte Laufhakenverriegelung).* Die unter den Patronenlagern angeordneten *Laufhaken,* die auch für die seitliche Führung der Läufe im Verschlußgehäuse verantwortlich sind, wurden auch bei späteren Konstruktionen immer wieder als *Verriegelungselement* benutzt.

In den meisten Fällen sind zwei Laufhaken vorhanden, von denen jeder am hinteren

Ende eine Aussparung hat, in die ein im Verschlußgehäuse beweglicher und durch den Oberhebel betätigter Riegel gleichzeitig eingreift. *Dieser in der Literatur als Doppelriegelverschluß* bezeichnete Verschluß ist sehr gebräuchlich. Wir finden ihn an Flinten, selbst bei sehr teueren Modellen. In leichter Abwandlung wird bei einigen neuen Konstruktionen nur der hintere evtl. verbreiterte Laufhaken verriegelt.

3. *Der Greener-Verschluß*. Der sehr bekannte und weit verbreitete *Greener-Verschluß* (Abb. 28 auf dieser Seite) verriegelt ebenfalls die beiden Laufhaken, hat aber zusätzlich eine nach hinten vorstehende Verlängerung der Laufschiene, die in eine Aussparung des Stoßbodens eintritt und dort durch einen *Querstift* verriegelt wird, dessen Betätigung auch durch den Oberhebel erfolgt.

4. *Der Purdey-Verschluß*. Technisch gleichwertig, aber etwas eleganter, ist der *Purdey-Verschluß*, bei dem die Verlängerung der Laufschiene nur kurz ist und daher beim Schließen in den Stoßboden eintreten kann, ohne daß dafür in der Basküle eine nach oben durchgehende Nut geschaffen werden muß. Die Verriegelung dieser *Purdey-*

1 = Laufschiene
2 = Schienenverlängerung mit Bohrung für Greenerriegel
3 = Öffnung für Schubstange des automatischen Visiers (bei Schaltung des Umschaltschiebers auf den Büchsenlauf hebt sich das Visier)
4 = Auszieher
5 = Einschnitt für Schienenverlängerung
6 = Signalstifte (zeigen an, ob das Schloß gespannt ist)
7 = Sicherung für Schrotschlosse
8 = Umschalt- bzw Spannschieber und Abzüge stehen in Beziehung zueinander (Schieber vorn: Vorderer Abzug betätigt Büchsenlauf; hinterer Abzug linken Schrotlauf; Schieber hinten: Vorderer Abzug betätigt rechten Schrotlauf, hinterer Abzug linken Schrotlauf)
9 = Greenerriegel

Abb. 28 Der Greener Verschluß

Nase erfolgt durch einen übergreifenden Riegel.
Bei modernen Bockflinten findet man auch zwei Purdey-Nasen als Verriegelungselemente rechts und links der Patronenlager.

5. *Der Kersten-Verschluß.* Auch die *Greener-Verriegelung* existiert ihn ähnlicher Form doppelt angelegt bei Bockwaffen. Dieser oft nicht ganz korrekt als Doppelgreener bezeichnete Verschluß wird besser nach seinem Erfinder *Kersten-Verschluß* genannt. Auch die Benennung nach dem Ort der Erfindung, nämlich Straßburger Verschluß, wird hierfür angewendet.
Dieser Verschluß, in Verbindung mit der doppelten Laufhakenverriegelung, ist insbesondere für Bockwaffen sehr beliebt und sehr stabil. Die bekannten Merkel-Bockgewehre sind vielfach auch ohne die Laufhakenverriegelung nur mit der Kersten-Verriegelung hergestellt worden und haben sich damit bewährt.

6. *Der Flanken-Verschluß.* Diese Verschlußart ist bei Bockflinten und Bockbüchsflinten zu finden. Die Verriegelung des Verschlusses erfolgt durch zwei Stifte oder Keile, die auf beiden Seiten der Patronenlager eintreten. In der Regel hat bei diesem Verschluß das Laufbündel keine Laufhaken; als Drehpunkt dienen zwei Drehzapfen, die beidseitig der Patronenlager in den Flanken des Verschlußgehäuses angebracht sind. Auf diese Art soll eine günstigere Verschlußbeanspruchung und eine niedrigere Bauhöhe erreicht werden.

Abb. 29 Seitenschloßflinte mit Purdey-Verschluß

Abb. 30 Bockflinte mit Kersten-Verschluß

Abb. 31 Bockflinte mit Flankenverschluß

Verschlüsse der Selbstladewaffen. Eine Sonderstellung hinsichtlich der Verschlußverriegelung nehmen die *Selbstladewaffen* ein. Sie werden z. B. durch *drehbare Verschlußköpfe* verriegelt, die mit dem Zylinderverschluß zu vergleichen sind, oder durch *Verriegelungsblocks* (ähnlich dem Blockverschluß bei Büchsen). Die Steuerung der Verriegelungselemente erfolgt durch die Rückstoßkraft *(Rückstoßlader)* oder über einen Druckkolben, der beim Schuß durch aus dem Lauf abgeleitetes Treibgas angetrieben wird *(Gasdrucklader)*.

Eine besondere Form des Rückstoßladers stellt ein Selbstladegewehrverschluß der Firma Heckler und Koch dar, bei dem ein *Rollenverschluß* verwendet wird. Im Verschluß halten zwei Rollen die Verriegelung aufrecht, bis ein bewegliches Steuerstück diese freigibt. Zu dieser Zeit hat das Geschoß den Lauf schon verlassen.

Bei Selbstladewaffen für schwache Patronen, wie z. B. Kleinkaliberpatronen, werden die einfachen *Masseverschlüsse* angewendet. Eine Verriegelung findet dabei nicht statt, sondern die durch eine Verschlußfeder unterstützte Verschlußmasse ist so ausgelegt, daß die Repetierfunktion erst wirksam in Gang gesetzt wird, wenn das Geschoß schon „unterwegs" ist. Bei den Taschenpistolen finden wir den Masseverschluß wieder.

1.4.3 Schlosse

Das *Schloß* ist für die Funktion der Waffe ein sehr wichtiges Teil. Es hat die Aufgabe, nach dem Willen des Schützen die Zündung der im Patronenlager befindlichen Patrone einzuleiten.

Funktion des Schlosses. Der Schütze bewirkt durch *Fingerdruck* auf den *Abzug,* das Auslösen des Schusses. Darauf wird im Schloß der Waffe, durch *Freigabe* der von der Schlagfeder gespeicherten Energie, der *Schlagbolzen* direkt oder indirekt gegen das *Zündhütchen* der

Patrone geschleudert, und der *Schuß* löst sich.

Daß diese Folge von Ereignissen unter bestimmten Bedingungen auch ohne Absicht und ohne Berührung des Abzuges in Gang gesetzt werden kann, muß man wissen und im Interesse der Sicherheit ständig vor Augen haben.

Nur die Kenntnis von der Bedeutung und dem Zusammenwirken der einzelnen Schloßteile gibt die Sicherheit, Gefahrenpunkte zu erkennen und ihnen wirkungsvoll zu begegnen.

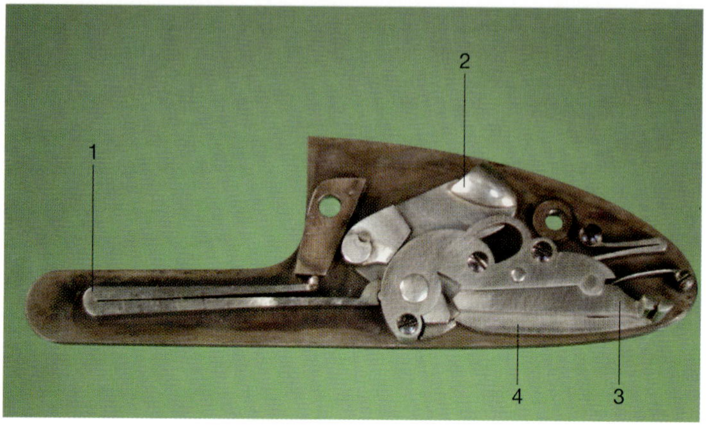

Abb. 32 Seitenschloß, Bauart Holland & Holland (Innenansicht):
1 = Bugfeder 3 = Sicherheitsfangstange
2 = Schlagstück 4 = Abzugstange

Die Entwicklung der Gewehrschlosse. Die Vorläufer unserer modernen Jagdgewehre, die Vorderlader, waren durchweg mit Schlossen ausgerüstet, die einen von Hand zu spannenden Hahn hatten. Bei Betätigung des Abzuges schlug dieser entweder einen in seinem Kopf eingespannten Feuerstein gegen eine Reibfläche und erzeugte so die für die Zündung notwendigen Funken (Steinschloß), oder er brachte durch direkten Schlag ein Zündhütchen zur Explosion (Perkussionsschloß).

Das Schloß selber bestand aus einer seitlich in den Schaft eingelassenen Platte, an der auf der Außenseite der Hahn und auf der Innenseite die übrigen Schloßteile befestigt waren.

Das Hahnschloß. Beim Hinterlader wurde für das Kipplaufgewehr dieses Schloß zunächst praktisch unverändert übernommen, wie z. B. bei der auf Seite 25 abgebildeten Hahn-Waffe. Der einzige Unterschied besteht hierbei darin, daß der Hahn auf einen Schlagbolzen schlägt.

Aber selbst viele der heute gebauten Schlosse für Kipplaufwaffen haben sich konstruktiv gar nicht so weit von den alten Hahnschlossen der Vorderlader entfernt.

Das Hahnschloß ist ein Seitenschloß, wenn wir mit dieser Bezeichnung auch meist die Vorstellung von einem besonders hochwertigen (und modernen) Schloß verbinden.

Das Seitenschloß. Wir denken beim *Seitenschloß* automatisch an die *hahnlose* Form des Selbstspanners. Betrachten wir ein modernes Seitenschloß aber einmal näher, so stellen wir fest, daß es im Grunde nichts anderes ist als ein Hahnschloß, bei dem der Hahn in verkleinerter Form als *Schlagstück auf die Innenseite des Schloßblechs verlegt* wurde.

Zum Spannen dient jetzt die bei allen Selbstspannern in das Verschlußgehäuse längs eingelegte *Spannstange,* die durch den Vorderschaft beim *Abkippen des Laufes betätigt* wird.

Das Seitenschloß wird heute vorwiegend bei teueren Jagdwaffen verwendet und zeichnet sich dadurch aus, daß es für Reinigungs- und Reparaturzwecke leicht ausgebaut werden kann und daß sich die Abzugsauslösekräfte im allgemeinen sehr weich und gleichmäßig einregulieren lassen.

Natürlich wurde das *Seitenschloß* im Laufe der Jahre verbessert. Zur *Abzugstange* kam zusätzlich noch eine Sicherheitsfangstange. Das Schlagstück kann dann nur noch ausgelöst werden, wenn der Abzug beide Stangen gleichmäßig anhebt. Springt die Abzugstange durch eine kräftige Erschütterung, durch Rückstoß oder Hinfallen der Waffe, aus der Rast des Schlagstücks, wird dieses durch das Eintreten der Fangstange in eine Sicherheitsrast am Abschlagen gehindert.

Seitenschlosse wurden lange Zeit als kleine Kunstwerke von Spezialisten in Handarbeit gefertigt und waren daher entsprechend teuer. In neuerer Zeit werden bei Waffen der mittleren Preisklasse vielfach maschinell gefertigte Seitenschlosse eingesetzt, die weniger aufwendig sind, jedoch ebenso ihren Zweck erfüllen. Diese vereinfachten Schlosse verwenden sehr oft als Schlagfeder statt der konventionellen *Bugfeder* die *Schraubenfeder.*

Auch bei anderen Systemen begegnen wir der Schraubenfeder immer häufiger. Ihr Vorteil ist, daß sie sich viel preiswerter herstellen läßt und im Falle eines Bruches nicht restlos ausfällt, sondern, wenn sie gut geführt ist, sogar behelfsweise weiter funktioniert.

Das Kasten-Schloß. Bei dem als *Kastenschloß* bezeichneten Schloßsystem nach Bauart *Anson & Deeley*, das vorwiegend für Flinten gebaut wird, sind Schlagstücke, Schlagfedern und Abzugsstange im Verschlußgehäuse direkt eingebaut. Damit erreicht man ein unkompliziertes, stabiles System und eine kurze Bauart.

Das Blitzschloß. Alle Schloßteile, auch die Abzüge sind beim *Blitzschloß* auf dem untenliegenden Abzugblech aufgebaut. Dadurch sind sie in einer leicht herausnehmbaren und leicht zu wartenden Einheit zusammengefaßt. Überwiegend wird das Blitzschloß bei kombinierten Waffen angewendet. Der *Standarddrilling* hat ein *Blitzsystem* mit drei nebeneinanderliegenden Schlossen, von denen das mittlere den Büchsenlauf bedient. Der vordere Abzug löst, je nach Stellung des Umschaltschiebers, entweder dieses oder das rechte Schloß für den rechten Schrotlauf aus.

Diese Bauart wird oft, nicht ganz unberechtigt, als Sicherheitsrisiko betrachtet. Durch die Anordnung der Schloßteile mit kurzen Hebelverhältnissen müssen die Rasten von Schlagstück und Abzugsstange besonders sorgfältig gearbeitet sein, weil dort große Kräfte auftreten. Es ist nicht ganz auszuschließen, daß aufgrund von Verschleiß an den Teilen ein Doppeln auftreten kann, d.h., beim Abschießen des Büchsenlaufes geht der linke Schrotlauf mit oder umgekehrt. Man hat daher spezielle Sicherungen vorgesehen, wie z.B. beim Sauer & Sohn-Drilling die Stangenwechselsicherung, die durch den Umschaltschieber jeweils die Abzugsstange des nicht benutzten Schlosses sichert.

Damit ist bei richtiger Funktion aller Teile die Gewähr dafür gegeben, daß beim Schrotschuß auf einen Hasen nicht unbeabsichtigt die „Kugel" mit hinausfährt.

Signalstift, Signalwelle, Ladeanzeige. Bei Waffen mit außenliegenden Hähnen kann anhand der Hahnstellung leicht erkannt werden, ob das Schloß gespannt ist oder nicht. Seit die Schlagelemente nach innen verlegt worden sind, ist der Schloßzustand nicht mehr so transparent. Aus dem Schloßinnern nach außen reichende Stifte zeigen z.B. beim Kastenschloß, gesteuert durch die Schlagstücke, an, ob gespannt ist (siehe Abb. 33 auf dieser Seite).

Bei Seitenschlossen bedient man sich in der Regel Markierungen auf der Schlagstückwelle. Das aus dem Schloßblech herausragende Ende der Welle zeigt je nach Stellung den Schloßzustand an.

Ein gespanntes Schloß ist jedoch nicht mit dem Geladensein einer Waffe gleichzusetzen. Aus diesem Grund ist man bei einigen Waffenherstellern noch einen Schritt weitergegangen, indem man das Vorhandensein einer Patrone im Patronenlager des Laufes sichtbar und fühlbar außen an der Waffe anzeigt. So findet sich bei der Repetierbüchse von Sauer & Sohn, Mod. 80/90, im Lagerbereich außen ein „Signalstift", der beim Vorhanden-

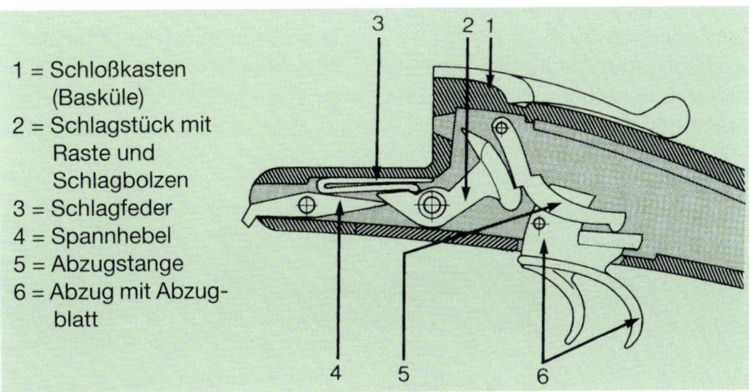

Abb. 33 Anson-Schloß im gespannten Zustand

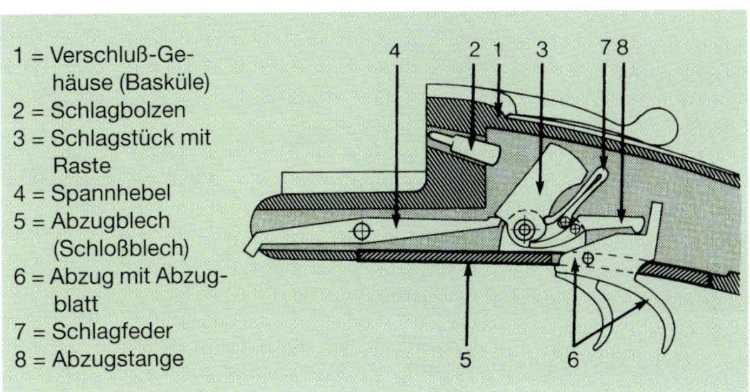

Abb. 34 Blitz-Schloß im gespannten Zustand

sein einer Patrone bzw. Hülse im Patronenlager hervortritt. Noch häufiger ist diese Art der Ladeanzeige bei Kurzwaffen anzutreffen.

Separate Büchsenschloßspannung. Bei den Drillingen mit *separater Büchsenschloßspannung* ist der Sicherheitsfaktor noch konsequenter berücksichtigt. Sie werden daher auch immer mehr bevorzugt. Der *Büchsenlauf* ist am besten dadurch gesichert, daß sein Schloß ungespannt bleibt und *erst bei Bedarf gespannt* wird, was durch einen oben auf der sogenannten Scheibe angebrachten *Spannschieber* oder seitlich angebrachten Hebel erfolgt. Normalerweise spannt sich das Schloß für den Büchsenlauf beim Öffnen der Waffe neu, solange der Spannschieber in seiner vorderen Stellung gelassen wird.

Die separate Schloßspannung läßt sich bei einem Drilling auch nachträglich anbringen.

Handspanner-Systeme (siehe auch Seite 36). Bei Kipplaufwaffen, die *grundsätzlich beim Laden nicht gespannt werden, sondern erst bei Bedarf,* wird die Forderung nach separater Spannung auf die ganze Waffe angewendet.

Diese als *Handspanner* bezeichneten Gewehre können sowohl Büchsen, Flinten wie auch kombinierte Waffen sein.

Weil sich durch einen obenliegenden Spannschieber zwei Schlagfedern gleichzeitig oft nur schwer spannen lassen, werden diese Waffen häufig nur mit einem Schloß und einem Abzug ausgestattet. Bei manchen Modellen muß durch einen seitlichen Schieber der Lauf vorgewählt werden, mit dem man schießen will. Es sind aber auch *Handspanner-Systeme* mit zwei Schlossen und gering aufzubringender Spannkraft am Markt.

Die *Blaser-Bockbüchsflinte* z.B. hat bei einem Schloß zwei Abzüge und eine automatische innenliegende Umstellung. Für jeden Schuß muß der Spannschieber neu betätigt werden. Dafür wird beim Öffnen der Waffe, wie auch bei starken Erschütterungen (Stoß, Fall), *automatisch entspannt.*

Bei der Konstruktion eines *Sicherheitsdrillings* verwendet die Firma Kuchenreuther einen hinter dem Abzugsbügel liegenden Spannhebel, der beim Umgreifen des Kolbenhalses die beiden Schlosse für die Flintenläufe spannt. Das Schloß für den Büchsenlauf hat die bekannte separate Büchsenschloßspannung.

Die Schlosse der Waffen mit starrem Lauf. Über die Schlosse bei den *Gewehren mit feststehenden Läufen* gibt es vergleichsweise wenig zu sagen. Bei den Büchsen mit Blockverschluß enthält in der Regel der Block den *Schlagbolzen,* der durch ein dahinterliegendes verdecktes *Schlagstück* angeschlagen wird.

Die Büchsen mit *Zylinderverschluß* sind mit reinen *Schlagbolzenschlossen* ausgestattet. Schlagbolzen und Schlagfedern werden von der Kammer aufgenommen. Bei fast allen Modellen wird durch das Anheben des Kammerstengels beim Öffnen des Verschlusses das Schloß vorgespannt, und wenn der Abzugsstollen die Nase des Schlagbolzens festhält, wird beim Schließen die volle Spannung der Schlagfeder erreicht.

Auch bei den Waffen mit starrem Lauf gibt es mittlerweile einige Hersteller, die das System der Handspannung eingeführt haben.

Diese Waffen lassen sich geladen, aber ungespannt führen. Der Repetierer R93 von *Blaser* wird z.B. durch einen hinten am Verschluß angebrachten Spannschieber erst bei Bedarf gespannt.

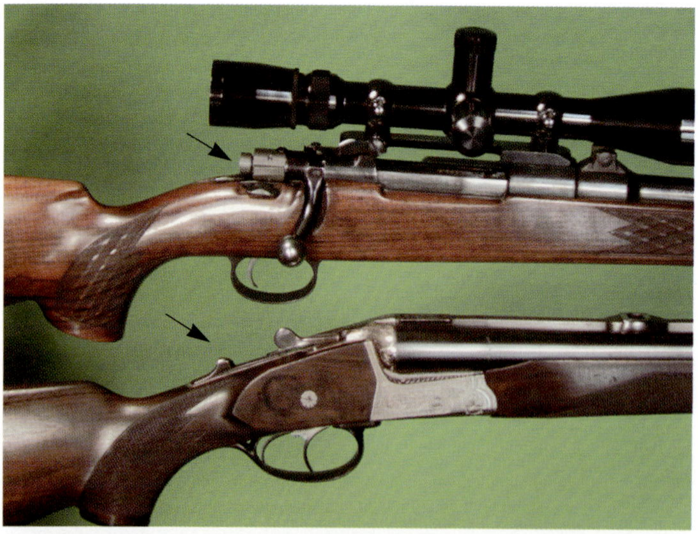

Abb. 35 Bei der Repetierbüchse (**oben**) und dem Drilling (**unten**) wird durch die eingebauten Handspannersysteme erst bei Bedarf direkt vor dem Schuß über die Spannelemente das Schloß gespannt
x = jeweiliger Spannschieber

Die Selbstladegewehre haben in den meisten Fällen Schlosse mit innenliegenden Schlagstücken, vereinzelt auch reine Schlagbolzenschlosse.

1.4.4 Mehrladeeinrichtungen

Das feste Mittelschaftmagazin. Das *feste Mittelschaftmagazin,* das von dem bekannten 98er-Mausersystem her geläufig ist, wird bei mehreren Repetiergewehrkonstruktionen angewendet. Dieses Magazin *wird von oben* durch den geöffneten Verschluß *geladen.*

Bei einigen Jagdrepetierern wird das Entladen des Magazins durch einen aufklappbaren Magazinboden erleichtert.

Dieser Konstruktion liegt die Idee zugrunde, ein Magazin zu haben, das nicht über die äußere Kontur der Waffe vorsteht, nicht verlorengeht und gegen Verschmutzung von außen geschützt ist.

Bei dem *Mauser-Magazin* liegen die *Patronen gegeneinander versetzt* im Zickzack und werden durch den gefederten Zubringer nach oben gedrückt. Ein Nachteil dieses Magazins ist, daß je nach Hülsen- und Geschoßform der verwendeten Patrone leicht *Zuführungsprobleme durch Anstoßen der Geschoßspitzen* beim Einrepetieren vorkommen, und daß, falls nicht entsprechende Führungen für die Hülsenschulter eingebaut sind, empfindliche Geschoßspitzen beim Rückstoß durch Anstoßen gegen die vordere Wandung beschädigt werden.

Ein anderes festes Mittelschaftmagazin ist das *Trommelmagazin* der Repetierbüchse, das ursprünglich ebenfalls für ein Militärgewehr konstruiert wurde, bald aber auch große Beliebtheit für Jagdbüchsen erlangte. Hier liegen die Patronen kreisförmig

Abb. 36 Handspanner-Repetierbüchse Blaser R 39 mit Geradzug-Verschluß und Kombinationsmöglichkeiten

um eine Mittelachse, um die sich auch der gefederte Zubringer dreht.

Das herausnehmbare Mittelschaftmagazin. Mancher findet es bequemer, ein *loses Magazin* zu haben. Es bietet Vorteile beim schnellen Entladen. Ein leergeschossenes läßt sich schnell gegen ein volles Reservemagazin austauschen. Außerdem können eventuell auch Magazine mit vergrößerter Kapazität verwendet werden. Sein Nachteil ist, daß es verlorengehen kann.

Der bekannteste Typ ist *das einreihige Stangenmagazin,* bei dem die Patronen übereinander liegen. Die Zuführung beim Repetieren ist präzise, und durch seitliche Einprägungen lassen sich die Patronen so festlegen, daß die Geschoßspitzen nicht beschädigt werden können.

Die *Steyr-Mannlicher*-Büchse ist bei dem bewährten alten *Trommelmagazin* geblieben und setzt es in der gleichen Form, jedoch herausnehmbar und aus einem schlagfesten Kunststoffmaterial hergestellt, ein.

Das Röhrenmagazin. Eine andere, sehr alte Mehrladeeinrichtung, das *Röhrenmagazin,* ist auch heute noch durchaus gebräuchlich.

Hierbei liegen die *Patronen hintereinander* in einem Maga-

Abb. 37 Herausnehmbare Magazine. Von links nach rechts Zick-Zack-Magazin (FN BAR), Trommelmagazin (Steyr), Reihen- bzw. Stangenmagazin (Krico)

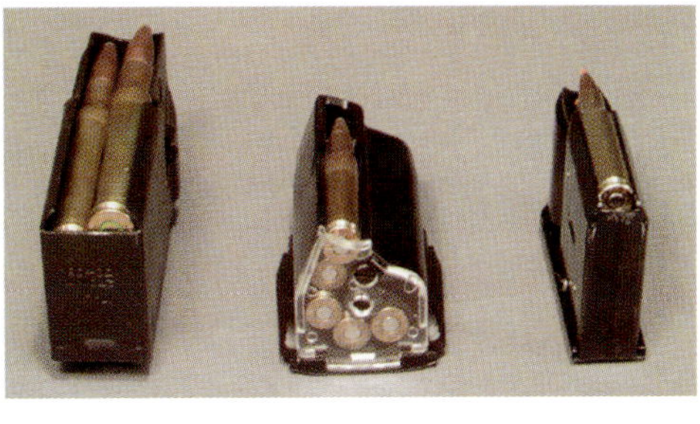

zinrohr, das in der Regel unter dem Lauf angebracht ist. Am häufigsten begegnet uns das Röhrenmagazin bei Selbstlade- und Repetierflinten (s. Abb. 9 und 10).

Amerikanische Büchsen mit dem Unterhebel-Repetiersystem (Winchester, Marlin usw.), bei denen ebenfalls dieser Magazintyp verwendet wird, spielen bei uns als Jagdwaffe keine große Rolle. Man sollte aber wissen, daß in so ein Magazin auf *keinen Fall Patronen mit Spitzgeschossen* geladen werden dürfen! Eine Geschoßspitze kann unter Einwirkung des Rückstoßes das Zündhütchen der vor ihr liegenden Patrone anstoßen und zur Entzündung bringen.

Röhrenmagazine sind wegen der geradlinigen Zuführung durchweg sehr zuverlässig, allerdings umständlich beim Füllen und Entleeren.

1.4.5 Patronenauszieher, Ausstoßer, Auswerfer

An jeder Schußwaffe ist eine Vorrichtung erforderlich, die es gestattet, *abgeschossene Patronenhülsen* sowie auch *nicht abgeschossene Patronen* aus dem Patronenlager und der Waffe zu *entfernen.* Bei den verschiedenen Waffentypen können diese Vorrichtungen sehr unterschiedlich aussehen und auf verschiedene Art funktionieren.

Bei *Waffen mit Zylinderverschluß* ist an der Kammer im Bereich des Stoßbodens eine *Auszieherkralle* angebracht, die die Hülse bzw. Patrone an dem dafür vorgesehenen Rand erfaßt und aus dem Lager zieht. Die Hülse kann dort sehr fest haften, so daß eine beträchtliche *Ausziehkraft* aufgewendet werden muß. Das spielt eine Rolle für die Gestaltung des Ausziehers.

Eine besondere *Auszieherkonstruktion* hat das *Modell 98 von Mauser.* Der breite und solide Auszieher ist seitlich an die Kammer angebaut und bleibt in dieser Position, d.h., er macht dessen Drehbewegungen nicht mit. Durch gradlinig nach hinten wirkenden Zug und breiten Eingriff kann er große Auszieherkräfte übertragen.

Eine Besonderheit aber, die diesen Auszieher von anderen unterscheidet, ist die Eigenart, daß er eine beim Repetiervorgang aus dem Magazin aufsteigende Patrone schon dann ergreift, wenn sie noch nicht zugeführt ist. Damit soll vermieden werden, daß durch zweimaliges Vorschieben der Kammer eine Patrone ins Patronenlager geschoben und durch das Auftreffen der nachgeschobenen zweiten Patrone gezündet werden kann, was zu folgenschweren Unfällen führt.

Andere Repetierbüchsensysteme haben häufig kurze, gefederte Auszieherkrallen, die vorn in die Kammer eingebaut sind und dessen Drehbewegung mitmachen. Diese Auszieher greifen den Rand der Patrone erst, wenn der Verschluß ganz geschlossen wird.

Bei fast allen Büchsen läßt sich die Patrone direkt in das Patronenlager einführen. Bei Waffen mit dem langen Mauser-Auszieher muß diese unbedingt erst in das Magazin geladen werden, sonst geht der Verschluß nicht zu, bzw. der Auszieher kann beschädigt werden!

Die Art des Ausziehers ist beim Laden einer einzelnen Patrone in die Waffe von einiger Bedeutung.

Beim Repetierer genügt es nicht, die Hülse bzw. Patrone aus dem Lager zu ziehen. Sie muß auch aus der Waffe ausgeworfen werden. Dafür ist der *Ausstoßer* zuständig, der dem Auszieher jeweils gegenüber liegt.

Beim Mauser 98 ist er links unter der Brücke der Schloßhülse angeordnet und mit dem seitlichen Schloßhalter verbunden. Wird der Verschluß bis zum Anschlag zurückgezogen, tritt der Ausstoßer durch die geschlitzte linke Verschlußwarze aus und stößt die Hülse bzw. Patrone nach rechts aus.

Bei den anderen Systemen findet man in Verbindung mit dem kurzen Auszieher meistens einen im Stoßboden der Kammer angeordneten *federnden Ausstoßerstift,* der die Hülse bzw. Patrone ausstößt, sobald die Systemhülse sie freigegeben hat.

Bei den *Selbstladern* finden wir durchweg die kurzen, gefederten

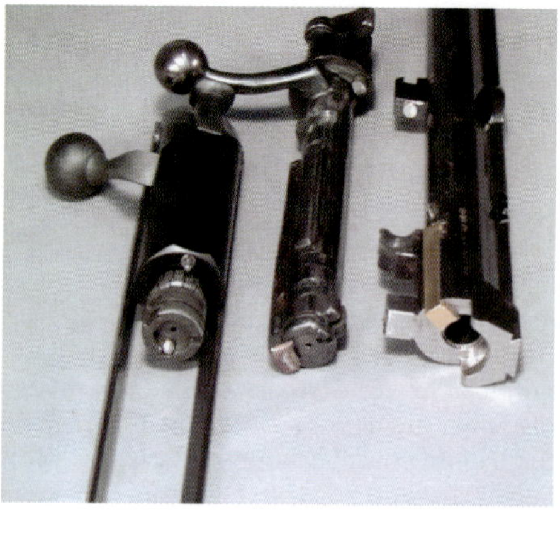

Abb. 38
Auszieher an Verschlüssen von Repetierbüchsen und am Lauf einer Kipplaufbüchse. Beim R93-Verschluß (links) ist auch ein Auswerfer im Stoßboden in Form eines gefederten Stiftes eingebaut

Auszieher in Verbindung mit fest eingebauten, starren Ausstoßern oder gefederten Ausstoßerstiften wie bei den Repetierern.

Die Patronenauszieher der *Kipplaufwaffen* sehen anders aus. Sie sind am Lauf befestigt und in ihrer Form dem Patronenlager angepaßt. Beim Abkippen des Laufes oder Laufbündels schiebt der *Patronenauszieher* die im Lager befindliche Hülse bzw. Patrone so weit heraus, daß sie entnommen werden kann.

Die Auszieher werden auch, bei mehrläufigen Waffen, in geteilter Form hergestellt, so daß durch unterschiedlich weites Herausschieben ein besserer Zugriff besteht. Der *geteilte Patronenauszieher* ist besonders beim Drilling vorteilhaft, damit die Hülse der Büchsenpatrone leichter zu fassen ist.

Kipplaufwaffen, bei denen eine schnelle Schußbereitschaft gewünscht wird, werden mit *Auswerfern* statt der einfachen Patronenauszieher ausgestattet. Diese kommen vor allem *bei Doppelflinten und Doppelbüchsen, Bockflinten und Bockbüchsen* in Frage. Das beim Abkippen der Läufe automatische Auswerfen der leeren Hülsen beschleunigt das Nachladen sehr.

Die Auswerfer, vielfach *auch als Ejektoren bezeichnet,* sind spezielle Auszieherkonstruktionen, bei denen durch das Abkippen des Laufes oder Laufbündels eine *kräftige Feder* freigegeben wird *oder* ein im Vorderschaft befindliches *Schlagstück* abschlägt. In beiden Fällen wird der Auswerfer so beschleunigt, daß die Patronenhülse aus dem Lager gestoßen und fortgeschleudert wird.

Die Konstruktion ist aber so gestaltet, daß nur der Auswerfer eines abgeschossenen Laufes in Tätigkeit tritt. Gegenüber „scharfen" Patronen verhält sich der Auswerfer wie ein Patronenauszieher. Er schiebt sie nur um einige Millimeter aus dem Lager, es sei denn, das entsprechende Schloß wäre abgeschlagen. Versagerpatronen werden in der Regel also ausgeworfen.

Auch einläufige Kipplaufbüchsen, Bockbüchsflinten, selbst Drillinge werden mit Auswerfern ausgestattet. Beim Ansitz kann sich der *Auswerfer* auch nachteilig auswirken, weil das Nachladen *nicht ohne* ein deutlich vernehmbare *Geräusch* zu bewerkstelligen ist. Wer das nicht möchte, oder wer in bestimmten Situationen vermeiden will, daß seine Patronenhülsen in die Gegend fliegen, kann sich in den meisten Fällen vom Büchsenmacher in seine Waffe eine Vorrichtung einbauen lassen, durch die sich der Auswerfer nach Bedarf ausschalten läßt.

Die *Auswerfer oder Ejektoren* sind im Vergleich zu den einfachen Patronenausziehern recht *komplizierte und empfindliche Einrichtungen.* Sie bedürfen entsprechender Pflege und können bei unsachgemäßer Behandlung schließlich versagen.

Nach dem Zerlegen muß beim Zusammensetzen einer solchen Waffe mit besonderer Sorgfalt und ohne Gewalt vorgegangen werden.

Wichtig ist, daß z. B. *Waffen mit Auswerfern nach der Bauart von Holland & Holland,* die durch Schlagstücke im Vorderschaft betätigt werden, *auf keinen Fall beim Schließen über die Abzüge entspannt* werden dürfen, weil die empfindlichen Teile sonst Schaden nehmen.

Blockverschlußbüchsen sind mit ähnlichen Patronenausziehern ausgestattet wie die Kipplaufgewehre. Einige Systeme lassen sich auch mit Auswerfern ausrüsten.

1.4.6 Abzugseinrichtungen

Die Abzugseinrichtungen sind die Bedienungselemente an den Waffen, die die Funktion haben, den gespannten Schlagbolzen bzw. das Schlagstück auszulösen und so die Schußentwicklung einzuleiten.

Ist das Schloß der Waffe gespannt, so steht der Abzug entweder direkt im Eingriff mit einer Raste des Schlagbolzens bzw. des Schlagstückes, oder in die Rast tritt ein Zwischenstück, die Abzugsstange ein, die dann zum Schuß durch den Abzug aus dem Eingriff gehoben wird.

Die im Abschnitt 1.4.7 Sicherheitseinrichtungen, abgebildete schematische Darstellung eines Blitzschlosses (Abb. 40) verdeutlicht die Funktionen von Abzug, Abzugsstange und Schlagstück.

Abzugssauslösekraft. Die Abzugsauslösekraft ist die Kraft, die aufgebracht werden muß, um das Schloß über den Abzug auszulösen. Sie wird von Form und Zustand der Rast und auf sie wirkende Kräfte bestimmt, die den Abzug bzw. die Abzugsstange in der Normallage halten.

Die Einregulierung des Abzuges sollte einem erfahrenen Büchsenmacher vorbehalten bleiben. Wenn die Rasten unsachgemäß bearbeitet werden und die Federkraft zu sehr herabgesetzt wird, kann der Abzug zum Sicherheitsrisiko werden. Das Schloß löst dann schon bei einer Erschütterung der Waffe aus.

Im allgemeinen glaubt der Jäger und Schütze mit einem möglichst leicht stehenden Abzug am besten schießen zu können. Ein geringer Abzugswiderstand soll gewährleisten, daß die Waffe während der Abzugsbewegung ruhig auf das Ziel gerichtet bleibt. Diese Vorstellung ist nicht unbedingt richtig. Es muß bedacht werden, daß es für bestimmte Waffentypen und verschiedene Jagdsituationen eine untere Grenze für die Abzugsauslösekraft gibt, die im Interesse der Sicherheit noch vertretbar ist. Bei Selbstladern und mehrläufigen Waffen z.B. darf der Abzug nicht durch die in der Waffe auftretenden Erschütterungen beim Durchladen bzw. beim Abfeuern des ersten Schusses auslösen.

Auch eine Büchse, die auf winterlichen Drückjagden geführt wird, sollte keinen zu leicht stehenden Abzug haben, sonst wird mit klammen, kalten und unter Umständen behandschuhten Fingern zu leicht ungewollt ein Schuß ausgelöst.

Abzugssysteme. Der *Druckpunktabzug* war früher bei Militär- und Sportgewehren sehr gebräuchlich. Viele, die ihre Schießausbildung beim Militär erfahren haben, verwenden diesen Abzug immer noch gern. Beim Druckpunktabzug wird ein Teil des Abzugsweges durch den Vorweg gewissermaßen vorweggenommen. Ist am Ende des Vorweges der Druckpunkt erreicht, steigt die zum Auslösen benötigte Kraft an. Der noch zum Auslösen benötigte Abzugsweg ist aber nur kurz. Trotzdem hat sich dieses Abzugssystem für den jagdlichen Gebrauch nicht durchsetzen können.

Flinten, kombinierte Waffen sowie ein großer Teil der Selbstladewaffen und mit steigender Tendenz auch Büchsen sind mit *Direktabzügen* ausgestattet. Der Ausdruck „Flintenabzug“ ist an dieser Stelle nicht falsch. Er begegnet uns aber vorwiegend bei den Direktabzügen der Büchsen. Der Direktabzug hat keinen Vorweg. Der Abzugsfinger hat vom Beginn der Abzugsbewegung an den vollen Abzugswiderstand zu überwinden. Für ein schnelles, entschlossenes Abziehen, wie es die Abgabe von „Schnappschüssen“ erfordert, ist der Direktabzug aber nicht zu übertreffen. Ein Druckpunktabzug wäre in diesem Fall hinderlich.

Bei Flinten, die mit zwei Abzügen ausgestattet sind, wird üblicherweise der Abzug für den rechten bzw. unteren Lauf etwas leichter eingestellt, weil dieser Lauf in der Regel zuerst geschossen wird. Auslösekräfte von 18 bzw. 22 Newton (1,8 und 2,2 kp nach der alten Bezeichnung) stellen einen vernünftigen Mittelwert dar.

Der *Einabzug,* der vorwiegend für Sportflinten Verwendung findet, bietet den Vorteil, daß man nicht umzugreifen braucht und so einen Sekundenbruchteil schneller mit dem zweiten Schuß ist. Auf der Jagd ist der Einabzug nicht unbedingt von Vorteil. Der Doppelabzug gestattet noch unmittelbar vor der Schußabgabe die Wahl zwischen den Läufen mit verschiedenen Chokebohrungen und ggf. auch unterschiedlichen Ladungen. Bei einem Einabzug mit wahlweiser Umschaltung, die nicht in allen Fällen vorhanden ist, geht das nicht so einfach.

Die automatische Umschaltung vom ersten auf den zweiten Lauf erfolgt entweder zwangsgesteuert über den Abzug oder durch den Rückstoß. Beide Systeme sind gleich zuverlässig, aber nur die zwangsweise Umschaltung gestattet das unmittelbare Abfeuern des zweiten Laufes, wenn der erste Schuß versagt. Einabzüge finden sich auch an Doppelbüchsen, hier natürlich ohne wahlweise Umschaltung.

Bei einigen Flinten funktioniert einer der beiden Abzüge als Einabzug, wodurch alle Umschaltungsprobleme ideal gelöst sind.

Auch bei den Büchsen, vor allem den Repetierern, hat sich der Direktabzug, hier häufig als Flintenabzug bezeichnet, in den letzten Jahren immer mehr durchgesetzt. Die Vorteile gegenüber dem Stecherabzug beim Schießen auf flüchtiges Wild und bei kaltem Wetter sind überzeugend. Wer sich erst einmal an ihn gewöhnt hat, kommt bei allen Gelegenheiten gut mit ihm zurecht. Wichtig ist nur, daß der Abzug richtig eingestellt ist, nicht zu hart steht (eine Auslösekraft von ca. 10 bis 15 Newton ist optimal) und daß die Auslösung kurz und trocken erfolgt, ohne Weg und „Kratzen“.

Der *Stecherabzug* ist, trotz der Gefahren, die mit einem eingestochenen Schloß zusammenhängen können, immer noch der beliebteste Büchsenabzug des deutschen Jägers.

Bei diesem Abzugssystem wird beim Einstechen ein Element unter Federspannung gesetzt, das beim Berühren des Abzuges ausgelöst wird, gegen die Abzugsstange schnellt, worauf diese das Schlagstück bzw. den Schlagbolzen auslöst.

Bei dem ausschließlich bei Büchsen gebräuchlichen *deutschen Stecher oder Doppelzüngelstecher* ist das auslösende Element der hinten liegende, wie ein Abzug aussehende Stecher. Es ist konstruktiv nicht zu umgehen, daß der Schuß auch direkt ausgelöst werden kann, wenn der hintere Abzug, entgegen der üblichen Praxis, nach vorn gedrückt wird. Auf diese Gefahr wurde bereits an anderer Stelle hingewiesen. Bei einem englischen Büchsenmodell liegt der Stecher umgekehrt vor dem Abzug, funktioniert aber in gleicher Weise.

Bei dem *französischen Stecher oder Rückstecher,* der vorzugsweise bei kombinierten Waffen aber auch bei Büchsen eingesetzt wird, dient der Abzug selber als einstechendes Element. Er wird durch Drücken nach vorn ge-

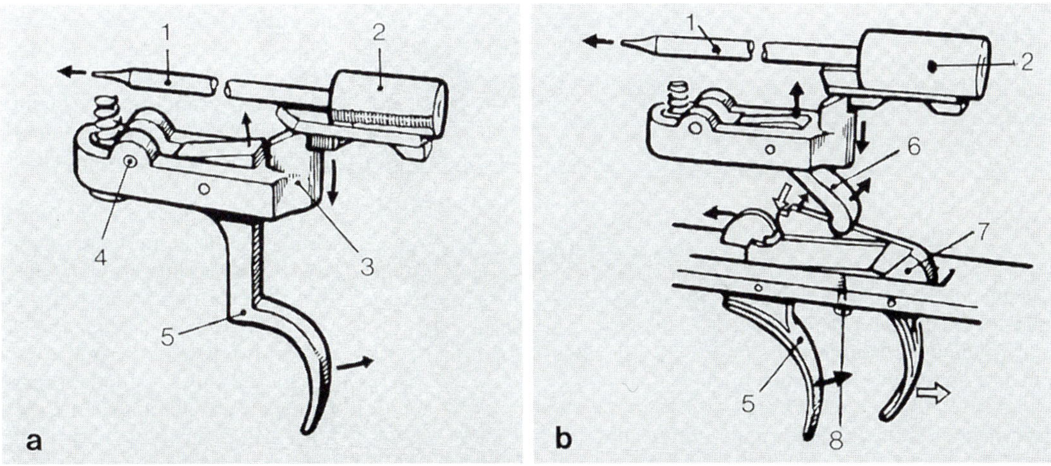

1 = Schlagbolzen
2 = Schlagbolzenmutter
3 = Abzugstollen
4 = Drehpunkte (Achse)
5 = Abzug
6 = Übertragungshebel
7 = Spannabzug des Stechschlosses
8 = Stellschraube

Abb. 39 Druckpunkt- und Stecherabzug:
a Druckpunktabzug. Schematische Darstellung der Abzugsvorrichtung bei Zylindersverschlüssen (direkte Auslösung). Ein Durch-ziehen des Abzuges (5) bewirkt eine Abwärtsbewegung des Abzugstollens (3) und damit das Auslösen des Schlagbolzens (1).
b Stecherabzug. Indirekte Auslösung des Schlagbolzens (1) mittels Zweizungen-Stechschloß (Deutscher Stecher). Die Auslösung der Schlagbolzenmutter (2) erfolgt hier durch einen Übertragungshebel (6). Dieser wird in Bewegung gesetzt, indem ein unter Federdruck stehender Hebelarm des Stechschlosses, der beim Einstechen eingerastet war, beim Berühren des vorderen Abzugs nach oben schlägt.

spannt bzw. eingestochen. Er kann jedoch nur funktionieren, wenn er beim Auslösen frei nach hinten durchschwingen kann. Drückt der Abzugsfinger seitlich an den Abzug, kann dadurch eine Funktionsstörung des Stechers bewirkt werden.

Inzwischen werden für Repetierbüchsen *Kombinationsabzüge* von mehreren Firmen, auch für die Nachrüstung, angeboten. Dabei ist ein Direktabzug mit einem Rückstecher kombiniert. Diese Abzüge bewähren sich. Ein Nachteil des deutschen Stechers ist nämlich, daß in den meisten Fällen die Funktion des normalen Abzugs im ungestochenen Zustand sehr unbefriedigend ist.

Bei einigen ausgefallenen Konstruktionen wird der Abzug zum Spannen des Schlosses eingesetzt. Ein Beispiel dafür ist eine Sicherheits-Bockbüchsflinte, die die Firma Heym einige Jahre lang gebaut hat, und eine Blockverschlußbüchse nach dem Heeren-System.

Bekannter sind die *Spannabzüge,* die bei modernen Revolvern und Pistolen gebräuchlich sind und bei denen durch Ziehen des Abzuges das Schloß gespannt und unmittelbar ausgelöst wird.

1.4.7 Sicherungseinrichtungen

Auf die Frage, warum ein Revolver als so besonders sicher gilt, hat einmal jemand zur Antwort gegeben: „Weil er keine Sicherung hat.“ So unsinnig sich diese Antwort zunächst anhört, so sinnvoller wird sie, wenn man darüber nachdenkt.

Es gibt ernsthafte Menschen, die behaupten, daß mit Flinten weniger Unfälle passieren würden, wenn sie keine Sicherung hätten. Der Jäger müßte dann auf anderem Weg die Sicherheit garantieren, indem er, wie es zum Beispiel die Sportschützen auf dem Schießstand praktizieren, die Flinte nur dann schußfertig macht, wenn er tatsächlich schießen will und sie im übrigen offen trägt.

Ob sich das in allen jagdlichen Situationen so praktizieren läßt, mag dahingestellt bleiben. Hinter dieser Forderung steht jedenfalls der Gedanke, daß man keiner Sicherung blind vertrauen soll. Ein großer Teil der Unfälle geschieht mit Waffen, die gesichert oder vermeintlich gesichert waren.

Daher ist es nur zu berechtigt, wenn man sagt:

„Die beste Sicherung für eine Waffe ist der Mann, der sie handhabt.“
Bedauerlicherweise vermitteln die Jägerprüfungen im-

mer wieder den Eindruck, daß viele Kandidaten die Sicherungen drillmäßig handhaben, ohne zu begreifen, was ihre Handgriffe im einzelnen bewirken, und wie weit sie die Sicherheit überhaupt gewährleisten.

Die schematische Darstellung eines Blitzschlosses (Abb. 40) stellt die verschiedenen Möglichkeiten dar, eine Sicherung anzubringen. Sie eignet sich aber auch sehr gut dazu, die Funktion der Sicherung bei allen Schloßarten zu beleuchten.

Bei jedem Waffentyp wird die Schußauslösung mit dem Durchziehen des Abzuges eingeleitet. Dieser löst direkt oder über eine Abzugsstange den Schlagbolzen aus oder das Schlagstück, das auf den Schlagbolzen schlägt.

Abbildung 41 zeigt ein Schloß mit Abzug, Abzugsstange, Schlagstück und Schlagbolzen.

Die *Abzugssicherung* stellt den Abzug fest und verhindert, daß man ihn durchziehen kann. Sie kann aber nicht verhindern, daß durch eine starke Erschütterung – einen Stoß oder ein Hinfallen der Waffe oder auch durch das Abbrechen eines Bolzens oder der Rast aus dem Schlagstück bzw. Schlagbolzen – die vor dem Abzug liegende Mechanik in Gang gesetzt wird und der Schuß losgeht.

Die *Stangensicherung* bietet ein höheres Maß an Sicherheit, denn sie legt die Abzugsstange so fest, daß sie nicht aus der Rast am Schlagstück bzw. Schlagbolzen austreten kann. Man kann also am Abzug ziehen und die Waffe hinfallen lassen, nichts wird passieren. Es sei denn, ein Teil wie die Achse, auf der sich die Abzugsstange dreht oder die Rast, in die sie eingreift, bricht. Das ist zwar sehr unwahrscheinlich, aber

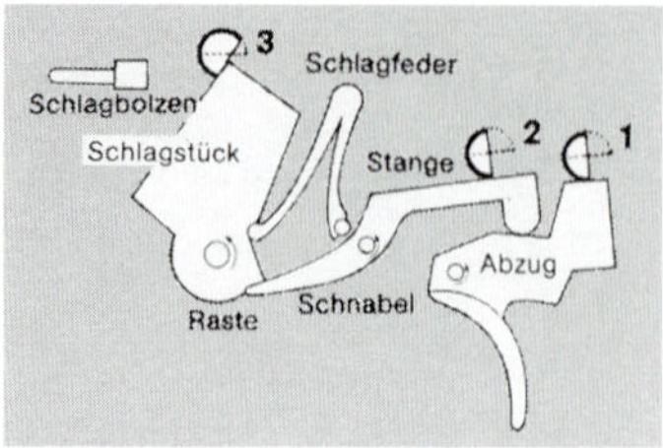

Abb. 40 Schloßteile eines Blitzschlosses mit verschiedenen Sicherungssystemen. 1 = Abzugssicherung, 2 = Stangensicherung, 3 = Schlagstücksicherung

immerhin nicht ganz ausgeschlossen!

Die *Schlagstücksicherung* hält das Schlagstück fest, so daß es nicht auf den Schlagbolzen schlagen kann. Bleibt die Sicherungswelle selber intakt, ist die Sicherung garantiert. Ein Haken ist aber dabei. Die Sicherung muß beim Einschalten das Schlagstück etwas zurückdrücken, damit die Rast entlastet wird. Abzug und Abzugsstange müssen sich im gesicherten Zustand frei bewegen können. Es könnte sonst passieren, daß man beim Probieren des Abzugs die Stange aus der Rast zieht und beim Entsichern den Schuß löst. Weil die Sicherungswelle verschleißen kann und dann das Schlagstück nicht mehr genügend anhebt, verlassen sich viele Hersteller lieber auf die Stangensicherung mit dem Argument, daß dessen Teile so dimensioniert sind, daß nichts bricht.

Die *Schlagbolzensicherung* wird bei Schlossen dieser Art aus konstruktiven Gründen nicht angewendet. Dagegen ist sie bei Repetierbüchsen sehr gebräuchlich. Die klassische Sicherung ist die des Systems Mauser M98. Der Sicherungsflügel sichert im hochgestellten Zustand den Schlagbolzen, und wenn er ganz nach rechts gelegt wird, verhindert er noch zusätzlich das Öffnen der Kammer. Aufgrund der soliden Dimensionierung der Teile gilt diese Sicherung mit Recht als besonders zuverlässig.

Leider läßt sich die Original-Flügelsicherung des Modells 98 bei aufgesetztem Zielfernrohr oft schlecht oder gar nicht mehr bedienen. Sie kann daher gegen eine Sicherung ausgetauscht werden, die horizontal oder schon in der 45°-Stellung sichert, aber keine Mittelstellung kennt, in der ein Laden und Entladen im gesicherten Zustand möglich ist.

Bedauerlicherweise haben sich neuere Konstruktionen von Repetierern der leichter und manchmal auch lautloser zu betätigenden Schiebesicherung bedient. In der Regel wirkt diese auf den Abzugsstollen, der in der Funktion einer Abzugsstange entspricht. Hier ist man zugunsten des Bedienungskomforts in der Sicherheit bewußt einen Schritt zurückgegangen.

Wer diese Zusammenhänge versteht, der hat erkannt, daß die Effektivität einer Sicherung wächst, je näher sie zur Patrone hin angebracht wird.

Die Handspanner-Systeme.

Die bisher beschriebenen Sicherungssysteme sind dazu gedacht, ein gespanntes Schloß zu sichern. Eine Waffe, die nicht gespannt ist, braucht man aber nicht zu sichern, denn sie ist in sich sicher. Dieser Gedanke ist so einfach wie überzeugend und wird bei mehreren modernen Sicherheitskonstruktionen verwirklicht.

Dabei hat man dieses System zu Großvaters Zeiten bei den Waffen mit außenliegenden Hähnen schon gehabt, hat es aber dem eleganten Aussehen und der schnelleren Schußbereitschaft geopfert.

Eine dieser modernen Sicherheitskonstruktionen ist die separate Büchsenschloßspannung (auch als separate Kugelspannung bezeichnet) beim Drilling, die von mehreren Herstellern, auch für nachträglichen Einbau, geliefert wird und die Sicherheit des Drillings wesentlich erhöht.

Wie bereits erwähnt, hat die Firma Kuchenreuter zusätzlich zur separaten Kugelspannung noch eine Handspannvorrichtung für die beiden Schrotläufe konzipiert und so einen echten Sicherheitsdrilling geschaffen.

Die Firmen Krieghoff, Heym und Blaser brachten Handspanner-Jagdwaffen auf den Markt, die sich in der Handhabung teilweise unterscheiden, aber alle dem Prinzip folgen, die Waffe erst dann zu spannen, wenn geschossen werden soll.

Entsprechende Schonzeitwaffen mit außenliegenden Hähnen sind von mehreren, vorwiegend ausländischen Firmen bekannt.

Die Firma Blaser hat das Handspanner-System am konsequentesten verwirklicht und in allen Waffentypen, die sie herstellt, angewendet: in der Kipplaufbüchse, der Blockbüchse, der Bockbüchse, der Bockbüchsflinte, dem Drilling und sogar in den Repetierbüchsen. Auch von Krico gibt es eine Sicherheits-Repetierbüchse mit Handspannersystem.

Büchsen vom System Mauser 98 lassen sich nachträglich zum Handspanner umrüsten. Entsprechende Bausätze sind im Fachhandel erhältlich.

Wenn eine Waffe schon geladen sein muß, ist sie durch das Handspanner-System am besten gesichert. Wer aber meint, jede normale Repetierbüchse zum Handspanner umfunktionieren zu können, indem er sie mit geladenem Patronenlager und entspanntem Schloß führt, handelt im höchsten Grade unvorsichtig. Der Schlagbolzen liegt unter Federspannung so auf dem Zündhütchen, daß es nur eines Anstoßes bedarf, um eine Katastrophe auszulösen.

1.4.8 Schäfte

Der Schaft einer Jagdwaffe hat die Aufgabe, dem Jäger und Schützen eine einwandfreie und sichere Handhabung zu ermöglichen, damit beim Schießen das Ziel auch in der gewünschten Weise getroffen wird.

Einfluß des Schaftes auf die Trefferergebnisse. Eine Voraussetzung dafür ist, daß der Büchsenmacher Schaft und System so zusammenfügt, daß eine gute und gleichbleibende Schußleistung der Waffe gegeben ist. Daß es hier in mehrfacher Hinsicht Probleme geben kann, ist im Kapitel 7 (Prüfung von Waffen und Munition) nachzulesen.

Voraussetzung ist weiterhin, daß der Schaft dem Schützen liegt.

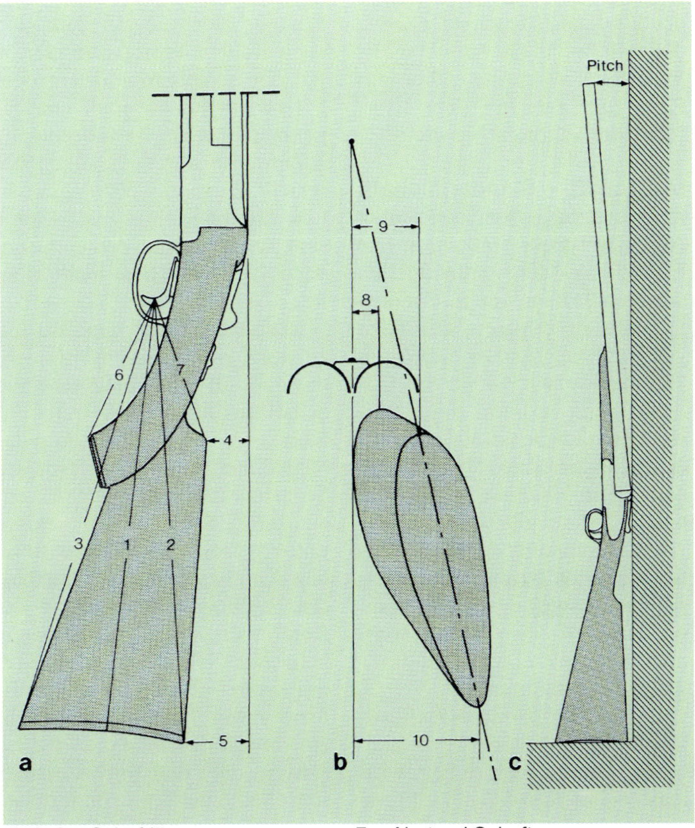

1, 2, 3 = Schaftlänge
4 = Senkung Schaftnase
5 = Senkung Schaftkappenoberkante
6 = Abstand Pistolengriffvorderkante zum vorderen Abzug
7 = Abstand Schaftnase zum vorderen Abzug
8 = Schränkung an der Schaftnase
9 = Schränkung an der Schaftkappenoberkante
10 = Schränkung an der Schaftkappenspitze

Abb. 41 Schaftmaße:
a Maßbezeichnung der Schäftung (Nomalschaft mit Pistolengriff);
b Schränkung (Ausbiegung) des Schaftes;
c Winkelstellung (Pitch) der Kolbenkappe.

Er soll ihm beim Anschlagen bequem, griffgerecht, nicht ungewohnt und unhandlich erscheinen. Das gilt in besonderem Maße für Waffen, mit denen vorwiegend auf bewegliche Ziele geschossen wird, vor allem also für Flinten.

„Die Läufe schießen, aber der Schaft trifft!", heißt ein in diesem Zusammenhang immer wieder zitiertes Wort. Beim Flintenschießen soll ja das Schießauge das Visier darstellen, deshalb soll der Flintenschaft so gut passen, daß sich bei jedem Anschlag die Visierlinie vom Auge über das Korn zum Ziel mit dem Treffpunkt der Schrotgarbe vereint.

Maßschaft – Standardschaft. Ideal für den gleichbleibend guten Anschlag ist ein Maßschaft. Die Ermittlung der individuellen Schaftmaße kann nur durch einen Spezialisten erfolgen, der dazu viel Erfahrung und eventuell ein Gelenkgewehr benötigt. Ein Gelenkgewehr gestattet die Einjustierung aller Schaftmaße, bis es dem Schützen perfekt liegt, so daß dann die eingestellten Maße abgenommen werden können.

Die Herstellung des Maßschaftes wiederum ist eine sehr kostspielige Angelegenheit, und weniger begüterte Jäger müssen wohl oder übel mit einem Standardschaft zurechtkommen.

Obwohl die Standardschäfte aller Flintenhersteller etwa die gleichen Abmessungen haben, wird man bei der Auswahl einer Flinte die Erfahrung machen, daß nicht jede gleich gut liegt. Es lohnt sich bestimmt, vor dem Kauf eine Anzahl verschiedener Flinten in die Hand zu nehmen und schließlich die zu wählen, von der man gefühlsmäßig den Eindruck hat, daß sie am handlichsten und führigsten ist, d. h., daß man bei schnellem Anschlag ohne Zielen annähernd richtig liegt.

Der Büchsenschaft. Bei einer Büchse, ausgenommen einer für die Drückjagd, ist das Passen des Schaftes nicht von so großer Bedeutung. Der Büchsenschuß wird vorwiegend in Ruhe und gezielt abgegeben. Man hat daher Gelegenheit, kleine Unstimmigkeiten bei den Schaftmaßen durch den Anschlag auszugleichen.

Aber es ist auch hier möglich, daß bestimmte Schaftmaße Probleme verursachen. Man hört nicht selten davon, daß zwei Freunde Büchsen mit dem gleichen Kaliber führen, die gleiche Patrone schießen, und trotzdem hat die eine Büchse einen unangenehmen Rückstoß, während die andere sich durchaus angenehm schießt. Wenn das Waffengewicht und die Lauflänge etwa gleich sind, kann das nach den Gesetzen der Physik eigentlich nicht möglich sein.

Ist aber der Schaft einer Büchse zu kurz, der Pistolengriff nicht passend für die Hand und die Schaftsenkung zu groß, treibt der Rückstoß den Daumen der Schießhand auf die Nase des Schützen, und der nach vorn ansteigende Schaftrücken schlägt unter das Jochbein. Dann wird jeder Schuß zu einem schmerzhaften Erlebnis und verstärkt das Empfinden des Rückstoßes erheblich. Es gibt Büchsen, die aufgrund ihrer unglücklichen Schaftform ihren Besitzer regelrecht zum Mucken erziehen.

Man sollte den Büchsenschaft so wählen oder ihn so ändern lassen, daß diese Fehler nicht mehr vorkommen. Ein hochliegender Schaftrücken, der nach vorn leicht abfällt, entfernt sich im Rückstoß von den empfindlichen Stellen des Gesichtes und gibt trotzdem die Möglichkeit, beim Visieren durch das Zielfernrohr den natürlichen Kontakt mit der Waffe zu behalten.

Die Schaftformen. Die Schäfte der Flinten, kombinierten Waffen und Kipplaufbüchsen sind zweiteilig und bestehen aus Vorder- und Hinterschaft.

Die Schäfte der Repetierbüchsen sind in der Regel einteilig, bei einigen Modellen zweiteilig. Der einteilige Schaft kann Probleme durch das Verziehen des Holzes verursachen.

Die übrigen Schaftformen und Verzierungen sind vom persönlichen Geschmack abhängig. Die Schaftbacke ist tatsächlich mehr Zierde, denn bei entsprechend geformtem Schaft hat sie keinerlei Funktion.

Ein stark gekrümmter und steiler Pistolengriff hilft dabei, die Waffe fest in die Schulter zu ziehen, während ein langer und flach auslaufender Griff sich besser für das Flüchtigschießen eignet.

Bei der Flinte wird manchmal ganz auf ihn verzichtet und ein Fischbauchschaft oder eine englische Schäftung vorgesehen. Weil die individuellen Anschlaggewohnheiten doch sehr verschieden sind, läßt sich eine allgemeingültige Empfehlung für die eine oder andere Form nicht geben.

Ein breiter Vorderschaft (Biberschwanz- oder Halbbiberschwanz-Vorderschaft) sieht in vielen Fällen nicht so elegant aus, kommt aber einem Schützen mit großen Händen sehr entgegen. Außerdem schützt er wirksam vor der Berührung mit zu heißen oder zu kalten Läufen.

Material und Oberfläche der Schäfte. Das klassische Schaftmaterial ist Nußbaumholz, wobei das Wurzelholz wegen der Maserung und großen Dichte am hochwertigsten ist. Gute Hölzer dieser Art sind knapp und werden entsprechend teuer gehandelt. Andere, zum Teil auch exotische Holzarten mit entsprechender

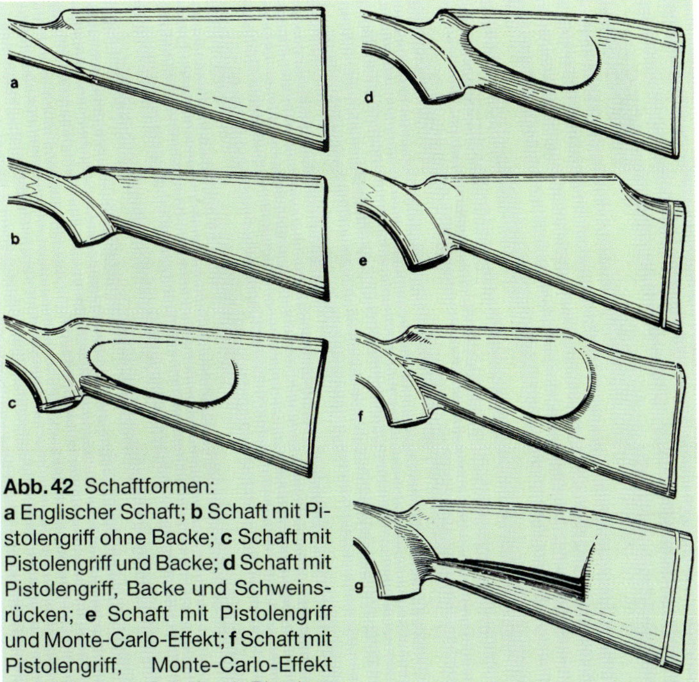

Abb. 42 Schaftformen:
a Englischer Schaft; **b** Schaft mit Pistolengriff ohne Backe; **c** Schaft mit Pistolengriff und Backe; **d** Schaft mit Pistolengriff, Backe und Schweinsrücken; **e** Schaft mit Pistolengriff und Monte-Carlo-Effekt; **f** Schaft mit Pistolengriff, Monte-Carlo-Effekt und -Backe; **g** Schaft mit Pistolengriff, Schweinsrücken und bayerischer Backe.

Dichte werden insbesondere bei Serienwaffen als Ersatz genommen.

Ein besserer Schaft, vor allem bei entsprechender Holzqualität, wird vorwiegend als Ölschaft ausgeführt. Um sein schönes, mattglänzendes Aussehen zu behalten, muß der Ölschaft mit den richtigen Mitteln regelmäßig gepflegt werden (s. Kap. 9, Pflege von Waffen und Optik). Angestoßene Stellen und Kratzer lassen sich beim Ölschaft verhältnismäßig leicht reparieren. Auch Schaftkorrekturen können in einem gewissen Umfang nachträglich durchgeführt werden.

Lackschäfte sind mit widerstandsfähigen Lackschichten versehen, die den Schaft so lange schützen, wie die Oberfläche unversehrt ist. Ist der Lack an mehreren Stellen verletzt, ist es besser, ihn ganz abzulösen und den Schaft in einen Ölschaft zu verwandeln.

Auch Schäfte aus Schichtholz oder Kunststoff werden für verschiedene Waffentypen angeboten. Diese müssen durchaus kein billiger Ersatz für einen Holzschaft sein, denn sie lassen sich auch geschmackvoll gestalten. Man sollte sie vor allen Dingen nach ihrem praktischen und funktionellen Wert beurteilen. Sie sind bruch-, kratz- und wetterfest, verziehen sich nicht und eignen sich besonders für Gewehre, die beruflich oder auf Expeditionen bzw. Jagdreisen in entlegenen Gebieten geführt werden. Ein Nachteil ist, daß Kunststoffschäfte nur in großen Serien rationell hergestellt werden können, und nachträglich maßliche Veränderungen schlecht möglich sind.

Sonderschäfte. Der bekannteste und häufigste Sonderschaft ist der Linksschaft. Nicht wenige Menschen sind Linkshänder und bevorzugen daher auch beim Schießen den Linksanschlag. Andere müssen sich diesen Linksanschlag antrainieren, weil die rechtsseitige Sehkraft mangelhaft ist. Der hier benötigte Linksschaft ist nach links geschränkt und für den „normalen" Rechtsschützen nicht brauchbar.

Wer im fortgeschrittenen Alter als Rechtsschütze die Sehkraft des rechten Auges verliert, kommt vielfach mit der Umstellung auf links nicht zurecht. Ihm kann mit einem sogenannten „Krüppelschaft" geholfen werden, bei dem der Schaftrücken so stark ausgenommen oder die Schränkung durch einen seitlichen Versatz des Hinterschaftes

Abb. 43 Matchbüchse für das jagdliche Schießen nach DJV-Vorschrift mit entsprechender Schäftung

so groß ist, daß beim Anschlag rechts das linke Zielauge über den Lauf blickt.

Eine besondere Schaftform für den Büchsenschützen kommt aus dem Bereich des Sportschießens, der „Lochschaft".

In dieser Schaftform sehen manche, wegen der besser festgelegten Position der Schießhand, einen Vorteil beim langsam gezielten Büchsenschuß. Für schnelle Schüsse ist diese Schaftform zu umständlich.

Abb. 44 Pistole „Walther P 99"

1.5 Kurzwaffen

Die Pistolen und Revolver werden vielfach unter der Sammelbezeichnung Einhandwaffen oder Faustfeuerwaffen zusammengefaßt. Die korrekte Bezeichnung für diese Waffenart lautet jedoch „Kurzwaffen". So werden sie im Waffengesetz bezeichnet. Der Gesetzgeber hat diese Bezeichnung gewählt, um sie von den Langwaffen zu unterscheiden.

> Nach dem Waffengesetz ist jede Schußwaffe, die eine Gesamtlänge von weniger als 60 cm hat, eine Kurzwaffe, gleich welchem System sie angehört.

Wer also z.B. eine Kleinkaliberbüchse, und sei sie nur einschüssig, auf eine Länge von weniger als 60 cm zurechtstutzt, damit sie z.B. im Rucksack mitgeführt werden kann, der hat sich eine Kurzwaffe gebaut, und wenn er das ohne behördliche Erlaubnis getan und sein Produkt nicht entsprechend angemeldet hat, verstößt er gegen das Waffengesetz und kann deswegen in Schwierigkeiten kommen.

Verwendung. Der Jäger setzt eine Kurzwaffe vorwiegend da ein, wo eine Langwaffe nicht zur Verfügung steht oder in der vorherrschenden Situation weniger geeignet ist. Dabei geht es vor allem um die Abgabe von Fangschüssen auf Schalenwild und anderes Wild bei einer Nachsuche oder auf Wild, das im Straßenverkehr verletzt wurde. Ferner wird die Kurzwaffe bei der Bau- und Fallenjagd eingesetzt und kann außerdem als Verteidigungswaffe beim Selbstschutz Bedeutung haben.

Bauarten. Einschüssige Pistolen begegnen uns vornehmlich als Sportwaffen. Diese langläufigen und in der Regel mit Kipplauf- oder Blockverschlüssen ausgestatteten Präzisionswaffen sind in der Schußleistung oft den Kleinkaliber-Sportgewehren ebenbürtig.

Einschüssige Pistolen gibt es auch als kleine Verteidigungswaffen. Sie sind ein Überbleibsel aus der Zeit des „Wilden Westens", werden als Derringer bezeichnet und auch in doppelläufiger oder sogar vierläufiger Ausführung hergestellt. Wegen ihrer sehr geringen Schußpräzision eignen sie sich wirklich nur zur Selbstverteidigung auf kürzeste Entfernungen.

Für den Verwendungszweck des Jägers kommen beide Bauarten kaum in Frage. Er benötigt eine moderne, sichere und zuverlässige Kurzwaffe, die eine Munition von ausreichender Energie verschießt. Das bedeutet, daß er die Wahl zwischen einer modernen Selbstladepistole und einem Revolver hat.

1.5.1 Systeme und Funktion der Selbstladepistolen

Die Selbstladepistolen in der gebräuchlichen Ausführung sind mit einem Verschlußstück (Schlitten) ausgestattet, das in Führungen auf dem Griffstück in waagerechter Richtung nach hinten beweglich ist und durch eine Verschlußfeder in der vorderen, geschlossenen Position gehalten wird. Der Lauf ist starr mit dem Griffstück verbunden, oder er liegt lose im Verschlußstück und hat am Griffstück einen Anschlag oder eine Zentrierung. Der Patronenvorrat befindet sich in einem auswechselbaren Magazin im Griffstück. Auch die Abzugsvorrichtung und die Schloßteile, bis auf den Schlagbolzen, sind dort untergebracht.

Zum Durchladen wird der Verschluß bis gegen den Anschlag zurückgezogen und dann freigegeben. Die Verschlußfeder bringt ihn wieder in seine Normallage. Dabei streift er die oberste Patrone aus dem Magazin und führt sie in das Patronenlager des Laufes ein. Bei den meisten Konstruktionen wird gleichzeitig das Schloß gespannt, so daß jetzt ein Sichern oder Entspannen erforderlich ist, falls nicht sofort geschossen werden soll.

Beim Schuß erhält das Verschlußstück durch den Patronenboden einen Impuls, und die durch den Rückstoß wirksam werdenden Kräfte beschleunigen es nach hinten gegen den Anschlag. Der Auszieher hat die Patronenhülse festgehalten, und der Ausstoßer stößt sie aus dem Auswurffenster des Schlittens ins Freie. Dabei kann sich der Vorgang des Abdrückens, Durchladens und Spannens wiederholen, bis alle Patronen verschossen sind. In der Regel ist ein Verschlußfangstück vorhanden, das nach dem letzten Schuß den Schlitten in der hinteren Stellung festhält. Bei herausgenommenem Magazin sorgt bei vielen Pistolenmodellen im Innern eine Magazinsicherung dafür, daß der Abzug außer Funktion gesetzt wird. Erst nach Einsetzen eines Magazins kann wieder ein Schuß ausgelöst werden!

Die Taschenpistolen sind vorwiegend mit den sog. unverriegelten Masseverschlüssen ausgestattet, d.h., der Verschluß wird durch die Masse des Verschlußstückes in Verbindung mit der Kraft der Verschlußfeder bewirkt.

Leistungsstarke Patronen (z.B. 7,63 Mauser, 9mm Luger, .40 S&W usw.) würden sehr schwere Verschlüsse und kräftige Verschlußfedern verlangen. Daher werden bei diesen Typen in der Regel verriegelte Verschlüsse eingesetzt. Bei den gebräuchlichen Konstruktionen bleibt nach dem Schuß der Lauf mit dem Verschlußstück in einem verriegelten Zustand und läuft gemeinsam mit diesem eine Strecke von ca. 5 mm zurück. Erst dann, wenn der hohe Gasdruck in der Patronenhülse abgebaut ist, trennt sich der Lauf vom Verschluß und bleibt stehen, während der Schlitten die Rückwärtsbewegung in der bekannten Art fortsetzt.

Abb. 45 Pistole „Walther P99“, im Schnitt

Bei einigen Konstruktionen bewegt sich der Lauf nicht. Sie nutzen den Gasdruck aus, um die Verschlußbewegung abzubremsen, bis ein Öffnen gefahrlos möglich ist.

Seitdem etwa um 1900 die ersten brauchbaren Taschen- und Armeepistolen auf den Mark kamen, hat es sehr viele verschiedene Konstruktionen gegeben, vor allen Dingen in bezug auf die Art der Schlosse. Es gab Waffen mit reinen Schlagbolzenschlossen, bei denen im geladenen Zustand der Schlagbolzen ständig gespannt war. Bei den Schlossen mit verdeckt liegenden Schlagstücken mußten diese gespannt sein, so daß ein Tragen dieser Waffen im durchgeladenen Zustand stets problematisch war. Bei einem Schlagstück in der Form eines außenliegenden Hahnes war immerhin durch ein Entspannen desselben nach dem Durchladen ein gefahrloses Tragen möglich.

Viele dieser alten Konstruktionen haben sich zu ihrer Zeit durchaus bewährt und würden sich, bei entsprechenden Zugeständnissen an den Handhabungskomfort, auch heute noch einsetzen lassen.

Moderne Selbstladepistolen bieten dagegen durch ihre Konstruktion so bedeutende Vorteile bei der Handhabung und der allgemeinen Sicherheit, daß sie heute fast ausschließlich geführt werden. Dazu gehört vor allen Dingen, daß die Waffe durchgeladen und entspannt getragen wird und trotzdem durch den Spannabzug und/oder einen Spannhebel sofort mit einer Hand geschossen werden kann, daß ein gefahrloses Entspannen durch einen Entspannhebel möglich ist und eingebaute Sicherungselemente ein hohes Maß an Fallsicherheit garantieren.

1.5.2 Systeme und Funktion der Revolver

Es gab bei uns eine Zeit, in der die Revolver als veraltete und unwirksame Waffen dargestellt wurden, denen gegenüber eine Selbstladepistole unbedingt vor-

Abb. 46 rechts. Pistole SIG-Sauer, Mod. 228

Abb. 47 Mitte. Pistole SIG-Sauer, Mod. 228, zerlegt

Abb. 48 unten. Revolver Smith & Wesson, Mod. 686

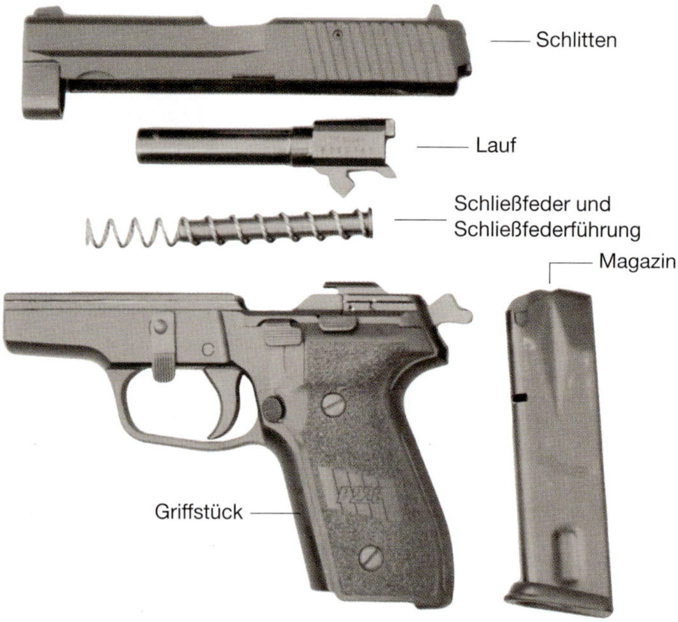

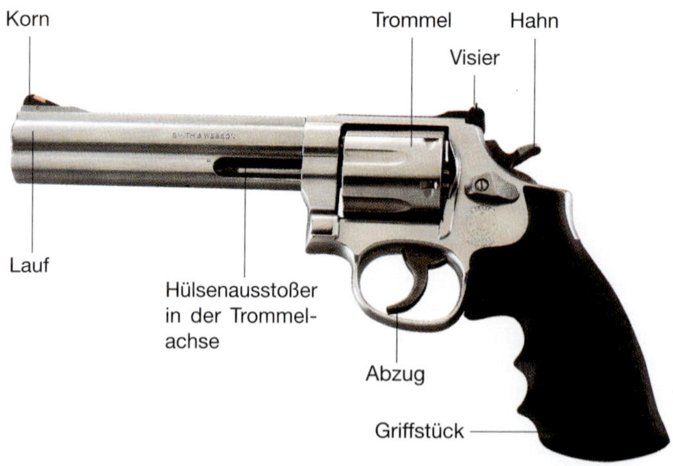

zuziehen war. Diese Darstellung stammt aus der Zeit, in der hier sehr fortschrittliche Pistolenkonstruktionen auf den Markt kamen, amerikanische Markenrevolver aber fast unerschwinglich waren, und mit den einheimischen Revolverkonstruktionen wenig Staat zu machen war. Moderne Revolver amerikanischer und europäischer Hersteller liegen heute preislich und auch technisch auf dem gleichen Niveau wie die modernen Pistolen, so daß allein der persönliche Geschmack bei der Wahl der einen oder anderen Waffenart entscheiden kann.

Beim geladenen Revolver befinden sich die Patronen in den verschiedenen Patronenlagern der Trommel. Diese wird durch den Spannvorgang vor dem Schuß jeweils um eine Teilung weitergeschaltet. Weil die Weiterschaltung rein mechanisch über den Abzug oder den Hahn erfolgt, ist auch ein Revolver mit nur einer Patrone in der Trommel schußbereit.

Ältere Revolverkonstruktionen haben eine starre Lagerung der Trommel, so daß ein Laden oder Entladen der einzelnen Patronenlager nur nacheinander nach dem Öffnen einer seitlichen Ladeklappe möglich ist.

Der Kipplaufrevolver wirft beim Öffnen Patronen bzw. Patronenhülsen selbsttätig aus und ist für das Laden leicht zugänglich.

Moderne Revolvertypen verwenden durchweg den stabileren geschlossenen Rahmen in Verbindung mit seiner seitlich ausschwenkbaren Trommel. Ein Druck auf die Trommelachse betätigt den Auswerfer.

Bei den Revolvern ist das System der Abzugsspannung schon lange bekannt, so daß sogar bei Selbstladepistolen die Abzugsspannung oft als Revolverabzug bezeichnet wird. Moderne Revolver lassen sich wahlweise mit der Abzugsspannung oder mit dem über den Hahn vorgespannten Schloß schießen. Dieses System wird als „double action" bezeichnet (Abzugsspanner).

Einige ältere Revolvertypen müssen dagegen für jeden Schuß durch Zurückziehen des Hahnes gespannt werden („single action"). Auch Revolver, die nur die Abzugsspannung kennen, sind gebaut worden. Beide Typen spielen heute für den praktischen Gebrauch kaum noch eine Rolle.

1.5.3 Vergleich Pistole – Revolver

An diesem Thema entzünden sich oft Diskussionen zwischen den Anhängern der einen oder anderen Waffenart. Wägt man die Vor- und Nachteile von Pistole und Revolver gegeneinander ab, so ergeben sich folgende Punkte:

Beide Waffentypen gestatten das Verschießen von ausreichend „starker" Munition für jagdliche Zwecke. Der Revolver bietet gerade auf diesem Gebiet den großen Vorteil, alle beliebigen Geschoßformen und stark unterschiedliche Ladungen zu verarbeiten, ohne daß es einen Einfluß auf die Funkton hat.

Es ist daher möglich, aus einem Revolver alle denkbaren Sonderlaborierungen, von der starken Gebrauchsladung mit Teilmantelgeschoß über die ganz schwach geladene Scheibenpatrone bis zur Schrot- oder Platzpatrone, zu verschießen. Die verschiedenen Patronen lassen sich sogar in gemischter Ladeweise einsetzen. In dieser Hinsicht ist für den Jäger vor allen Dingen ein Revolver im Kaliber .357 Magnum von Interesse, weil daraus auch die kürzere Patrone .38 Special verschossen werden kann. Dadurch ergibt sich eine große Palette von brauchbaren Laborierungen.

Die Selbstladepistole ist dagegen auf einigermaßen gleichmäßige Ladungen und Geschoßmassen sowie bestimmte Geschoßformen angewiesen, um störungsfrei funktionieren zu können. Eine Sonderlaborierung läßt sich in den meisten Fällen nur verschießen, wenn die Patronen einzeln von Hand geladen werden. Dies ist jedoch ein umständliches Verfahren!

Ein weiterer Pluspunkt für den Revolver ist die relative Unabhängigkeit von Munitionsstörungen. Bei einem Versager bringt ein erneutes Durchziehen des Abzuges das nächste Patronenlager mit einer anderen Patrone vor den Lauf. Bei einer Selbstladepistole benötigt das Durchladen nach einem Versager eine gewisse Zeit und die Hilfe der zweiten Hand.

Wer allerdings meint, daß Funktionsstörungen den Selbstladepistolen vorbehalten sind und beim Revolver nicht vorkommen, befindet sich im Irrtum. Fremdkörper, die zwischen Trommel und Rahmen eingeklemmt werden, können die Funktion blockieren. Es kann eine unangenehme und schwer zu behebende Ladehemmung geben, wenn ein zu lose in der Hülse sitzendes Geschoß von den Rückstoßkräften herausgezogen wird und nach vorn wandert, oder wenn eine nicht richtig funktionierende Zündung das Geschoß nur bis in den Übergang des Laufes treibt und so die Trommel blockiert.

Die Treffgenauigkeit ist bei beiden Waffen gleichzusetzen. Viele ziehen den trocken und kurz auslösenden Abzug des Revolvers vor und treffen daher mit dieser Waffe besser.

Die Schußbereitschaft einer Selbstladepistole mit Spannabzug verglichen mit der eines Revolvers ist praktisch gleich.

Auch die Waffenmassen sind vergleichbar. Allerdings finden viele, daß sich die Pistole wegen der flacheren Form angenehmer tragen läßt.

Die größere Magazinkapazität der Pistole ist auf der Jagd von zweifelhaftem Wert. Die Pistole gestattet zwar eine schnellere und größere Schußfolge innerhalb einer bestimmten Zeit, aber Schnellfeuer mit Magazinwechsel ist wohl kaum gefragt. Die fünf oder sechs Patronen im Revolver müßten für alle jagdlichen Zwecke ausreichen.

Beide Waffen gibt es mit Leichtmetallrahmen und/oder Kunststoffteilen zur Verminderung der Masse, oder ganz aus rostfreiem Stahl gefertigt, was die Pflegebedürftigkeit herabsetzt.

Es lohnt sich, für den präzisen Einzelschuß eine Waffe mit verstellbarem Visier zu wählen. Farbmarkierungen am Korn und am Visier, die man nach Geschmack und Bedarf anbringen kann, erleichtern das Abkommen bei schlechter Beleuchtung.

Sowohl bei Pistolen wie bei Revolvern lohnt sich die Anschaffung eines Spezialgriffes, wie es sie für fast alle Waffentypen im Handel gibt. Wegen der besseren

Griffigkeit, z.B. bei Regenwetter, sollte der Holzgriff an der Oberfläche aufgerauht oder mit Fischhaut versehen sein. Sehr gut haben sich die Griffe bewährt, die von Pachmayr in den USA aus Gummi mit Stahleinlage gefertigt werden.

1.6 Kalte Waffen

Bevor man überhaupt an die heute gebräuchlichen Jagdwaffen denken konnte, war das Messer schon eines der wichtigsten und vielseitigsten Werkzeuge des Menschen. Vor allem aber war es in seinen mannigfaltigen Abwandlungen über Jahrhunderte seine Waffe.

Schneidgeräte aus der Steinzeit über das Schwert bis zum Degen jeweils begleitet vom Gebrauchsmesser zeichnen den Weg der Blankwaffengeschichte.

Auch heute steht das Messer nach wie vor unverzichtbar im Dienst des Menschen; so auch beim Jäger. Gerade bei der Gewinnung des Wildbrets, aber auch als Werkzeug im Jagdbetrieb kommt es häufiger als anderswo zum Einsatz.

Über Jahrhunderte hat sich der jagdliche Einsatzbereich der „Kalten Waffen" geändert. Führte man damals noch Lanzen, Säbel und andere Waffen mit langen Klingen, sind es heute Messer mit einer kurzen Klinge.

1.6.1 Jagdmesser

Wie auf anderen Gebieten, z.B Fischerei, Survival, Camping usw., gibt es auch für die Jagd eine Fülle unterschiedlicher Messerausführungen und -formen, entsprechend ihres Einsatzbereiches, zum Aufbrechen und Zerwirken, bei groben Arbeiten, z. B. Aufbrechen des Schlosses am Wildkörper oder universell.

Die Behandlung aller Spezialmesser ist im Rahmen dieses Jägerlehrbuches nicht möglich. Verschiedene Fachbücher geben den Interessierten tiefergreifende Informationen. Hier sollen die wichtigsten Gruppen genannt und mehr Gewicht auf die Beschreibung der charakteristischen Merkmale eines Messers gelegt werden.

Abb. 49 Feststellbares Klappmesser mit Aufbrechklinge, Säge und Korkenzieher sowie Hirschhorn-Griffschalen

Klappmesser

Die ersten Messer hatten über viele hundert Jahre stets Klingen, die starr mit dem Griff verbunden waren. Irgendwann kamen schließlich Messer mit klappbaren Klingen auf. Der Vorteil liegt auf der Hand. Man mußte fortan nicht mehr das lange Messer mit der Scheide als Schutz gegen Verletzungen seines Trägers außen am Körper tragen. Nun war es nicht nur möglich, ein mit wenigen Handgriffen vollwertiges, ausklappbares, fest zu arretierendes Messer verdeckt zu tragen, sondern auch noch mit zusätzlichen Werkzeugen auszustatten.

Für den jagdlichen Anwendungsbereich sind in diesem Zusammenhang zu nennen:

Säge zum Aufbrechen des Schlosses (Aufbrechsäge), Aufbrechklinge, große und kleine Klinge, Korkenzieher, Ausziehhaken usw.

Natürlich hat ein Klappmesser nicht nur Vorteile. So schön es ist, stets eine große Auswahl von Werkzeugen bei sich zu haben, so nachteilig ist die Beeinflussung von Messermasse und -handlichkeit. Ob man wirklich all die Zusatzwerkzeuge am Jagdmesser benötigt, muß jeder für sich selbst entscheiden. Ein weiterer, nicht zu verkennender Nachteil ist die erschwerte Reinigung. Beim Aufbrechen eines Stückes dringt in die unzähligen Schlitze und Spalten eines Klappmessers Schweiß, Feist u. a. ein. Eine vollständige Säuberung gelingt, wenn überhaupt, nur schwer.

Viele Hersteller verwenden ausschließlich nicht rostende Materialien auch für die bei Klappmessern charakteristische Feder. Einige schwören aber auf andere, nicht rostresistente Materialien. Bei solchen Messern bedarf es nach der Reinigung mit Wasser einer erhöhten Aufmerksamkeit. Durch leichtes Ölen kann die Lebensdauer des Klappmessers erheblich gesteigert werden.

Es ist auch leicht vorstellbar, daß an die mechanische Beanspruchbarkeit der Klingenbefestigung am Griffstück erhöhte Anforderungen gestellt werden. Sie wird die eines Messers mit starrer Klinge nie erreichen. Um dennoch belastbar zu sein, bedarf es einer widerstandsfähigen Scharnierbauweise. Bei der Auswahl eines Klappmessers ein wichtiger Punkt.

Erhöhte Verletzungsgefahr besteht bei Klappmessern durch eine unbeabsichtigt zuklappende Klinge. Daher sollten im Jagdgebrauch nur Messer mit feststellbaren Klingen zur Anwendung kommen. Das Messer kann dann nur nach vorheriger Betätigung einer Klingenentriegelung geschlossen werden.

Feststehende Messer

Feststehende Messer haben in der Regel weniger Teile als Klappmesser: Klinge, Griff und Handschutz, sofern dieser nicht sogar Teil der Klinge oder des Griffes ist. Das feststehende Messer ist die Urform des Messers. Sie ist gleichzeitig die robusteste Ausführung. Die Befestigung des Griffes an der Klinge hat eine entscheidende Bedeutung für die Haltbarkeit und Qualität eines Messers.

Man unterscheidet im wesentlichen drei Befestigungsarten zwischen Griff und Klinge:

Die solideste ist die durch den Griff geführte Verlängerung der Klinge. Sie wird Erl oder auch Angel genannt. Die Angel kann flach oder rund sein. Die flache (Platterl) stellt die stabilste Konstruktion dar. Am durchgehenden Platterl werden die Griffschalen direkt aufgesetzt und der Handschutz kann direkt zwischen Klinge und Erl angearbeitet sein. Das wird dann als „Integralmesser" bezeichnet.

Wenn die zwischen den Griffschalen sichtbare Angel stört, kann sie auch rund (Runderl) gestaltet werden. An seinem Ende mit Gewinde versehen, ermöglicht sie das Festschrauben des Griffes an der Klinge.

Die weniger stabile aber preiswerte Verbindungsart stellt das „Kurzerl" dar. Dabei handelt es sich um eine kurze, flache Verlängerung der Klinge, die in das Griffstück eingesetzt und vernietet wird.

Die bekannteren Arten feststehender Jagdmesser sind das Waidmesser oder der Nicker, Klingenlänge etwa bis maximal 15 cm, das Waidblatt, der Hirschfänger und nicht zuletzt auch die Saufeder.

Auch der Hirschfänger ist ein Relikt vergangener Epochen. Er dient heute fast ausschließlich als Zier- und Paradewaffe. Der Griff besteht in der Regel aus einem Geweihabschnitt, die Klinge ist etwa 30 bis 40 cm lang. Der Hirschfänger wurde an einem Gürtel in einer Scheide auf der Rotwildjagd getragen und diente zum Abfangen des gestellten Rotwildes.

Das Waidblatt ist ein sehr massives Messer. Es ist etwas kürzer als der Hirschfänger, hat dafür aber eine vorn zur Spitze hin verbreiterte Klinge. Es dient zum Abfangen von stärkerem Schalenwild. Besser geeignet ist es zum Aufschlagen des Schlosses beim Versorgen des erlegten Wildes und zum Freihauen des Schützenstandes auf der Drückjagd. Zum eigentlichen Aufbrechen ist es weniger geeignet. Deshalb findet man es oft in der Kombination mit einem Nicker als sogenanntes Waidbesteck in einer Doppelscheide.

Abb. 50 Integralmesser mit Drop-Point-Klinge und Holzgriffschalen. Wegen der rund angeformten Klingen auch gut als Skinner verwendbar

Bei der Saufeder handelt es sich um ein lanzenähnliches Jagdgerät vergangener Zeiten. Heute werden sie in der Regel nur noch für dekorative Zwecke verwendet. Sie war damals bei der Saujagd die Hauptwaffe und wurde bei der Meutejagd auf Schwarzwild benutzt. Man ließ das annehmende Schwein auf die vorn am Schaft befestigte Klinge „auflaufen" oder fing sie innerhalb der stellenden Hundemeute ab.

Das wohl gebräuchlichste Jagdmesser dürfte der Nicker mit starrer oder auch klappbarer Klinge sein. Die Klingenlängen und -formen bewegen sich, je nach Einsatzgebiet oder persönlicher Nei-

Abb. 51 Original Waidbesteck in Doppelscheide: Oben Waidblatt mit zur Spitze hin breiter werdenden Klingenform, darunter Nicker

gung, etwa zwischen 4 bis 15 cm. Während der Rehwildjäger Klingenlängen von 6 bis 10 cm bevorzugt, wählt der Hochwildjäger eher die mit 9 bis 15 cm.

Für den eigentlichen Aufbrechvorgang bei Schalenwild reicht eine kurze Klinge aus. Lediglich beim Abfangen muß die Klinge bis ins „Leben" reichen. Dann sollte sie auch eine ausgeprägte Spitze aufweisen. Für Arbeiten, wie Aufbrechen bzw. Zerwirken, sollte die Spitze – ähnlich wie bei einem Skinner – vorn abgerundet sein. Der Skinner ist ein Spezialmesser, mit dem man Wild aus der Decke schlägt. Seine Spitze liegt auf oder oberhalb des Klingenrückens. Die Schneide läuft im Bogen zur Spitze und vereinfacht dadurch das Ablösen der Decke vom Wildbret.

1.6.2 Messerklingenwerkstoffe

Ein guter Klingenstahl ist die wichtigste Voraussetzung für ein gutes Messer. In erster Linie soll ein Messer ja schneiden. Daher kommt der Klinge und dessen Werkstoff eine hohe Bedeutung zu.

Gerade der Klingenwerkstoff ist im Gegensatz zu anderen Teilen eines Messers von außen nicht so leicht erkennbar. Wenn die Stahlsorte auf dem Messer, überwiegend auf der Klinge, angegeben wird, muß nicht jeder etwas damit anfangen können. Für den Verbraucher ist es wichtig zu wissen, daß der verwendete Klingenstahl in großem Maße für einige wesentliche Merkmale eines Messers verantwortlich ist. In der Regel wird beim Klingenmaterial von Stahl gesprochen. Stahl ist legiertes Eisen (Fe) wobei das wichtigste Legierungselement Kohlenstoff ist. Erst der Kohlenstoff (C) ermöglicht eine Härtung des Eisens. Weitere Legierungselemente können in der richtigen Konzentration und Kombination den Stahl positiv beeinflussen.

Chrom (Cr) z. B. erhöht die Korrosionsbeständigkeit und ermöglicht eine höhere Härte und Einhärtetiefe.

Molybdän (Mo) bildet sehr harte Carbide, die Verschleißfestigkeit und Schneidfähigkeit verbessern.

Wolfram (W) trägt wesentlich zur Erhöhung von Härte und Schnitthaltigkeit bei usw. Die wesentlichen Legierungsbestandteile für Messerstähle sind außer den bereits erwähnten noch Mangan (Mn), Silizium (Si) und Vanadium (V).

Von der Schneide wird eine hohe Schnitthaltigkeit erwartet. Denn das Schärfen eines Messers erfordert Sachkenntnis, Hilfsmittel und Zeit. Weiterhin soll die Schneide zäh, rostfrei und scharf sein, eine hohe Festigkeit, schönes Aussehen haben und natürlich hochglanzpoliert sein. Da jeder gute Messerstahl einen Kompromiß in seinen spezifischen Eigenschaften darstellt, versucht man, auf andere Materialien auszuweichen.

In diesem Zusammenhang sind Messerklingen ohne Eisen oder sogar metallische Bestandteile zu nennen und solche, die aus Metallpulver oder -lagen hergestellt sind.

Eine alternative Art sind Messer mit Keramikklingen, die sich durch eine überaus hohe Verschleißfestigkeit auszeichnen. Leider ist das Material sehr spröde und daher anfällig für mechanische Beanspruchungen. Die Entwicklung sogenannter Klingen ohne Eisen steckt noch in den Kinderschuhen. Ihre Bearbeitung ist äußerst schwierig, das Ergebnis in Schnitthaltigkeit und Schärfe jedoch überzeugend.

Großer Beliebtheit erfreuen sich Messer mit pulvermetallurgisch hergestellten Klingen. Ihre Schnitthaltigkeit übertrifft alle Stähle. Bei pulvermetallurgisch hergestellten Stählen überlistet man die Legierungsfähigkeit von verschmolzenen Stählen, indem man den Basisstahl sowie die gewünschten Legierungsbestandteile im Vakuum fein zerstäubt, mischt und unter hohem Druck und hoher Temperatur in einer Form zum Rohling preßt.

Der normale Messerstahl 440 C z. B. wird CPMT 440 V als pulvermetallurgisch hergestelltes Klingenmaterial mit Vanadium-Anreicherung bezeichnet. CPMT 440 V und der schwedische UHB Elmax gelten als mit die besten, schnitthaltigsten unter den Messerstählen. Die aufwendige Herstellung und schwierige Bearbeitung macht den pulvermetallurgischen Stahl sehr teuer.

Nicht gerade preiswert sind die Messer mit Damaststahlklingen. Damaststahl wird aus einzelnen Stahlsträngen geschmiedet. Dabei erfolgt die Verschweißung der einzelnen Stränge. Je nach der geforderten späteren Eigenschaft, fällt die Wahl der einzelnen Strangstahlsorten aus. Die mechanische, spanabhebende Bearbeitung zum fertigen Messer ist gegenüber dem CPMT 440 V zum Beispiel aber erheblich einfacher. Um die Oberflächenstruktur von Damaststahl hervorzuheben, werden die Klingen gebeizt. Unterschiedliche Materialien werden von der Beize verschieden stark angegriffen und erzeugen so das bekannte Aussehen.

Über einen anderen Weg versucht man, die Vorteile verschiedener Stahlsorten zu kombinieren. Das Stichwort heißt „Mehrlagenstahl“ bzw. „Dreilagenstahl“. In der Mitte wird die sehr harte aber bruchanfällige Lage mit der Schneide plaziert. Außen sind jeweils zähe nicht rostende Lagen beidseitig angebracht. Leider ist die sehr schnitthaltige Schneide aber auch sehr anfällig gegen partielle Ausbrüche.

Übrigens trifft es heute nicht mehr uneingeschränkt zu, daß rostende Messerklingenwerkstoffe schärfer und schnitthaltiger als nichtrostende sind.

1.6.3 Jagdlicher Einsatzbereich von Messern

Der wohl wichtigste Einsatzbereich von Jagdmessern, die Wildbretgewinnung nach dem Schuß, ist bereits genannt worden. Dabei muß das Messer gleichermaßen hohe Schärfe für das Schneiden von Decke bzw. Schwarte, Wildbret und Aufbruchteilen, wie auch hohe Festigkeit und Schnitthaltigkeit aufweisen. Durchtrennen von Brustbein und Schloß fordern ihren Tribut. Wer nicht nach jedem versorgten Stück Wild nachschärfen will, sollte auf ein gewisses Maß an Qualität bestehen, wie in den vorherigen Abschnitten beschrieben.

Seltener wird das Jagdmesser zum Abfangen von Wild benutzt. Aber auch dafür sollte es geeignet sein, denn der Jäger wird zwar meist ein Messer, seltener eine Fangschußwaffe zur Hand haben oder sie am Ort des Geschehens gefahrlos einsetzen können.

Dadurch, daß der Jäger viel draußen ist und, in Ermangelung einiger Gegenstände des täglichen Lebens, oft improvisieren muß, hat das Jagdmesser noch unzählige Aufgaben mit zu übernehmen, die es als Jagdbegleiter unerläßlich werden läßt.

1.6.4 Pflege und Instandhaltung von Messern

Die wohl meisten Probleme beim Messer bringt dem Durchschnittsjäger das Nachschärfen der Schneide. Das neu erstandene Stück ist in der Regel scharf, so daß die Arbeit mit dem Messer regelrecht Freude bereitet. Je nach Qualität und Einsatz läßt die Schärfe aber früher oder später nach. Zum Schärfen gibt es verschiedene Hilfsmittel und Geräte. Je nach Neigung des einzelnen wird die Auswahl erfolgen. Wichtig ist jedoch, daß sie die prinzipiellen Voraussetzungen eines fachgerechten Schliffs erlauben.

Die Schneide eines Messers muß primär einen Grundschliff erhalten. Der Grundschliff ist das beidseitige Anarbeiten eines symmetrischen Keilwinkels. Je nach angestrebter Schärfe wer-

Abb. 52 Bowie-Form, Klinge mit Hohlschliff und Skinnereigenschaften, Integralbauweise

Abb. 53 Schärfutensilien: Es gibt eine Fülle von Messerschärfgeräten. Bewährt haben sich die mit Steinführung zur Einhaltung des Schneidewinkels. Damit ist jeder in der Lage, sein Messer fachmännisch zu schärfen

den unter 10–15 Grad zur Klingenmitte Schneidflächen erzeugt. Spitze Winkel bedeuten hohe Schärfe aber auch geringere Verschleißfestigkeit. Der einmal gewählte Winkel muß über die gesamte Schneide der Klinge auf beiden Seiten gleichmäßig ausgeführt werden.

Ist diese zeitraubende Grundvoraussetzung hergestellt, braucht die Schneide jeweils nur noch abgezogen werden. Unter Abziehen versteht man die Endbearbeitung des Grundschliffs mit feinkörnigen, harten Abziehsteinen. Von großer Bedeutung ist dabei, Klingen nie auf trockenem Stein zu schleifen. Er würde sich sonst rasch zusetzen und seine Schleifwirkung einbüßen. Die Einhaltung des Keilwinkels ist hier genauso wichtig wie beim Grundschliff. Um den Schleifwinkel mit hoher Genauigkeit einhalten zu können, sollten vom Laien nur Geräte mit Steinführung eingesetzt werden.

Der eigentliche Schärfvorgang bei Verwendung eines Gerätes mit Steuerführung läuft wie folgt ab: Aus dem Sortiment des Schärfsatzes wird für den ersten Schärfschritt, das Anarbeiten des richtigen Keilwinkels, ein Schleifstein mit grober Körnung ausgewählt. Diese wird, wie die Abbildung 53 zeigt, in das Gerät eingelegt und ähnlich einer Feile an der Klinge vor- und zurückgeführt. Vorteilhaft wirkt sich die Bearbeitung gegen die Schneide bei lastlosem Zurückziehen des Steines aus. Eine Gratbildung wird dadurch gering gehalten.

Um den gewünschten symmetrischen Keilwinkel an beiden Klingenseiten zu erhalten, muß die Führung mit eingespanntem Messer mehrfach gewendet werden. Nachdem der Keilwinkel mit dem groben Stein fertig vorgearbeitet wurde, muß mit den weiteren im Sortiment enthaltenen Steinen, immer feiner werdend, nachgeschliffen werden, bis die Schneide mit glatter Oberfläche scharf ist.

Die Grundbehandlung zu Anbringen des Keilwinkels ist in der Regel sehr zeitintensiv. Das spätere Nachschärfen mit feinerem Stein geht dann dem Geübten jedoch in nur wenigen Minuten schnell von der Hand.

Weitere Pflege benötigt ein Messer nur, wenn es verschmutzt ist oder zum Rosten neigt. Erfahrungsgemäß kann der Schmutz am besten mit warmem Wasser und evtl. etwas Spülzusatz beseitigt werden. Um Beschädigungen zu vermeiden, sollte man allerdings Rücksicht auf das Griffmaterial nehmen.

Nicht rostfreie Messer müssen mit einem leichten Ölfilm gegen Oxydation geschützt werden.

1.7 Zubehör

1.7.1 Einsteckläufe

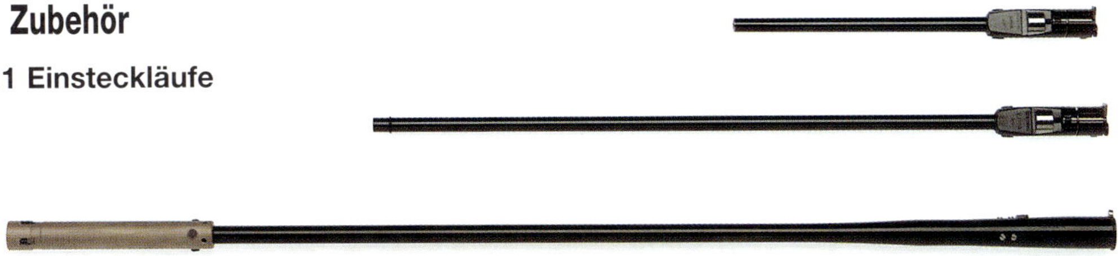

Abb. 54 Einsteckläufe kurz, lang und lauflang

Einsteckläufe sind Hilfsläufe, die für eine bestimmte Jagdwaffe nachträglich angeschafft werden können, und die es ermöglichen, ein kleines Kaliber aus größer kalibrigen Läufen zu verschießen. Die üblichen Modelle lassen sich leicht ein- und ausbauen, so daß eine vorübergehende Ausrüstung der Waffe mit einem Einstecklauf jederzeit möglich ist.

In den meisten Fällen werden Einsteckläufe in Drillingen und Bockbüchsflinten eingesetzt, dadurch machen sie mit der kleinen Patrone den Drilling zeitweise zum Bockdrilling und die Bockbüchsflinte zum Bergstutzen. Der Einbau erfolgt beim Drilling zweckmäßigerweise in den rechten Schrotlauf, damit für den Einstecklauf ebenfalls der Stecher zur Verfügung steht.

Irgendwo hat das aber eine praktische Grenze. Wer einen Einstecklauf wünscht, der die Waffe nicht merklich schwerer macht, der je nach dem jagdlichen Vorhaben ein- oder ausgebaut werden kann, und der sich unproblematisch mitführen läßt, evtl. sogar in einem speziell dafür hergerichteten Schaftmagazin, der ist auf einen kurzen Lauf angewiesen, den es aber nur im Kaliber .22 l.r. und .22 Win. Mag. R. F. gibt.

Wer einen Einstecklauf in einem Kaliber haben will, das auch für Rehwild zugelassen ist, muß einen Lauf in der ganzen oder annähernd ganzen Länge des Trägerlaufes wählen. Dieser bringt naturgemäß einiges an Mehrgewicht für die Waffe und läßt sich nicht so einfach nebenbei mitführen. Ferner müssen bei diesen Läufen besondere waffenrechtliche Vorschriften (siehe Kapitel 5: Beschußwesen) beachtet werden.

Wer sich für einen Einstecklauf entschließt, muß in Kauf nehmen, daß er damit einen Kompromiß eingeht. Daß ein kurzer Lauf so schießt wie ein Matchgewehr und ein langer so wie ein verlöteter kleiner Büchsenlauf eines Bockdrillings oder Bergstutzens ist eine Ausnahme. Auch eine unveränderlich gleichbleibende Schußleistung ist vor allem bei älteren Modellen nicht immer gegeben.

Die Schußleistung des Einstecklaufes hängt in sehr starkem Maße davon ab, wie er in den Trägerlauf eingepaßt ist und wie er beim wiederholten Ein- und Ausbauen behandelt wird. Das Einrichten, das mittels Verstelleinrichtungen am Lauf auf die an der Waffe vorhandene Visierung erfolgt, sollte auf jeden Fall durch einen erfahrenen Fachmann erfolgen.

Ist ein Einstecklauf für eine Randfeuerpatrone in die Waffe eingebaut, dann sollte man das betreffende Schloß nicht leer abschlagen lassen, sonst beschädigt man sowohl den Schlagbolzen als auch den Rand des Patronenlagers.

Um eine Korrosion des Trägerlaufes, vor allem bei Verwendung eines kurzen Einstecklaufes, zu vermeiden, sollte man auch diesen regelmäßig reinigen.

> Die Waffe, für die ein Einstecklauf vorgesehen ist, sollte sich in einem technisch guten Zustand befinden. Alte Waffen mit rostigen und verbeulten Läufen, verschlissenen Zündeinrichtungen und wackeligen Verschlüssen eignen sich nicht dafür.

Beim Einbau des Einstecklaufes sollte Patronenlager und Laufwandung des Trägerlaufes einwandfrei sauber von Rückständen aller Art und leicht gefettet sein.

> Es ist nicht ungewöhnlich, daß sich bei eingebautem Einstecklauf die Treffpunktlage des Büchsenlaufes der Waffe verändert. Deshalb ist es erforderlich, durch Probeschießen Aufschluß über das Ausmaß der Trefferverlagerung zu erhalten.

Die Ursache dafür ist ein anderes Schwingungsverhalten durch die zusätzliche Masse oder eine Verspannung durch nicht korrekten Einbau.

Einsteckläufe werden auch für Kurzwaffen hergestellt und dienen zum Übungsschießen. Die Patronen werden in vielen Fällen in Adapter geladen, die die Form der Originalpatrone der Waffe haben und mit diesen zugeführt.

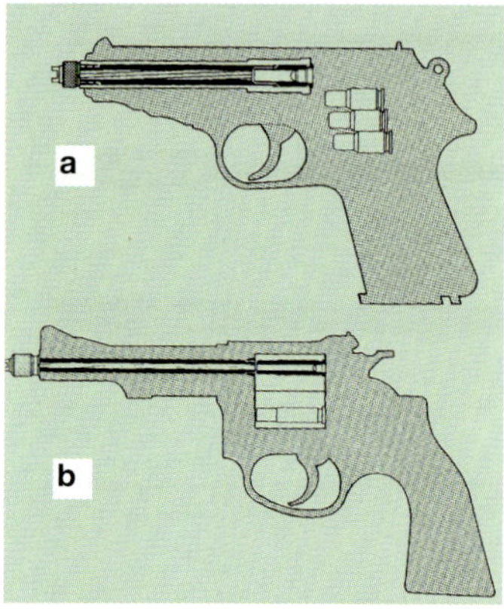

Abb. 55 Einsteckläufe zum Übungsschießen:
a) für Pistole; **b)** für Revolver

1.7.2 Einsteckpatronen

Einsteckpatronen sind Adapter (Reduzierpatronen). Die Außenform entspricht der Originalpatrone. Die Adapter sind zur Aufnahme einer kleinen Patrone vom gleichen Kaliber eingerichtet. Sie gestatten z.B. das Verschießen einer Pistolenpatrone Kal. 7,65 Browning in einer Büchse Kal. .30-06 Sprgf. oder einer Patrone .22 l.r. in einer Büchse 5,6x50 R Magnum. Im letzteren Fall muß zur Umlenkung des zentralen Schlagbolzenschlages auf den Rand der .22 l.r. ein Übertragungsstück mitgeladen werden.

Bedingt durch den sehr langen Freiflug des Geschosses die evtl. unterschiedlichen Laufinnenabmessungen und den nicht ganz passenden Drall des Laufes läßt die Schußleistung dieser Einsteckpatronen in vielen Fällen zu wünschen übrig. Ein Zusammenschießen mit der vorhandenen Visierung ist in den seltensten Fällen gegeben.

Bei einer anderen Form von Einsteckpatronen handelt es sich um richtige kleine Einsteckläufe mit einem kurzen gezogenen Laufteil. Hiermit lassen sich auf nicht zu große Entfernung recht gute Schußergebnisse erzielen, wenn auch hier die Visierung in der Regel nicht die richtige Einstellung hat. Der Zweck dieser Patronen ist das Abgeben eines Fangschusses (z.B. Revolverpatrone Kal. .38 Special aus Einsteckpatrone Kal. 16) oder ein Übungsschießen auf kurze Entfernung (z.B. Übungspatrone Kal. 4 mm M20 in Einsteckpatrone 7x65 R).

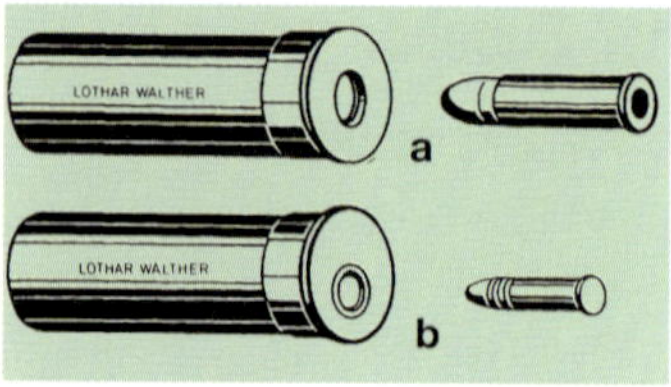

Abb. 57 Einsteckpatrone (Fangschußgeber) für den Flintenlauf:
a) für Zentralfeuerpatrone;
b) für Randfeuerpatrone

1.7.3 Rückstoßminderer

Rückstoßminderer haben die Aufgabe, den Rückstoß der Waffe zu verringern.

Dies läßt sich am einfachsten durch das Anbringen einer Schaftkappe aus mehr oder weniger dickem Gummi erreichen. Bei Flinten kommt man mit den Gummischaftkappen meist besser zurecht, wenn diese einen Rücken haben, der mit Leder oder Kunststoff belegt ist und so besser an der Kleidung gleitet.

Die Gummikappen haben außerdem den Vorteil, daß sich eine damit ausgestattete Waffe lautloser und rutschsicherer hinstellen läßt.

Für den vorübergehenden Gebrauch gibt es aufsteckbare Schaftkappen aus Leder.

Einige Konstruktionen von speziellen Schaftkappen, die auf einen im Schaft eingebauten Stoßdämpfer wirken, sind auf den Markt gekommen, haben sich aber nicht durchsetzen können.

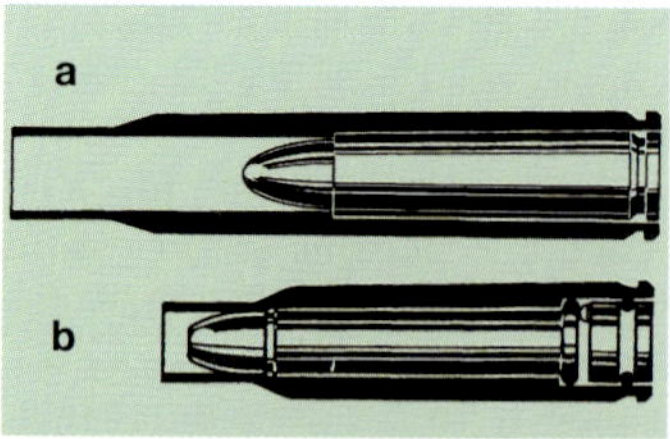

Abb. 56 Einsteckpatrone (Reduzierhülse) zum Verschießen einer kleinen Patrone gleichen Kalibers im Büchsenlauf:
a) Zentralfeuerpatrone;
b) Randfeuerpatrone.

1.7.4 Mündungsaufsätze

Mündungsaufsätze sind eine andere Möglichkeit, den Rückstoß abzuschwächen. Eine sogenannte „Mündungsbremse“ ist ein auf die Mündung aufgesetzter geschlitzter Vorsatz oder ein System von Schlitzen bzw. Bohrungen, das direkt in den Mündungsbereich des Laufes eingearbeitet ist. Derartige Vorrichtungen können in der Regel nur bei einläufigen Waffen angebracht werden. Sie vermindern den Rückstoß und verhindern bei senkrechter Anordnung der Schlitze auch in einem gewissen Maße das Hochschlagen der Mündung, was zusätzlich die Rückstoßempfindung mildert. Sie haben aber die unangenehme Eigenschaft, das Mündungsfeuer und den Mündungsknall für den Schützen (was subjektiv das Rückstoßempfinden wieder erhöht) und besonders für Nebenstehende zu verstärken, deshalb sollte sich der Schütze auch mit irgendeiner Art von Gehörschutz versehen, um Gehörschädigungen zu vermeiden. Für Flinten sind solche Aufsätze oft mit auswechselbaren oder verstellbaren Chokes versehen.

1.7.5 Mündungsschoner

Mündungsschoner sollen verhindern, daß an der Mündung der Waffe und am Korn durch Stoß eine Beschädigung entsteht oder Fremdkörper in den Lauf gelangen. Sie sind aus Leder, Kunststoff oder Gummi hergestellt und müssen in der Regel vor einem Schuß abgenommen werden. Geschieht dies nicht, wird ein Lauf normalerweise zwar nicht beschädigt, man sollte aber trotzdem nicht mutwillig hindurchschießen, denn die gewohnte Treffpunktlage wird bei einem solchen Schuß mit großer Wahrscheinlichkeit nicht erreicht. Gegen einen vorübergehenden Regenschutz durch Klebestreifen (z.B. Tesafilm) oder sonstige dünne Überzüge (Schußpflaster, Finger eines dünnen Gummihandschuhs o.ä.) auf der Mündung ist nichts einzuwenden.

1.7.6 Schaftmagazine

Für den Fall, daß die Patronen ausgegangen sind oder daß man vergessen hat, Patronen einzustecken, sollen Schaftmagazine einen kleinen Vorrat von Munition in Reserve halten.

Es empfiehlt sich, die Patronen aus dem Schaftmagazin in regelmäßigen Abständen auszuwechseln und zu verschießen.

Bleiben sie dort lange Zeit, so können sie korrodieren, oder durch den vielfach wiederholten Rückstoß der Waffe können sich die Geschosse in den Hülsen lockern.

Es ist nicht ratsam, bei Waffen, die längere Zeit nicht geführt werden oder einige Zeit ohne besondere Aufsicht sind, die Schaftmagazine gefüllt zu lassen. Waffen und Munition sollen getrennt aufbewahrt werden.

1.7.7 Gewehrriemen und Riemenbügel

Das Tragen der Jagdwaffe am Gewehrriemen soll vor allen Dingen sicher und nicht ermüdend sein.

Es empfiehlt sich, einen Riemen zu wählen, der zumindest im Bereich der Schulterauflage mit einem rutschfesten Belag versehen ist. Dieser kann in den Riemen eingearbeitet, als Schlaufe aufgeschoben oder nachträglich aufgeklebt sein.

Hat der Riemen im Auflagebereich eine größere Breite, so verbessert das, vor allem bei schweren Waffen, den Tragekomfort.

Wird die Waffe abgestellt, sei es im Gewehrschrank oder in einer Hochsitzecke, kann der lose herabhängende Riemen zum gefährlichen Ärgernis werden, indem die Waffe durch Hängenbleiben umgeworfen wird. Auch im Augenblick der Schußabgabe kann sich der Riemen störend bemerkbar machen. Günstig sind die auf Zug in ihrer Länge variablen Knebelriemen.

Ein auf den Riemen ausgeübter Zug beim Anschlagen kann sich auf den Lauf übertragen und die Treffpunktlage beeinflussen.

Mancher läßt seine Waffe mit abnehmbaren Riemenbügeln ausstatten, die es in mehreren Ausführungen gibt. Werden diese richtig gehandhabt und ab und zu kontrolliert, bieten sie im Gebrauch Vorteile.

Abb. 58 Schaftmagazin für Büchsenpatronen

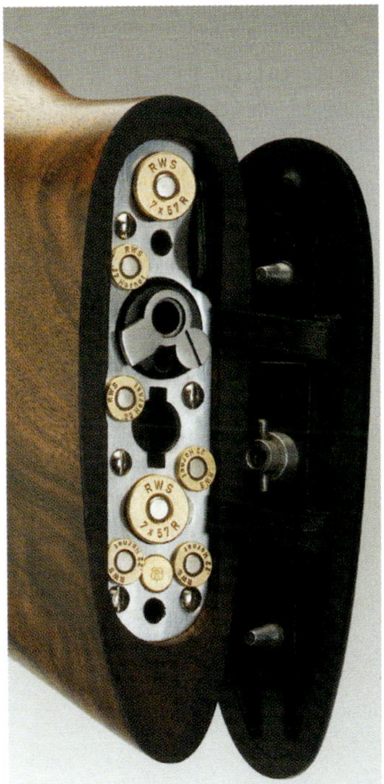

Abb. 59 Krieghoff-Schaftmagazin unter der Schaftkappe; für Büchsenpatronen und kurzen Einstecklauf

1.8 Fragen & Antworten zu dem Kapitel

1. Was sind die charakteristischen Merkmale eines Stutzens?
a) Die Schaftlänge ist geringfügig gestutzt.
b) Die Lauflänge beträgt etwa 50 cm, und er ist bis zur Mündung geschäftet.
c) Er wird nur bis zum Kaliber .243 Win. gefertigt.

2. Was sind die wesentlichen Maße einer Flintenschäftung?
a) Durchmesser des Pistolengriffes, Länge des Vorderschaftes.
b) Schaftlänge, Senkung, Schränkung.
c) Dicke des Vorderschaftes, Höhe des Hinterschaftes.

3. Womit läßt sich die Trefferdichte einer Schrotgarbe am wirkungsvollsten beeinflussen?
a) Durch die Verwendung von Schrotpatronen mit Schrotbeutel.
b) Durch die Verwendung von besonders langen Flintenläufen (80 cm).
c) Durch die Würgebohrung im Mündungsbereich des Flintenlaufes.

4. Welche Aufgabe hat der Verschluß einer Waffe?
a) Er stützt die Patrone ab und sorgt dafür, daß sie sich bei der Schußentwicklung nicht nach hinten bewegen kann.
b) Er ist für die Leichtgängigkeit des Abzuges verantwortlich.
c) Er hat dämpfenden Einfluß auf die Gasdruckentwicklung.

5. Bei welchen nachstehenden Waffen ist „Doppeln" möglich?
a) Repetierbüchsen.
b) Drillingen.
c) Büchsen mit Blockverschluß.

6. Die „Auszieherkralle" findet man bei
a) kombinierten Gewehren.
b) Revolvern.
c) Zylinderverschlüssen.

7. Die englische Schäftung einer Flinte ist gekennzeichnet durch
a) besonders behandeltes Schaftholz.
b) fehlende Senkung.
c) fehlenden Pistolengriff.

8. In einem Drilling ist ein bis zur Mündung reichender Einstecklauf eingebaut. Ändert sich die Treffpunktlage des Büchsenlaufes, wenn der Einstecklauf eingesetzt oder herausgenommen ist?
a) Ja, in jedem Fall.
b) Nein.
c) Jede Waffe reagiert unterschiedlich, und es kann, aber es muß sich nicht unbedingt eine Treffpunktlageänderung ergeben.

9. Warum sind kurze Läufe (Stutzen) für Hochleistungspatronen ungeeignet?
a) Wegen zu kurzer Visierlinie.
b) Wegen ungenügender Ausnutzung der Pulverenergie.
c) Wegen zu geringer Magazinkapazität.

10. Was ist ein Signalstift?
a) Vorrichtung an einer Jagdwaffe, mit deren Hilfe angezeigt wird, ob der Abzug gestochen ist.
b) Mechanische Anzeige, die erkenntlich macht, ob eine Waffe geladen und/oder gespannt ist.
c) Hinweis-Markierung an der Absehen-Verstellung eines Zielfernrohres.

11. Was sind Laufhaken?
a) Vorrichtung zum Aufhängen der Waffe.
b) Die Vorderfüße einer Zielfernrohrmontage.
c) Verschlußelemente bei Kipplaufwaffen.

12. Wie sind normalerweise die Läufe bei einem Bockdrilling angeordnet?
a) 2 Schrotläufe oben, 1 Büchsenlauf unten.
b) 1 Schrotlauf oben, 1 großkalibriger Büchsenlauf unten, ein kleinkalibriger Büchsenlauf seitlich.
c) 2 Büchsenläufe oben, 1 Schrotlauf unten.

13. Warum wird bei einem Drilling zweckmäßigerweise der Einstecklauf im rechten Schrotlauf montiert?
a) Weil beim Schießen mit dem Einstecklauf der vordere Abzug benutzt und gestochen werden kann.
b) Die Haltbarkeit des rechten Schrotlaufes ist für die zusätzliche Belastung durch den Einstecklauf vom Beschußamt besonders geprüft.
c) Bei Montage im linken Lauf berührt das Geschoß aus dem Einstecklauf die enge Würgebohrung des Schrotlaufes und könnte eine Aufbauchung verursachen.

14. Was bedeutet der Ausdruck „Blitzsystem"?
a) Ein System mit verstärkten Schlagfedern für schnellere Zündung.
b) Ein dem Hersteller geschützter Markenname.
c) Ein System, bei dem die Schloßteile auf dem Abzugsblech montiert sind.

15. Was ist ein „Bergstutzen"?
a) Eine zweiläufige Büchse mit unterschiedlichen Büchsenkalibern.
b) Eine besonders kurze, ganzgeschäftete Büchse für den Hochgebirgsjäger.
c) Eine von dem Büchsenmacher Berg entwickelte kurzläufige Kipplaufbüchse.

16. Welche Art von Sicherung findet man sowohl bei der Walther-Pistole PPK wie auch beim modernen S & W-Revolver?
a) Abzugssicherung.
b) Schlagbolzensicherung.
c) Automatische Innensicherung des Schlagstücks bzw. Hahns.

17. Was ist eine Mündungsbremse?
a) Ein Aufsatz auf der Mündung von Läufen zur Verringerung des Rückstoßes.
b) Ein spezieller Mündungsschoner, der das Anstoßen der Mündung verhindert.
c) Ein Mündungsaufsatz, der das Mündungsfeuer dämpft.

18. In welchem Zusammenhang mit dem Schießen taucht der Begriff „Klettern" auf?
a) Es ist die volkstümliche Bezeichnung für das steile Schießen im Gebirge.
b) Bei der Abgabe mehrerer, aufeinanderfolgender Schüsse aus einem verlöteten Laufbündel einer mehrläufigen Waffe (z.B. Drilling Bockbüchsflinte).
c) Die stufenweise Verstellung des Absehens im Zielfernrohr fällt unter diesen Begriff.

19. Der Zylinderverschluß ist ein wesentliches Konstruktionsmerkmal von:
a) Selbstladeflinten.
b) Bockflinten.
c) Repetierbüchsen.

20. Was ist unter einem „Mehrlader" zu verstehen?
a) Waffen, die die Möglichkeit bieten, aus einem Lauf mehrere Schüsse hintereinander abzugeben. Der Nachlademechanismus wird dabei, im Gegensatz zum Selbstlader, von Hand betätigt.
b) Nur Selbstladebüchsen.
c) Repetierbüchsen.

21. Wie sieht die Laufanordnung bei einem Doppelbüchsdrilling aus?
a) Zwei Büchsenläufe und ein Schrotlauf übereinander (Schrotlauf oben).
b) Zwei Büchsenläufe und ein Schrotlauf übereinander (Schrotlauf unten).
c) Zwei Büchsenläufe nebeneinander, darunter in der Mitte ein Schrotlauf.

22. Wo spielen die Begriffe „Zugkaliber" und „Feldkaliber" eine Rolle?
a) Bei Flintenläufen.
b) Bei Büchsenläufen.
c) Bei Flintenlaufgeschossen.

23. Beim Greener-Verschluß werden verriegelt:
a) Der Vorderschaft.
b) Die Kammer.
c) Zwei Laufhaken und die verlängerte Laufschiene mittels eines Querriegels.

24. Worin besteht der Unterschied zwischen einem Patronenauszieher und einem Patronenauswerfer?
a) Der Patronenauszieher hebt die Patronenhülse nur an, damit sie der Schütze greifen und aus dem Patronenlager entfernen kann, während der Patronenauswerfer die Hülse ohne Dazutun des Schützen selbsttätig auswirft.
b) Patronenauszieher gibt es nur bei Flinten, während der Patronenauswerfer den Selbstladewaffen vorbehalten ist.
c) Der Patronenauszieher kann nur in Verbindung mit Büchsenpatronen angewendet werden, während der Patronenauswerfer nur bei Waffen für Schrotpatronen Anwendung findet.

25. Zur Erzielung guter Treffeergebnisse beim Flintenschießen ist es Voraussetzung, daß
a) der Schaft eine englische Schäftung aufweist.
b) es ein Schaft mit Pistolengriff und Backe ist.
c) der Schaft bei der Schaftlänge, der Senkung und der Schränkung die für den Schützen erforderliche Maße aufweist.

26. Was ist eine feststehende Klinge? (2 Antworten)
a) Eine verriegelbare Klinge beim Klappmesser.
b) Generell die beidseitig geschliffene Klinge eines Jagdmessers.
c) Die Klinge z.B. eines Nickers.

27. Welches sind die drei wesentlichen Befestigungsarten zwischen Griff und Klinge bei feststehenden Messern?

a) Flache (Platterl) und runde (Runderl) durch den Griff geführte, sowie eine kurze (Kurzerl) aber weniger stabile Klingenverlängerung.
b) Handschutz, Griffschalen und farbige Unterlagen.
c) Schrauben, Nieten und Kleber.

28. Was ist ein Waidblatt? (2 Antworten)

a) Ein sehr massives Messer mit nach vorn verbreiteter Klinge.
b) Ein Messer zum Abfangen von starkem Schalenwild.
c) Eine Schutzhülle für ein Waidmesser.

29. Was ist ein Nicker? (2 Antworten)

a) Ein Jagdmesser zum Freihauen des Schützenstandes und Abknicken von Ästen.
b) Ein Jagdmesser mit einer Klingenlänge von max. 15cm.
c) Ein Jagdmesser zum Abfangen von schwächerem Schalenwild.

30. Was ist eine Saufeder?

a) Der noch am warmen Stück auszureißende Hutschmuck.
b) Ein an einem Jagdmesser speziell für Schwarzwild angebrachter Klingenschliff.
c) Ein lanzenähnliches Jagdmesser zum Abfangen von Sauen.

31. Was ist ein Hirschfänger und wozu dient(e) er?

a) Spezielles Messer zum Abfangen von gestelltem Rotwild.
b) Eine „kalte Jagdwaffe“ mit etwa 30–40 cm langer Klinge.
c) Ein Relikt vergangener Epochen, der heute fast ausschließlich als Zier- und Paradewaffe dient.

32. Wie sollten Messerschneiden geschärft werden?

a) Freihand am Schleifbock.
b) Mit speziellen Schärfgeräten, die eine Führung zur Einhaltung des Keilwinkels der Schneide besitzen.
c) Mit einer Metallfeile.

Antworten:
1 b, 2 b, 3 c, 4 a, 5 b, 6 c, 7 c, 8 c, 9 b, 10 b, 11 c, 12 b, 13 a, 14 c, 15 a, 16 c, 17 a, 18 b, 19 c, 20 a, 21 c, 22 b, 23 c, 24 a, 25 c, 26 a, c, 27 a, 28 a, b, 29 b, c, 30 c, 31 a, b, c, 32 b.

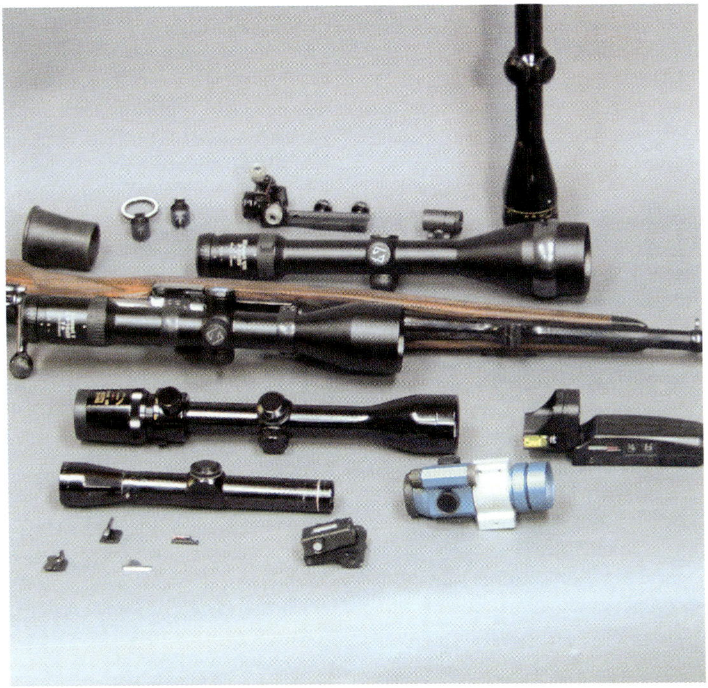

2 Visiereinrichtungen

Visiereinrichtungen sind die auf der Waffe angebrachten Hilfsmittel oder Bauteile, die es dem Schützen ermöglichen, ein Ziel anzuvisieren und sicher zu treffen. Wenn auch für Büchsen und kombinierte Waffen überwiegend Zielfernrohre eingesetzt werden, sollte ein Jäger aber auch Kenntnisse über andere Zielmittel haben. Es werden die gebräuchlichsten Visiereinrichtungen und deren Eigenarten erläutert.

Das Zielen besteht darin, die Visierlinie auf den Haltepunkt zu richten.

Hierbei ist die Visierlinie eine gedachte Linie, die *vom Auge* des Schützen über die vorschriftsmäßig ausgerichtete Visiereinrichtung (die Mitte der Kimme und die Spitze des Korns bzw. die Spitze des Zielstachels oder das Fadenkreuz des Zielfernrohres) *zum Ziel* verläuft.

Der Schuß trifft den Haltepunkt nur, wenn zwei Voraussetzungen erfüllt sind. Erstens muß die Waffe auf die vorliegende Schußentfernung Fleck eingeschossen sein.

Trifft das nicht zu und hat die Waffe auf dieser Entfernung z. B. einen Tiefschuß, so muß ein entsprechend höher liegender Haltepunkt gewählt werden, damit das Ziel richtig getroffen wird.

Zweitens muß das Abkommen mit dem Haltepunkt übereinstimmen. Das Abkommen ist der Punkt, auf den die Visierlinie tatsächlich zeigt, wenn der Schuß bricht. Im Idealfall liegt das Abkommen auf dem Haltepunkt.

In der Praxis ist das leider nicht immer so. Störungen von außen oder eigene Unzulänglichkeiten veranlassen den Schützen oft *„schlecht abzukommen“*. Geübte Schützen sind in der Lage, unmittelbar nach dem Schuß genau zu sagen, wo ihr Abkommen war. Sie haben daher gleich einen Anhaltspunkt für den Sitz des Schusses und können sich darauf einrichten.

Folglich verliert der Schütze zuerst das Zutrauen zu seiner Waffe und am Ende auch das Vertrauen zu sich selbst.

Ein Schütze, der nervös ist, beim Schuß die Augen schließt und muckt, kann unmöglich ein genaues Abkommen erkennen. Er hat nicht die Möglichkeit, sich beim nächsten Schuß zu verbessern, so daß alle seine Schießergebnisse vom Zufall bestimmt werden.

Es gibt verschiedene Arten von Visiereinrichtungen. Weil die körperlichen Fähigkeiten, insbesondere das Sehvermögen, den Vorgang des Zielens entscheidend beeinflussen, soll jeder von den verschiedenen Möglichkeiten die Ausführung und Anordnung wählen, die für ihn am vorteilhaftesten ist.

2.1 Offene Visierungen für Büchsen

Die bekannteste *offene Visierung* ist fest auf dem Lauf angebracht und besteht aus *Visier* und *Korn.*

Die Schwierigkeit beim Zielen mit dieser Visierung besteht darin, daß Visier, Korn und Ziel drei vom Auge des Schützen sehr unterschiedlich weit entfernte Punkte darstellen. Alle drei gleichzeitig scharf zu sehen, ist nicht möglich, und nur mit viel Übung und großer Erfahrung können gute Schießleistungen beim Schießen über die offene Visierung erbracht werden.

Brillenträger und Menschen über vierzig, bei denen die altersbedingte Weitsichtigkeit eingesetzt hat, haben hierbei Schwierigkeiten und machen unvermeidbare Zielfehler.

Den Alterssichtigen kann in einem gewissen Rahmen damit geholfen werden, daß eine grobere Visierung angebracht wird, die aus einem Visier mit sehr weiter Kimme und einem dicken Korn besteht. Es hilft auch, wenn das Visier vom Auge fort, weiter nach vorn auf den Lauf verlegt wird.

Die offene Visierung hat gegenüber den optischen Visierungen den Vorteil, daß sie im Gebrauch robuster ist.

Dagegen sind *Zielfehler* verschiedener Art möglich. Die durch ungenaues Visieren *vom Schützen verursachten Zielfehler* sind später (Abschnitt 10.1 Schießen mit der Büchse) beschrieben. Aber auch durch ungünstige Beleuchtung kann der Schütze *ungewollte Zielfehler* machen. Bei schlechtem Licht sieht er das Korn nicht mehr so gut und wird dazu verleitet, Vollkorn zu nehmen. Die Folge ist ein Hochschuß.

Starker Lichteinfall von oben erzeugt eine glänzende Randschicht auf dem Korn und macht dieses höher als es ist. Das bedeutet, der Schütze zielt in Wirklichkeit mit Feinkorn und schießt tief.

Einseitige Beleuchtung des Korns läßt dieses auf der Seite des Lichteinfalls dicker erscheinen. Der Schuß weicht zu der dem Licht abgewandten Seite ab.

Bei Büchsen mit Zielfernrohr, vor allem wenn ein variables Glas montiert ist, wird oft ganz auf die offene Visierung verzichtet. Über die Zweckmäßigkeit dieser Maßnahme kann man geteilter Meinung sein. Es besteht immerhin die Möglichkeit, daß das Zielfernrohr einmal durch Beschädigung ausfällt, oder daß man mit der Büchse in der Dickung ein Stück Wild nachsuchen muß. In beiden Fällen könnte der Jäger auf eine offene Visierung angewiesen sein.

In den meisten Fällen bestehen die offenen Visierungen aus einem mit Neusilber oder Messing belegten Perl- oder Balkenkorn und einem Visier mit halbrundem oder rechteckigem Kimmeneinschnitt. Die Visierungen mit V-förmiger Kimme und Dachkorn waren früher für Militärgewehre gebräuchlich und wurden außerdem bei einigen Kleinkaliberwaffen angewendet. Für jagdliche Zwecke eignen sie sich nicht.

Für das Flüchtigschießen werden die Kimmen entweder sehr weit gemacht oder nur durch eine weite V-Form der Visieroberseite angedeutet. Eine sehr beliebte Fluchtvisierung besteht aus einem Perlkorn mit einer hohl geformten halben Laufschiene als Visier.

Es ist zweckmäßig, die offenen Visierungen so einzuschießen, daß auf eine Entfernung von 100 m Fleckschuß ist, denn auf größere Distanz werden sie kaum eingesetzt.

Aus diesem Grund werden auch die früher gebräuchlichen aufstellbaren Visierklappen für 200 und 300 m heute nur noch selten auf Büchsen angebracht.

Das Lochvisier. Eine besondere Form der offenen Visierung ist das *Lochvisier*. Ähnlich wie beim *Dioptervisier* der Sportschützen befindet sich in kurzem Abstand vom Auge des Schützen eine ringförmige *Lochkimme*, die beim Zielen nur ganz unscharf wahrgenommen wird, aber eine sehr gute Zentrierung der Kornspitze in dem Lochausschnitt ermöglicht. Der Vorteil dieser Visierung ist, daß wegen der langen Visierlinie Zielfehler weit weniger ins Gewicht fallen, und daß die *Lochkimme wie eine Blende* wirkt und so dem alterssichtigen Schützen wieder zu einem klaren Visierbild verhilft.

Bei einsetzender Dämmerung versagt diese Visierung allerdings bald.

Flintenvisiere. Bei Flinten finden wir diese zweiteiligen Visierungen normalerweise nicht. Ausnahmen sind die Selbstlade- oder Repetierflinten mit Spezialläufen für das Verschießen von Flintenlaufgeschossen, die eine richtige Büchsenvisierung haben.

Daher ist normalerweise auf der Flinte nur ein unscheinbares Perlkorn angebracht. Bei langläufigen Sportflinten findet sich manchmal auf der halben Länge der Laufschiene ein kleines Hilfskorn.

Beim Schrotschuß ist ein Zielen wie beim Büchsenschuß nicht üblich (s. hierzu Abschnitt 10.2 Schießen mit der Flinte). Jede Art von Visierung behindert die Konzentration auf das Ziel und lenkt vom freien Schwingen ab.

Spezialvisiere für Flinten, die auf die Laufschiene oder die Läufe aufgesteckt oder geklebt werden, hat es im Laufe der Zeit in den verschiedensten Ausführungen gegeben. Manche davon können bei einem Schuß auf sitzendes oder sich langsam bewegendes Wild, vor allem in der Dämmerung vorteilhaft sein. Weil sie teilweise zum Zielen verleiten, sind sie bei schnellen Schüssen eher hinderlich. Selbstleuchtende Korne hingegen fördern eine präzise und schnelle Erfassung beim Schuß auf flüchtige Ziele.

2.2 Zielfernrohre

Die Zielfernrohre, deren Aufbau und Wirkungsweise im Kapitel 3 Jagdoptik beschrieben ist, sind heute die allgemein bevorzugte Art der Visierung für den Büchsenschuß. Ihre Vorteile gegenüber der offenen Visierung liegen auf der Hand.

Das Zielen ist erheblich einfacher, weil nur das Absehen mit dem Ziel in Deckung gebracht werden muß. Das Ziel selbst erscheint vergrößert und erleichtert dadurch ein sicheres Abkommen.

Ein *Nachteil des Zielfernrohres* ist es, daß das Ziel durch das begrenzte Sehfeld schlechter aufgefaßt werden kann, wenn es einmal schnell gehen muß und die Schußentfernung gering ist.

Für das *Flüchtigschießen* werden daher gern *Spezialfernrohre* verwendet, die bei 1-2½facher Vergrößerung ein sehr *großes Sehfeld* und unkomplizierte Absehen als Punkt oder Zielstachel haben. Die 1-2½fachen Vergrößerungen bieten den Vorteil, daß sich das Zielbild gut in das vom Auge neben dem Zielfernrohr wahrgenommene Gesamtbild einfügt.

Für den *normalen Jagdgebrauch* reichen *Gläser mit 4- bis 6facher Vergrößerung* aus. Die Zielfernrohre mit größerer Vergrößerung und großem Objektivdurchmesser sind speziell für den Ansitz bei ungünstigen Lichtverhältnissen gedacht.

Eine wesentliche Verbesserung erfuhren die Zielfernrohre mit dem Einführen des beleuchteten Absehens. Insbesondere bei schlechten Lichtverhältnissen ist ein sicheres Abkommen auf dem dunklen Wildkörper möglich.

Großer Beliebtheit erfreuen sich die Zielfernrohre mit *variabler Vergrößerung*. Sie können sowohl bei der Drückjagd als auch beim Ansitz verwendet werden. Für den flüchtigen Schuß stellen Zielfernrohre mit großem Verstellbereich (z.B. 2–10fach) einen Kompromiß dar. Sie sind sehr voluminös bei, gegenüber reinen Flüchtiggläsern, kleinerem Gesichtsfeld.

Zielfernrohrmontagen. Zu den Zielfernrohren gehören die Montagen, mit denen sie auf den Waffen befestigt werden. Auf eine solide Montage muß großer Wert gelegt werden, da sie in vielen Fällen die Ursache einer schlechten Schußleistung sind (s. Abschnitt 7.1.3: Schußleistungsprüfung). In der Regel gestatten sie das Abnehmen des Zielfernrohres für den Transport der Waffe oder die Benutzung der offenen Visierung. Seitdem vielfach variable Zielfernrohre im Gebrauch sind, wird die früher übliche hohe Art der Montage mit Untendurchsicht zum wahlweisen Gebrauch der Visierungen immer weniger verwendet. Die hohe Montage bedingt eine unnatürliche Kopfhaltung im Anschlag, weil die Wange des Schützen oft den Kontakt mit dem Schaftrücken verliert, und die Treffpunktlage über Visier und Korn kann mit oder ohne aufgesetztes Zielfernrohr verschieden sein.

Die *klassische Zielfernrohrmontage* ist die *Suhler Einhakmontage*, manchmal auch als *Vierfuß-Einhakmontage* bezeichnet. Die beiden Vorderfüße werden beim Aufsetzen des Zielfernrohres in entsprechend geformte Ausnehmungen der vorderen Basisplatte eingeführt und dann das hintere Ende des Rohres niedergedrückt, bis die hinteren Füße in die hintere Basisplatte eintauchen und von einem Schieber festgehalten und verriegelt werden.

Der Vorgang muß ohne Gewaltanwendung erfolgen, weil sonst die sorgfältig eingepaßten Füßchen verbogen werden können und die Montage Schaden nimmt. Wegen der vielen Paß-

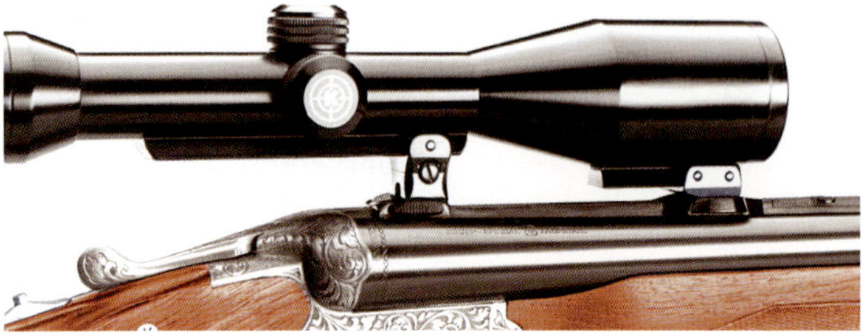

Abb. 61 Suhler Einhakmontage (SEM) auf einem Drilling

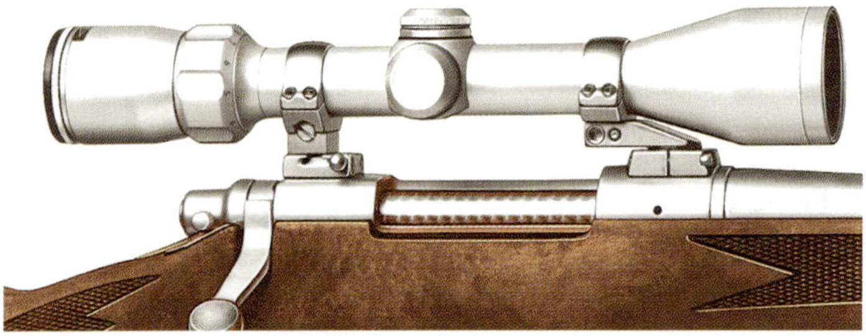

Abb. 62 Schwenkmontage (SM) auf Ruger-Repetierbüchse

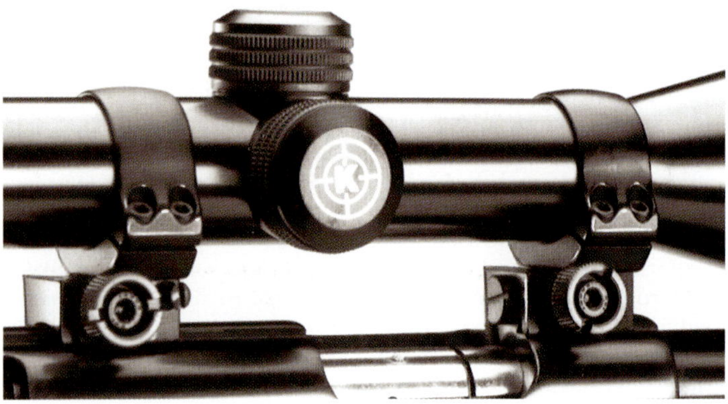

Abb. 63 Aufkippmontage auf Repetierbüchse

flächen muß eine Suhler-Einhakmontage sehr sorgfältig gefertigt werden, wenn die Verbindung zwischen Glas und Waffe dauerhaft fest und präzise sein soll. Wegen des technischen Aufwandes und des damit verbundenen hohen Preises geht der Trend schon seit längerer Zeit zu den unkomplizierteren und vielseitigeren Schwenk- und Sattelmontagen hin.

Bei der *Schwenkmontage*, die mit großer Genauigkeit maschinell vorgefertigt ist und bei der deshalb kaum noch Paßarbeit anfällt, gibt es einen soliden Drehzapfen als Vorderfuß. Dieser Zapfen wird quer zur Laufrichtung in die Basisplatte eingesteckt und das Zielfernrohr sodann in seine Gebrauchslage geschwenkt, bis der Hinterfuß durch Schnäpper oder Hebel arretiert werden kann.

Die Schwenkmontage gestattet, das Zielfernrohr niedrig über dem Lauf zu montieren und ggf. mehrere Zielfernrohre für die gleiche Basis vorzusehen. Die gleichen Vorteil vereint die Sattelmontage. Sie wird auf den Lauf in vorbereitete Ausnehmungen aufgesetzt und mit zwei Hebeln verriegelt.

Aufschub- oder Aufkippmontagen werden auf die an den Waffen vorhandenen Prismenschienen oder nachträglich angebrachten Prismensockeln aufgesetzt und durch Hebel oder Schrauben befestigt. Diese Montagen werden vorwiegend für Kleinkaliberwaffen eingesetzt, vor allen Dingen da, wo ein häufiges Auf- und Abnehmen der Zielfernrohre nicht in Frage kommt.

Schließlich gibt es noch die Möglichkeit, die Zielfernrohre fest zu montieren. Sie werden dann grundsätzlich nicht abgenommen, allenfalls bei einer fällig werdenden Reparatur mit entsprechenden Werkzeugen.

Zweckmäßige Hilfsmittel beim Gebrauch der Zielfernrohre sind Zielfernrohrkappen und Gegenlichtblenden. Die Kappen bieten einen Schutz für die Linsen beim Transport und bei der Aufbewahrung. Auch bei Regenwetter ist es zweckmäßig, draußen im Revier die Zieloptik auf diese Weise zu schützen. Muß man die Waffe überraschend schnell einsetzen, gestatten Kappen mit Klarsichteinsätzen zumindest behelfsweise das Visieren. Besser noch sind die Schutzkappen eines amerikanischen Herstellers, deren Deckel unmittelbar vor dem Schuß auf Knopfdruck aufspringen.

Gegenlichtblenden auf dem Objektiv und Seitenlichtblenden auf dem Okular können bei tiefstehender Sonne oder bei Mondlicht die Sicht durch das Zielfernrohr deutlich verbessern.

2.3 Sondervisierungen

Seit einigen Jahren sind Visiereinrichtungen im Handel, die äußerlich kleinen Zielfernrohren ähnlich sehen und bei denen das Absehen aus einem hell leuchtenden roten Punkt o.ä. besteht.

Das Absehen wird entweder in einem optischen System durch das einfallende Tageslicht oder durch eine batteriebetriebene Leuchtdiode erzeugt und in den Durchblick eingespiegelt. Normalerweise arbeiten diese Geräte ohne Vergrößerung.

Diese Visierungen werden wie Zielfernrohre eingeschossen. Beim Durchsehen entsteht optisch der Eindruck, daß der Punkt in das Bild projiziert ist. Diese Einrichtungen eignen sich daher vor allen Dingen für das Flüchtigschießen und sind, weil der Leuchtpunkt vom Auge schneller und deutlicher erfaßt wird als ein Zielfernrohrabsehen, eine gute Alternative zum Drückjagd-Zielfernrohr. Die nebenstehenden Fotos zeigen Visiere dieser Art, die sich vorteilhaft auf den Basen bestehender Zielfernrohrmontagen anbringen lassen.

Abb. 64 Docter-Sight-Visiereinrichtung mit Leuchtabsehen

Abb. 65 Das Foto zeigt ein besonders kleines Rotpunktvisier, das sich auf bestehenden Zielfernrohrmontagen anbringen läßt

2.4 Fragen & Antworten zu den Visiereinrichtungen

1. Was ist ein Diopter?

a) Ein Lochvisier.
b) Ein Zielfernrohr
c) Ein besonderes Absehen

2. Eine Schwenkmontage ist

a) eine seitenbewegliche Befestigung für das Spektiv an der Hochsitzbrüstung.
b) eine Art der Anbringung des Zielfernrohres auf der Waffe.
c) eine zweibeinige Unterstützung der Büchse für das Liegendschießen.

3. Warum ist es schwierig, beim Schießen mit der offenen Visierung gute Treffergebnisse zu erzielen?

a) Weil der Abstand der Visierlinie zur Laufachse geringer ist als beim Schießen mit Zielfernrohr.
b) Weil es naturgemäß für das Auge nicht einfach ist, Visier, Korn und das mehr oder weniger weit entfernte Ziel gleichzeitig scharf zu sehen.
c) Weil der Abstand des Auges zum Visier größer ist als beim Schießen mit Zielfernrohr zum Okular

4. Was sind Visiereinrichtungen an Waffen?

a) Die Schaftbacke
b) Senkung und Schränkung des Waffenschaftes
c) Visier und Korn, Zielfernrohr

5. Welche beiden Voraussetzungen müssen erfüllt sein, damit der Schuß den Haltepunkt trifft?

a) Die Waffe muß eingeschossen sein.
b) Abkommen in Schuß und Haltepunkt müssen übereinstimmen.
c) Das Korn darf nicht in der Kimme des Visiers zu sehen sein.

6. Wie soll man im Augenblick der Schußabgabe vorgehen?

a) Zur Sicherheit die Augen schließen.
b) Den Kopf sicherheitshalber zur Seite nehmen.
c) Ruhig abziehen und „durch das Feuer sehen", ohne zu verreißen.

7. Woraus besteht die übliche Flintenvisierung

a) Aus einem Korn auf einer Schiene
b) Aus einem Zielfernrohr
c) Aus Visier und Korn

8. Wo liegt der Vorteil eines Zielfernrohres?

a) Es vergrößert das Ziel
b) Absehen und Zielbild befinden sich in einer Bildebene, beides wird scharf abgebildet.
c) Das Zielen ist einfacher, weil nur das Absehen mit dem Ziel in Deckung gebracht werden muß.

Antworten:
1 a, 2 b, 3 b, 4 c, 5a b, 6 c, 7 a, 8 a b c.

3 Jagdoptik

Neben der Waffe ist die optische Ausrüstung ein wichtiges technisches Hilfsmittel für den Jäger. Das scheue Verhalten der Wildtiere und die damit verbundenen großen Fluchtdistanzen erfordern für das Beobachten leistungsstarke Ferngläser und bei der Jagd für einen sicheren Schuß hochwertige Zielfernrohre.

Außer den physikalischen Grundlagen der Jagdoptik werden in diesem Abschnitt optische Begriffe sowie Qualitätsmerkmale erläutert bzw. aufgeführt. Ferner wird auf Besonderheiten der unterschiedlichen Bauarten von Ferngläsern, Spektiven und Zielfernrohren eingegangen.

Optische Grundbegriffe. Ferngläser – in diese Betrachtungen sind Zielfernrohre eingeschlossen – haben die Aufgabe, entfernte Gegenstände dem menschlichen Auge durch Vergrößerung näher zu bringen, um Einzelheiten besser erkennen zu können. Dazu bedient man sich der lichtbrechenden Eigenschaft von Glaskörpern bestimmter Form (Linsen, Prismen). Ein Fernglas besteht aus dem Objektiv, dem Umkehrsystem und dem Okular. Die in das Objektiv einfallenden Lichtstrahlen liefern ein höhen- und seitenverkehrtes Bild, das durch das Umkehrsystem wieder richtiggestellt und in der Okularbildebene mit dem Okular betrachtet wird. Das Umkehrsystem wird bei Ferngläsern aus Prismen und bei Zielfernrohren aus einer Linsenkombination gebildet (siehe Schnittdarstellungen). Optische Geräte werden in der Regel durch zwei Zahlen gekennzeichnet, wobei die erste für die Vergrößerung, die zweite für den Objektivdurchmesser steht.

Die *Vergrößerung* gibt an, um wieviel näher ein Objekt erscheint, wenn es statt mit bloßem Auge mit dem Fernglas betrachtet wird. Das scheinbare Näherrücken läßt sich berechnen, indem die tatsächliche Entfernung durch die Vergrößerung geteilt wird.

Der *Objektivdurchmesser* bezeichnet den wirksamen Durchmesser des Objektivs (Eintrittspupille). Der Zusatz *„wirksame"* ist deshalb angebracht, weil bei manchen Gläsern der von außen meßbare Objektivdurchmesser nicht immer mit dem tatsächlichen freien Durchmesser identisch ist. Denn zur Vermeidung von optischen Fehlern, wie z.B. mangelnde Randschärfe, werden nicht selten Blenden eingebaut.

Mit der Ermittlung des Durchmessers der *Austrittspupille* läßt sich aber leicht feststellen, ob die angegebenen Kenndaten auch zutreffen. Der Objektivdurchmesser dividiert durch die Vergrößerung ergibt nämlich den Durchmesser der Austrittspupille. Entspricht der errechnete Wert nicht dem gemessenen, stimmen entweder der angegebene Objektivdurchmesser oder die Vergrößerung nicht mit den Kenndaten überein.

Die Austrittspupille ist das die Bildinformation enthaltende, aus dem Okular austretende, kreisrunde „Lichtbündel" am Auge des Betrachters. Bei einem korrekt abgestimmten, optischen System erscheint die Austrittspupille als gleichmäßig helle Kreisfläche, wenn man aus ca. 30 cm Entfernung gegen das Okular blickt. Die Pupille des Auges öffnet sich bei einem erwachsenen, jungen Menschen nur bis auf etwa 7mm. Mit zunehmendem Alter nimmt diese sogenannte Adaptionsfähigkeit (Anpassung an die Helligkeit) aber ab, so daß ältere Leute nur noch eine Pupillenöffnung von etwa 4–5mm haben. Es ist dann, bezüglich der Bildhelligkeit, nutzlos, ein Glas mit größerer Austrittspupille zu wählen. Bei der Neuanschaffung eines Fernglases oder Zielfernrohres sollte dieser Umstand berücksichtigt werden.

Der Durchmesser der Austrittspupille ist zwar für die Bildhelligkeit bestimmend, nicht aber für die Dämmerungsleistung. Die früher verwendeten Begriffe „Lichtstärke" oder „Geometrische Lichtstärke" sind schon längst nicht mehr aktuell, und deshalb soll darauf auch nicht näher eingegangen werden.

Für die Fähigkeit des Sehens und Erkennens bei schlechten Lichtverhältnissen ist eine andere Größe eingeführt worden: Die Dämmerungsleistung bzw. die Dämmerungszahl. Rein rechnerisch ist dies die Quadratwurzel aus dem mit der Vergrößerung multiplizierten Objektivdurchmesser. Die Dämmerungsleistung nimmt also mit zunehmendem Objektivdurchmesser und/oder Vergrößerung zu. Diese Erkenntnis ist das Ergebnis wissenschaftlicher Untersuchungen. Eine hohe Dämmerungsleistung ist allerdings nur vertretbar, wenn die Austrittspupille nicht größer ist als die Augenpupille, und wenn ein unterer Grenzwert von 3 bis 4mm nicht unterschritten wird.

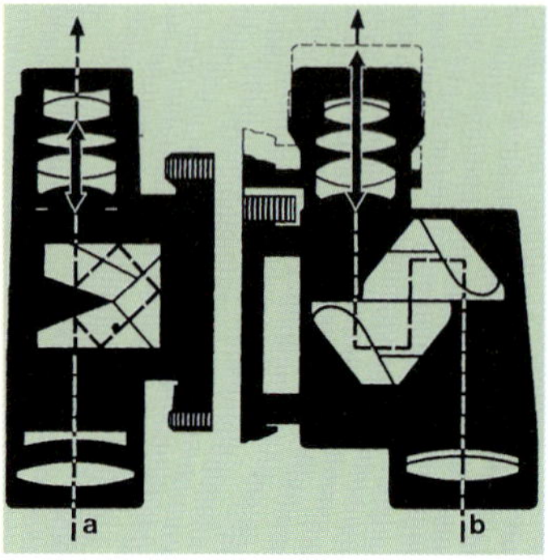

Abb. 67 Strahlengang in den beiden gebräuchlichsten Fernglastypen: **a)** mit Dachkant-Prismen; **b)** mit Porro-Prismen

Letzteres wird zumindest jedem Besitzer eines Spektives sofort einleuchten: Ein Spektiv 30x70 hat die respektable Dämmerungszahl von 42,4, ein als „Nachtglas" gerühmtes Fernglas 8x56 aber nur die Hälfte, nämlich 21,2. Jeder Praktiker weiß aber, daß er ein Spektiv schon längst zusammengeschoben hat, während er mit dem 8x56 noch gut sehen kann.

Eine weitere Kenngröße ist das *Sehfeld.* Damit wird der Durchmesser des überblickbaren Bildausschnittes – bezogen auf 1000m (bei Zielfernrohren 100m) – angegeben. Maßgebend dafür ist nicht der Objektivdurchmesser, sondern die Vergrößerung und vor allem das Okular, das es bei entsprechend konstruktiver Auslegung auch Brillenträgern ermöglicht (nach Umstülpung der Gummimanschette oder Hereindrücken der Schiebe-Okularmuscheln), das volle Sehfeld beizubehalten. Ein großes Sehfeld ist vorteilhaft, weil es das Auffinden eines Objektes erleichtert.

Qualitätsmerkmale. Aus den auf der Jagdoptik gravierten Angaben ergeben sich nachprüfbare Kenndaten (Durchmesser der Austrittspupille, Dämmerungsleistung), aus denen sich die wichtigsten Beurteilungskriterien ableiten lassen. Andere Merkmale sind nur mit z. T. aufwendigen Laboruntersuchungen zu bestimmen oder sogar überhaupt nicht meßtechnisch erfaßbar, weil sie nämlich subjektiver Art sind.

Selbstverständlich erwartet man beim Blick durch ein Fernglas ein gestochen scharfes Bild, und zwar nicht nur in der Mitte, sondern auch zum Rand hin. Das optische System soll also über die gesamte Bildfläche ein gleichmäßiges, hohes *Auflösungsvermögen* gewährleisten. Darunter versteht man die Fähigkeit, feinste Linien oder Konturen scharf abzubilden. Für die *visuelle Bildgüte* ist aber auch der Kontrast von Bedeutung, der die Kantenschärfe von Konturen beschreibt. Ein *brillantes* Bild ist scharf, kontrastreich, ohne Farbstich und Grauschleier. Zur Realisierung dieser Forderung trägt die *Vergütung* wesentlich bei. Zur Herabsetzung von Reflexionen werden die Glasflächen mit einer mineralischen Substanz bedampft. Bei hochwertigen Gläsern werden nicht nur die außenliegenden Flächen des Objektivs und des Okulars vergütet, sondern *alle* Luft-Glas-Flächen auch innerhalb des optischen Systems. Geschieht dies nicht, ergibt sich durch Reflexionen *Falschlicht,* was ein kontrastarmes, flaues Bild zur Folge hat, außerdem vermindert sich die Lichtdurchlässigkeit.

Es wird zwar über die gesamte Bildfläche eine gleichmäßige Bildgüte angestrebt, doch läßt es sich nicht vermeiden, daß diese zum Rand hin nachläßt. Die verminderte *Randschärfe* sollte aber nicht überbewertet werden, weil sich das Sehen ohnehin auf den Bereich der Bildmitte konzentriert.

Durch die Vergütung wird aber nicht nur der Kontrast gesteigert, sondern auch die *Lichtdurchlässigkeit.* Wenn man sich vor Augen hält, daß an jeder Luft-Glas-Fläche durch Reflexionen ein Lichtverlust von 4 bis 7% entsteht, läßt sich leicht einsehen, daß sich dies auf die Bildhelligkeit auswirken muß. Die Lichtdurchlässigkeit kommt aber in keiner der in den Tabellen angegebenen Kenndaten zum Ausdruck. Diese beruhen ausschließlich auf rechnerischen Werten und lassen keinen Rückschluß auf die Bildhelligkeit bzw. -güte zu.

Ein weiteres Qualitätsmerkmal ist die mechanische Verarbeitung. In der jagdlichen, oft sehr rauhen Praxis, wird die Jagdoptik vielfachen Belastungen ausgesetzt. So ist z. B. eine gewisse Robustheit gegenüber Stoßbeanspruchungen unbedingte Voraussetzung für einen störungsfreien Einsatz. Das gleiche gilt für die Abdichtung gegen Wasser und Staub, für den zuverlässigen Korrosionsschutz von Stahlteilen (Zielfernrohre) sowie für die Exaktheit und Leichtgängigkeit der Scharfeinstellung und der Dioptrienkorrektur auch bei tiefen Temperaturen.

Ferngläser. Schon seit längerer Zeit erfreuen sich die Ferngläser der schlanken Bauformen zunehmender Beliebtheit bei Jägern. Der Grund dafür ist die bessere Handlichkeit gegenüber der herkömmlichen bauchigen Bauweise, denn die optische Güte der beiden Typen ist gleichwertig. Die unterschiedliche äußere Gestaltung ergibt sich aus der Anordnung und Form der Umkehrprismen. Während in der kurzen, gedrungenen Ausführung sogenannte „Porro-Prismen" verwendet werden, bedient man sich bei den schlanken, längeren Modellen der „Dachkantprismen".

Ein ermüdungsfreies Betrachten, auch über längere Zeit, ist nur möglich, wenn der Strahlengang beider Fernglashälften absolut parallel verläuft. Das erfordert allerhöchste mechanische Präzision und sorfältigste Justierung. Doch hier hapert es gelegentlich auch bei Gläsern der gehobenen Preiskategorie. Ein Test kann aber leicht selbst durchgeführt werden. Dazu betrachtet man einen nicht allzu hellen Stern, indem die Augen auf „Leerlauf" gestellt werden, d. h. ein vielleicht krampfhaftes Bemühen, den Stern scharf zu sehen, soll unterbleiben. Sind die Bilder der beiden Fernrohrhälften nicht deckungsgleich, sieht man den Stern doppelt, wobei

Abb. 68 a und b Die Bauform der Ferngläser ergibt sich aus der Art der verwendeten Prismen. **Rechts** Fernglas mit Porro-, **links** mit Dachkant-Prismen.

die Entfernung und Lage zueinander Aufschluß über das Ausmaß und die Art der Dejustierung gibt.

Für den Bedienungskomfort ist primär die Handhabung der Fokussierung (Scharfeinstellung) kennzeichnend. Fast alle Gläser sind mit einer Mitteltrieb- Fokussierung und zusätzlich mit einem Dioptrienausgleich für ein Okular ausgestattet. Mit dem Dioptrienausgleich wird die Optik der individuellen Sehkraft der Augen angepaßt. Einzeln einstellbare Okulare stellen eine deutliche Komforteinbuße dar, erhöhen aber durch den Wegfall komplizierter Mechanik und von Abdichtungsproblemen die Robustheit. Komfortfördernd ist die den Augenabstand regulierende Knickbrücke ebenso wie die heute beinahe immer angebotene Gummiarmierung, die das Glas nicht nur stoßunempfindlicher macht, sondern auch zu einem geräuscharmen Tragen beiträgt. Auf die Fernglasanwendung für Brillenträger ist bereits unter dem Stichwort „Sehfeld" hingewiesen worden.

Wenn man vor der Kaufentscheidung für ein Fernglas steht, muß der überwiegende Verwendungszweck in die Überlegungen einbezogen werden. Für die Tagbeobachtung und bei der Pürsch ist ein leichtes, handliches Glas, z.B. 8x30 oder im Gebirge ein 10x40 zweckmäßig, während für das Sehen in der Dämmerung und beim Nachtansitz ein „Nachtglas", wie etwa 7x42 oder 8x56 mit hoher Dämmerungsleistung geeigneter ist. Beim Beobachten aus der freien Hand sind der Vergrößerung Grenzen gesetzt, weil mit zunehmender Vergrößerung die Neigung zum Verwackeln steigt. So gilt allgemein eine zehnfache Vergrößerung als Grenze für die Freihandbeobachtung. Soll der Vorteil einer stärkeren Vergrößerung genutzt werden, sind die Voraussetzungen dafür zu schaffen (z.B. feste Auflage, Anlegen an den Bergstock).

Seit einiger Zeit gibt es Ferngläser, die durch eine spezielle Mechanik feine Zitterbewegungen ausgleicht und dadurch auch das freihändige Beobachten bei hoher Vergrößerung (20x) ermöglicht. Leica hat ein Glas („Geovit") mit integriertem Entfernungsmesser und Kompaß auf den Markt gebracht. In diesem Zusammenhang sind auch andere spezielle Beobachtungsgeräte zu erwähnen: die Restlichtverstärker und Infrarotgeräte, deren Einsatz sich auf die Nachtzeit beschränkt. Als Zielgeräte sind sie verboten!

Spektive. Spektive sind monokulare Beobachtungsfernrohre mit starker Vergrößerung. Dadurch ist bereits der Hauptanwendungsbereich charakterisiert: das Erkennen feiner Details über große Distanzen. Bei der Jagd im Hochgebirge oder in weitläufigen Feldrevieren, kurz, überall dort, wo ein normales Fernglas nicht ausreicht, ist das Spektiv ein unentbehrliches Hilfsmittel. Dies empfindet besonders der Jäger, der ein derartiges Gerät schon länger geführt und sich daran gewöhnt hat. Denn gewöhnungsbedürftig ist es zweifellos. Da ist zunächst das ungewohnte einäugige Sehen, das aber bei einiger Übung bald keine Schwierigkeiten mehr bereitet. Ein Handicap ergibt sich aus dem kleinen Sehfeld, wodurch das schnelle Finden eines „Zieles" erschwert wird. Besonders bei sich bewegendem Wild in unübersichtlichem Gelände ist dann die „Visierung" hilfreich, die bei manchen Spektiven in die Gummiarmierung integriert ist. Bedingt durch die starke Vergrößerung ist ein freihändiges Beobachten wegen der Verwackelung kaum möglich. Deshalb sollten eine feste Auflage (Hochsitzbrüstung) oder ein Stativ vorhanden sein. Das eingeschränkte Dämmerungssehen wurde schon zuvor erwähnt. Letztlich müssen auch die großen Abmessungen und das relativ hohe Gewicht als Nachteil angesehen werden, wenngleich der Transport mit einer Tragevorrichtung mühelos ist. Bei dieser Tragweise ist dann al-

a

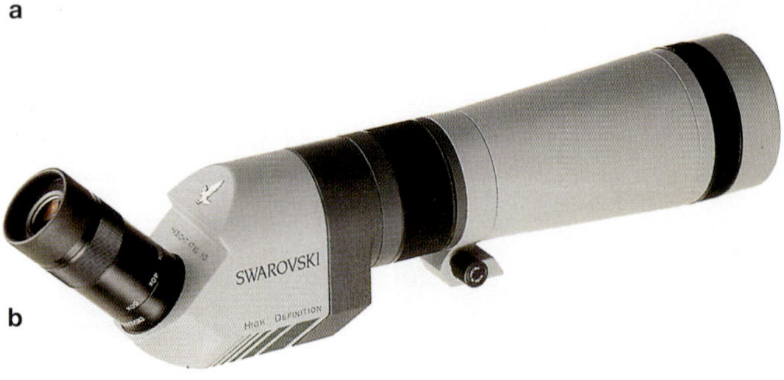

b

Abb. 69 und 70 Spektive, **a)** Auszieh-Spektiv; **b)** Fest-Spektiv lerdings das Spektiv nicht sofort „schußbereit".

Die meisten für die Jagd verwendeten Fernrohre müssen zum Gebrauch einmal oder mehrmals ausgezogen werden. Das Umkehrsystem besteht bei modernen leistungsstarken Spektiven aus mehreren Prismen, bei anderen Bauarten kommen Linsenkombinationen zum Einsatz. Die Fokussierung erfolgt in der Regel am Okular, entweder direkt oder durch ein seitlich davon angebrachtes Rändelrad. Da keine weiteren Einstellelemente vorhanden sind, ist die Handhabung von Spektiven in dieser Hinsicht unproblematisch.

Einige Hersteller bieten Wechselokulare an (z. B. 15x bis 60x), wodurch der Einsatzbereich erweitert wird.

Zielfernrohre. Ein modernes Jagdgewehr – gleichgültig ob Büchse oder kombinierte Waffe – ist ohne Zielfernrohr kaum noch vorstellbar. Selbst auf ausgesprochenen Drückjagdwaffen, wie Doppelbüchsen, ist diese Art der Zieleinrichtung häufig anzutreffen. Die Gründe dafür liegen auf der Hand: Durch die Anwendung eines Zielfernrohres ist ein präzises Schießen viel eher möglich als über Visier und Korn. Wie ist das zu erklären? Das menschliche Auge ist unfähig, unterschiedlich weit entfernte Gegenstände gleichzeitig scharf zu sehen. Es gelingt also nicht, die drei Bildebenen Visier (Kimme), Korn und Ziel gleichzeitig mit gleicher Schärfe auf der Netzhaut abzubilden. Das Zielfernrohr löst dieses Problem in idealer Weise: Durch die Optik erscheint das Ziel und das Absehen auf einer Bildebene, darüber hinaus wird das Ziel auch noch vergrößert dargestellt.

Der prinzipielle optische Aufbau eines Zielfernrohres ist zuvor schon beschrieben worden. Als Besonderheit muß erwähnt werden, daß die Austrittspupille 7–9 cm hinter dem Okular liegt. Durch diese Auslegung des Okulars wird das volle Bild bei einem *Augenabstand* von 7–9 cm wahrgenommen. Damit werden Augen- und Kopfverletzungen des Schützen bei der Rückstoßbewegung des Gewehres vermieden.

Durch die Position des Absehens sind zwei verschiedene Typen von Zielfernrohren gekennzeichnet. Das Absehen kann sich nämlich in der Objektiv- oder in der Okularbildebene befinden (s. Abb. 71).

Aus dieser unterschiedlichen Anordnung ergeben sich aber entscheidende Eigenarten und Konsequenzen. Bei den meisten Zielfernrohren europäischer Hersteller ist das Absehen in der Objektivbildebene plaziert. Diese Bauart ist robuster und damit störungsunanfälliger, weil für die Beibehaltung einer konstanten Treffpunktlage nur die absolut feste Lagerung des Absehens und des Objektivs bedeutend sind. Das Umkehrsystem und das Okular könnten theoretisch ein wenig wackeln, ohne daß dies eine Zielverschiebung zur Folge hätte. Befindet sich das Absehen aber in der Okularbildebene, bewirken schon geringste Verset-

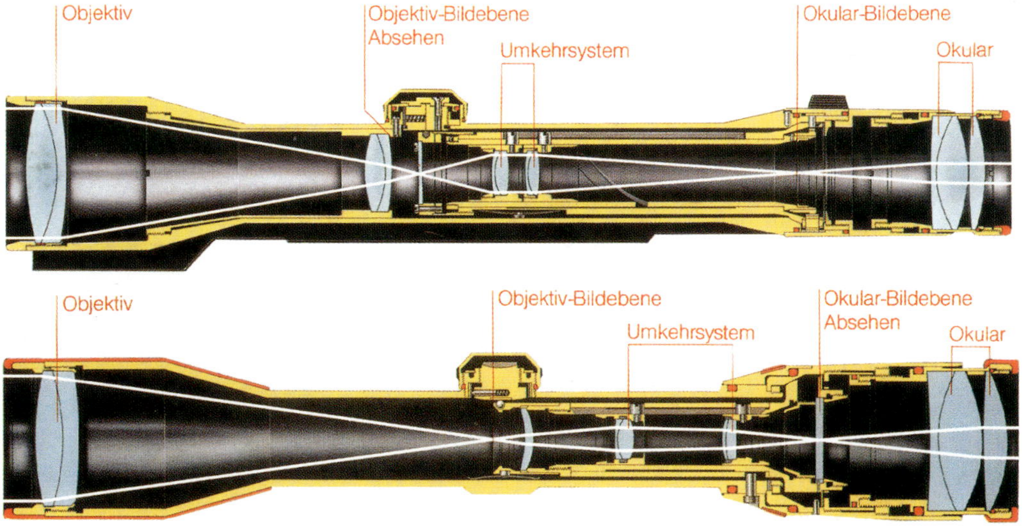

Abb. 71 Die Schnittmodelle lassen den Strahlengang und die Lage des Absehens erkennen. Oben Absehen in Objektiv-Bildebene; unten Absehen in Okular-Bildebene

zungen des Umkehrsystems oder des Okulars Veränderungen der Ziellinie. Deshalb werden bei diesen Zielfernrohren besonders hohe Anforderungen an die mechanische Präzision gestellt. Dies gilt speziell für Zielfernrohre mit variabler Vergrößerung.

Die gelegentlich geäußerte Ansicht, das Tragen einer Brille oder von Haftschalen könnte eine Treffpunktverlagerung bewirken, ist nicht zutreffend. Unabhängig von der Bauart des Zielfernrohres wird das Ziel immer zusammen mit dem Absehen in der Okularbildebene betrachtet. Es spielt dabei keine Rolle, ob dies durch eine Brille oder mit bloßem Auge geschieht, die Ziellinie ändert sich in keinem Fall.

Unterschiedlicher Lichteinfall in das Objektiv oder Okular kann sich ebenfalls nicht auf die Treffpunktlage auswirken, weil das Absehen so weit im Inneren des Zielfernrohres liegt, daß eine ausgeprägte einseitige Beleuchtung nicht möglich ist. Vorausgesetzt, das Zielfernrohr weist keine Mängel auf, können optische Einflüsse als Ursache für Trefferverlagerungen ausgeschlossen werden. Abweichungen ergeben sich nur durch mechanische Einwirkungen auf die Waffe oder das Zielfernrohr (siehe hierzu Kapitel 10.1: Schießen mit der Büchse).

Das Absehen bietet dem Jäger eine gute Möglichkeit zum *Entfernungsschätzen.*

Solange die Vergrößerung konstant bleibt, funktioniert diese Methode bei beiden Zielfernrohrtypen, vorausgesetzt, man kennt den Abstand zwischen den Balken des Absehens bezogen auf eine Entfernung von 100m. Der Unterschied zwischen den beiden Typen wird bei variabler Vergrößerung augenfällig. Befindet sich das Absehen in der Objektivbildebene, wird bei einem Wechsel der Vergrößerung das Absehen in dem gleichen Verhältnis wie das Ziel mitvergrößert. Das Entfernungsschätzen kann also bei jeder beliebigen Vergrößerung in der gleichen Weise vorgenommen werden. Im Gegensatz dazu bleibt das Absehen des anderen Zielfernrohrtyps bei jeder Vergrößerung konstant, und nur die Zieldarstellung ändert sich. Es ergeben sich demnach für jede Vergrößerung unterschiedliche Balkenabstände, so daß diese Zielfernrohre für das Entfernungsschätzen nur eingeschränkt geeignet sind.

Abb. 72 Das Absehen als Hilfsmittel zum Entfernungsschätzen am Beispiel eines Rehbockes und Absehen 1

Swarovski bietet ein Zielfernrohr mit integriertem Entfernungsmesser an, mit dem eine genaue und schnelle Entfernungsbestimmung ermöglicht wird.

Die folgenden Ausführungen gelten wieder für beide Zielfernrohrbauarten:

Moderne Zielfernrohre haben ein zentriertes Absehen, d. h., das Absehen bleibt bei dessen Verstellung immer in der Bildmitte. So komfortabel diese Einrichtung auch ist, so kann sie doch Probleme mit sich bringen. Ist nämlich ein Endpunkt der horizontalen oder vertikalen Verstellung erreicht, kann dies nicht mehr durch die Position des Absehens im Bild erkannt werden. Versucht man dann weiter zu korrigieren, bleibt das Absehen in der Endlage stehen. Manche Hersteller (z.B. Schmidt & Bender) versehen deshalb die Verstellscheiben mit einer zusätzlichen Skala oder Markierung, aus denen die jeweilige Lage des Absehens hervorgeht (s. Abb. 73).

Zu den komfortfördernden Entwicklungen bei Zielfernrohren gehört auch die generelle Einführung von Höhen- und Seitenverstellungen sowie die *Klickverstellung*. Der früher für die Seitenverstellung zuständige

Abb. 73 Aus der Position der Verstellscheibe (oben, Zeiss) oder der separaten Skala (unten, Schmidt & Bender) erkennt man die Lage des Absehens

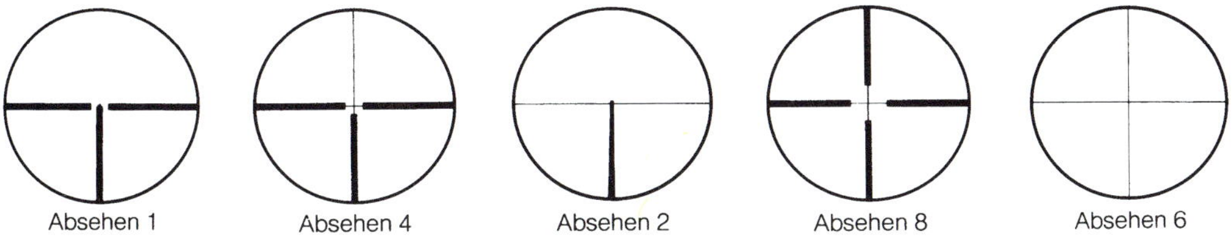

Abb. 74 Die gebräuchlichsten Zielfernrohr-Absehen

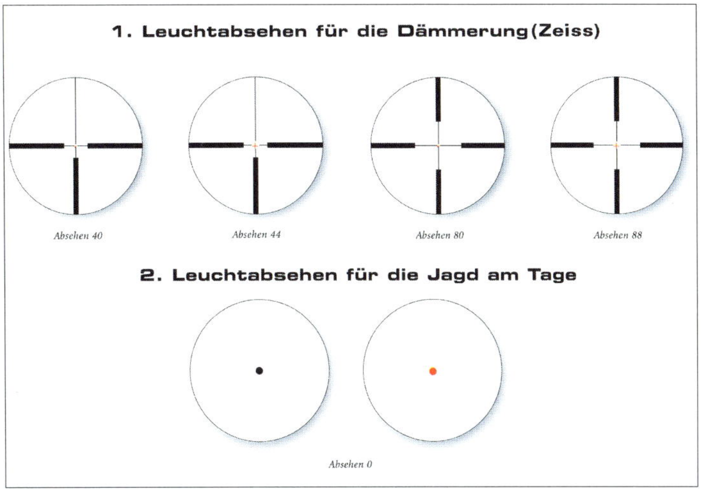

Abb. 75 Leuchtabsehen für Zielfernrohre

Support am Hinterfuß der Zielfernrohrmontage dient heute nur noch – wenn er überhaupt vorhanden ist – der Grobjustierung. Die Klickverstellung erhielt ihre Bezeichnung durch die Rasterung der Absehen-Justierscheibe. Damit ist die Treffpunktlagenkorrektur vereinfacht worden, weil eine Raste einer genau definierten Treffpunktverlagerung auf 100 m Entfernung entspricht. Leider haben sich die Hersteller noch nicht zu einer Normung entschließen können, so daß die Teilung der Rasten von Fabrikat zu Fabrikat uneinheitlich ist. Das gleiche gilt auch für die Richtungsänderung des Absehens. Rechts- oder Linksdrehung der Justierscheibe ist also nicht bei allen Fabrikaten gleichbedeutend mit einer bestimmten Richtungsänderung. Um den Munitionsverbrauch beim Einschießen einzuschränken, sollte sich deshalb der Jäger die Bedienungsanleitung zu dem Zielfernrohr sorgfältig durchlesen.

Um die *Auswahl des Absehens* gibt es in Jägerkreisen immer wieder heiße Diskussionen. Dabei werden nicht selten subjektive Argumente vorgebracht. Das ist auch nicht verwunderlich, denn es gibt nur wenige sachlich begründete Auswahlkriterien.

Die Absehen 1 und 4 werden wegen ihrer universellen Einsatzmöglichkeit am häufigsten verlangt. Sie eignen sich für einen punktgenauen Schuß bei hellem Tageslicht ebenso wie für das Schießen bei schlechten Lichtverhältnissen. Die relativ dicken Balken sind auch noch in der Dämmerung gut zu erkennen, so daß man sich daran orientieren kann. Ist das Fadenkreuz des Absehens 4 nicht mehr zu sehen, muß allerdings berücksichtigt werden, daß, im Gegensatz zum Absehen 1, das Anvisieren mit der Balkenoberkante (waagerechte Balken) eine Trefferverlagerung (Tiefschuß) ergibt.

Die Absehen mit einem dünnen Fadenkreuz (Nr. 6) sind für jagdliche Zwecke weniger geeignet (fehlende Möglichkeit des Entfernungsschätzens, schlechte Erkennbarkeit des Absehens), ihr Einsatzgebiet ist der Schießstand. Zielfernrohre, die speziell bei Drückjagden eingesetzt werden, werden gern mit dem Absehen 2 bestellt, da die fehlenden Querbalken ein Erfassen des Zieles erleichtern. Unabhängig von den Vorzügen und Nachteilen der verschiedenen Ausführungen sollte ein Jäger das Absehen auswählen, mit dem er am besten zurechtkommt.

Fast alle Hersteller sind dazu übergegangen, einige Zielfernrohrmodelle mit einem beleuchtbaren Absehen auszurüsten. Die Helligkeit ist regulierbar, so daß eine Anpassung an das Umgebungslicht möglich ist. Bei abgeschalteter Beleuchtung, z. B. am Tage, erscheinen diese Absehen wie die Absehen in normalen Zielfernrohren.

Besonders für „nachtaktive" Jäger ist ein beleuchtetes Absehen vorteilhaft, weil dadurch bei sehr schlechten Lichtverhältnissen ein genaues Abkommen auf ein Ziel ermöglicht wird.

Zu erwähnen wären noch Zielfernrohren ähnliche Zieleinrichtungen für das Flüchtigschießen. Es sind dies Vorrichtungen ohne Vergrößerung, in deren Bildmitte sich ein roter Punkt oder andere Visiermarkierungen befinden, die entweder selbst leuchten oder durch das Tageslicht beleuchtet werden. Der Vorteil dieser Geräte ist ein großes Blickfeld, wodurch ein schnelles Erfassen des Zieles erleichtert wird (siehe 2.3 Sondervisierungen).

Im Zusammenhang mit dem Zielfernrohr muß der Begriff Parallaxe erwähnt werden. Es ist dies die scheinbare Verschiebung des Absehens zum Ziel, wenn das Auge aus der optischen Achse des Zielfernrohrs bewegt wird. Grundsätzlich hat jedes Zielfernrohr *Parallaxe*, die unabhängig von der Bauart, dem Fabrikat oder der Vergrößerung ist. Diese Erscheinung tritt auf, wenn sich das Absehen nicht genau in der Bildebene befindet, also je nach Bauart in der Objektiv- oder Okularbildebene. Es muß zwischen zwei Ursachen unterschieden werden, die jedoch beide die gleiche Erscheinungsform haben: Da ist zunächst die natürliche Parallaxe. Ein Zielfernrohr kann immer nur auf eine Entfernung parallaxefrei eingestellt werden. In der Regel sind das 100 Meter. Visiert man deutlich näher liegende Ziele an, ergibt sich eine scheinbare Absehen/Zielverschiebung, und zwar um so stärker, je weiter der Zielpunkt von der parallaxefreien Entfernung liegt, je größer der Objektivdurchmesser ist und je weiter das Auge aus der Bildmitte bewegt wird. Befindet sich die Augenpupille immer in der Mitte der Austrittspupille, gibt es auch keine Parallaxe. Aber selbst, wenn von den ungünstigsten Verhältnissen ausgegangen wird, ist der Parallaxefehler so gering, daß er in der Revierstreuung untergeht. Wird eine andere parallaxefreie Entfernung als 100 m gewünscht, etwa weil dies die Reviervehältnisse erfordern, so kann eine Umstellung ohne weiteres erfolgen.

Parallaxe kann aber auch durch unbeabsichtigte Veränderungen am Zielfernrohr auftreten. Verursacht durch die sehr hohen Rückstoßbelastungen kann sich die Objektivlinse lockern oder das Absehen in axialer Richtung versetzen. Wird das Zielfernrohr ferner leicht verbogen oder durch eine unsachgemäße Zielfernrohrmontage (nur bei Ringmontagen) eingeschnürt, ändert sich die Lage des Absehens in der Bildebene. Das Ausmaß der dadurch hervorgerufenen Parallaxe kann dann das der natürlichen Parallaxe um ein vielfaches übersteigen und in extremen Fällen, besonders bei kleinen Zielen und großen Entfernungen, sogar zum Fehlschuß führen.

Abb. 76 Treffpunktverlagerung durch Parallaxe

Aus dem Wesen der Parallaxe ergibt sich die Kontrollmethode. Das festgelegte Zielfernrohr wird auf einen 100 m entfernten Punkt ausgerichtet und das Auge dann aus der Bildmitte bewegt. Ändert sich dabei das Absehen gegenüber dem Zielpunkt deutlich (mehrere Zentimeter), so liegt ein Parallaxefehler vor, der korrigiert werden sollte.

Wird man nun vor die Frage gestellt, welches Zielfernrohr am geeignetsten ist, so läßt sich das nicht mit einem Satz beantworten. Sicher ist aber, daß gerade bei der Anschaffung dieses Ausrüstungsgegenstandes übertriebenes Sparen meistens Enttäuschung und Ärger mit sich bringt.

Wer in einem Revier jagt, in dem sowohl geringe als auch große Schußentfernungen vorliegen können, sollte einem variablen Zielfernrohr mit großer Variationsbreite den Vorzug geben, um sich den jeweiligen Situationen optimal anpassen zu können. Wer auf die Jagd bei schlechten Lichtverhältnissen angewiesen ist, muß ein Glas mit hoher Dämmerungsleistung und geeignetem Absehen wählen. Variable Zielfernrohre, bei denen das Absehen in der Okularbildebene liegt, sind für diesen Anwendungsbereich weniger gut geeignet, weil sich das Absehen nicht mitvergrößert und daher die zu dünnen Balken als Zielhilfe kaum noch sichtbar sind. Zum Flüchtigschießen eignen sich spezielle Gläser mit geringer Vergrößerung und großem Sehfeld.

Grundsätzlich sollte man sich vor der Anschaffung eines Zielfernrohres mehrere Modelle vorlegen lassen und diese unter verschiedenen Bedingungen erproben, wobei Brillanz, Auflösungsvermögen, Bildhelligkeit, Sehfeld und Randschärfe die wesentlichsten Beurteilungskriterien sind.

3.1 Fragen & Antworten zur Jagdoptik

1. Kann das Absehen in Zielfernrohren unterschiedlicher Bauart immer zuverlässig als Hilfsmittel zum Entfernungsschätzen benutzt werden?
a) Ja, bei jeder Bauart.
b) Nur, wenn sich das Absehen in der Objektivbildebene befindet.
c) Nur, wenn sich das Absehen in der Okularbildebene befindet.

2. Welches der aufgeführten Zielfernrohre hat das größte Sehfeld?
a) 1,25–4x24.
b) 6x42.
c) 8x56.

3. Was versteht man unter „Abkommen"?
a) Die Zieleinrichtung im Zielfernrohr.
b) Die Stelle auf dem Ziel, auf die die Visierung im Augenblick des Schusses zeigt.
c) Die Stelle auf dem Ziel, die anvisiert wird.

4. Was ist bei einem Zielfernrohr unter „Parallaxe" zu verstehen?
a) Der Brennpunkt der Objektivlinse.
b) Die scheinbare Verschiebung des Absehens auf dem Ziel bei Dezentrierung der Augenpupille in der Austrittspupille.
c) Randunschärfe des Bildes.

5. In welcher optischen Ebene wird das Absehen von Zielfernrohren von deutschen Herstellern vorzugsweise angeordnet?
a) In der Okularbildebene.
b) In der Objektivbildebene.
c) In der Umkehrbildebene.

6. Als Blaubelag bezeichnet man
a) eine feine, stahlblaue Brünierung an hochwertigen Waffen.
b die Oberflächenfärbung der offenen Visierung
c) eine reflexvermindernde Schicht an der Oberfläche von Linsen.

7. Die Dämmerungszahl ist
a) die am Zielfernrohr einstellbare Vergrößerung
b) eine Maßangabe für den Helligkeitsgrad in der Dämmerung.
c) eine Leistungsangabe für ein Fernglas.

8. Was versteht man unter der Austrittspupille?
a) Den Durchmesser des durch ein Fernglas hindurchgehenden Lichtstrahlenbündels am Okular.
b) Die dem Beobachtungsobjekt zugewandte Linse bei Fernrohren.
c) Die Linse, die beim Zielen mit einem Zielfernrohr vor dem menschlichen Auge liegt.

9. Was ist ein Okular?
a) Das dem Auge zugewandte Linsensystem im Fernrohr.
b) Die dem Betrachtungsobjekt zugewandte Linse.
c) Der gummibewehrte Ring eines Feldstechers, an den das Auge angelegt wird.

Antworten:
1 b, 2 a, 3 b, 4 b, 5 b, 6 c, 7 c, 8 a, 9 a.

4 Munition

Dem Jäger steht eine fast unübersehbare Anzahl von Patronen und Geschoßkonstruktionen zur Verfügung. Er muß über wesentliche Unterschiede informiert sein.
Die folgenden Ausführungen vermitteln Kenntnisse über Aufbau der Patronen, die deutschen und internationalen Kaliberbezeichnungen, Unterschiede der Geschoßkonstruktionen sowie Sicherheitshinweise.

Die Umstellung vom Vorderlader auf den Hinterlader, die sich um die Mitte des 19. Jahrhunderts vollzog, revolutionierte das gesamte Schießwesen.

Bis dahin war die Waffe immer die Hauptsache und die Munition die Nebensache. Dem Schützen war es überlassen, die ihm zur Verfügung stehenden einzelnen Munitionskomponenten so in seine Waffe zu laden, daß die Voraussetzungen für einwandfreie Funktion und einen präzisen Schuß gegeben waren, was sicher nicht so einfach war, wie mancher sich das heute vorstellt.

Um ordentliche Ergebnisse zu erzielen, mußte der Schütze nicht nur genau über die erforderliche Ladung Bescheid wissen, sondern auch sehr sorgfältig die richtige Ladetechnik anwenden. Ohne Anleitung, Grundkenntnisse und Übung, gelang dies nicht.

Dabei war der ganze Ladevorgang gar nicht so einfach durchzuführen. Ein Gewehr war vom Schützen eigentlich nur in stehender Stellung bequem zu laden, und selbst dann wurden beide Hände und die volle Aufmerksamkeit gefordert. Regnete es gar dabei, dann war die ohnehin recht hohe Versagerquote wegen der nicht zuverlässigen Zündung um ein Vielfaches höher.

Mit dem Hinterlader änderte sich das grundlegend.

Daß die Feuergeschwindigkeit erheblich erhöht wurde, war für die Jäger eigentlich weniger von Belang als für das Militär. Daß die Waffen eine größere Reichweite bekamen und durchweg präziser schossen, war sehr erfreulich. Bedeutend aber war, daß man jetzt in jeder Lage nachladen konnte, im Liegen, gebückt oder in einem engen Versteck. Man konnte notfalls mit einer Hand laden, das Wild dabei im Auge behalten und das Wetter getrost vergessen.

Wer wußte, wie gezielt wird und die paar Handgriffe des Ladens beherrschte, der hatte, unter der Voraussetzung, daß die richtige Munition für seine Waffe in seiner Tasche steckte, die gleichen oder gar bessere Erfolgsaussichten als ein versierter Vorderladerschütze.

Diese technische Perfektionierung hat dem Wissensstand

der Schützen und Jäger um ballistische Fragen keineswegs gut getan. Zu viele verfahren einfach nach dem Rezept „man nehme“ die Munition, die für die betreffende Waffe gemacht ist, dann muß es funktionieren. Daß das nicht in allen Fällen zutreffen muß, ist vielen Leuten heute nur sehr schwer begreiflich zu machen.

Das *Hinterladersystem* ließ sich überhaupt nur durch die Erfindung der *Einheitspatrone* verwirklichen.

In einer Patronenhülse sind in der richtigen Zusammenstellung und Dosierung (Laborierung) die Komponenten vereinigt, die der Vorderladerschütze in loser Form bei sich trug. Die Patrone ist bequem zu handhaben und mitzuführen. Sie ist witterungsbeständig und transportsicher. Ihr wichtigster Bestandteil ist die Patronenhülse. Neben der Aufnahme der einzelnen Komponenten kommt dieser die entscheidende Aufgabe zu, als Gasdichtung in der Waffe zu dienen.

Kein Waffenverschluß ist in sich so dicht, daß er das bei der Pulververbrennung entstehende Treibgas für das Geschoß daran hindern könnte, auch nach hinten auszutreten und damit nicht nur für den Antrieb des Geschosses verlorenzugehen, sondern auch den Schützen ernsthaft zu gefährden.

Indem der Gasdruck sich in der Patronenhülse aufbaut, dehnt sich diese aus, bis sie an den Wandungen des Patronenlagers und des Verschlusses anliegt und so eine wirksame Dichtung bildet; sie lidert, wie der Fachausdruck für diesen Vorgang heißt.

Die ausschließliche Verwendung von Patronen in den modernen Waffen hat das alte Prinzip auf den Kopf gestellt. Nicht mehr die Waffe ist die Hauptsache, sondern die Patrone. Es werden nicht mehr, wie zur Zeit der Vorderlader, Waffen gebaut und für diese individuelle Ladungen entwickelt, sondern es werden Patronen konstruiert, für die dann in der Folge geeignete Waffen gefertigt werden.

Die große Zeit der Waffenkonstrukteure war die zweite Hälfte des 19. Jahrhunderts. Eine große Zahl von Hinterladersystemen wurde entwickelt. Viele, in Anbetracht der damaligen Fertigungsmöglichkeiten, technisch sogar hochinteressante Konstruktionen tauchten auf, konnten sich aber nicht behaupten. Die besten Lösungen überlebten die Zeitläufe und werden heute noch gebaut.

Die Patronenkonstrukteure aber „liefen Amok“. Gab es doch hinsichtlich der Kaliber und der Hülsenformen kaum eine Beschränkung. Wer sich dazu berufen fühlte, der konstruierte munter drauflos, und wer Waffen baute, fühlte sich geradezu verpflichtet, eigene Patronen zu entwickeln. Das Chaos war riesengroß. Es gab hunderte von Patronensorten.

Eine Beruhigung der Szene trat erst ein, als das rauchlose Treibladungspulver „Nitrozellulose“ aufkam. Bis dahin hatte man die Patronen mit dem vom Vorderlader her bekannten Schwarzpulver geladen, und die einzigen Probleme, mit denen man zu kämpfen hatte, waren die durch Pulverrückstände bedingte starke Verschmutzung und Korrosionsanfälligkeit der Waffen.

Die Verwendung des rauchlosen Pulvers schuf ganz neue Möglichkeiten. Die Geschoßgeschwindigkeiten konnten deutlich gesteigert werden. Das bedingte die Abkehr von den reinen Bleigeschossen und die Einführung mit härterem Metall ummantelte Bleigeschosse. Gleichzeitig wurden die Kaliber verkleinert.

Außenballistisch war viel gewonnen und ein deutlicher Fortschritt erzielt. Zielballistisch gab es viel Ärger mit den neuen Geschoßkonstruktionen. Innenballistisch sorgte das neue Treibladungspulver für böse Überraschungen, die wenigstens den einen Vorteil hatten, daß die wilden Patronenerfinder sehr vorsichtig wurden.

Aber auch mit diesem Stoff lernte man zu leben und richtig umzugehen. Demzufolge wurden und werden immer wieder neue Patronenentwicklungen vorgestellt, obwohl eigentlich alles schon da ist, was man braucht.

Verschiedene Bestrebungen, durch eine Normierung eine Beschränkung des Sortiments durchzuführen, versagten kläglich. Heute steht der Verbraucher wieder einem allzu umfangreichen Angebot gegenüber, das sich ständig vergrößert und zumindest den Anfänger oft verunsichert.

Der Jäger und Schütze von heute dürfte eigentlich mit dem Schießen keine Probleme haben. Er besitzt einen Hinterlader, für den mehrere Hersteller Patronenmunition anbieten, die rauchlos, rostfrei, zuverlässig und bei vernünftiger Aufbewahrung beinahe unbegrenzt lagerfähig ist.

Die Waffe und die Patrone sind mit der genauen Kaliberbezeichnung beschriftet. Wenn man Schwierigkeiten aus dem Weg gehen will, tut man gut daran, auf beiden die Übereinstimmung der Bezeichnungen auch im Detail zu überprüfen. Es gibt viele Verwechslungsmöglichkeiten, und allzuoft lassen sich die Patronen eines völlig anderen Kalibers ohne Schwierigkeiten in die Waffe laden und sogar abfeuern. In der Regel geht das nicht gut aus. Die Gefahr lauert auf den Leichtsinnigen, der sich die Sache zu einfach macht und in die Waffe lädt, was gerade hineinpaßt, und auf den Unordentlichen, der Munition für verschiedene Waffen nicht getrennt verwahren kann und dem eines Tages eine folgenschwere Verwechslung unterläuft.

Für jedes gebräuchliche Kaliber wird von verschiedenen Munitionsherstellern eine Anzahl von Laborierungen gefertigt, so daß der Verbraucher die Möglichkeit hat, diejenige auszuwählen, die ihm für seine Zwecke am besten zusagt. Das betrifft sowohl die angestrebte gute Wirkung auf die zu bejagende Wildart als auch vor allen Dingen die Erzielung einer guten Schußpräzision aus der betreffenden Waffe. Nicht mit jeder Laborierung läßt sich gleich gute Präzision erreichen. Zwischen Waffe und Patrone besteht eine Wechselbeziehung, die sich nur durch Erprobung verschiedener Laborierungen ermitteln und verbessern läßt.

Wir haben nicht mehr, wie beim Vorderlader, durch Veränderung der Ladung den direkten Einfluß auf die Präzision der Waffe. Es sei denn, wir entschließen uns, die Munition selbst herzustellen.

Das Handladen von Patronen für jagdliche oder sportliche Zwecke wird nicht selten ausgeübt. Viele sehen darin vor allem eine deutliche Kostenersparnis gegenüber der gekauften Fabrikmunition. Diese Ersparnis kann mehr als 50% betragen, lohnt sich aber nur, wenn ein entsprechender Munitionsverbrauch gegeben ist. Der andere Grund für das Wiederladen ist die Möglichkeit, die Laborierung optimal an eine bestimmte Waffe anzupassen und deren Anwendungsbereich durch Sonderlaborierungen (Vollmantel- oder Schonzeitlaborierungen), die es nicht im Handel gibt, zu erweitern.

Die Tätigkeit des Ladens von Patronen ist an eine behördliche Erlaubnis geknüpft, die durch das Sprengstoffrecht vorgeschrieben wird. Sie wird von der zuständigen Behörde, das ist in der Regel das örtliche Staatliche Amt für Arbeitsschutz (früher Gewerbeaufsichtsamt genannt) oder das Kreisordungsamt, erteilt. Bedingung für die Erteilung einer solchen Erlaubnis ist neben persönlichen Voraussetzungen wie Staatsangehörigkeit, Mindestalter und Zuverlässigkeit, der Nachweis eines Bedürfnisses durch den Besitz eines gültigen Jahresjagdscheines oder aktiver Sportschützentätigkeit und der Sachkunde durch erfolgreiche Teilnahme an einem Kursus bei einem staatlich anerkannten Lehrgangsträger.

4.1 Büchsenpatronen

Bei der Büchsenpatrone enthält die Patronenhülse neben den Komponenten Treibladungspulver und Geschoß auch die Zündung, deren Aufgabe es ist, beim Auftreffen des Schlagbolzens eine für die sichere Anfeuerung des Pulvers ausreichende Zündflamme zu erzeugen.

Randfeuerpatronen. Die älteste Form der Metallpatrone verwendete die Randzündung, die uns heute nur noch bei verschiedenen Kleinkaliberpatronen begegnet. Die Hülse ist aus dünnem Kupfer- oder Messingblech, mitunter mit Nickelüberzug hergestellt und der Zündsatz

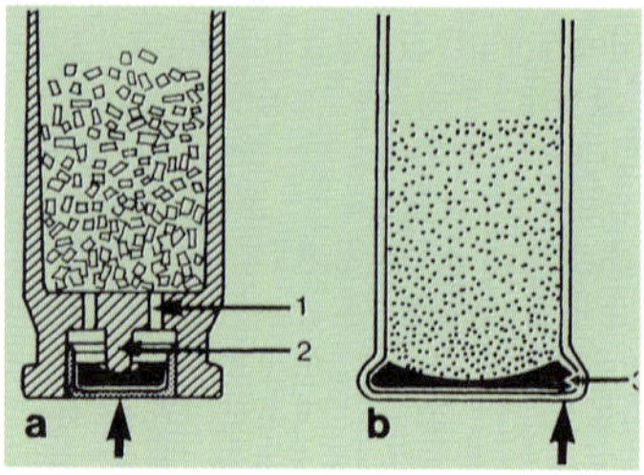

Abb. 78 Zentral- **(a)** und Randzündung **(b)**:
1 = Zündloch
2 = Amboß in der Zündglocke der Büchsenhülse (Berdanzündung)
3 = Zündsatz in Randfeuerpatrone

auf dem ganzen Umfang im Rand untergebracht. Diese Hülse ist in der Herstellung billig. Sie läßt sich nicht wiederladen.

Randfeuerpatronen werden im jagdlichen Bereich im sogenannten Kleinkaliber, worunter das Kaliber .22 (gleich 5,6mm) verstanden wird, als Übungspatronen oder zum Schuß auf Kleintiere eingesetzt. Die Geschosse dieser Randfeuerpatronen bestehen aus Blei mit Außenfettung, und sind bei Hochgeschwindigkeitslaborierungen meistens verkupfert.

Eine Sonderstellung nimmt die Randfeuerpatrone .22 Win. Mag. R. F. ein, die ein Mantelgeschoß, eine längere Hülse und größere Kaliber und Hülsendurchmesser hat und daher mit den anderen .22er Patronen nicht austauschbar ist.

Ein Sonderfall ist auch die kleine Übungspatrone Kaliber 4 mm M20, die wie eine Randfeuerpatrone aussieht, aber für Zentralfeuer bestimmt ist und mit Einsteckpatronen, das sind kleine Einsteckläufchen in Form einer Patrone, zum Üben im Zimmer Verwendung findet.

Zentralfeuerpatronen. Bei den Zentralfeuerpatronen sind verschiedene Hülsenformen gebräuchlich.

Abb. 79 Verschiedene Kleinkaliber-Randfeuerpatronen. Von links nach rechts: .22 lang Knall; .22 l.r. Schrot; .22 l.r.; .22 kurz; .22 lang Z (Zimmerpatrone); .22 l.r. HV Hohlspitze; .22 Win. Mag. R. F. VM.; .22 Win. Mag. R. F. TMHP; .22 Win. Mag. Schrot

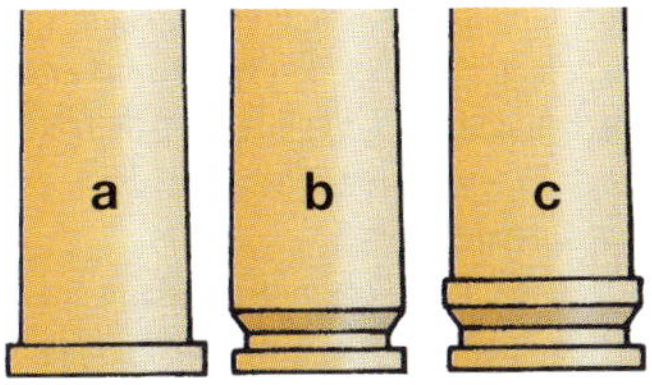

Abb. 80 Verschiedene Hülsenbodenformen:
a) mit Rand;
b) ohne Rand;
c) Gürtelhülse

Die *randlose* Hülse ist für die bessere Funktion in den Magazinen von Mehrladern entwickelt worden. Die vordere Anlage im Patronenlager wird durch die Schulter der flaschenförmigen Hülse gebildet.

Eine andere Hülsenform ist die *Gürtelhülse,* die vielfach für die sogenannten Magnum-Patronen verwendet wird. Damit ist aber nicht gesagt, daß Magnum- Patronen immer einen solchen Gürtel haben. Der Sinn dieses Gürtels ist nicht der, die Hülse zu verstärken, sondern im entsprechend geformten Patronenlager den Anschlag zu bilden.

Die *Randhülse* ist die am besten geeignete Hülsenform für Kipplauf- und Blockverschlußgewehre, weil der vorstehende Rand vom Auszieher oder Auswerfer am besten erfaßt werden kann. Da der Rand den Anschlag darstellt, kann die Hülse selbst, wie das bei älteren Patronen üblich ist, ganz oder annähernd zylindrisch verlaufen. Das trifft auch für die Gürtelhülse zu, die ebenfalls nicht auf eine Schulter angewiesen ist.

Übrigens gibt es nicht wenige Repetierer, die für Patronen mit Randhülsen eingerichtet sind.

Entsprechend werden häufig aus speziell dafür eingerichteten Kipplauf- und Blockverschlußwaffen randlose Patronen oder Patronen mit Gürtelhülse verschossen. In diesen Fällen ist in den Patronenauszieher ein federnder Stift eingebaut, der in die Rille der randlosen Hülse greift und das Ausziehen besorgt.

Die Hülsenherstellung. Die Herstellung der Patronenhülsen erfolgt auf Spezialmaschinen ausgehend von starkwandigen Näpfchen aus Messingblech durch mehrfache Tiefziehoperationen mit zwischengeschalteten Wärmebehandlungen und abschließenden spanabhebenden Bearbeitungsgängen. Dabei wird erreicht, daß der Hülsenboden starkwandig bleibt und die Wandstärke des Pulverraumes nach vorn langsam abnimmt. Entsprechend ist auch der Härteverlauf an der Hülse. Vorn muß sie verhältnismäßig weich und dehnbar sein, eine Eigenschaft, die im hinteren Hülsenbereich unbedingt von Nachteil ist. Oft ist an den flaschenförmigen Hülsen im vorderen Bereich noch deutlich eine Verfärbung zu erkennen, die von einer örtlichen Wärmebehandlung (Weichglühen) herrührt.

Kennzeichnung der Hülsen und Kaliber. Auf dem Boden der Patronenhülsen, um das Zündhütchen herum, sind das *Kennzeichen des Munitionsherstellers und die genaue Kaliberbezeichnung* eingeprägt.

1. Deutsche Kaliberbezeichnungen.

Bei der deutschen Kaliberbezeichnung bedeutet z.B. 5,6x50R Mag., daß es sich hier um eine 50mm lange Randhülse für ein Geschoß vom Kaliber 5,6mm handelt.

Die Buchstaben Mag., stehen für Magnum und sollen darauf hinweisen, daß es sich hier um eine besonders leistungsstarke Laborierung handelt. Im Grunde ist diese Bezeichnung in diesem Falle unsinnig, denn der Hinweis dient nicht dazu, diese Patrone von einer anderen zu unterscheiden. Denn es gibt keine zweite Patrone mit gleichen Abmessungen.

Wer aber die maßgeblichen Bezeichnungen ganz wörtlich nimmt und einmal die *genormten Patronenmaße* nachschlägt, die in den Maßtafeln für Handfeuerwaffen und Munition zum WaffG in Tabellen niedergelegt sind, wird sicher stutzig. Denn das Kaliber 5,6mm findet er weder beim Geschoß- (5,70mm) noch beim Feld- (5,56mm) oder Zugkaliber (5,69mm) des Laufes.

Bei anderen Patronen sieht es ähnlich aus. Bei der 5,6x50R Mag. ist wenigstens die Hülsenlänge richtig bezeichnet, was bei anderen Patronen durchaus nicht immer der Fall ist. Damit wir nicht völlig verwirrt werden, begnügen wir uns mit der Feststellung, daß es sich bei den *Angaben der Kaliber und Hülsenlängen* um Nennmaße und *nicht* unbedingt um tatsächliche Maße handelt.

2. Das 8mm S-Kaliber

Beim *Kaliber 8mm* müssen wir allerdings aufpassen, denn hier existieren *zwei verschiedene Kaliber mit gleichem Nennmaß!*

Zu Beginn dieses Jahrhunderts wurde, anläßlich der Umstellung auf einen anderen Geschoßtyp, das Geschoßkaliber der deutschen Militärpatronen um etwas mehr als ein zehntel Millimeter vergrößert. Das neue Kaliber wurde zur Vermeidung von Verwechslungen als S-Kaliber bezeichnet.

Weil man dann dazu überging, im zivilen Bereich Läufe für das alte und das neue Geschoßkaliber herzustellen, waren in der Folge mehrere Patronen sowohl in dem älteren engen 8mm Kaliber als auch in dem S-Kaliber im Gebrauch (z.B. 8x57 IR und 8x57 IRS).

Die mit S bezeichneten Patronen dürfen keinesfalls aus den engen Läufen verschossen werden, sonst gibt es Probleme mit dem Gasdruck. Eine Verwechslung im anderen Sinn ist ungefährlich, aber auch nicht empfehlenswert, denn eine veränderte Treffpunktlage und schlechte Präzision sind zu erwarten. Patronen 8x57 mit und ohne Rand mit schwarz gefärbtem Zündhütchen kennzeichnen das S-Kaliber. Diese Kennzeichnung ist nicht bei allen Herstellern üblich. Maßgebend ist auf jeden Fall die Beschriftung des Patronenbodens.

3. Anglo-amerikanische Kaliberbezeichnungen

Wer jetzt die deutschen Bezeichnungen für ungenau und verwirrend hält, muß an den heute immerhin ebenso gebräuchlichen amerikanischen Bezeichnungen fast verzweifeln.

Bekanntlich werden die amerikanischen und englischen Kaliberbezeichnungen in Zoll angegeben (1 Zoll = 25,4 mm). Die Angaben erscheinen wahllos in hundertstel und tausendstel Zoll.

Auch hier gibt es kein System, und man kann, ohne nähere Information selten sofort feststellen, worauf sich diese Maßgabe bezieht. Die Kaliberbezeichnung .243, .308 und .458 geben z.B. das genaue Zugkaliber des Laufes an. Wir bezeichnen dagegen das Kaliber .308 mit 7,62mm, und das ist das Feldkaliber des Laufes.

In dem bekannten .22er Kaliber, in dem es eine ganze Anzahl Patronen gibt, geht es schrecklich durcheinander. Die Bezeichnungen .22, .218, .219, .220, .221, .222 und .223 finden sich in Verbindung mit Patronen, die alle das gleiche Zugkaliber haben, nämlich .224. Zwei der bekanntesten Patronen dieser Klasse, die .22 Hornet und die .22 Savage fallen ganz aus dem Rahmen, sie haben noch andere, aber untereinander verschiedene Kaliber.

Das Revolverkaliber .357 Magnum nennt das ungefähre Zugkaliber. Das Kaliber .38 Special ist maßlich damit identisch, rechnerisch aber etwas anderes.

Sollte man vermuten, daß die Patronen .308 Win., .30-06 Springfield und .300 Win. Mag. alle genau das gleiche Kaliber haben?

Man muß sich damit abfinden, daß die *amerikanischen Kaliberbezeichnungen auch nur Nennmaße* darstellen, die willkürlich und ohne erkennbares System entstanden sind.

Eine typische Eigenart der amerikanischen und englischen Kaliberbezeichnungen ist ein Zusatz, der einen Hinweis auf die Firma gibt, die die Patrone zuerst herausgebracht hat, z.B. .222 Remington, .243 Winchester oder .375 Holland & Holland Magnum, in welchem Jahr die Patrone eingeführt wurde, z.B. .30-06 Springfield (d.h. 1906), oder wie sie ursprünglich laboriert wurde, z.B. .30-30 Winchester (d.h. geladen mit 30 grains = 1,94g rauchlosem Treibladungspulver). Eine Bezeichnung wie .25-06 Rem. bedeutet z.B. daß diese Patrone vom Kaliber .25 die Hülse der .30-06 Springfield verwendet.

Die Amerikaner versuchen auch gern, eine Patrone durch schmückende Beinamen attraktiv zu machen und verwenden dabei Namen von schnellen oder gefährlichen Tieren oder ganz einfach klangvolle Phantasienamen, z.B. .22 Hornet (d.h. Hornisse), .220 Swift (d.h. Mauersegler) oder .221 Fireball (d.h. Feuerball).

Bei den deutschen Kaliberbezeichnungen findet man solche Zusätze nur vereinzelt, z.B. 6,5x54 M.-Sch. (d.h. Mannlicher- Schoenauer), 7mm SE v.H. (d.h. Superexpress vom Hofe) oder 9mm Luger.

Die Bezeichnung „Magnum“ wird in beiden Ursprungsländern gleich gern und oft angewendet. Offenbar ist der damit beabsichtigte Hinweis auf die Leistung der Patrone von großer Werbewirksamkeit.

Die Laborierung. Die Angabe der Patronenbezeichnung genügt im allgemeinen nicht, um Munition einzukaufen, mit der eine bestimmte Waffe eingeschossen ist. Es fehlt in diesem Fall noch die Kenntnis der Laborierung.

Die meisten Patronen werden in mehreren Laborierungen, oft von verschiedenen Munitionsherstellern, gefertigt. Bei gängigen Kalibern finden wir zwanzig oder dreißig verschiedene Laborierungen im Angebot, so daß eine gute Auswahl möglich ist, welche davon für den speziellen jagdlichen Einsatz am besten geeignet ist, und aus einer bestimmten Waffe die beste Schußleistung bringt.

Die Laborierung ist durch die Angabe des Herstellers, der Patronenbezeichnung und des Geschosses nach Typ und Gewicht exakt bezeichnet. Die Angabe der Ladung erübrigt sich, weil nicht mehr, so wie früher einmal, verschiedene Ladungen hinter dem gleichen Geschoß geladen werden.

Für wenig gebräuchliche Kaliber gibt es oft nur zwei Laborierungen, also nur wenig Ausweichmöglichkeit, wenn Wirkung oder Schußleistung nicht befriedigen.

Das Treibladungspulver.

Büchsenpatronen werden nur noch mit rauchlosem Treibladungspulver laboriert. Auf diesem Gebiet spielt das Schwarzpulver keine Rolle mehr. Wer noch eine Büchse hat, die nur für Schwarzpulver beschossen ist und gern damit schießen möchte, ist auf das Wiederladen der Munition angewiesen.

1. Schwarzpulver
Das *Schwarzpulver* ist ein Gemisch aus Salpeter, Holzkohle und Schwefel, das durch seine große Zündwilligkeit gefährlich in der Handhabung ist. Beim Schuß verbrennt es unter starker Qualmentwicklung und hinterläßt im Gewehrlauf übelriechende und hart verkrustende Rückstände, die sehr bald zur Rostbildung führen, wenn sie nicht gründlich entfernt werden.

2. Nitropulver
Das *rauchlose Treibladungs- oder Nitropulver* stellt eine stabile chemische Verbindung dar. Das Ausgangsprodukt ist Zellulose, die mit Salpetersäure und Schwefelsäure behandelt (nitriert) wird. Aus einer teigigen Masse werden Körner von bestimmter Form und Oberfläche geformt, die durch chemische Behandlung noch besonders gewünschte Verbrennungseigenschaften bekommen.

So lassen sich Pulvertypen für jeden Verwendungszweck erzeugen, denn in den verschiedenen Patronen werden Treibladungspulver mit sehr unterschiedlichen Verbrennungseigenschaften benötigt.

Man spricht von offensiven, d.h. schnell abbrennenden und von progressiven, d.h. langsam abbrennenden Pulvern. In dem ganzen Bereich gibt es viele Abstufungen, die je nach Kaliber, Geschoßgewicht und Hülsengröße eingesetzt werden.
Verglichen mit den Treibladungspulvern für Flinten und Kurzwaffen sind die Büchsenpulver sehr progressiv.

Der Energieinhalt der Nitropulver ist viel höher als beim Schwarzpulver. Sie geben beim Schuß nur sehr wenig Rauch ab, und als Rückstand im Lauf verbleibt nur ein geringer Rest von Asche, der wenig Schwierigkeiten macht.

Die Einführung des Nitropulvers war mit einigen Problemen verbunden, die erst erkannt und überwunden werden mußten.

Die hohe Leistung kommt nicht von ungefähr. Sie geht mit einer höheren Druckentwicklung Hand in Hand. Bei diesem Pulver werden viel strengere Anforderungen an die richtige Aus-

Nur ein Sachkundiger kann die genauen Zusammenhänge überblicken und diesen Stoff richtig einsetzen. Es ist daher nicht nur ein Verstoß gegen das Sprengstoffgesetz, sondern auch sträflicher Leichtsinn, wenn man ohne behördliche Erlaubnis Munition zerlegt, um die Ladung zu verändern oder die Geschosse auszutauschen.
Nitropulver funktioniert optimal nur in einer Laborierung, in der alle Komponenten aufeinander abgestimmt sind. Wird dieses Zusammenspiel durch einen unsachgemäßen Eingriff gestört, kann es unberechenbar und sehr heftig reagieren.

wahl und die genaue Dosierung gestellt als beim Schwarzpulver.

Dieses ist einer der Gründe dafür, warum auf den Patronenschachteln die Ladung und der Pulvertyp nicht mehr angegeben werden, so wie das früher einmal üblich war.

Die *Lagerfähigkeit* des Nitropulvers ist sehr hoch und beträgt bei zweckmäßiger Aufbewahrung der Munition sicher zehn oder zwanzig Jahre und mehr. Vermieden werden sollte unbedingt die Patronen der Feuchtigkeit, der Einwirkung von Waffenölen oder einer hohen Lagertemperatur auszusetzen, wie sie in der Nähe von Heizkörpern, auf dem Dachboden und unter direkter Sonnenbestrahlung vorkommen kann.

Es hilft nicht nur der eigenen Übung, wenn man Patronen, die ein gewisses Alter haben, auf die Scheibe verschießt, um sich mit frischer Munition zu versorgen.

Zündhütchen. Das *Zündhütchen* ist im Patronenboden in einer entsprechend geformten Bohrung, der Zündglocke, eingesetzt. Beim Auftreffen des Schlagbolzens wird der Boden des Zündhütchens eingebeult, und die schlagempfindliche Zündmasse erzeugt eine Stichflamme.

Als Gegenlager dient dabei der sogenannte Amboß, der ein Teil der Patronenhülse (Berdanzündung) oder ein Teil des Zündhütchens (Amboß- oder Boxerzündung) sein kann.

Genauso wie es verschiedene Pulversorten gibt, sind auch unterschiedliche Typen von Zündhütchen im Gebrauch, die sich in ihrer Zündstärke und Schlagempfindlichkeit unterscheiden. Sie müssen mit der vorhandenen Pulverladung harmonieren und sind ein wichtiger Bestandteil der richtigen Laborierung.

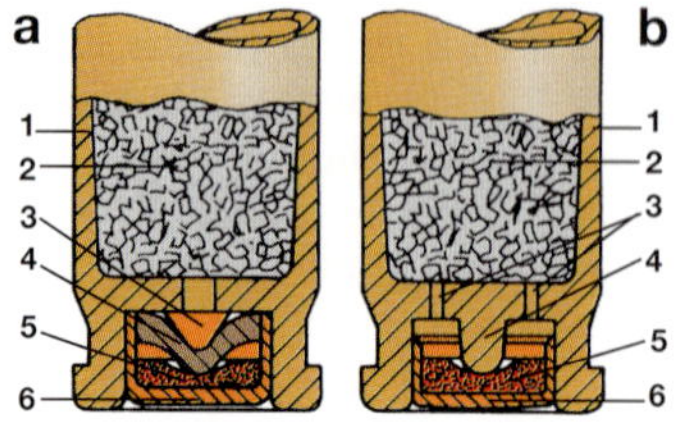

Abb. 81 Amboß- (**a**) und Berdanzündung (**b**):
1 = Hülse, 2 = Treibladungspulver,
3 = Zündloch, 4 = Amboß,
5 = Zündsatz, 6 = Zündhütchenkapsel

Für Hochleistungspatronen in Repetiergewehren werden oft Zündhütchen mit verstärktem Boden eingesetzt, die in Kipplaufgewehren mit schwächeren Schlagfedern unter Umständen zu Versagern führen können.

Wenn von ihnen Wasser und Öl ferngehalten wird, haben auch die Zündhütchen eine fast unbegrenzte Lebensdauer. Die Zündsätze selber sind heute allgemein ungiftig und fördern nicht die Korrosion, wie die alten Zündsätze, die noch im ersten Drittel des 20. Jahrhunderts verwendet wurden.

Geschosse. Die ersten *Mantelgeschosse* hatten Geschoßmäntel aus sehr dünnem und weichem Kupferblech. Dadurch ließen sie sich aus den damals noch überwiegend im Gebrauch befindlichen Büchsenläufen für Bleigeschosse verschießen und unterschieden sich in der Wirkung auch nicht sehr von diesen.

Die Erhöhung der Geschoßgeschwindigkeit verlangte ein widerstandsfähiges Mantelmaterial, so daß der *Stahlmantel* des Militärgeschosses auch für die Jagdgeschosse angewendet wurde. Die Bezeichnung Stahlmantel erweckt oft falsche Vorstellungen. Bei seinem Material handelt es sich keineswegs um einen extra gehärteten Stahl, sondern um einen Mantel aus Tiefziehblech, der ähnlich wie eine Patronenhülse in mehreren Ziehoperationen geformt wird. Als *Korrosionsschutz* und zur Verbesserung der Gleiteigenschaften im Lauf dient ein *Nickel- oder Kupferüberzug.*

Die ersten Jagdgeschosse dieser Art, es waren Teilmantel- oder Hohlspitzgeschosse, wurden vielfach kritisiert, denn ihre Wirkung war sehr oft unberechenbar und unzuverlässig, daß sie von einem großen Teil der Jäger abgelehnt wurden.

Bei den zahlreichen Geschoßkonstruktionen, die im Laufe der Jahre entstanden, wurde lange Zeit eine falsche Theorie verfolgt. Man erhoffte, eine gute Wirkung im Wildkörper dadurch zu erzielen, daß sich das Geschoß beim Eindringen in viele kleine Splitter zerlegt und allenfalls ein Restkörper für den Ausschuß übrigbleibt. Diesem Funktionsprinzip kam der Stahlmantel sehr entgegen, dessen geringe Zähigkeit die *Splitterbildung* begünstigt.

Die sogenannten *„Zerlegungsgeschosse“* werden inzwischen immer mehr von den *„Deformationsgeschossen“* abgelöst.

Schon zu Beginn der Entwicklung der Jagdgeschosse wurde von verschiedenen Seiten darauf hingewiesen, daß Geschosse mit Mänteln aus zäherem Material zuverlässiger in der Wirkung sind. Dickwandige *Mäntel aus Kupfer* oder Kupferlegierungen wurden in Vorschlag gebracht und einige Geschoßtypen dieser Art machten sich einen guten Namen. Es fehlten jedoch zunächst noch die Legierungen, die die gewünschten hohen Geschoßgeschwindigkeiten zuließen, ohne die Gewehrläufe zu verschmieren.

Heute verfügen wir über sol-

Abb. 82 Jagdgeschosse von RWS im Schnitt sowie ihren Restkörpern nach dem Schuß und das Match-Jagd-Geschoß zum Übungs- und Scheibenschießen

che Legierungen. *Tombak* ist das bevorzugte Material, ein Messing mit sehr hohem Kupferanteil und großer Zähigkeit. Man stellt daraus einen aus Blech gezogenen Geschoßmantel mit angepaßter Wandstärke her oder ein Massivgeschoß. Dieses sind die typischen Deformationsgeschosse, deren Wirkungsweise im Abschnitt 6.3: Zielballistik, näher beschrieben ist.

4.2 Schrotpatronen

Die Schrotpatrone unterscheidet sich nicht nur äußerlich, sondern auch im inneren Aufbau deutlich von der Büchsenpatrone. Die Schrotpatrone wird aus dem glatten Flintenlauf verschossen und enthält statt eines Einzelgeschosses eine Anzahl von Schrotkörnern, die in einer Garbe fliegen und als Streuschuß das Ziel erreichen. Demgemäß sind auch die Probleme des Schrotschusses in allen Teilbereichen der Ballistik von spezieller Art.

Kaliberbezeichnung. Bei den Schrotpatronen kennen wir nicht eine so verwirrende Vielfalt von Kaliberbezeichnungen wie bei den Büchsenpatronen. Eigentlich spielen nur die drei Kaliber 12, 16 und 20 für die Jagd eine Rolle, während ein paar wenige andere Kaliber ganz am Rande in Erscheinung treten.

Die Bezeichnung der Flintenkaliber geht auf eine sehr alte englische Methode zurück, wonach das Kaliber eines Laufes nach der Anzahl der Bleirundkugeln benannt wurde, die ein englisches Pfund (454 g) ausmachen. Zur korrekten Kaliberbezeichnung gehört aber noch die Angabe der Hülsenlänge, z. B. Kaliber 12/70 oder Kaliber 20/76.

Flinten für die früher einmal bevorzugte Hülsenlänge von 65 mm sind heute nur noch wenig im Gebrauch, nachdem die Patronen mit 70 mm langen Hülsen wegen der höheren Ladungen immer mehr bevorzugt und so zur neuen Standardlänge wurden. Weil die 70 mm-Hülse aus dem 65 mm-Lager nicht verschossen werden darf, entstand als Zwischenlösung die 67,5 mm-Hülse, die sich für beide Lagerlängen eignet.

Eine noch weitergehende Ladungserhöhung gestatten in den

Abb. 83 Die Beschriftung der Hülse gibt Hersteller, Schrotstärke und Hülsenlänge an.

Kalibern 12 und 20 die 76 mm-Hülsen. Diese, mit besonderem Aufdruck bezeichneten Patronen können die hohe Leistung nur bei einem höheren Gebrauchsgasdruck bringen, weshalb Flinten mit 76 mm-Lagern dem verstärkten Beschuß unterworfen werden. Es gibt übrigens auch Schrotpatronen mit der 70 mm-Hülse, die zu erhöhter Leistung laboriert sind, die nur aus verstärkt beschossenen Waffen verschossen werden dürfen und deren Hülsen natürlich auch durch Aufdruck gekennzeichnet sind.

Abb. 84 Links: Magnum-Schrotpatrone mit Angabe des höheren zulässigen Gebrauchsdrucks von 1050 bar. **Mitte:** „Semi-Magnum"-Schrotpatrone mit „normalem" Druck, daher aus „normal" beschossenen Flinten zu verschießen! **Rechts:** Subsonic-Schrotpatrone mit „leiserem" Knall und geringer Schrotgeschwindigkeit

Der Aufbau der Schrotpatrone. Der zulässige Gebrauchsgasdruck einer Schrotpatrone beträgt etwa ein Fünftel von dem einer mittleren Büchsenpatrone. Man kann daher Hülsenkonstruktionen wählen, die einfacher und preiswerter herzustellen sind.

Durch die Zusammenstellung und Anpassung der einzelnen Patronenkomponenten ist es möglich, Patronen mit sehr unterschiedlichen Schrotladungen zu fertigen und Sondermunition für bestimmte Verwendungszwecke herzustellen. Von dieser Möglichkeit wird weitgehend Gebrauch gemacht, so daß das Schrotpatronensortiment auf dem Markt recht groß ist.

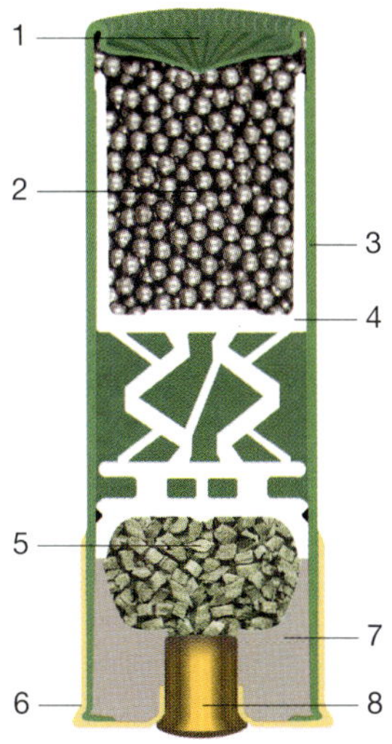

Abb. 85 Schrotpatrone mit Kunststoffhülse
1 = Faltverschluß, 2 = Hartschrot,
3 = Hülsenrohr aus Plastik,
4 = Kombinationszwischenmittel (Schrotbeutel und Tellerpfropfen),
5 = Treibladungspulver,
6 = Metallene Bodenkappe,
7 = Bodenpfropfen, 8 = Zündung

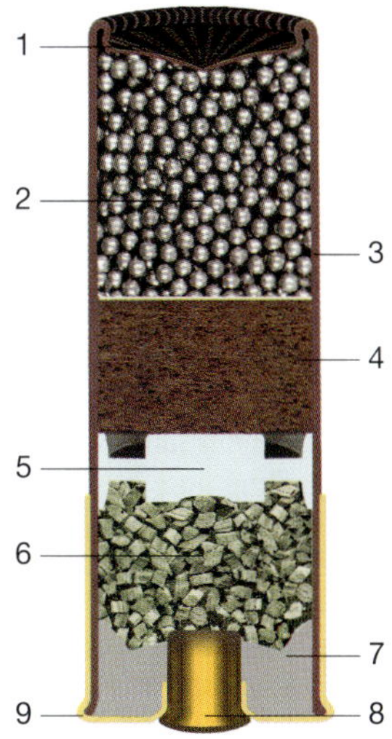

Abb. 86 Schrotpatrone mit Papphülse.
1 = Faltverschluß, 2 = Hartschrot,
3 = Papphülse, 4 = Filzpfropfen,
5 = H-Scheibe, 6 = Treibladung,
7 = Bodenpfropfen, 8 = Zündung,
9 = Bodenkappe (Metall)

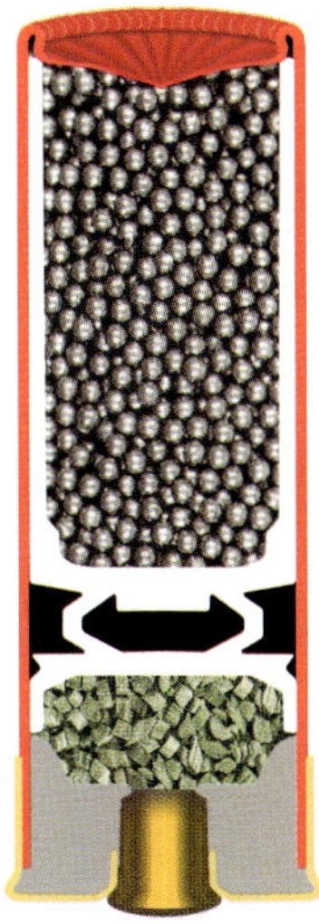

Abb. 87 Aufbau einer Stahlschrotpatrone.
Vergrößertes Schrotvolumen gegenüber Bleischrotpatronen bei gleicher Hülsenlänge.

Die Hülse. Messinghülsen für Schrotpatronen wurden vor Jahren vorwiegend zum Zwecke des Wiederladens gefertigt. Heute besteht die Hülse aus einem Papp- oder Plastikrohr, das mit einem Bodenpfropfen aus gleichem Material in einer tiefgezogenen Bodenkappe aus Blech zusammengefügt ist. Kunststoffhülsen werden auch mit dem Bodenteil aus einem Stück hergestellt, wobei manchmal auf die Metallkappe ganz verzichtet wird.

Die *Plastikhülse* hat unbestreitbar den Vorteil der besseren Wetterbeständigkeit. *Papphülsen* neigen zum Aufquellen, wenn sie naß geworden sind und lassen sich dann nicht mehr laden. Ferner können sie, wenn sie lange Zeit zu trocken gelagert wurden, beim Schuß auf- oder abreißen und als Hindernis im Lauf hängenbleiben.

Die Hülsenrohre erhalten einen Aufdruck, der außer der Patronenmarke die Hülsenlänge und die Schrotstärke oder bei

In der freien Natur werden liegengebliebene Plastikhülsen zum Ärgernis, weil sie nicht verrotten und mitunter vom Weidevieh verschluckt werden. Verantwortungsbewußte Jäger nehmen daher ihr Hülsen von der Jagd mit nach Hause. Viele Jagdherren achten darauf, daß auf ihren Jagden keine Munitionsreste (Hülsen und Kunststoffzwischenmittel) in der Natur zurückbleiben.

Sondermunition auch einen speziellen Hinweis auf die Art der Patrone angibt. Die Schrotstärke wird häufig auf zweierlei Art angegeben. Neben der Bezeichnung des Schrotdurchmessers in mm, z. B. 2,5; 3 und 3,5 mm finden wir die älteren Nummernbezeichnungen, die hier entsprechend 7; 5 und 3 lauten. Diese Bezeichnungen sind international üblich, allerdings steht eine bestimmte Nummer in verschiedenen Ländern nicht unbedingt für genau den gleichen Durchmesser. Der Hersteller und das Kaliber sind vorwiegend auf dem Hülsenboden vermerkt. Der früher übliche Bördelverschluß (Abb. 90) der Hülse wird immer mehr durch den praktischeren Stern- oder Faltverschluß (Abb. 85 und 88) ersetzt.

Die Zündung. Die Zündung ist im Aufbau anders als die Zündhütchen für Büchsenpatronen. Sie ist in einer Einheit mit dem Amboß und Gegenlager zusammengefaßt und wird in den Bodenpfropfen der Hülse eingepreßt.

Das Treibladungspulver. Für die Oldtimer unter den Flinten werden immer noch Laborierungen mit Schwarzpulver angefertigt. Normal ist jedoch eine Ladung mit Nitrozellulosepulver, das in seinen Verbrennungseigenschaften genau auf die Schrotladung und die übrigen Komponenten der Patrone abgestimmt sein muß.

Die Treibladungspulver für Schrotpatronen sind wegen des großen Kaliberquerschnittes gegenüber den Büchsenpulvern sehr offensiv, d.h. schnell verbrennend.

Das Zwischenmittel. Die Aufgabe des Zwischenmittels ist es, die Schrotsäule aus dem Lauf zu schieben und dabei eine Abdichtung des Laufes gegen den Druck der Pulvergase herzustellen. Das klassische Zwischenmittel ist der gefettete *Filzpfropfen,* der durch seine Stauchung die Abdichtung bewirkt und beim Durchgang durch den Lauf einen Wischeffekt auf dessen Wandungen ausübt.

Moderne Zwischenmittel bestehen aus Kunststoff und sind mit speziellen Dichtungslippen versehen. Oft ist ein Schrotbecher aufgesetzt, der den Schroten einen gewissen Schutz gegen das Abschleifen an den Laufwandungen bietet. Dafür neigen einige *Kunststoffzwischenmittel* dazu, ihrerseits Ablagerungen an der Laufwand zu hinterlassen.

Das Schrot. Bleischrot wird von jeher in Schrottürmen hergestellt, indem das flüssige Blei durch ein Sieb tropft und während des freien Falls von etwa 30 m, begünstigt durch eine geringe Arsenbeimischung, eine perfekte Kugelform annimmt, bevor es in einem Wasserbad abgekühlt wird. Eine Legierung mit etwas Antimon erhöht die Härte des Schrotes. Eine Verkupferung oder Vernickelung der Schrote dient ebenfalls dem Zweck, die runde Form der Schrote und damit ihre Flugeigenschaften möglichst zu erhalten. Zusätzlich reduziert bzw. verhindert die Beschichtung den Bleiabrieb im Lauf, wenn kein Schrotbeutel vorhanden ist.

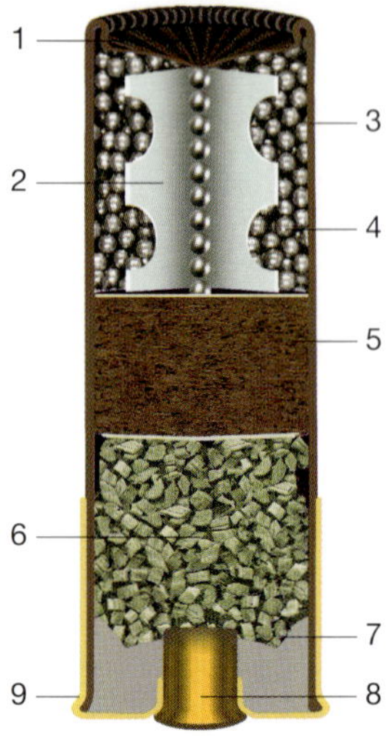

Abb. 88 Streupatrone mit Streukreuz.
1 = Stern- oder Faltverschluß, 2 = Streukreuz, 3 = Hülsenrohr Kunststoffhülse, 4 = Hartschrot, 5 = Filzpfropfen, 6 = Treibladung, 7 = Bodenpfropfen, 8 = Zündung, 9 = Metall-Bodenkappe

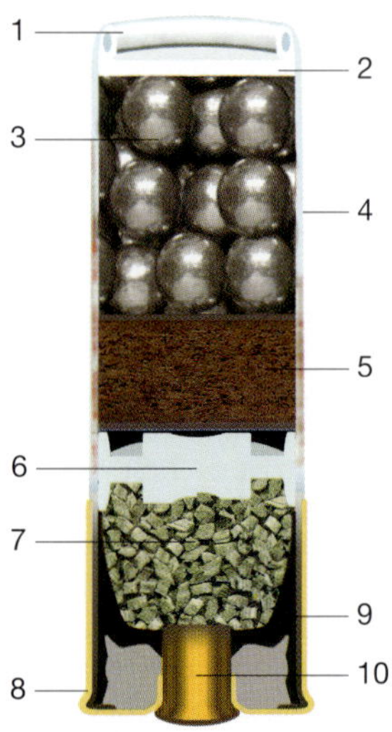

Abb. 89 Schrotpatrone mit Postenschrot.
1 = Bördelverschluß, 2 = Deckplättchen, 3 = Postenschrot, 4 = transparente Kunststoffhülse, 5 = Filzpfropfen, 6 = H-Scheibe, 7 = Treibladung, 8 = Metall-Bodenkappe, 9 = Bodenpfropfen, 10 = Zündung

Sondermunition. Besondere Schrotpatronen werden vorwiegend für sportliche oder jagdliche Wettkampfschießen hergestellt.

Für die Wurftaubendisziplinen Trap und Skeet gibt es Spezialpatronen, die hinsichtlich Deckung und Reichweite auf die Belange dieser Schießen abgestimmt sind. Schwächer geladene Patronen erreichen nur eine Mündungsgeschwindigkeit der Schrotgarbe knapp unterhalb der Schallgeschwindigkeit. Diese sogenannten Subsonic-Patronen werden dort beim sportlichen und jagdlichen Schießen eingesetzt, wo es Probleme mit Schallimmissionen gibt. Die herabgesetzte Schrotgeschwindigkeit bewirkt einen niedrigeren Schallpegel gegenüber „Normal-Patronen".

Ein in die Schrotladung eingesetztes Streukreuz gibt für das Skeetschießen aus eng gebohrten Läufen vergrößerte Streuung.

Auch für die Niederwildjagd werden Streupatronen angeboten. Diese sollten aber nur bei geringen Schußentfernungen (Waldjagd, Frettieren) eingesetzt werden.

Für Patronen mit Postenschrot (4,5–8,5 mm Durchmesser) gibt es bei uns eigentlich keine Verwendung. Eine gute Deckung ist nur für kurze Entfernungen zu erwarten, dagegen ist der Gefahrenbereich recht groß. Bei Auslandsjagden werden diese Patronen in bestimmten Gegenden für die Bejagung von Schwarzwild verwendet. Bei uns ist das laut § 19 Bundesjagdgesetz verboten.

Stahlschrotpatronen. Wasservögel, die Bleischrote beim Gründeln mit aufnehmen, sind in

Gefahr, dadurch vergiftet zu werden. Daher werden seit einiger Zeit Schrotpatronen mit alternativen Schroten für die Verwendung auf Flugwild über Wasser hergestellt.

Die bekannteste Alternative zum Bleischrot ist das Stahlschrot (Weicheisenschrot), Schrote aus Zink und Wismut sind ebenfalls erhältlich.

Weil Stahl leichter ist als Blei, müssen um jeweils zwei Schrotnummern dickere Schrote (z.B. Nr. 3 Stahl für Nr. 5 Blei) eingesetzt werden, um eine etwa gleiche Querschnittsbelastung zu erreichen. Um die gleiche Schrotmasse in der Patronenhülse unterzubringen, wird aus den gleichen Gründen deutlich mehr Platz benötigt. Um die Hülsenlänge beibehalten zu können, muß auf das dämpfende Zwischenmittel verzichtet werden, was wiederum bedingt, daß ein Spezialpulver nötig ist.

Stahlschrotpatronen werden in unterschiedlichen Leistungskategorien angeboten. Der Anwender muß zwischen Standard- und Hochleistungs-Stahlschrotpatronen unterscheiden. Während die Hochleistungsvariante einen speziellen Stahlschrotbeschuß der Flinte verlangt, können die Standardstahlschrotpatronen in „normal" nitrobeschossenen Schrotläufen verschossen werden.

Die Abbildung 87 auf Seite 79 zeigt den Aufbau einer Stahlschrotpatrone.

4.3 Flintenlaufgeschoßpatronen

Die Patronen mit Flintenlaufgeschossen sollen dem Jäger die Möglichkeit geben, auch aus einem Flintenlauf einen Schuß auf Schalenwild abgeben zu können. Das Flintenlaufgeschoß bleibt jedoch in bezug auf Geschwindigkeit, Reichweite, Schußpräzision und Flugstabilität dem Büchsengeschoß stets unterlegen.

Weil die Flintenlaufgeschoßpatrone die gleiche Hülse wie die Schrotpatrone hat, muß sie, zur Vermeidung von Verwechslungen, besonders gekennzeichnet sein. Auf jeden Fall ist bei allen Fabrikaten eine entsprechende Beschriftung auf der Hülse angebracht. Eine leichte Identifizierung, auch durch Ertasten im Dunkeln, ist durch die vorn offene Hülse möglich. Die einheimischen Fabrikate verwendeten lange Zeit einen weißen Ring als zusätzliche Markierung. Inzwischen wurde eine transparente Kunststoffhülse eingeführt, die das Geschoß gut sichtbar macht.

Das Flintenlaufgeschoß. Im Laufe der Jahre hat es sehr viele Konstruktionen von Flintenlaufgeschossen gegeben. Nur wenige haben sich durchsetzen und bis heute behaupten können. Das in Deutschland bekannteste Geschoß dieser Art ist das von Brenneke. In Jägerkreisen werden heute manchmal schon alle Flintenlaufgeschosse als „Brenneke" bezeichnet. „Die Brenneke" ist ein außen mit Führungsrippen versehenes Bleigeschoß mit einer kleinen Kegelspitze, an das hinten ein Filzpfropfen oder ein Kunststoffteil angeschraubt oder angenietet ist. Dieses leichte Heckteil hat die Aufgabe, das Geschoß im Flug auszurichten und zu stabilisieren.

Abb. 90 Patrone mit Flintenlaufgeschoß.
1 = Bördelung
2 = Brenneke-Flintenlaufgeschoß mit Filzpfropfen.

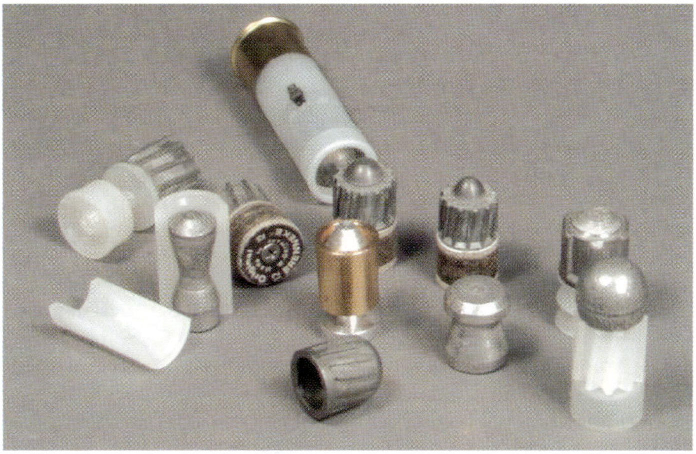

Abb. 91 Eine Auswahl handelsüblicher Flintenlaufgeschosse (FLG).

Die bekannten Patronenhersteller aus den USA verwenden als Flintenlaufgeschoß ein Rundkopfgeschoß mit einem sehr tiefen, hohlen Boden, das als *„Foster-Geschoß"* bezeichnet wird. Das Geschoß kann sich durch die Bodenform beim Schuß gut an die Laufbohrung anpassen. Die ausgeprägte Kopflastigkeit in Verbindung mit dem dünnwandigen Heck bringt eine ähnliche Stabilisierung (Pfeilstabilisierung) des Geschosses zustande wie beim Brenneke-Geschoß.

Neuerdings befinden sich Flintenlaufgeschoßpatronen mit unterkalibrigen Geschossen mit Treibspiegel im Handel. Der Treibspiegel löst sich nach Verlassen des Laufes in Einzelteilen vom Geschoßkörper, der dann allein pfeilstabilisiert weiterfliegt.

4.4 Kurzwaffenpatronen

Die Kurzwaffe sollte auf ihren typischen Anwendungsbereich beschränkt eingesetzt werden, auch wenn einzelne versierte Schützen mit ihr auf ungewöhnliche Entfernungen erstaunliche Trefferleistungen erzielen können.

Die Munition der Kurzwaffen ist nur für die üblichen kurzen Entfernungen ausgelegt. Ihre Geschosse können aufgrund der geringen Querschnittsbelastung und der ungünstigen Form außenballistisch mit den gebräuchlichen Büchsengeschossen nicht mithalten. Kopfform und Kaliberquerschnitt, welche die Wirksamkeit der Kurzwaffenmunition wesentlich mitbestimmen, bewirken auf großen Schußentfernungen einen unverhältnismäßig starken Geschwindigkeitsabfall gegenüber einem gleich schweren Büchsengeschoß, das ohnehin in einem viel höheren Geschwindigkeitsbereich fliegt.

Vom Aufbau her sind die Kurzwaffenpatronen mit den Büchsenpatronen vergleichbar.

Ihre Kaliberbezeichnungen sind genau so vielfältig, manchmal unklar und mißverständlich, wie bei den Büchsenpatronen. Metrische und zöllige Kaliberbezeichnungen sind üblich. Oft gibt es für die gleiche Patrone in verschiedenen Ländern sehr unterschiedliche Bezeichnungen. So heißt z. B. die bei uns unter dem Namen „9mm Browning kurz" bekannte Patrone für Taschenpistolen in England „.380 Auto Webley", in den USA „.380 A.C.P." (Automatic Colt Pistol) und in Spanien „9mm Corto". In den Staaten, die der C.I.P. (Ständige Internationale Kommission fürdie Prüfung von Handfeuerwaffen) angehören, ist die Bezeichnung vereinheitlicht worden. Der offizielle Name der oben genannten Patrone ist z. B. als „9mm Browning court" festgelegt worden.

Viele zöllige Kaliberbezeichnungen haben mit dem tatsächlichen Laufkaliber wenig zu tun.

Pistolenpatronen. Die meisten Patronen für Selbstladepistolen haben eine zylindrische Hülse und sind randlos. Flaschenhülsen und Randpatronen sind seltener.

Die runde Kopfform und der Vollmantel der Geschosse sind üblich. Patronen mit abweichenden Geschoßformen, die aus zielballistischen Gründen für die jagdliche Verwendung vorzuziehen sind, haben bei Selbstladepistolen zu leicht Funktionsprobleme. Die für diesen Zweck hergestellten Teilmantelgeschosse müssen sich im wesentlichen an die runde Kopfform halten. Das bedeutet, daß nur bei den sehr schnellen Pistolenpatronen mit einer Zielgeschwindigkeit von mehr als 350 m/s ein Teilmantelgeschoß deutliche Aufpilzung zeigt. Aus diesem Grund bringt auch ein solches Geschoß, aus einer Taschenpistole verschossen, keinen Vorteil.

Für die Pistolen im Kaliber 7,65 Browning und 9mm Luger werden auch Patronen mit Bleigeschossen gefertigt. Diese sind weniger für jagdliche Zwecke gedacht, als vielmehr zum Schießen auf Schießständen, auf denen Vollmantelgeschosse nicht zugelassen sind.

Revolverpatronen. Die Revolverpatronen haben in der Regel zylindrische Hülsen mit Rand. Hier sind viele Sondergeschosse möglich, weil die Waffenfunktion nicht von der Geschoßform abhängt. Teilmantelgeschosse oder Bleigeschosse mit stark abgeflachtem Kopf versprechen beim Fangschuß die beste Wirkung.

Ein spezielles Fangschußgeschoß ist für das Kaliber .38 Special entwickelt worden. (Abb. X)

Selbst Schrotpatronen des entsprechenden Kalibers lassen sich aus Revolvern ohne Störung verschießen. Wegen der geringen Anzahl der feinen Schrote ist ihre Wirkung auf wenige Meter begrenzt und eignet sich nur zur Anwendung auf kleine Tiere, z. B. bei der Fallenjagd.

Sondermunition. Sowohl für Pistolen als auch für Revolverkaliber gibt es Übungsmunition (PT-Patronen = Plastik-Trainingspatronen) zum Schießen auf die Scheibe. Diese nur für diesen Zweck verwendbaren Patronen verschießen ein sehr leichtes Kunststoffgeschoß mit dem Vorteil von geringer Durchschlagskraft und geringem Gefahrenbereich.

Abb. 92 Pistolenpatronen, von **links** nach **rechts**:
6,35 Browning (100 Joule), 7,65 mm Browning (215 Joule) 9 mm Browning kurz (280 Joule), 9 x 18 (330 Joule); 9 mm Luger VR (460 Joule), 9 mm Luger TF (460 Joule), .38 Super Auto (575 Joule); .40 S&W (550 Joule); 10 mm Auto (660 Joule); .45 Auto (550 Joule), .50 Action Express (1700 Joule)
(In Klammern die durchschnittlich aus Gebrauchswaffen erzielbaren Mündungsenergien. Bei der 7,65 Browning sind die 200 Joule nicht mit jeder Munition und jeder Waffe erreichbar!)

Abb. 93 Revolverpatronen, von **links** nach **rechts**:
.38 Special WC (240 Joule); .38 Special Fangschuß (380 Joule); .38 Special Blei RK (330 Joule); .38 Special TF (500 Joule); .357 Magnum TF (800 Joule); .357 Magnum VMS (800 Joule); .44 Remington Magnum TF (1200 Joule). (In Klammern die durchschnittlich aus Gebrauchswaffen erzielbaren Mündungsenergien!)

Abb. 94 Sondermunition, von **links** nach **rechts**:
7,65 Browning Blei-RK (170 Joule); 9 mm Luger TR (460 Joule); .38 Special Schrot; .44 Remington Magnum Schrot

Abb. 95 Verbotene Kurzwaffenmunition: In Deutschland ist Kurzwaffenmunition mit Hohlspitzgeschossen, Teilmantelgeschossen mit Sollbruchstellen sowie Geschosse für solche Munition verboten (§ 8 1. WaffV).

4.5 Fragen & Antworten zur Munition

1. Die amerikanischen Kaliberangaben unterscheiden sich von den deutschen. Wie läßt sich beispielsweise die Kaliberangabe .243 Win. in eine deutsche umrechnen?

a) Es ist keine Umrechnung möglich, weil es zufällig gewählte Angaben sind.
b) Die Zahlenangabe entspricht der Zollbezeichnung (0,243 Zoll) und muß mit 25,4 multipliziert werden, um die vergleichbare deutsche Kaliberbezeichnung in mm zu erhalten.
c) Die Maßangabe muß mit 20 multipliziert werden.

2. Darf eine Patrone ohne Rand aus einer Kipplaufwaffe verschossen werden?

a) Nein.
b) Ja.
c) Nur, wenn die Waffe verstärkt beschossen ist.

3. Was ist eine Jagd-Streupatrone?

a) Eine Büchsenpatrone mit einem Bündelgeschoß.
b) Die Bezeichnung für Büchsenpatronen mit sehr schlechter Schußgenauigkeit.
c) Eine Schrotpatrone mit konstruktionsbedingt großer Streuung.

4. Was versteht man unter einem „Deformationsgeschoß“?

a) Ein Geschoß, das beim Durchschießen des Zielmediums seinen Querschnitt vergrößert und nur wenig von seiner Masse dabei verliert.
b) Ein Geschoß, bei dem im Magazin die Geschoßspitzen beschädigt worden sind.
c) Ein Sicherheitsgeschoß, das sich schnell zerlegt und nur einen geringen Gefahrenbereich hat.

5. Auf einer Repetierbüchse finden Sie die Angabe .243 Win. Handelt es sich bei dieser Angabe um ein Kaliber mit einem Geschoßdurchmesser von etwa:

a) 5,6 mm.
b) 6,17 mm.
c) 7,62 mm.

6. Bei der Kaliberangabe 5,6x50 R Magnum ist die erste Zahl

a) das Nennmaß des Kalibers.
b) der Zugdurchmesser.
c) der Felddurchmesser.

7. Was sind Postenpatronen?

a) Eine bestimmte Mindeststückzahl von Patronen, die der Büchsenmacher auf Vorrat hält.
b) Eine Bezeichnung für Büchsenpatronen alter Bauart.
c) Schrotpatronen, die mit grobem Schrot geladen sind (ca. 4,5–8,5 mm).

8. Was ist eine Schonzeitpatrone?

a) Darunter versteht man üblicherweise leistungsschwache Patronen, wie z.B. Kal. .22 l.r. und .22 Win. Mag. R. F., die für die Jagd auf Raubwild und Kleinwild eingesetzt werden.
b) Darunter versteht man Patronen, mit der nur in der Schonzeit geschossen werden darf.
c) Büchsenpatronen mit Vollmantelgeschossen.

9. "Magnum"-Schrotpatronen dürfen nur aus verstärkt beschossenen Läufen verschossen werden. Woran erkennt man diese Patronen, wenn die Packung nicht vorliegt?

a) An der hohen Metallbodenkappe.
b) An der Länge der Patrone.
c) An der Art des Hülsenverschlusses.
d) An der Bodenbeschriftung.
e) An dem aufgedruckten Gasdruck.

10. Was ist eine Randfeuerpatrone?

a) Eine Patrone, die nur aus Kipplaufwaffen verschossen wird.
b) Eine Patrone, bei der die Zündung durch einen Schlag auf den Rand erfolgt.
c) Eine Zentralfeuerpatrone mit Rand.

Antworten:

1 b, 2 b, 3 c, 4 a, 5 b, 6 a, 7 c, 8 a, 9 e, 10 b.

5 Beschußwesen

Die Beschußprüfung soll eine gefahrlose Benutzung (Handhabung und Schießen) der Waffen sicherstellen. Deshalb müssen alle Handfeuerwaffen durch Beschuß amtlich von den Beschußämtern geprüft werden. Die gesetzliche Grundlage dafür bildet das Waffengesetz mit seinen Rechtsverordnungen.

5.1 Beschußpflicht

Da es sich bei der Beschußprüfung um eine Einzelprüfung handelt, müssen alle Handfeuerwaffen, die ein Jäger erwerben kann, amtlich beschossen sein. Die Benutzung einer nicht amtlich beschossenen Waffe ist unzulässig (Ordnungswidrigkeit). Aus diesem Grunde ist ein Jäger *verpflichtet,* eine entsprechende Kontrolle vorzunehmen.

Beschußpflichtig sind ebenfalls Einsteckläufe. Ausgenommen davon sind nur solche für Munition mit einem zulässigen höchsten Gebrauchsgasdruck bis zu 2000 bar. Darunter fallen z.B. Einsteckläufe in den Kalibern .22 l.r. und .22 Win. Mag. RF sowie Einsteckpatronen Kaliber .38 Spezial (Fangschußgeber). Für diese Läufe muß eine Bauartzulassung durch die Physikalisch-Technische Bundesanstalt (PTB) erteilt werden.

Ebenfalls nicht beschußpflichtig sind Gegenstände nach § 13 WaffG (z.B. Luftgewehre), § 21 (z.B. Zimmerstutzen) und § 22 (z.B. Gaspistolen). Auch dafür erteilt die PTB Bauartzulassungen. Diese Gegenstände müssen das entsprechende Zulassungszeichen tragen (s. PTB-Zulassungszeichen).

Wird ein *wesentliches* Teil einer Handfeuerwaffe (z.B. Lauf oder Verschlußelemente) ausgetauscht, verändert oder instandgesetzt, so ist ein erneuter amtlicher Beschuß erforderlich.

Dies ist beispielsweise der Fall, wenn der Scharnierbolzen einer Kipplaufwaffe ausgewechselt, oder wenn ein Schrotpatronenlager von 65 auf 70 mm aufgerieben wird.

5.2 Beschußprüfung

Waffen, die zur Beschußprüfung vorgelegt werden, müssen einige Grundvoraussetzungen erfüllen. Dazu gehören u.a.:

- Die Waffen müssen gebrauchsfertig zusammengesetzt sein.
- Sie müssen sich in einem weitgehend fertigen Zustand befinden (weißfertig).
  Abgesehen von den Gravierungen dürfen nach erfolgtem Beschuß keine materialschwächenden oder verändernden Arbeiten vorgenommen werden.
- Die vorgeschriebene Kennzeichnung muß vorhanden sein.

Zur Kennzeichnungspflicht zählen folgende Angaben:
1. Der Name, die Firma oder ein eingetragenes Warenzeichen eines Waffenherstellers oder -händlers;
2. die Bezeichnung der Munition (Kaliberangabe);

3. eine fortlaufende Nummer.

Bei dem Beschuß ist zu prüfen, ob
1. die wesentlichen Teile der Handfeuerwaffen der Beanspruchung standhalten, der sie bei der Verwendung der zugelassenen Munition ausgesetzt werden (Haltbarkeit);
2. der Benutzer der Waffe ohne Gefahr laden, schließen und abfeuern kann (Handhabungssicherheit);
3. die Abmessungen des Patronenlagers und des Laufes sowie der Verschlußabstand den Nenngrößen entsprechen (Maßhaltigkeit);
4. die Kennzeichnung angebracht ist.

Die *Haltbarkeit* von Waffen wird mit Beschußmunition geprüft, deren Gasdruckmittelwert 30% über dem höchstzulässigen Gasdruck der Gebrauchsmunition liegt.

Beispiele: 7x64, max. Gebrauchsdruck 4150 bar davon 30 % = 1245 bar, Beschußdruck 5400 bar (gerundet).

Kaliber 12/70, max. Gebrauchsdruck 740 bar davon 30 % = 222 bar, Beschußdruck 960 bar (gerundet).

Auf Antrag können Flintenläufe auch *verstärkt beschossen* werden. Aus diesen Läufen darf Munition („Magnum"-Patronen) mit einem erhöhten Gebrauchsgasdruck (1050 bar) verschossen werden. Der Beschußdruck beträgt dann 1370 bar.

Flintenläufe, aus denen Stahlschrot-Hochleistungspatronen verschossen werden dürfen, müssen bestimmte Bedingungen erfüllen, die bei der Beschußprüfung kontrolliert werden. Die Läufe erhalten dann als zusätzliches Prüfzeichen eine stilisierte Lilie (s. Abb. 97).

Abb. 97 Beschußzeichen „Stahlschrot" der Waffen mit glatten Läufen.

Nach der Beschußprüfung wird kontrolliert, ob Veränderungen (Dehnungen, Risse) aufgetreten sind, die die Sicherheit der Waffe gefährden.

Vor dem Beschuß wird die *Maßhaltigkeit* geprüft. Dabei wird festgestellt, ob die Abmessungen (Zug- und Felddurchmesser, Übergangskegel, Patronenlager und Verschußabstand) den Maßtafeln entsprechen. In den Maßtafeln zum Waffengesetz sind für die Waffen Minimalmaße (mit Ausnahme des Verschlußabstandes) und für die Munition Maximalmaße, jeweils ohne Toleranzangaben, angegeben.

Die Feststellung der *Handhabungssicherheit* beinhaltet im wesentlichen eine Funktionsprüfung der Waffe und die Prüfung von Bauteilen, die für eine einwandfreie Handhabung und ein gefahrloses Schießen wesentlich sind (Funktion der Sicherung, Prüfung der Lade- und Entladefähigkeit der Patronen bzw. der abgeschossenen Hülsen, Beschaffenheit des Schlagbolzens).

Hat eine Waffe alle Prüfungen ohne Beanstandungen durchlaufen, erhält sie das amtliche *Beschußzeichen.* Es besteht aus:

1. Dem Bundesadler mit dem jeweiligen Kennbuchstaben für die Art des Beschusses;
2. dem Ortszeichen (Zeichen des Beschußamtes);
3. dem Jahreszeichen für den Zeitraum des Beschusses.

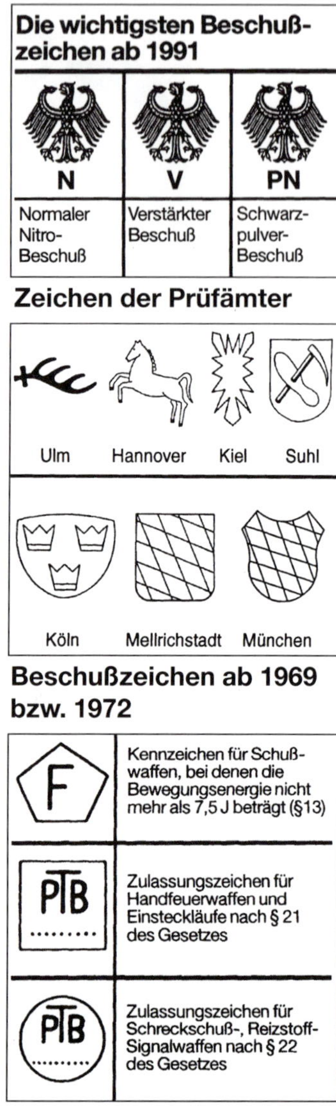

Abb. 97 Beschuß- und Prüfzeichen.

Das Jahreszeichen besteht aus den beiden letzten Ziffern der Jahreszahl, vor denen meistens auch noch die Monatszahl steht (siehe Beispiel Abb. 95). Die Jahreszahl kann auch durch Buchstaben kodiert werden (A bis K entspricht 0 bis 9, wobei J weggelassen wird).

Abb. 98.1 (rechts) Beschuß- und Prüfzeichen europäischer Staaten

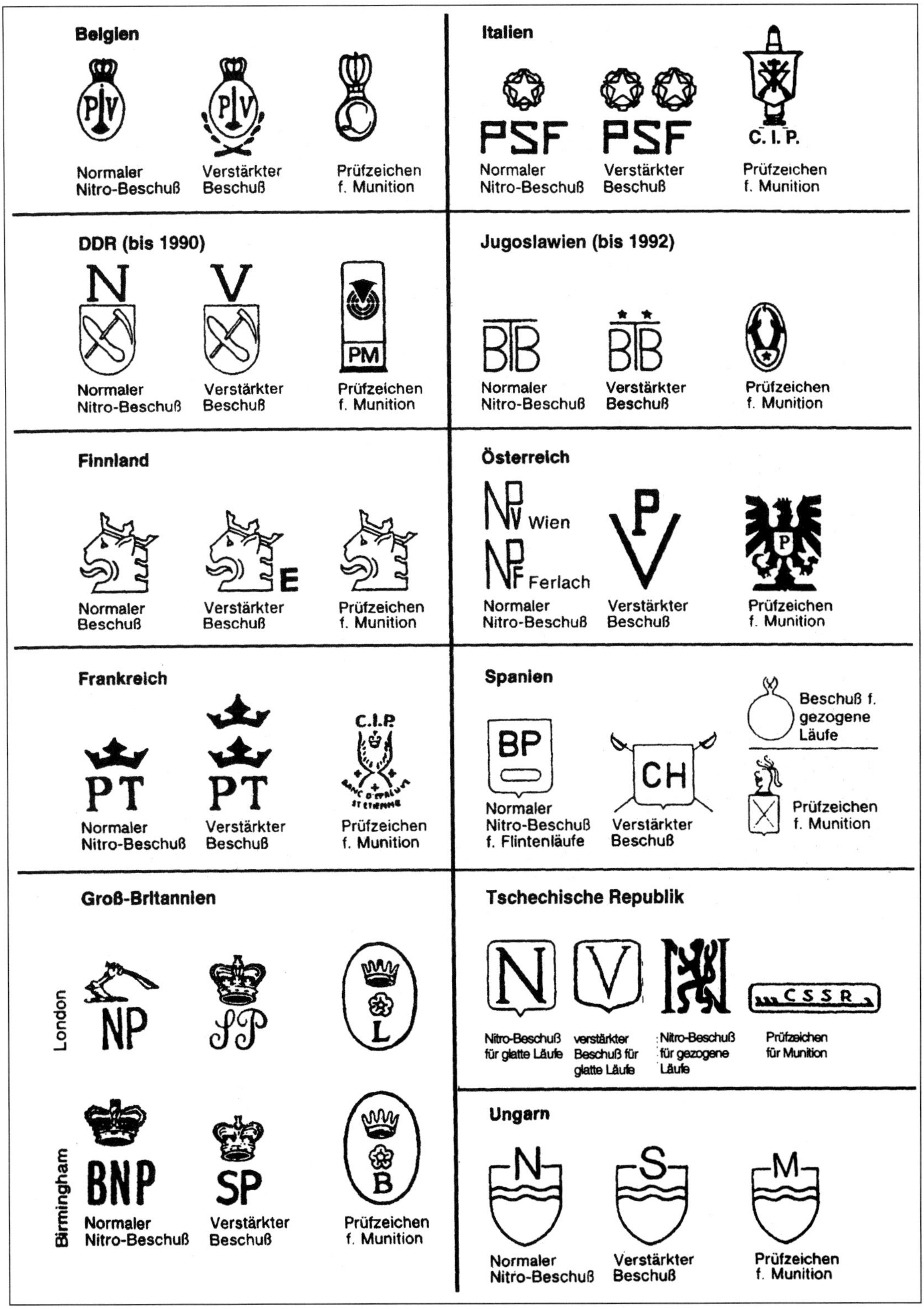
Belgien
PIV
Normaler Nitro-Beschuß
Verstärkter Beschuß
Prüfzeichen f. Munition
Italien
PSF
PSF
C. I. P.
Normaler Nitro-Beschuß
Verstärkter Beschuß
Prüfzeichen f. Munition
DDR (bis 1990)
N
V
PM
Normaler Nitro-Beschuß
Verstärkter Beschuß
Prüfzeichen f. Munition
Jugoslawien (bis 1992)
BTB
BTB
Normaler Nitro-Beschuß
Verstärkter Beschuß
Prüfzeichen f. Munition
Finnland
E
Normaler Beschuß
Verstärkter Beschuß
Prüfzeichen f. Munition
Österreich
NPV Wien
NPF Ferlach
P
V
P
Normaler Nitro-Beschuß
Verstärkter Beschuß
Prüfzeichen f. Munition
Frankreich
PT
PT
C.I.P.
Normaler Nitro-Beschuß
Verstärkter Beschuß
Prüfzeichen f. Munition
Spanien
BP
CH
Beschuß f. gezogene Läufe
Normaler Nitro-Beschuß f. Flintenläufe
Verstärkter Beschuß
Prüfzeichen f. Munition
Groß-Britannien
London
NP
SP
L
Birmingham
BNP
SP
B
Normaler Nitro-Beschuß
Verstärkter Beschuß
Prüfzeichen f. Munition
Tschechische Republik
N
V
N
CSSR
Nitro-Beschuß für glatte Läufe
verstärkter Beschuß für glatte Läufe
Nitro-Beschuß für gezogene Läufe
Prüfzeichen für Munition
Ungarn
N
S
M
Normaler Nitro-Beschuß
Verstärkter Beschuß
Prüfzeichen f. Munition

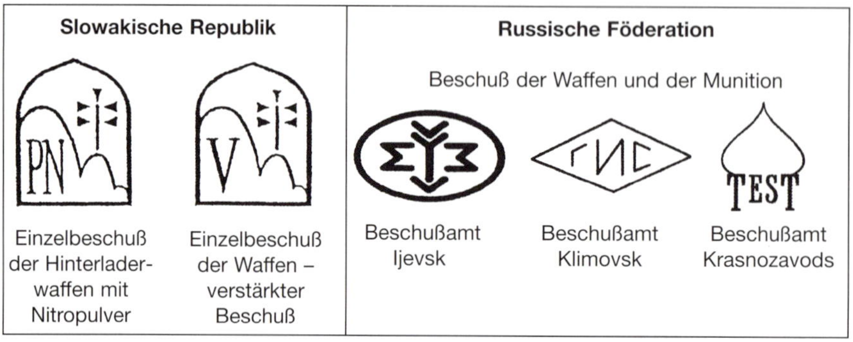

Abb. 98.2 Beschußzeichen der Russischen Föderation und der Republik Slowakei.

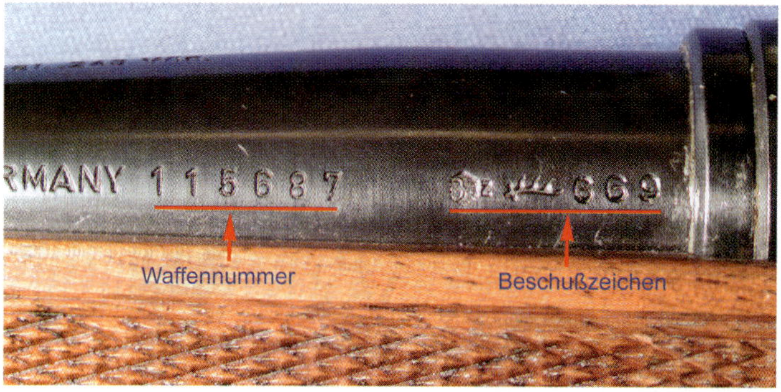

Abb. 99 Beispiel für ein komplettes Beschußzeichen

Das vollständige Beschußzeichen befindet sich auf einem wesentlichen Teil der Waffe (am häufigsten auf dem Lauf). Auf den übrigen wesentlichen Teilen (Verschlußhülse, Kammer, Verschlußgehäuse, Rahmen, Trommel) wird nur der Bundesadler mit dem Kennbuchstaben angebracht (s. Beschußzeichen).

In der „Ständigen Internationalen Kommission für die Prüfung von Handfeuerwaffen" (C.I.P.) sind Staaten zusammengeschlossen, die ihren Beschuß gegenseitig anerkennen. Dazu gehören Belgien, Deutschland, Chile, Finnland, Frankreich, Großbritannien, Italien, Österreich, Slowakische Republik, Spanien, Rußland, Tschechische Republik und Ungarn.

Da die Prüfverfahren in diesen Ländern einheitlich sind, sind diejenigen Waffen in der Bundesrepublik nicht beschußpflichtig, die ein anerkanntes Beschußzeichen eines C.I.P.-Staates tragen.

Obwohl ein Jäger sich Gewißheit über die Beschußzeichen auf seiner Waffe verschaffen muß, kann nicht erwartet werden – auch nicht bei der Jägerprüfung, daß er außer den deutschen Zeichen auch die der anderen Staaten kennt. Als Orientierungshilfe sind hier nur die wichtigsten aktuellen Beschußzeichen aufgeführt (Abb. 96). Sollte eine Zuordnung nicht möglich sein, wendet man sich am besten an einen Fachmann.

5.3 Munitionsprüfung

In diesem Abschnitt wird nur so weit auf die waffenrechtlichen Bestimmungen für die Munition eingegangen, wie dies für den Jäger von Bedeutung ist.

Ebenso wie die Waffen, ist auch die Munition in bestimmter Art und Weise zu kennzeichnen. Die kleinste Verpackungseinheit muß folgende Angaben enthalten:

- Hersteller,
- Bezeichnung der Munition (Kaliberbezeicnung),
- Fertigungsserie (Fertigungszeichen bzw. Losnummer),
- Anzahl der Patronen,
- Prüfzeichen.

Bei den Zulassungsverfahren für Munition wird folgendes geprüft:
- die vorgeschriebene Kennzeichnung,
- die Maßhaltigkeit,
- der Gasdruck,
- die Funktionssicherheit.

Munition, die den Anforderungen entspricht, wird auf Antrag bei den zuständigen Behörden (Beschußämter) zugelassen. Die kleinste Verpackungseinheit trägt dann das entsprechende Prüfzeichen. Die Zulassungsprüfung entfällt bei Munition aus Staaten, mit denen die gegenseitige Anerkennung der Prüfzeichen vereinbart ist und deren kleinste Verpackungseinheit ein Prüfzeichen dieses Staates trägt.

Das Herstellerzeichen und die Kaliberbezeichnung sind auch auf der Hülse anzubringen. Bei Randfeuerpatronen genügt das

Zeichen des Herstellers. Auf Schrotmunition sind zusätzlich der Durchmesser oder die Nummer der Schrote sowie die Länge der Hülse anzugeben. Auf Schrotpatronen, für die ein erhöhter Gasdruck zugelassen ist, muß der höchstzulässige Gasdruck angegeben sein (statt der früheren Kennzeichnung mit „Magnum"). Die kleinste Verpackungseinheit für diese Munition muß die Aufschrift tragen:

Achtung!
Erhöhter Gasdruck!
In normal geprüften Waffen nicht verwendbar!

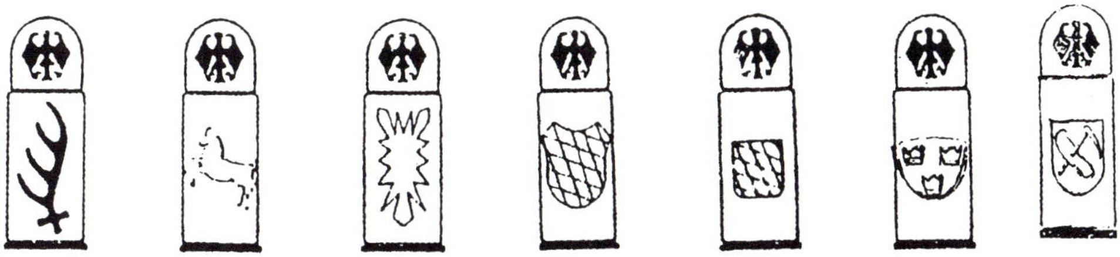

Abb. 100 Munitionsprüfzeichen.

5.4 Fragen & Antworten zum Beschußwesen

1. Wie wird bei einem Beschußamt die Haltbarkeit einer Handfeuerwaffe geprüft?

a) Durch Feststellen der Laufwanddicke.
b) Durch Schießen mit einer stärker geladenen, sogenannten „Beschußpatrone".
c) Durch Dauerversuch mit der stärksten Gebrauchsmunition.

2. Dürfen aus Flinten „Magnum-" Schrotpatronen verschossen werden?

a) Nur, wenn die Würgebohrung speziell dafür bearbeitet ist.
b) Nur aus mehr als 70 cm langen Läufen.
c) Nur, wenn die Flinte dem verstärkten Beschuß unterzogen worden ist.

3. Wo werden Waffen beschossen?

a) Beim Hersteller.
b) Bei den Beschußämtern.
c) Bei der Deutschen Versuchs- und Prüf-Anstalt für Jagd- und Sportwaffen.

4. Welche Prüfungskriterien muß eine Waffe erfüllen, um die Beschußzeichen zu erhalten? (4 Kennzeichen)

a) Kennzeichnung.
b) Schußpräzision.
c) Maßhaltigkeit
d) Haltbarkeit
e) Handhabungssicherheit
f) Allgemeiner Gebrauchszustand.

5. Um wieviel Prozent höher ist der Gasdruck einer Beschußpatrone gegenüber dem höchstzulässigen Druck der Gebrauchspatrone?

a) 10%.
b) 20%.
c) 30%.

Antworten:
1 b, 2 c, 3 b, 4 a, c, d, e, 5 c.

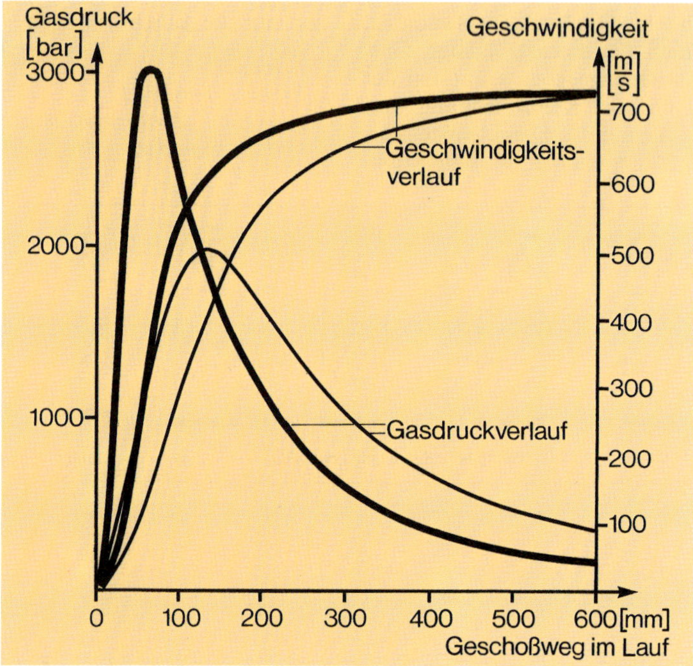

6 Ballistik

Ist die Ballistik, also die Lehre vom Schuß, nur etwas, was Experten interessieren sollte? Ganz sicher nicht, denn alle Gebiete der Ballistik haben Bedeutung für den Jäger und die Jagd. Dies gilt insbesondere für die Außen- und Zielballistik. Aber auch über innenballistische Vorgänge sollte der Jäger informiert sein. In diesem Kapitel werden grundsätzliche Ausführungen gemacht und praktische Tips gegeben, die nicht zuletzt für den Jagderfolg wichtig sein können.

6.1 Innenballistik

Die Innenballistik umfaßt alle Vorgänge, die sich innerhalb der Waffe abspielen, also vom Auftreffen des Schlagbolzens auf das Zündhütchen bis zum Austreten des Geschosses oder der Schrotladung aus der Laufmündung.

6.1.1 Waffen mit gezogenen Läufen

Die innenballistischen Vorgänge lassen sich anschaulich darstellen, wenn die einzelnen Phasen der Schußentwicklung nach ihrem zeitlichen Ablauf beschrieben und analysiert werden.

Zündung. Nach der Betätigung des Abzuges schlägt der Schlagbolzen bzw. das Schlagstück gegen das Zündhütchen und leitet damit durch die Zündung des Zündsatzes die eigentliche Schußentwicklung ein. Kommt es erst verspätet oder gar nicht dazu, liegt ein Nachbrenner oder Versager vor. Ein *Versager* kann waffenseitig bedingt sein, z.B. durch einen abgebrochenen oder verbogenen Schlagbolzen, eine zu schlappe Schlagfeder oder durch Verschmutzung des Schlosses. Der Schlagbolzeneindruck auf dem Zündhütchen ist in solchen Fällen nicht vorhanden oder nur sehr schwach ausgeprägt. Ist aber der Schlagbolzeneinschlag normal, hatte der Versager munitionsseitige Ursachen wie z.B. fehlender oder lockerer Zündsatz oder feuchtes bzw. veröltes Pulver. Ein *Nachbrenner* (verzögerte Schußentwicklung) kann sich beispielsweise ergeben, wenn die Zündflamme zu schwach ist und das Pulver nicht sofort anbrennt.

Wie kommt es überhaupt zur Zündung? Der Zündsatz besteht aus einem Gemisch des sogenannten Friktionsmittels und brennbaren Substanzen. Beim Aufschlag des Schlagbolzens entsteht durch das Friktionsmittel Reibungswärme, die die brennbaren Bestandteile entzündet. Das funktioniert aber nur, wenn der Zündsatz im Bereich des Schlagbolzenaufschlages auf einem Gegenlager aufliegt, weil sonst der Schlag ins Leere ginge und deshalb keine Reibungswärme erzeugt würde. Das Gegenlager besteht bei Zentralfeuerpatronen aus dem Amboß und bei Randfeuerpatronen (hier ist der Zündsatz im Randwulst eingelagert) aus dem Patronenlagerrand.

Der Zündstrahl gelangt in den Pulverraum und brennt dort das

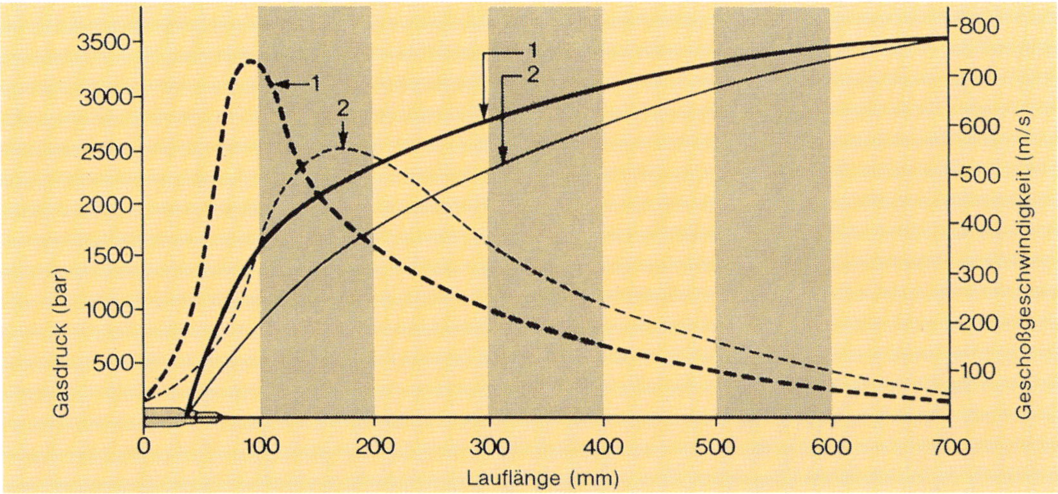

Abb. 102 Gasdruck- und Geschoßgeschwindigkeits-Verlauf bei Treibladungspulvern mit unterschiedlicher Abbrandcharakteristik
-- Gasdruck – Geschoßgeschwindigkeit 1 offensives Pulver 2 progressives Pulver

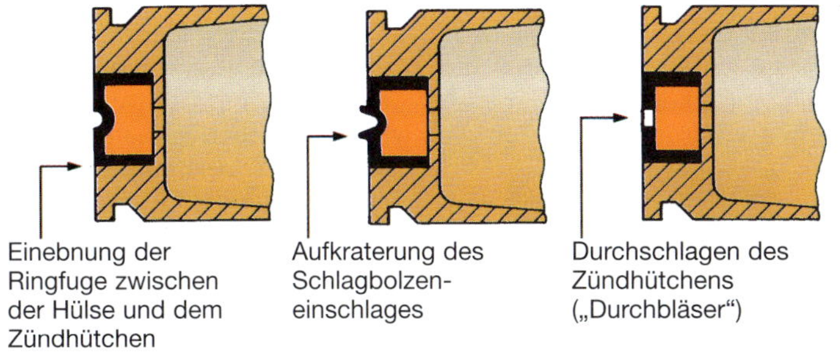

Abb. 103 Merkmale von zu hohem Gasdruck

Pulver an. Die bei der Verbrennung freiwerdenden Gase bauen einen Druck auf, der zunächst die Hülse bis zur Anlage an die Patronenlagerwand dehnt und dann das Geschoß aus dem Hülsenhals drückt. Durch die Dehnung der Hülse und das feste Anpressen an die Patronenlagerwand – man bezeichnet diesen Vorgang auch mit „Lidern“ der Hülse – wird ein Zurückströmen der Gase verhindert, die Hülse fungiert also auch als Dichtung.

Treibladungspulver. Doch bevor die Vorgänge weiter verfolgt werden, einige Anmerkungen zum Treibladungspulver. Bei den Nitrozellulosepulvern handelt es sich nicht etwa um ein „Einheitspulver“, das gleichermaßen in allen Patronentypen und Kalibern laboriert wird. Es werden vielmehr sehr verschiedenartige Pulversorten geladen, die sich grundsätzlich in ihrer Abbrandcharakteristik unterscheiden. Schnell verbrennende Pulver werden als offensiv, langsam verbrennende als progressiv bezeichnet. Die Anwendung richtet sich in erster Linie nach dem Pulverraumvolumen, dem Geschoßquerschnitt und der Geschoßmasse, wobei kleinvolumige Hülsen bei Geschossen mit großem Querschnitt und geringer Geschoßmasse (Kurzwaffenpatronen) offensive Typen erfordern, während in großvolumigen Hülsen mit kleinem Geschoßquerschnitt und großer Geschoßmasse (Büchsenpatronen) progressive Pulver laboriert werden (s. auch „Mündungsfeuer“).

Früher wurde für die Beurteilung der Leistungsfähigkeit einer Büchsenpatrone auch die Pulverladung angegeben. Bei der Fülle von Pulver- und Geschoßtypen ist dieses Verfahren heute nicht mehr anwendbar. Ausschlaggebend sind allein die ballistischen Werte des Geschosses, wobei unbedeutend ist, mit welchem Pulvertyp und welcher Pulvermasse der Antrieb erfolgt. Aus diesem Grunde können Angaben über das Pulver unerwähnt bleiben.

Für jedes Kaliber ist ein maximal zulässiger Gebrauchsdruck festgelegt (Büchsenpatronen bis zu 4700 bar, Kurzwaffenpatronen bis zu 3700 bar). Die Munitionskomponenten – primär aber Pulvertyp und -masse sowie die Geschoßmasse – sind so aufeinander abgestimmt, daß dieser

Abb. 104 Schäden an Patronenhülsen. Oben Zu hoher Innendruck führte zum Aufreißeder Hülse; unten die Hülse ist durch stark überhöhten Gasdruck verformt worden

Druck (Pmax) nicht überschritten wird. Trotz vielfältiger Kontrollen während des Fertigungsprozesses, ist es nicht gänzlich auszuschließen, daß – unter Umständen auch unter Mitwirkung waffenseitiger Einflüsse – der zulässige Gasdruck überschritten wird. Dann allerdings treten an der abgeschossenen Hülse charakteristische Veränderungen auf, die Rückschlüsse auf die Höhe des Gasdruckes zulassen:

- Einebnen der Ringfuge zwischen der Hülse und dem Zündhütchen;
- Kraterbildung im Bereich des Schlagbolzeneinschlages;
- Durchschlagen des Zündhütchens (Durchbläser);
- Aufweitung der Zündglocke (Zündhütchenausfaller);
- Verformung des Hülsenbodens (Abprägung des Auswerferstiftes und der Auszieherkralle, Durchmesservergrößerung).

Während die ersten beiden Anzeichen noch harmlos sind, deuten die anderen auf eine bedrohliche Drucküberhöhung hin. Zeigen sich derartige Merkmale, dürfen die Patronen auf gar keinen Fall weiter verwendet werden, weil die Möglichkeit einer Waffenbeschädigung mit Verletzungsgefahr besteht.

Es gibt aber auch Erscheinungen an abgeschossenen Hülsen, die zwar auffällig aber unbedenklich sind. Dazu gehört die mehr oder weniger deutlich sichtbare Durchmessererweiterung über dem massiven Bodenteil und die Beschmauchung (Schwärzung) des Hülsenhalses. Ist die Beschmauchung auf der ganzen Länge vorhanden, war der Druck so niedrig, daß die Hülse nicht liderte und Gas nach hinten ausströmte.

Abb. 105 Die Aufweitung dieser abgeschlossenen Hülse (**A**) und die Beschmauchung des Hülsenhalses (**B**) sind nicht ungewöhnlich und bieten keinen Anlaß zur Sorge

Doch zurück zur weiteren Schußentwicklung: Nachdem sich das Geschoß in Bewegung gesetzt hat, gelangt es in den Übergangskegel und anschließend in den gezogenen Teil des Laufes. Obwohl der Jäger diese Vorgänge nicht beeinflussen kann, sollte er wissen, was sich in diesem Abschnitt innenballistisch abspielt.

Übergangskegel. Da der Geschoßdurchmesser immer größer ist als der kleinste Laufdurchmesser (Felddurchmesser), wäre eine Patrone nicht ladefähig, wenn es zwischen dem Patronenlager und dem Lauf nicht eine Übergangszone, den Übergangskegel, gäbe. Die Mindestlänge des Übergangskegels ist festgelegt, die Geschoßlänge variiert aber je nach Geschoßmasse und -form in weiten Grenzen. Durch diese maßlichen Verhältnisse ergeben sich bestimmte Bewegungsabläufe des Geschosses. In diesem Zusammenhang müssen die Begriffe „rotationsloser Geschoßweg“ und „Freiflug“ erwähnt und erläutert werden. Der *rotationslose Geschoßweg* ist die Strecke, die das Geschoß von seiner Ruhelage in der Hülse bis zur Anlage an die Felder zurücklegt. Dieser Weg muß vorhanden sein, damit der Ausziehwiderstand des Geschosses aus der Hülse und der Einpreßwiderstand in die Felder und Züge nicht zusammenfallen, was zwangsläufig durch Addition der Kräfte zu einer u. U. gefährlichen Gasdrucksteigerung führen kann. Mit *Freiflug* wird der Weg des Geschosses bezeichnet, in dem es ohne Führung im Übergangskegel fliegt. Der Freiflug beginnt, wenn das Geschoß den Hülsenmund verläßt und endet mit dem Eintritt in die Felder und Züge. Dieser führungslose Weg ist grundsätzlich unerwünscht, weil er prinzipiell zu verstärkten Laufschwingungen führt, die sich negativ auf die Schußpräzision auswirken können. Besonders die Übergangskegel der deutschen Standardkaliber sind aus heutiger Sicht unsinnig lang, und deshalb gibt es häufig Präzisionsschwierigkeiten bei leichten, kurzen Geschossen.

Aufgrund der konstruktiven Eigenart (Patronenlager und Lauf sind getrennt) ist bei Revolvern immer Freiflug vorhanden. Trotzdem reagieren diese Kurzwaffen wegen ihrer kurzen und relativ dicken Läufe darauf nicht mit übermäßiger Streuung. Gute Revolver sind vielmehr für ihre ausgezeichnete Schußgenauigkeit bekannt.

Drall. Beim Eintritt in den gezogenen Teil des Laufes wird das Geschoß leicht verformt. Es nimmt das Innenprofil des Laufes an und muß nun zwangsweise dem wendelförmig verlaufenden Drall folgen, durch den es eine Drehbewegung erhält. Für einen außenballistisch stabilen Flug ist eine gewisse Drehzahl erforderlich, die durch die Mündungsgeschwindigkeit des Geschosses und durch die *Drall-Länge* bestimmt wird. Dies ist der Weg, den das Geschoß zurückgelegt hat, wenn es sich einmal um 360 Grad gedreht hat. Die Drall-Längen betragen bei Büchsenläufen etwa 200 bis 400 mm und bei Kurzwaffenläufen bis etwa 500 mm. Die Geschoßdrehzahl wird errechnet, indem die Mündungsgeschwindigkeit (V_0) durch die Drall-Länge geteilt wird.

Beispiel: V_0 = 875 m/s,
Drall-Länge = 250 mm
Die Drehzahl ist dann 875 m/s : 0,25 m = 3500 Umdrehungen pro Sekunde oder 210 000 Umdrehungen pro Minute.

Bleigeschosse lassen sich aufgrund der leichten Verformbarkeit dieses Werkstoffes nur bis zu einer V_0 von ca. 500 m/s beschleunigen. Wird dieser Wert überschritten, folgt das Geschoß nicht mehr dem Drall, sondern es „überspringt" die Felder. Die Folgen sind ungenügende Drallstabilisierung und starke Verbleiung des Laufes.

Zur Ermittlung der Drallänge wird ein Putzstock mit einem strammen Wergpolster in den Lauf eingeführt und vorsichtig so weit hineingeschoben, bis er sich einmal um seine Achse gedreht hat. Durch Markierungen an dem Stock läßt sich daran die Drall-Länge abmessen. Diese Methode läßt sich nur bei Büchsenläufen anwenden.

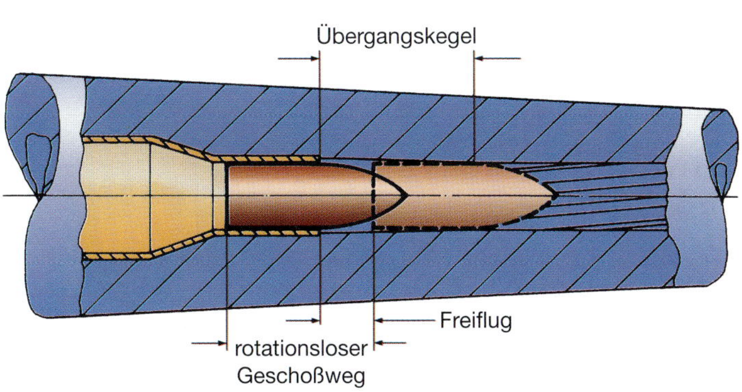

Abb. 106 Darstellung des rotationslosen Geschoßweges und des Geschoß-Freifluges

Mündungsballistik. Bevor ein Geschoß die Laufmündung ganz verläßt und damit in den Bereich der Außenballistik übergeht, gibt es noch ein Randgebiet der Innenballistik zu betrachten, nämlich das der Mündungs- oder Übergangsballistik. Darunter fallen Vorgänge, die sich mit dem Mündungsfeuer, dem Schußknall und dem Rückstoß befassen.

Mündungsfeuer. Das Mündungsfeuer ist in hohem Maße von dem Pulverabbrand und der Lauflänge abhängig. Ideale Verhältnisse liegen vor, wenn die Pulverumsetzung in Gase und deren Verbrennung gerade beendet ist, wenn das Geschoß die Laufmündung verläßt. Ist die Abstimmung von Pulvertyp und -masse sowie der Lauflänge derart ideal, verläßt lediglich ein heißer Gasstrahl die Mündung, der bei Tageslicht nicht sichtbar ist und erst bei fortgeschrittener Dämmerung als blaßrotes, keilförmiges Mündungsfeuer wahrgenommen wird (Abb. 107 unten).

Werden zur Leistungssteigerung progressive Pulvertypen laboriert oder ist die Lauflänge für eine vollständige Verbrennung nicht ausreichend, strömen unverbrannte Gase nach dem Geschoß aus dem Lauf. In Verbindung mit dem Luftsauerstoff kommt es dann zu einer explosionsartigen Nachverbrennung, die als hellgelber Feuerball in Erscheinung tritt (Abb. 107 oben).

Dieser grelle *„Mündungsblitz"*, der sowohl bei Lang- wie auch bei Kurzwaffen auftreten kann, führt in der Dämmerung

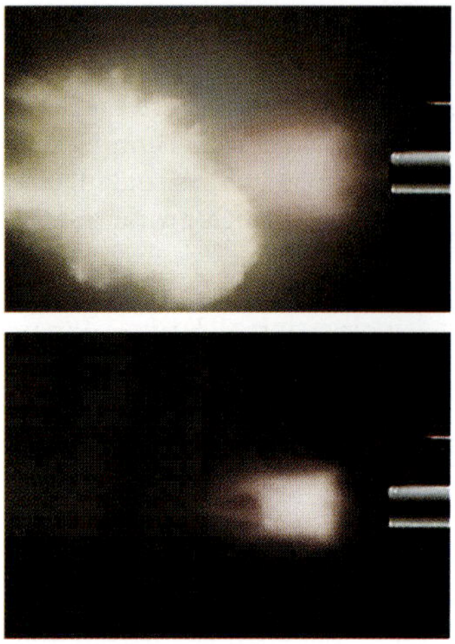

Abb. 107 Mündungsblitz (**oben**) und Mündungsfeuer (**unten**)

zu einer kurzzeitigen Blendung des Schützen, wodurch ein Beobachten des Zieles erschwert oder vielleicht sogar unmöglich gemacht wird. Um diesen Nachteil weitgehend zu vermeiden, werden Stutzen nur für Patronen hergestellt, in denen offensivere Treibladungspulver verwendet werden (z.B. Kaliber 7x57, .308 Win., 9,3x62).

Der *Mündungsknall* entsteht durch die schlagartige Ausdehnung der noch unter hohem Druck stehenden Verbrennungsgase des Pulvers beim Austritt des Geschosses aus der Mündung. Die Druckwelle überträgt sich auf die umgebende Luft und pflanzt sich darin wellenförmig fort. Die Intensität dieses Knalles ist abhängig vom Mündungsgasdruck. Ein Mündungsblitz hat immer eine schalldruckverstärkende Wirkung.

Zu dem Mündungsknall tritt unter bestimmten Bedingungen ein weiteres Schallereignis: der Geschoßknall. Da dieser aber nur während des Geschoßfluges entsteht, wird dieses Phänomen im Abschnitt Außenballistik besprochen. Fliegt ein Geschoß schneller als die sogenannte Schallgeschwindigkeit in Luft (je nach atmosphärischen Bedingungen etwa 330 m/s, dann verdichtet sich die Luft unmittelbar vor der Geschoßspitze auf ein beachtliches Druckniveau. Da die umgebende Luft jedoch normalen Druck hat, findet während des Geschoßfluges ein ständiger Druckausgleich statt, der sich für einen neben der Flugbahn des Geschosses stehenden Beobachter in einem scharfen, peitschenden Knall äußert.

Rückstoß. Für den Rückstoß gelten bestimmte physikalische Gesetzmäßigkeiten, die aber hier nicht näher erläutert werden sollen. Durch die stoßartige Beschleunigung des Geschosses während der Schußentwicklung erhält die Waffe einen Stoß gleicher Größe, die von der Geschoßmasse und deren Geschwindigkeit abhängig ist. Da die Waffe im Verhältnis zum Geschoß aber eine wesentlich größere Masse hat, reagiert es auf den Stoß mit einer vergleichsweise geringen Rücklaufbewegung. Der Rückstoß einer Waffe ist also auch von deren Masse abhängig. Daraus ergibt sich, daß der Rückstoß um so stärker ist, je leichter die Waffe, je schwerer das Geschoß und je höher dessen Geschwindigkeit ist.

Außer diesen Kräften wirkt aber noch eine andere Größe, der *Raketeneffekt*, rückstoßverstärkend. Entsprechend dem Raketenprinzip erzeugt der mit hoher Strömungsgeschwindigkeit aus der Laufmündung austretende Gasstrahl einen entgegengesetzt gerichteten Schub. Zur Reduzierung und/oder Dämpfung des Rückstoßes können Vorrichtungen eingesetzt werden, die in den Abschnitten 1.6.3 und 1.6.4 beschrieben werden.

Obwohl der Rückstoß berechenbar ist, ist damit eine sichere Aussage über die Wirkung auf den Schützen nicht unbedingt gewährleistet. Dies liegt zum einen an dem zeitlich unterschiedlichen Bewegungsablauf der Waffe, zum anderen an dem von Schütze zu Schütze sehr differenziertem subjektiven Rückstoßempfinden. Ein Stoß kann mit gleicher Krafteinwirkung einmal schlagartig und einmal mehr schiebend an der Schulter auftreffen. Diese minimalen zeitlichen Differenzen kann der Schütze zwar nicht auflösen, trotzdem aber anders empfinden. Verläßliche Untersuchungsergebnisse gibt es zur Zeit noch nicht.

Selbstverständlich spielen die körperliche Eigenart, die Bekleidung, der Anschlag sowie die dabei eingenommene Körperhaltung usw. eine wichtige Rolle. Aber auch die nervliche Verfassung, die Situation in der sich ein Schütze befindet (Jagd oder Schießstand), und nicht zuletzt auch die Einstellung zum Gebrauch der Waffe beeinflussen die Empfindlichkeit gegenüber dem Rückstoß.

Die Angst vor dem Rückstoß kann unter Umständen die Genauigkeit des gezielten Schusses beeinträchtigen, weil sich der Schütze im Augenblick der Schußabgabe verkrampft und dann den Schuß verreißt (muckt) oder die Augen schließt.

6.1.2 Waffen mit glatten Läufen

Die Schußentwicklung vollzieht sich beim Schrotschuß im Prinzip in der gleichen Weise wie beim Büchsenschuß. Aufgrund des Aufbaues der Schrotpatrone und der Eigenart des Schrotschusses ergeben sich allerdings einige Unterschiede.

Der Zündstrahl des in den Bodenpfropfen eingesetzten Zündhütchens gelangt direkt, also nicht durch einen Zündkanal, in den Pulverraum. Wegen des großen Querschnittes der Druckangriffsfläche am Pfropfen, des geringen Öffnungswiderstandes des Hülsenverschlusses und der niedrigen Reibungswiderstände wird die Pulvervorlage (Zwischenmittel und Schrotladung) schon bei relativ niedrigem Druck nach vorn bewegt. Damit vergrößert sich das Volumen des Brennraumes, was wiederum einen Druckabfall zur Folge hat. Nitrozellulosepulver benötigt aber zur vollständigen schnellen Umsetzung in Gase ein bestimmtes Druckniveau. Um dieses zu erreichen, werden in Schrotpatronen grundsätzlich *offensive Pulvertypen* laboriert.

Anders als bei Büchsenpatronen spielen Pulverraumvolumen und Kaliber für die Auswahl des Pulvers eine weniger bedeutende Rolle, ausschlaggebend ist vielmehr die Masse der Schrotladung. Mit zunehmender Masse vergrößert sich naturgemäß auch die Massenträgheit und damit der Widerstand, der dem Ausdehnungsbestreben der Verbrennungsgase entgegenwirkt. Daraus ergibt sich die Anwendung der Treibladungspulver: Mit zunehmender Schrotmasse sind unter sonst gleichen Bedingungen langsamer brennende Pulver erforderlich.

Das *Zwischenmittel* (Pfropfen) überträgt die durch den Gasdruck wirkende Kraft auf die davor eingelagerte Schrotladung oder das Flintenlaufgeschoß. Diese Aufgabe kann das Zwischenmittel aber nur erfüllen, wenn Gasschlupf weitgehend verhindert wird. Es ist also in erster Linie ein Dichtungselement. Darüber hinaus soll es aber auch eine Pufferfunktion übernehmen, um den schlagartigen Gasstoß zu mildern. Die unterschiedlichen Ausführungsformen der Pfropfen (s. Abschnitt 4.2: Schrotpatronen) erfüllen diese Anforderungen mehr oder weniger vollkommen.

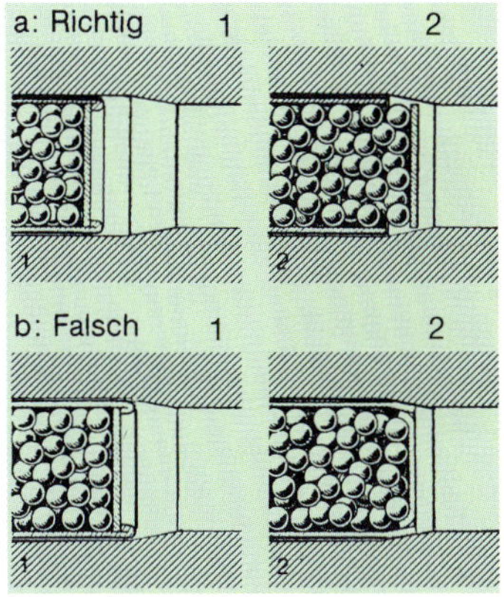

Abb. 108 Verwendung von zu langen Patronen und deren Folgen:
a) Richtige Patrone: Beim Aufbördeln kommen Schlußdeckel und Schrot ohne Zwang in den Lauf.
b) Falsche, zu lange Patrone: Die Patrone mit der 70 mm langen Hülse geht in das 65 mm lange Patronenlager hinein (1)! Bei der Schußentwicklung (2) reicht die Hülse aufgebördelt in den Übergangskegel hinein. Dadurch bleibt der Hülsenhals verengt, der Gasdruck wird erhöht
1 = vor dem Schuß,
2 = bei der Schußentwicklung.

Im Verlauf der weiteren Schußentwicklung lidert die Hülse und schließt so das Patronenlager gegen zurückströmendes Gas ab. Gleichzeitig wird die Schrotladung mit steigendem Druck aus der Hülse geschoben und öffnet dabei den Bördel- bzw. Faltverschluß. Für die ungehinderte Öffnung des Hülsenverschlusses müssen die Patronenlager- und die Hülsenlängen richtig aufeinander abgestimmt sein. Ist die Hülse länger als das Patronenlager, reicht der Hülsenmund in den Übergangskonus hinein und engt damit den Öffnungsquerschnitt ein. Dadurch wird die Vorwärtsbewegung der Schrote erschwert, und es kommt zu einem Gasstau, der eine gefährliche Drucksteigerung bewirken kann. Aus diesem Grunde ist es nicht zulässig, Patronen zu verschießen, deren Hülsen länger sind als das Patronenlager. Eine Ausnahme bilden Patronen mit 67,5 mm langen Hülsen. Diese dürfen sowohl aus 70 mm wie auch aus 65 mm langen Patronenlagern verschossen werden. Unbedenklich hingegen ist die Verwendung von Patronen, die kürzer sind als das Patronenlager.

Durch die sehr hohen Beschleunigungskräfte werden Bleischrote aneinander gepreßt und dadurch leicht verformt. Diese Neigung wird durch weiches, ungeeignetes Material begünstigt, und dann können sich sogar aus mehreren Schroten bestehende Klumpen bilden, die in dieser kompakten Form auch den Lauf verlassen und aufgrund ihrer größeren Masse sehr viel weiter fliegen als die übrigen Einzelschrote. Dadurch ergibt sich eine erhöhte Gefährdung des in Schußrichtung liegenden Gebietes.

Neben der erwähnten Verformung durch die Pressung werden die außenliegenden Schrote bei der Verwendung von Filzpfropfen o.ä. zusätzlich an der Laufwand abgeschliffen, wobei sie teilweise ihre ursprüngliche Kugelform verlieren. Derart unrunde Schrote neigen dazu, sich nach dem Austreten aus der Laufmündung von der Schrotgarbe abzusondern und in den äußersten Randbereich der Garbe zu wandern, was der „Deckung" nicht förderlich ist. Um diesem Nachteil entgegenzutreten, lagert man die Schrotladung in eine Plastikumhüllung (Schrotbecher) ein, wodurch die Schrote nicht mehr mit

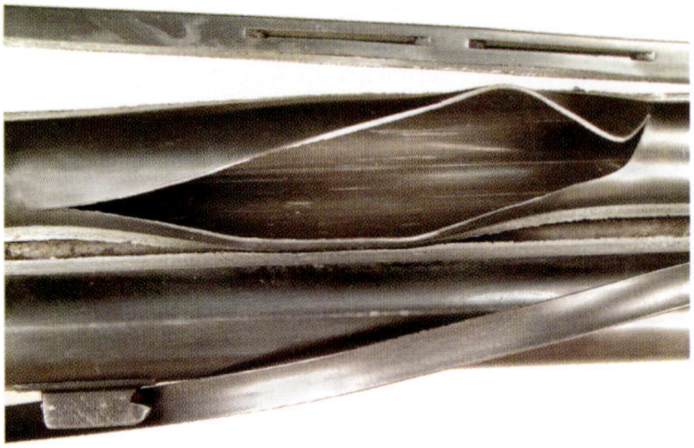

Abb. 109a Ein Hindernis im Lauf bewirkte diese Sprengung

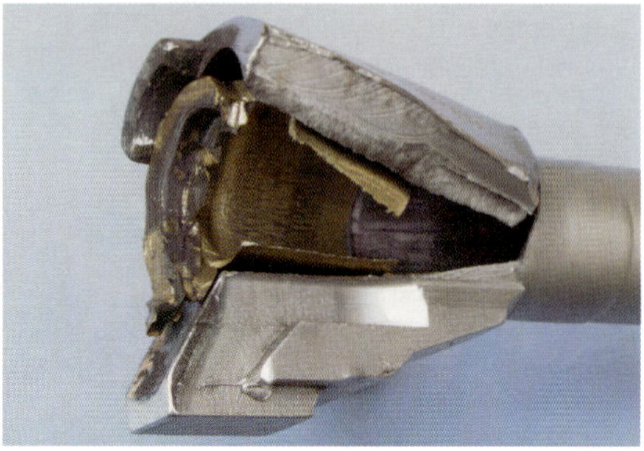

Abb. 109b Die Sprengung des Patronenlagers der Pistole wurde durch übermäßig hohen Gasdruck verursacht

der Laufwand in Berührung kommen. Stahlschrote werden immer in besonders festen und dicken Plastikbechern eingelagert, um eine Riefenbildung im Lauf zu verhindern.

Während des Durchganges der Schrotsäule und des Pfropfens durch den Lauf lagern sich unter dem hohen Anpreßdruck an der Laufwand Blei- und Kunststoffteilchen ab. Dadurch verstärkt sich die Oberflächenrauhigkeit des Laufes, was wiederum einen vermehrten Abrieb zur Folge hat. Um dies zu vermeiden, sollten Rückstände im Lauf von Zeit zu Zeit entfernt werden. Filzpfropfen haben durch ihren ausgeprägten Wischeffekt eine selbstreinigende Wirkung, so daß Rückstände mit entsprechenden Patronen auch herausgeschossen werden können.

Flintenläufe, die für jagdliche Zwecke und für das Trap-Wurftaubenschießen eingesetzt werden, weisen im Mündungsbereich eine Durchmesserverengung auf, die als *Choke-* oder *Würgebohrung* bezeichnet wird.

Ebenso wie die Düse auf einem Wasserschlauch den Wasserstrahl in seinem Durchmesser und seiner Länge formt, reguliert die Würgebohrung das Ausbreitungsverhalten der Schrote. Dabei ist für die Streuung nicht nur der Grad der Mündungsverengung bestimmend, sondern auch deren Formgebung.

Gelegentlich wird behauptet, *Flintenlaufgeschosse* dürften nicht aus gechokten Läufen verschossen werden, weil dadurch die Mündungen aufgebaucht oder sogar gesprengt würden. Das ist nicht zutreffend! Flintenlaufgeschosse bestehen aus Blei und sind außerdem konstruktiv so ausgebildet, daß sie sich jeder Würgebohrung anpassen, ohne den Lauf zu beschädigen. Dies gilt grundsätzlich auch für Flintenlaufgeschosse anderer Konstruktionen, z. B. Treibspiegelgeschosse, wenn diese zum Verschießen aus glatten, gechokten Läufen vorgesehen sind.

Aufgrund der Härte von *Stahlschroten* ist auch die Schrotsäule nur wenig verformbar, und sie zwängt sich deshalb schwerer in die Würgebohrung, die dadurch auch höher belastet wird. Bei Läufen mit starker Verengung (ab Dreiviertel-Choke) und dünnen Laufwandungen ist daher Vorsicht geboten, weil auch bei der Verwendung von „normalen" Stahlschrotpatronen Dehnungen im Chokebereich allmählich entstehen können. Stahl- „Hochleistungspatronen" dürfen nur aus speziell dafür hergerichteten Läufen geschossen werden (siehe dazu auch Kapitel 5.2 Beschußprüfung).

Die *Mündungsballistik* des Schrotschusses beschränkt sich weitgehend auf die Rückstoßvorgänge, denn Mündungsfeuer tritt kaum in Erscheinung, und auch ein Mündungsblitz entsteht normalerweise nicht, weil die schnellen „Schrotpulver" bei richtiger Abstimmung schon etwa im vorderen Drittel des Laufes vollständig verbrannt sind. Deshalb gibt es auch keine gravierenden Unterschiede in der Intensität des Mündungsknalles.

Rückstoß. Die physikalischen Gegebenheiten entsprechen denen des Büchsenschusses. Abgesehen von dem Raketeneffekt, der auch beim Schrotschuß vorhanden ist, sind also die Gewehrmasse, die Schrotmasse und deren Geschwindigkeit für den Rückstoß bestimmend. Da aber die Schrotgeschwindigkeit (V_0) bei allen Kalibern, Schrotladungen und Schrotdurchmessern etwa auf einem Niveau liegen, kann vereinfacht davon ausgegangen werden, daß der Rückstoß von der Masse des Gewehres und der der Schrotladung abhängig ist. Bei gleichbleibender

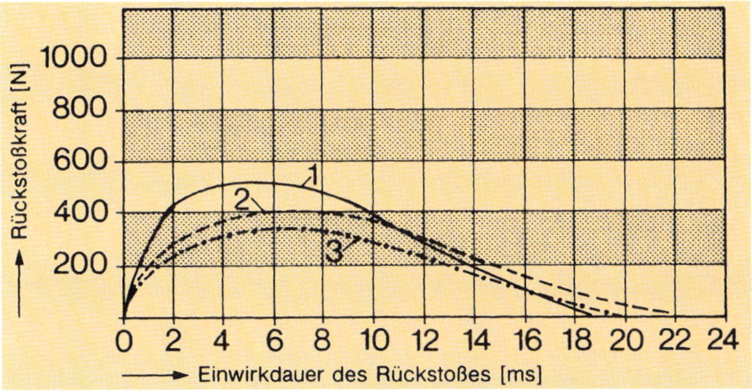

Abb. 110 Einfluß der Schrotmasse auf den Rückstoß:
1 = 42 g; 2 = 36 g; 3 = 28,4 g Schrotladung

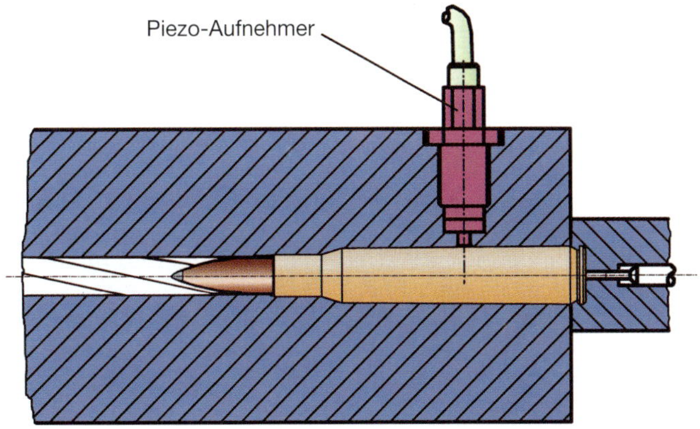

Abb. 111 Prinzip der Gasdruck-Messung mit mechanisch-elektrischem Wandler (Piezo-Aufnehmer)

Gewehrmasse verstärkt sich der Rückstoß mit zunehmender Masse der Schrotladung. Andererseits wird der Rückstoß schwächer, wenn die Gewehrmasse bei gleichbleibender Schrotladung zunimmt. Aus dieser Wechselbeziehung ist unschwer zu entnehmen, daß der Rückstoß um so stärker ist, je leichter das Gewehr und je schwerer die Schrotladung sind.

Gasdruckmessung. Als Ergänzung zur Innenballistik werden die Methoden zur Messung des Gasdruckes dargestellt. Dieser Abschnitt hat lediglich informativen Charakter und soll der Abrundung der Kenntnisse dienen.

Der Maximalgasdruck entwickelt sich im Pulverraum der Patrone. Deshalb wird der Druck in diesem Bereich gemessen und dazu die Patrone dort angebohrt (Gasentnahmebohrung). Über dieser Öffnung befindet sich im Patronenlager eine Bohrung, die den Gasdruck auf ein eingeschraubtes Meßelement weiterleitet. (Abb. 111)

Hierbei handelt es sich um einen sog. mechanisch-elektrischen Wandler auf Piezoquarz – Basis.

Dieser Druckwandler gibt bei der Beanspruchung mit dem Gasdruck eine elektrische Ladung ab, die, in eine elektrische Spannung umgewandelt, den zeitlichen Verlauf des Gasdruckes widerspiegelt.

Wird diese elektrische Spannung auf ein geeignetes Anzeigegerät geleitet (Oszillograf, PC), dann ergeben sich Darstellungen wie auf Abb. 102.

Der Verlauf der Gasdruckkurve läßt Rückschlüsse auf die Vorgänge bei der Schußentwicklung zu.

Der Gasdruck von Büchsen-, Kurzwaffen- und Schrotpatronen wird mit diesem Meßverfahren ermittelt.

6.2 Außenballistik

6.2.1 Einzelgeschosse

Hierunter fällt das Verhalten des Geschosses unter Einbeziehung aller Beeinflussungen und Störungen während seines Fluges von der Mündung bis zum Ziel.

Wenn das Geschoß immer dort treffen würde, wohin man zielt, brauchte man sich nicht die geringsten Gedanken darüber zu machen, welche äußeren Einflüsse das Geschoß von der einmal eingenommenen Bahn abbringen können. Teils sind es vorhersehbare Störungen, über deren Einfluß der Jäger Bescheid wissen muß.

Luftwiderstand und Erdanziehung (Schwerkraft). Nur im luftleeren Raum, ohne Einwirkung der Anziehungskräfte unserer Erde oder anderer Gestirne, wäre die Geschoßflugbahn gleichzusetzen mit der Verlängerung der Laufachse, sie würde eine Gerade bilden. Dieses Verhalten würde uns, wenn es bei einem Schuß auf der Erde genauso wäre, hinsichtlich guter Treffchancen Vorteile bringen. Hier auf der Erde sorgen jedoch der

Luftwiderstand und die Erdanziehung

dafür, daß die Flugbahn des Geschosses nicht gerade, sondern gekrümmt ist. Daraus folgert gleichzeitig, daß auch die Flugweite beschränkt ist.

Obwohl die uns umgebende Luft aufgrund ihres gasförmigen Charakters eine sehr geringe Dichte hat, kann sie für einen sich sehr schnell in ihr bewegenden Körper ein beachtliches Hindernis darstellen. Halten Sie einmal die Hand mit ihrer Breitseite aus einem mit 160 km/h fahrenden Auto. Sie werden feststellen, daß Sie erhebliche Kraft aufwenden müssen, um sie in ihrer Position zu halten.

Diesen Luftwiderstand bekommt auch das abgefeuerte Geschoß zu spüren; es verliert während seines Fluges an Geschwindigkeit. Dieser Geschwindigkeitsverlust ist u.a. abhängig von der Höhe der Ausgangsgeschwindigkeit. Es ist nicht so, daß ein und dasselbe Geschoß bei einer Geschwindigkeit von 800 m/s den doppelten Luftwiderstand gegenüber einer Geschwindigkeit von 400 m/s aufweist. Vielmehr wächst der Widerstand etwa mit dem „Quadrat" der Geschwindigkeit. Das heißt, eine Verdoppelung der Geschwindigkeit bedeutet ungefähr eine Vervierfachung des Widerstandes, eine auf das Vierfache gesteigerte Geschwindigkeit ergibt einen um annähernd 16 mal höheren Luftwiderstand.

Aus dieser Erkenntnis folgert, daß ein Geschoß eine möglichst strömungsgünstige Form aufweisen muß, um den Geschwindigkeitsverlust niedrig zu halten. Je spitzer und schlanker die Form des Geschosses ist, um so „windschlüpfriger" ist es auch. Wie im Kapitel „Zielballistik" noch gezeigt wird, ist eine solche Geschoßform aber ungünstig in bezug auf die möglichst hohe Energieabgabe im Wildkörper. Der Geschoßhersteller muß also bei der Formgebung einen Kompromiß zwischen niedrigem Widerstandsverhalten und guter Energieabgabe finden.

Wie hoch die Geschwindigkeitsverluste und damit auch der Energieverlust sind, zeigen die willkürlich herausgegriffenen Schußtafelwerte eines 10,5 g Kegelspitz-Geschosses im Kaliber 7 x 64.

Geschwindigkeit	*Energie*
0 m = 880 m/s	4061 J
nach 100 m = 795 m/s	3316 J
nach 200 m = 720 m/s	2717 J
nach 300 m = 650 m/s	2217 J

Der Luftwiderstand läßt sich also als eine Kraft darstellen, die entgegen der Flugrichtung des Geschosses auf den Geschoßkopf drückt. Hinzu kommt noch die Sogwirkung am Heckteil des Geschosses wegen des dort vorhandenen Unterdruckes.

Die Krümmung der Flugbahn kommt durch die auf das Geschoß wirkende Erdanziehung zustande. Mit Verringerung der Geschoßgeschwindigkeit – also Zunahme der Flugzeit – wird die Fallstrecke des Geschosses pro Zeiteinheit zunehmend größer, die Flugbahn wird zusehends gekrümmter.

Würde der Büchsenmacher, wie auf Abb. 112 zu sehen ist, das Zielfernrohr so auf der Waffe montieren, daß die Zielfernrohrachse mit der Laufachse (Laufseele) parallel verläuft, hät-

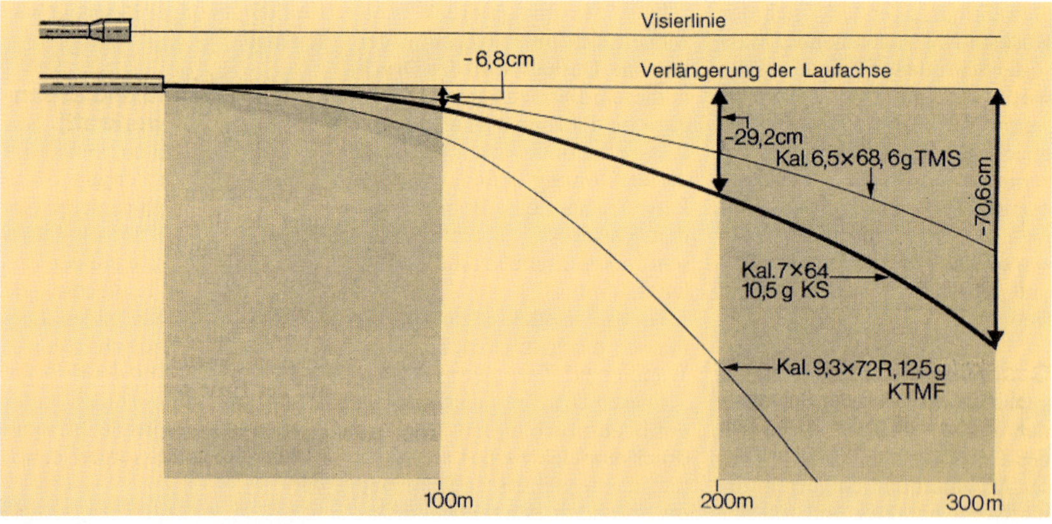

Abb. 112 Abfall der Flugbahn von drei verschiedenen Geschossen (Kaliber 6,5 x 68, 7 x 64, 9,3 x 72R) bei waagerecht gehaltenem Lauf

te der Jäger, der diese Waffen führen will, große Schwierigkeiten, das Wild zu treffen.

Um „Blatt“ zu schießen, müßte bei einer Schußentfernung von 200 m bei dem hier gewählten Beispiel (Kaliber 7x64) der Schütze einen Haltepunkt von rund 35 cm über dem gewünschten Treffpunkt wählen. Diese Haltepunktänderung setzt sich zusammen aus dem Geschoßabfall und der Montagehöhe des Zielfernrohres, die etwa 5cm ausmacht.

Die Vorteile des Zielfernrohres im Hinblick auf das genaue Anvisieren des Zieles sind dadurch zunichte gemacht. Für jede Schußentfernung muß ein anderer Haltepunkt gewählt werden, der zudem auch noch abhängig ist von der Wahl des Kalibers und der verwendeten Geschosse, wie es die Flugbahnkurven in der Abb. 109 zeigen.

Die günstigste Einschießentfernung (GEE). Der Jäger muß über die ballistischen Eigenschaften seines Kalibers Bescheid wissen. Diese Werte findet er in den ballistischen Daten (Schußtafeln) der Munitionshersteller. Auszugsweise ist aus der Sammlung ballistischer Daten aus dem Fertigungsprogramm der Firma Dynamit Nobel das Kaliber 7x64 mit dem 10,5g KS-Geschoß wiedergegeben (siehe Tabelle Seite 103).

Es bedarf hierzu keiner weiteren Erläuterungen. Ein Lesebeispiel der Flugbahnwerte soll dem besseren Verständnis dienen. Wenn die Waffe mit Zielfernrohr auf eine Schußentfernung von 200m „Fleck“ eingeschossen werden soll (Schußtafelsymbol ⊕), so gelten folgende Daten:

Schußentfernung (m)	*Treffpunktlage in cm bezogen auf die Visierlinie*
50 m	+2,0 cm
100 m	+5,5 cm
150 m	+4,5 cm
200 m	±0
300 m	-23 cm

Eine positive Zahl bedeutet eine Treffpunktlage über der Visierlinie, negativ bedeutet unterhalb der Visierlinie.

Die Munitionsfirmen stellen diese Daten gerne zur Verfügung. Die Firmen sind dazu übergegangen, den Flugbahnverlauf für die GEE-Entfernung auf die Patronenschachtel zu drucken, so daß sie im Bedarfsfall sofort greifbar ist.

Für die Praxis ist deshalb ein Einschießverfahren nötig, bei dem ohne Haltepunktänderung auf eine möglichst große Entfernung geschossen werden kann. Dieser Forderung wird entsprochen, wenn das Gewehr auf die GEE, die günstigste Einschießentfernung eingeschossen wird.

Abbildung 113 zeigt, was darunter zu verstehen ist. Dem Verfahren liegt die Überlegung zugrunde, daß eine gewisse Abweichung des Treffpunktes des Geschosses vom Haltepunkt oder Zielpunkt zugelassen werden kann. Gemessen an der Größe einer Rehkammer ist es ohne weiteres möglich, eine Abweichung von Treffpunkt zu Haltepunkt von etwa 4 cm zuzulassen, der Treffer wäre immer tödlich.

Aus der Abbildung 113 ist zu ersehen, daß die Verlängerung der Laufachse und die Visierlinie gegenüber der Abbildung 112 nicht mehr parallel verlaufen, sondern in einem Winkel zueinander stehen, der, wegen des besseren Verständnisses, stark übertrieben gezeichnet wurde. Weiterhin ist zu erkennen, daß sich die Geschoßflugbahn teils unterhalb, teils oberhalb der Visierlinie bewegt. Die Geschoßflugbahn schneidet zweimal die Visierlinie.

Die GEE ist nun die Schußentfernung, bei der das Geschoß zum zweiten Mal die Visierlinie schneidet. Gleichzeitig ist aber damit die wesentliche Bedingung verknüpft, daß die Geschoßflugbahn bei keiner Schußentfernung die Visierlinie um mehr als die oben erwähnten 4cm überschreitet. Erst wenn die Bedingungen erfüllt sind, entspricht die Entfernung des zweiten Schnittpunktes der Visierlinie mit der Geschoßflugbahn von der Mündung aus gerechnet der „günstigsten Einschießentfernung“.

Die GEE ist die Entfernung bis zu der geschossenen werden kann, ohne Haltepunktänderungen vornehmen zu müssen.

Streng genommen kann diese Entfernung noch ausgedehnt werden bis zu dem Punkt, an dem das Geschoß nicht mehr als 4 cm unter die Visierlinie abgefallen ist. Diese Entfernung wird „Jagdliche Treffgrenze“ genannt. Bei dem hier gezeigten Kaliber 7x64 beträgt die günstigste Einschießentfernung 180m, die Jagdliche Treffgrenze 210m.

Bei welcher Entfernung hat die Flugbahn die maximal zulässige Erhöhung von 4cm? Diese Schußentfernung liegt bei etwa 100m. Das kommt den praktischen Gegebenheiten zugute. Da die jagdlichen Büchsen-Schießstände eine Länge von 100m haben, wird das Einschießen einer Waffe auf die GEE sehr vereinfacht.

Der Jäger, der seine Waffe einschießen will, muß sein Zielfernrohr so einstellen, daß die Schüsse bei dieser Entfernung 4cm über dem Haltepunkt liegen. Damit ist auf die GEE eingeschossen.

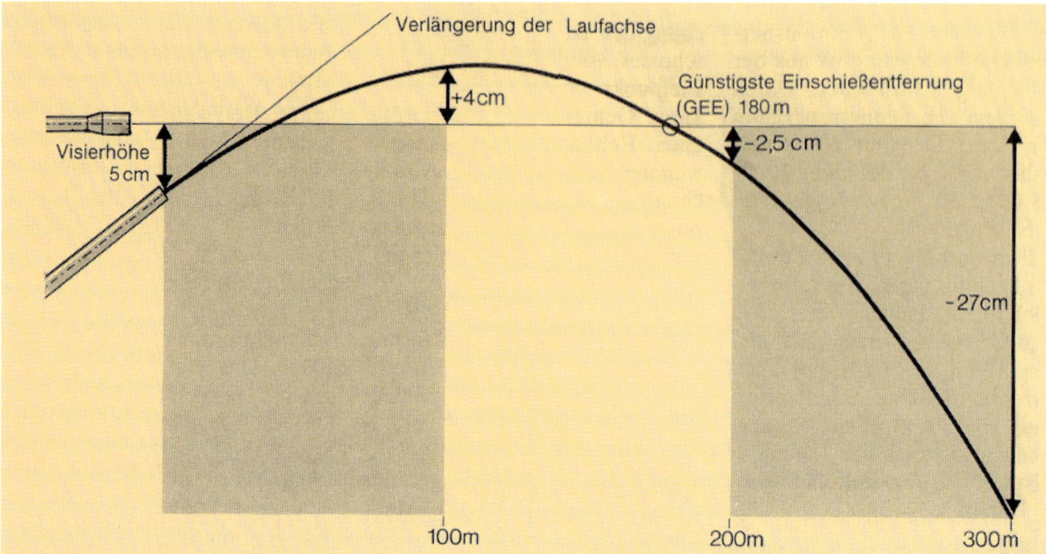

Abb. 113 Die „Günstigste Einschießentfernung" (GEE) am Beispiel des Kalibers 7x64, 10,5 g KS-Geschoß, Darstellung der Flugbahn

Bei sehr schnellen Geschossen (z. B. Kaliber 6,5x68) ist bei einer Entfernung von etwa 100m der Scheitelpunkt der Flugbahn noch nicht erreicht, sondern erst bei etwa 150m. Der Hochschuß bei 100m beträgt dann etwa 3,5cm.

Eine gewisse Rolle spielt dabei die Visierhöhe, d. h. das Maß von Zielfernrohrmitte bis Laufachse gerechnet. In den ballistischen Tabellen (Schußtafeln) der Munitionshersteller wird dazu ein Wert von 5cm festgelegt, der als Durchschnittswert anzusehen ist. Wird er über- oder unterschritten, ändert sich die GEE.

Beispiel:
Visierhöhe 37 mm: GEE = 170m
Visierhöhe 75 mm: GEE = 196 m

Prüfungserfahrung. Einem sehr hohen Prozentsatz der Jägerprüfungskandidaten ist die Definition der GEE und ihre praktische Bedeutung nicht bekannt. An dieser Stelle wird der Auffassung vieler Kandidaten widersprochen, daß es sich dabei um ein ballistisches Spezialwissen handeln soll.

Für ein treffsicheres Schießen ist es unumgänglich, daß der Jäger über den Flugbahnverlauf des von ihm verwendeten Geschosses Bescheid weiß, und daß er vor allem in der Lage ist, ohne Mithilfe eines anderen (z. B. Büchsenmacher), seine Waffe auf die GEE einzuschießen. Des-

Kaliber, Geschoß-masse Geschoßtyp	V_0 (m/s)	Abdrift der Geschosse (cm)											
		Seitenwind 1,7 m/s			Seitenwind 3,1 m/s			Seitenwind 4,8 m/s			Seitenwind 10,7 m/s		
		Schußentfernung (m)											
		100	200	300	100	200	300	100	200	300	100	200	300
.22 Win. Mag. R.F. 2,6 g HoS	615	6	25	43	10	45	79	16	70	120	35	155	272
.222 REM 3,24 g TR	970	2	9	22	3	16	41	5	25	63	12	55	141
7x64 10,5 g KS	880	1	4	10	2	8	19	3	12	29	6	28	65
8x68 S 14,5 g KS	870	1	5	11	2	9	21	3	13	32	6	30	71
9,3x74 R 18,5 g TMR	695	2	8	19	3	14	34	5	21	52	12	47	117

halb müssen diese Zusammenhänge beherrscht werden.

Windeinfluß. Vielen Jägern ist nicht bekannt, daß Wind ebenfalls die Geschoßflugbahn beeinflussen kann, und nehmen sie einen Einfluß an, so wird dieser in der Regel viel zu niedrig geschätzt.

So wie ein Personenwagen durch Seitenwind aus seiner ursprünglichen Richtung gelenkt wird, geht es auch dem Büchsengeschoß, wenn es vom Wind angeblasen wird. Es driftet ab. Bei Schußentfernungen über 200m und in Abhängigkeit der Windstärke ergeben sich beachtliche Abweichungen. In der Tabelle auf Seite 100 sind für einige der gebräuchlichsten Kaliber und Geschosse die Windabdriften bei verschiedenen Windstärken angegeben. Dabei ist angenommen worden, daß der Wind senkrecht zur Geschoßachse weht.

Für die Praxis ergibt sich dabei allerdings die Schwierigkeit des Abschätzens der Windgeschwindigkeit. Hierzu bedarf es einer gewissen Erfahrung. Ein deutlich vernehmbarer Wind (wie z.B. Windstärke 6) läßt sich sicher gut abschätzen. Dies bedeutet aber gleichzeitig, daß ein sicherer Schuß auf eine größere Entfernung nicht mehr abgegeben werden kann, wie die Zahlen der Tabelle ausweisen. Treffen wäre dann eine Glücksache. Das Schießen muß unterbleiben.

Einfluß von Regen auf die Geschoßflugbahn. Wird bei starkem Regen geschossen, so stößt das Geschoß auf seiner Wegstrecke mit Wassertropfen zusammen, deren Masse zwar klein ist, aber bei der hohen Geschwindigkeit stellen diese Wassertropfen doch für leichte Geschosse nicht zu unterschätzende Hindernisse dar.

Die Geschosse der Kaliber .22 lfB und .22 Win. R.F. bis hin zum Kaliber .22 Hornet reagieren ganz deutlich mit einer vergrößerten Streuung, wenn mit ihnen bei starkem Regen geschossen wird. So vergrößerte sich beim Kaliber .22 Hornet die Streuung auf 100 m Schußentfernung z.B. von 2,6 cm (ohne Regen) auf 5,6 cm (mit Regen).

Bei starkem Regen sollten Waffen, die mit diesen Kalibern ausgestattet sind, nicht eingeschossen werden. Auch in der jagdlichen Praxis ist Vorsicht geboten. Bei größeren Kalibern ist kein Einfluß festzustellen.

Hindernisse in der Flugbahn. Durch Hindernisse in der Flugbahn können besonders gravierende Störungen der Geschoßflugbahn eintreten. Bei hohen Geschoßgeschwindigkeiten stellen auch kleine Hindernisse in Form von Getreide, dichtem Gras und dünnen Ästchen ernstzunehmende Widerstände dar, die das Geschoß aus der Bahn lenken und auch dessen Zerlegung und Deformierung einleiten können. Besondere Aufmerksamkeit muß man daher eventuellen Hindernissen in Mündungsnähe widmen. Bedingt durch den Abstand des Zielfernrohres vom Lauf und der Unschärfe im Nahbereich ist ein Ast vor der Kanzel schnell übersehen. Das Geschoß wird abgelenkt und erreicht nicht das Ziel, oder es ergeben sich Treffer, die das beschossene Wild nicht töten.

Im allgemeinen wird der Ablenkungwinkel, der sich ergibt, wenn Büchsengeschosse kleine Hindernisse streifen, erheblich überschätzt. In einer umfangreichen Untersuchung konnten wir nachweisen, daß der Ablenkungswinkel im Durchschnitt einen Grad betrug (gemittelt über alle Jagdbüchsenkaliber), wenn

Abb. 114 Ein kleiner Ast wird durch das Zielfernrohr übersehen – das Geschoß verändert durch Anstreifen seine Flugbahn

Äste mit einem Durchmesser von 12mm vom Geschoß gestreift werden. Das darf aber nicht darüber hinwegtäuschen, daß das abgelenkte Geschoß, wenn es größere Strecken zurücklegt, dann doch so große Abweichungen von der ursprünglichen Flugbahn hat, daß der Sicherheitsbereich weit überschritten wird und Gefahr entsteht.

Einfluß der Höhenlage und des Schußwinkels auf die Flugbahn. Mit zunehmender Höhe wird die Flugbahn gestreckter, weil die Luftdichte und damit der Luftwiderstand geringer werden. Das Geschoß wird weniger abgebremst. Bei je 1000m Höhenzunahme kann mit einer Abnahme des Luftwiderstandes von 10% gerechnet werden. Dies ist von praktischer Bedeutung.

In der Regel ist die Waffe eines Jagdgastes, der im Hochgebirge jagen will, in relativ niedriger

Höhe eingeschossen worden. Wird mit dem Gewehr beispielsweise in einer Höhe von 2000m geschossen, ergibt sich bei einer Schußentfernung von 300m ein Hochschuß, je nach Kaliber, in der Größenordnung von 3–6 cm.

Es ist daher unumgänglich, in der Höhenlage, in der auch gejagt wird, Kontrollschüsse abzugeben, damit gegebenenfalls eine Treffpunktlagenkorrektur vorgenommen werden kann.

Eine weitere Besonderheit ergibt sich im Gebirge beim Schießen bergauf oder bergab.

Bei waagerechtem oder annähernd waagerechtem Schuß wirkt die Schwerkraft senkrecht zur Geschoßachse und führt so zu der maximal möglichen Krümmung der Flugbahn. Unter einem Winkel geschossen, ist es nur noch ein bestimmter Anteil der Schwerkraft, der die Krümmung hervorruft. Sie wird nämlich entsprechend der Abbildung 115 in zwei Kräfte zerlegt, die in Richtung der Längsachse und senkrecht in ihr wirken.
Im Sonderfall des senkrecht nach oben abgefeuerten Schusses ergibt sich überhaupt keine Krümmung der Flugbahn mehr, weil die Schwerkraft mit ihrem gesamten Betrag in Richtung der Längsachse des Geschosses wirkt.

Der steile Schuß, zudem noch auf eine größere Entfernung, stellt daher besondere Anforderungen an den Schützen, weil er eine entsprechende Haltepunktkorrektur vornehmen muß, die abhängig ist vom Schußwinkel, der Schußentfernung und natürlich von dem verwendeten Kaliber.

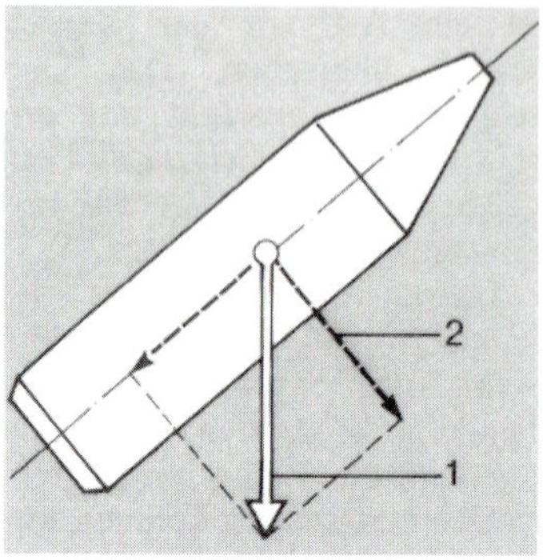

Abb. 115 Bei steilem Schuß krümmt nur noch ein Teil der Erdbeschleunigung die Flugbahn; sie wird deshalb gestreckter. 1 = Größe und Richtung der Erdbeschleunigung, 2 = Bei schrägem Schießen wird der Erdbeschleunigungsanteil, der für die gekrümmte Flugbahn verantwortlich ist, geringer

Die unten dargestellte Tabelle zeigt, mit welchen Treffpunktlageänderungen in Abhängigkeit des Winkels, der Schußentfernung und des Kalibers gerechnet werden muß.

Weiterhin muß der Schütze bedenken, daß er das Wild beim Winkelschuß aus einer anderen Blickrichtung sieht. Der Schuß, der durch lebenswichtige Organe gehen soll, liegt ja an einer anderen Stelle, als dies bei waagerechtem Schuß der Fall ist.

Je steiler der Winkel bergauf oder bergab, um so gestreckter wird aus diesen Gründen die Flugbahn.

Das heißt: Beim Schuß von unten nach oben muß wegen des zu erwartenden Hochschusses ein tiefer Haltepunkt gewählt werden, damit beim schrägen Schuß durch den Wildkörper das Zentrum der Kammer getroffen wird. Beim Schuß von oben nach unten darf trotz des Ausgleichens des winkelbedingten Hochschusses nicht zu tief angefaßt werden, sonst verläuft der Schußkanal zu sehr im Randbereich des getroffenen Stückes.

Die Faustregel: „Bergauf- und bergrunter halt immer drunter“ gilt eigentlich nur für den Ausgleich des winkelbedingten Hochschusses. Unter Beachtung des Schußkanals im Wildkörper sollte man beim Schuß von oben nach unten nicht zu tief halten. Abb. 116 weist auf die Gegebenheit hin.

Das Kurzwaffengeschoß.

Bei den aus Kurzwaffen verschossenen Einzelgeschossen gelten die gleichen außenballistischen Gesetzmäßigkeiten wie

Patronen	Abschußwinkel	Entfernung m					
		50	100	150	200	250	300
6,5x57 (R) VM, TMS	15°	0	0	0,5	1,0	1,5	2,0
6,5x68 (R) HMP	30°	0	1,0	2,0	3,5	6,0	8,5
.270 Win. VM, HMK	45°	0,5	2,0	4,5	8,0	13,0	19,0
.30–06 TMS	60°	0,5	3,0	7,5	13,0	22,0	32,0
7x57 (R) VM, TMR	15°	0	0,5	1,0	1,5	2,5	4,0
6,5x54 M.-Sch. TMR	30°	0,5	1,5	3,5	6,5	10,0	16,0
8x57 JS (JRS), TMR	45°	0,5	3,0	7,5	14,0	23,0	34,0
9,3x62 (74 R) VM, TMR	60°	1,0	5,5	13,0	24,0	39,0	58,0

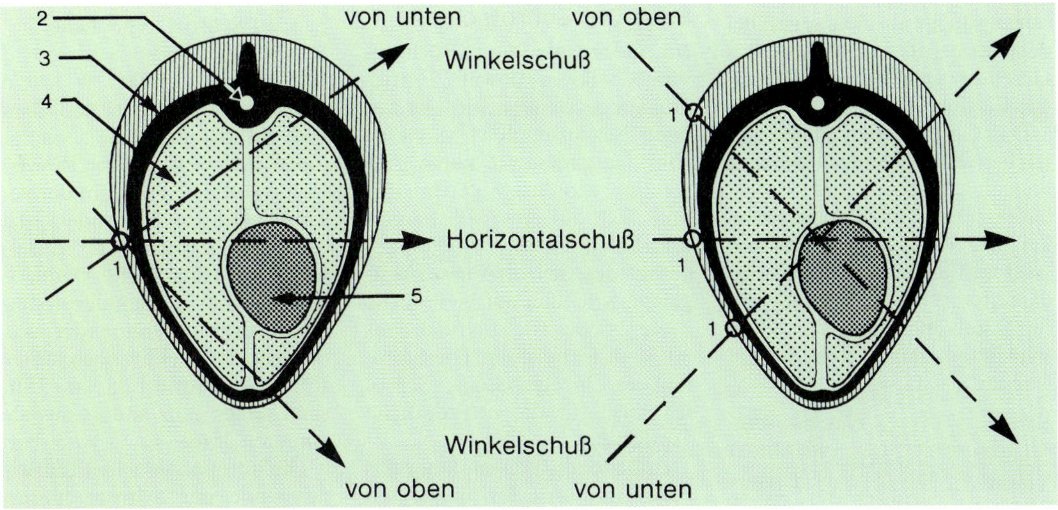

Abb. 116 Schußkanäle im Wildkörper bei steilen Schüssen:
1 = Einschuß, 2 = Wirbelsäule, 3 = Rippen, 4 = Wildkörper, 5 = Herz.

7 x 64 KS			
Geschoß-gewicht (g)	10,5	v_{10} (m/s)	870
Geschoß-länge (mm)	30	Lauflänge	650
		Laborie-rungs-Nr.	300
 Geschoßtyp: Kegelspitze		Höchstzu-lässiger Ge-brauchgas-druck (bar)	3600

		0	**50**	**100**	**150**	**200**	**300**
Ballistische Daten	Entfernung (m)	**0**	**50**	**100**	**150**	**200**	**300**
	Geschwindigkeit (m/s)	880	835	795	755	720	650
	Energie (J)	4061	3659	3316	2992	2717	2217
	Flugzeit (ms)	0	58	120	184	252	399
Treffpunktlage in cm zur Visierlinie durch Zielfernrohr	bei verschiedenen Fleckschußentfernungen ⊕		-1,0	⊕	-3,5	-11	-39
			+0,5	+2,0	⊕	-6,0	-32
			+2,0	+5,5	+4,5	⊕	-23
			+5,5	+13	+16	+15	⊕
	bei G.E.E. 180 m		+1,5	+4,0	+2,5	-2,5	-27
Treffpunktlage in cm zur Visierlinie	über Visier und Korn 100 m		+0,5	⊕	-5,0	-14	-45

bei Büchsengeschossen. Da die Schußentfernungen jedoch so gering sind, maximal 25 m, bedarf es hierzu keiner weiteren Ausführungen.

Das Flintenlaufgeschoß. Innerhalb der Gruppe der Einzelgeschosse stellt das Flintenlaufgeschoß einen Sonderfall dar. Da überwiegend das Brenneke-Flintenlaufgeschoß verwendet wird, sollen sich die nachstehenden Ausführungen darauf beziehen.

Das Flintenlaufgeschoß wird aus Flintenläufen verschossen und ist nicht drallstabilisiert. Seine Flugstabilität erhält es aufgrund seiner Kopflastigkeit (Pfeilprinzip). Der Filzpfropfen ist als Zwischenmittel mit dem Geschoß verschraubt und dient der Verbesserung der Präzision.

Fälschlicherweise wird häufig angenommen, daß die schrägen Führungsrippen am Umfang des Geschosses durch den Einfluß des Luftwiderstandes eine Rotation in Gang setzen sollen, die so hoch ist, daß ein drallähnlicher Stabilisierungseffekt eintritt. Untersuchungen zeigen jedoch, daß die Rotation im Mittel 20 Umdrehungen pro Sekunde beträgt. Dies reicht für eine Drallstabilisierung nicht aus, hat sogar bei dem Konstruktionsprinzip des Geschosses einen eher nachteiligen Einfluß.

Das Geschoß hat, wegen des flachen Kopfes, eine ballistisch ungeeignete Form und verliert daher schnell an Geschwindigkeit. Die folgende Übersicht gibt Auskunft über den Geschwindigkeitsverlauf in Abhängigkeit der Schußentfernung. Diese Geschwindigkeiten gelten für die Kaliber 12 – 16 – 20.

Schuß-entfernung	*Geschwindig-keit (m/s)*
0 m	430 m/s
25 m	370 m/s
50 m	320 m/s
75 m	285 m/s
100 m	255 m/s

In den letzten Jahren ist die Präzision der Flintenlaufgeschosse ständig verbessert worden. Dennoch sollte man sich auf Schußentfernungen von nicht mehr als 50 m beschränken.

Es ist nicht sinnvoll, Angaben über die Präzision des Flintenlaufgeschosses zu machen, da dies von Waffe zu Waffe erheblich schwanken kann. Daher muß durch Probeschüsse untersucht werden, ob sich aus der eigenen Waffe eine ausreichend gute Präzision ergibt. Weiterhin kann nicht davon ausgegangen werden, daß die Treffpunktlage des Flintenlaufgeschosses mit der des Schrotschusses übereinstimmt. Auch das muß durch Probeschüsse festgestellt werden.

6.2.2 Der Schrotschuß

Im Gegensatz zum Büchsenschuß, bei dem auf weite Entfernungen geschossen wird, sind es beim Schrotschuß viele kleine Einzelgeschosse auf kurze Entfernung, möglichst gleichmäßig und dicht auf einer Fläche verteilt. Damit ist das Anwendungsgebiet des Schrotschusses festgelegt: Schießen auf bewegliche Ziele (Niederwild) bis höchstens 30–35 m Entfernung. Die Streuung der Einzelgeschosse (Schrote) sorgt für die erforderliche Treffchance.

Außenballistisch ist daher das Flugverhalten des einzelnen Schrotes, wie auch der gesamten Schrotgarbe, von Interesse. Während man beim Büchsenschuß den Flugbahnverlauf bei bekannten Geschoß- und Geschwindigkeitsdaten berechnen kann, ist das Berechnen der Schrotgarben- Flugbahn zwar möglich, wenn auch unbedeutend für die kurzen Schußentfernungen.

Rein zufällig und ohne Möglichkeit einer vorhergehenden Berechnung gestaltet sich jedoch die Verteilung der Schrote in der Garbe. Wie noch gezeigt wird, ist aus zielballistischen Gründen eine möglichst gleichmäßige Verteilung der Schrote auf dem Ziel (z.B. Hasen) gefordert.

Auf den ersten Blick könnte man annehmen, daß die Schrotkugeln, so wie sie den Lauf verlassen, auch weiterfliegen und sich damit gleichmäßig verteilen. Die den Lauf verlassenden Schrote sind jedoch alles andere als rund. Beim Antrieb der Schrotladung im Lauf treten so hohe Beschleunigungen auf, daß sich die Schrote gegenseitig deformieren, da Blei als Werkstoff keinen sehr großen Widerstand bietet. Auch beim Durchgang durch die Würgebohrung erhalten insbesondere die außenliegenden Schrote erhebliche Deformationen. Jedes Schrot wird also zum „Vieleck“. Während des Fluges bieten sie so dem Luftwiderstand immer wieder unterschiedliche Querschnittsflächen an. Die Folge: In der gesamten Schrotgarbe ändert sich der Flugbahnverlauf des einzelnen Schrotes ständig. Dadurch kommt es zu Zusammenstößen der Schrote untereinander, was den geordneten Flug noch weiter stört. Ein Trefferbild auf 25 m sieht daher ganz anders aus als eines auf 35 m.

Die unterschiedlichen Luftwiderstände der Schrote führen auch zu unterschiedlichen Abbremsungen. Daraus folgt, daß mit zunehmender Schußentfernung Schrote mit unterschiedlichem Geschwindigkeitsniveau in der Garbe fliegen. Die Garbe zieht sich dadurch in die Länge.

Eine Schrotgarbe hat eine Breiten- und Längenausdehnung!

Begünstigt wird die Längenausdehnung auch noch durch unterschiedliche Massen der Schrote. Die Breitenausdehnung (radiale Streuung) und Längenausdehnung (axiale Streuung) wird im wesentlichen durch die Würgebohrung des Laufes beeinflußt. Anteil hat aber auch der Aufbau der Patrone (Schrotbeutel oder Filzpfropfen). Die Breitenstreuung der Schrotgarbe in Abhängigkeit zur Schußentfernung und Schrotdicke zeigt die Skizze der Abb. 117.

Im Hinblick auf die Sicherheit des Hintergeländes muß die enorme Breitenstreuung bei großer Flugweite beachtet werden.

Soll die Entwicklung der Längenausdehnung in Mündungsnähe erfaßt werden, so können mit Hochgeschwindigkeits-Kameras von der fliegenden Garbe Fotos hergestellt werden. Die Fo-

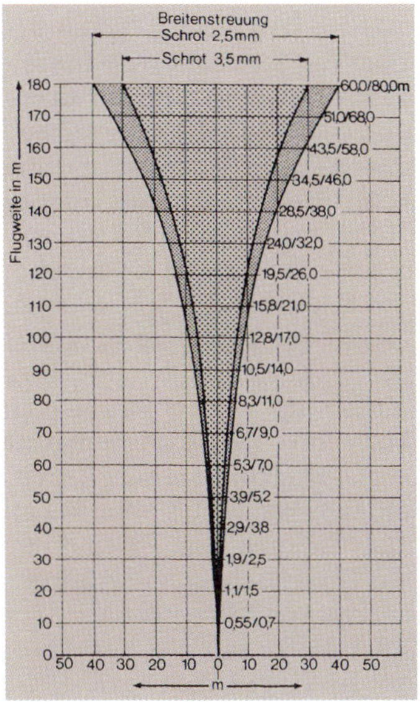

Abb. 117 Breitenstreuung der Schrotgarbe in Abhängigkeit von der Schußentfernung, dargestellt für Schrote mit 2,5 mm und 3,5 mm Durchmesser. Mit Zunahme der Flugweite nimmt die Breitenstreuung progressiv zu

tos in Abb. 118 zeigen die Garbenentwicklung in Abhängigkeit der Verengung der Würgebohrung (Zylinder- und Vollchoke-Lauf) einer Schrotpatrone, laboriert mit 2 mm-Schrot, 2 m vor der Mündung. Unverkennbar ist der Einfluß der Vollchoke-Bohrung. Die Garbe hat schon weit mehr Längenausdehnung als aus dem Zylinderlauf. Deutlich zu erkennen ist auch, daß sich das Zwischenmittel (Filzpfropfen) bereits von den Schroten getrennt hat. Die Schlierenbildung auf den Fotos entsteht durch den unterschiedlichen Brechungsindex der verdichteten Luft (Kopfwellen der mit Überschall fliegenden Schrote). Stellenweise ist auch sehr gut die Wirbelbildung hinter den Schroten zu erkennen.

Faustregel für die Längenausdehnung der Schrotgarbe: 10% der Schußentfernung

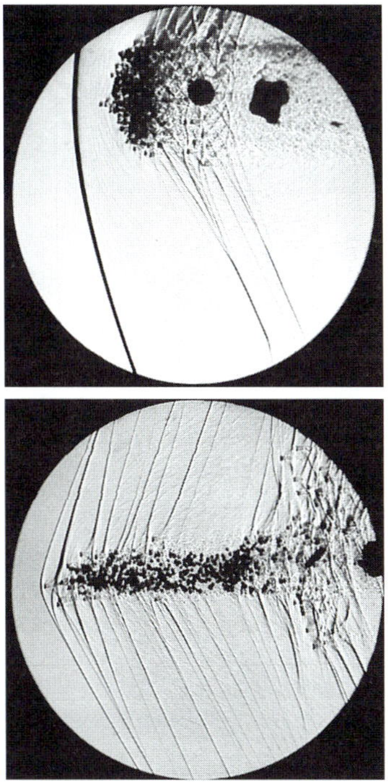

Abb. 118 Längenausdehnung der Schrotgarbe, fotografiert zwei Metern vor der Mündung. **Oben** Schuß aus dem Lauf mit Zylinderbohrung, **unten** Schuß aus dem Lauf mit Vollchoke

Bei 30 m Schußentfernung hat die Garbe eine Gesamtlänge von 3 m (Zigarrenform).

Fluggeschwindigkeit der Schrote. Die Geschwindigkeit der Schrote muß so groß sein, daß bei den Schußentfernungen, bei denen die Schrote noch eine genügend dichte Verteilung haben, auch ausreichend Energie vorhanden ist. Gemessen wird die Schrotgeschwindigkeit 2,5 m vor der Laufmündung. Dabei haben die Schrote ein Geschwindigkeitsniveau von etwa 400 m/s.

Bei einer Schußentfernung von 50 m ist die Geschwindigkeit des 2,5 mm-Schrotes auf 145 m/s und die des 3,5 mm-Schrotes auf 180 m/s abgesunken.

Flugbahnverlauf der Schrotgarbe. Ist ein Gewehr auf 35 m Schußentfernung „Fleck" bzw. mit „10 cm Hochschuß" eingeschossen, ergeben sich folgende Flugbahnen:

„Fleck"	*„10 cm Hochschuß"*
10 m = + 0,5 cm	+3,5 cm
20 m = + 2,0 cm	+7,5 cm
35 m = Fleck	+10,0 cm
40 m = - 2,5 cm	+9,5 cm
45 m = - 5,5 cm	+8,0 cm
50 m = - 10,0 cm	+6,0 cm

Diese Abweichungen gehen allerdings vollkommen in der Streuung der Schrote unter.

Im Gegensatz zum Büchsenschuß bedarf es daher beim Schrotschuß keiner Haltepunktänderung!
Dies gilt auch für das Schießen in großen Höhen und beim Schuß mit steilem Winkel.

Windabdrift der Schrote. Wegen ihrer geringen Masse sind Schrote ausgesprochen seitenwindempfindlich. In Bodennähe halten sich die Windgeschwindigkeiten in Grenzen, so daß bei dem Schuß auf den Hasen oder das Kaninchen keine Probleme auftreten. Anders ist es, wenn in freiem Gelände und bei stürmischem Wetter auf hohe Fasanen geschossen wird. Dann können

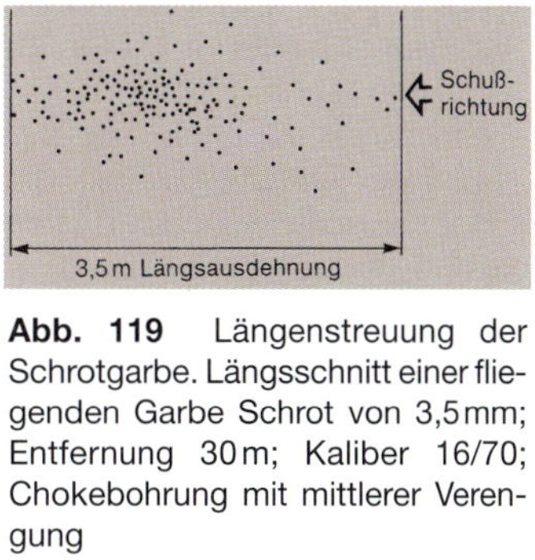

Abb. 119 Längenstreuung der Schrotgarbe. Längsschnitt einer fliegenden Garbe Schrot von 3,5 mm; Entfernung 30 m; Kaliber 16/70; Chokebohrung mit mittlerer Verengung

sich schon beachtliche Abweichungen ergeben, wie es die folgende Übersicht zeigt.

Windgeschwindigkeit	*Schußentfernung: 35 m, Schrot: 3,5 mm*	*2,5 mm*
5 m/s	15 cm	20 cm
10 m/s	30 cm	40 cm

Kompensiert wird diese Abdrift teilweise dadurch, daß auch das beschossene Wild durch den Wind in die gleiche Richtung wie die Garbe abgetrieben wird. Bei einem ruhenden Ziel (Eichelhäher in einem hohen Baum) kann die Abdrift von Bedeutung sein.

6.2.3 Gefährdung durch Einzelgeschosse und Schrote

Einleitend sollen zu diesem Thema einige allgemein interessierende Anmerkungen über die Unfallgefahr durch Einzelgeschosse und Schrote gemacht werden.

Verglichen mit den zahlreichen und vielfältigen Aktivitäten der Jäger bei der Jagd und auf dem Schießstand ist die Unfallquote erfreulich niedrig. Das ist aber kein Grund, sich zufrieden zurückzulehnen, denn immerhin hat es viele Unfälle gegeben, die es sich lohnt, zu analysieren. Damit hat sich Frank Wissmann in seiner Dissertation zu Schußverletzungen mit Jagdwaffen befaßt, und zwar anhand von 257 Unfällen in den Jahren 1961 bis 1993.

Erschreckend hoch war der Anteil der Unfälle (12,7%), die sich außerhalb der eigentlichen Jagdausübung durch Handhabungsfehler und unsachgemäße Aufbewahrung der Waffe ereigneten. Erstaunlich und unverständlich hoch waren die Schadensfälle (57%), die durch mangelnde Umfeldbeobachtung („Schußhitze") entstanden waren. Beide Ursachen sind in die Kategorie „Fahrlässigkeit" einzuordnen, und die Jäger müssen und können durch ihr Verhalten dazu beitragen, derartige Unfälle zu vermeiden.

6.2.3.1 Gefährdung Einzelgeschosse

Als Einzelgeschosse werden solche bezeichnet, die aus gezogenen Läufen verschossen werden, aus Büchsen- wie auch Kurzwaffenläufen, sowie alle Flintenlaufgeschosse.

Höchstschußweiten. Die Reichweiten dieser Geschosse sind unabhängig von ihrer Art ungleich größer als die von Schroten, so daß das Gefährdungspotential ebenfalls größer ist. Das wirkt sich auch auf die Fälle aus, in denen es sich um abgeprallte oder abgelenkte Geschosse handelt.

Wegen der relativ hohen Restenergie ist bei direktem wie beim indirekten Schuß auf jeden Fall mit schwersten Verletzungen zu rechnen. Als größte Schußweiten für Einzelgeschosse gelten folgende Werte:

1. Jagdbüchsengeschosse bis zu 5000 m
2. Flintenlaufgeschosse bis zu 1500 m
3. Geschosse von Randfeuerpatronen bis zu 1500 m
4. Kurzwaffengeschosse (geringe Leistung, z. B. Kal. 9mm kurz) bis zu 1500 m
5. Kurzwaffengeschosse (hohe Leistung, z. B. Kal. 9 mm Luger) bis 2500 m
6. Luftgewehrgeschosse bis zu 300 m

Diese Höchstschußweiten werden bei Lauferhöhungswinkeln von 30 bis 35° erreicht.

Beim senkrechten Schuß beträgt die Steighöhe von Einzelgeschossen etwa 80% der Maximalschußweite. Beim Erreichen der größten Schußweite und beim Herabfallen aus großer Höhe treffen die Büchsengeschosse, immer noch rotierend, in der Regel mit der Spitze voran, auf. Dabei haben sie aufgrund der Erdanziehung und ihrer Masse und Geschoßform eine konstante Endgeschwindigkeit angenommen, die in der Größenordnung von 120 bis 140 m/s liegt. Das bedeutet zum Beispiel für ein 10 g-Geschoß eine Auftreffenergie von 70 bis 100 Joule, eine Energie, die tödliche Verletzungen zur Folge haben kann.

Die Fallenergien von Flintenlaufgeschossen und Kurzwaffengeschossen sind ebenfalls noch erheblich, und auch Geschosse von Randfeuerpatronen sind höchst gefährlich.

Ablenkung durch Hindernisse. Beim Auftreffen auf Hindernisse in der Flugbahn erfahren die Einzelgeschosse eine Ablenkung aus ihrer Schußrichtung, die je nach dem Auftreffwinkel, der Auftreffgeschwindigkeit, der Masse des Geschosses und der Masse des getroffenen Objekts verschieden sein kann.

Die Geschosse können sich beim Auftreffen zerlegen und die Splitter verschieden stark abgelenkt werden. Dies gilt auch und in besonderem Maße für Geschoßreste und -splitter, die aus einem beschossenen Wildkörper austreten.

Wenn auch Versuche bewiesen haben, daß die Geschoßablenkung beim Auftreffen auf Halme oder kleinere Äste sehr gering ist und nur wenige Winkelgrade beträgt, können durchaus beim Schuß in ein Getreidefeld oder in Buschwerk Mehrfachablenkungen vorkommen, so daß der endgültige Ablenkungswinkel unberechenbar wird.

Weil die Verhältnisse so komplex sind, muß man bei solchen Schüssen größte Vorsicht walten lassen. Denn, wenn auch jedes Auftreffen auf ein Hindernis Geschoßenergie vernichtet, so läßt sich nie abschätzen, wieviel Energie ein abgelenktes Geschoß oder ein Geschoßsplitter behält. In jedem Fall muß davon ausgegangen werden, daß noch erhöhte Gefährlichkeit besteht.

In der Literatur sind keine verbindlichen Angaben über einzuhaltende *Sicherheitswinkel* zu finden. Es hat sich aber aufgrund von zahlreichen Jagdunfällen, die bei der DEVA bearbeitet wurden, gezeigt, daß ein Sicherheitswinkel von 30 Grad als ausreichend angesehen werden kann. Dies müssen besonders Jäger berücksichtigen, die beispielsweise bei einer Drückjagd in einer Reihe abgestellt sind. Aber auch für Festlegung der Schützenstände gelten diese Sicherheitsüberlegungen, wobei schmale Schneisen besonders kritisch sind. Schüsse in einen lichten Baumbestand sind ebenso problematisch, weil es dort an den Stämmen zu unvorhersehbaren Mehrfachablenkungen kommen kann.

6.2.3.2 Schrote

Gemäß der oben zitierten Untersuchung wurden durch Schrotschüsse 63% der Unfälle verursacht, von denen 16,6% tödlich verliefen. Die tatsächliche Unfallquote dürfte aber deutlich höher sein, weil „Bagatellfälle" weder einer Versicherung gemeldet, noch polizeilich aufgenommen werden.

Die Unfallhäufigkeit ist natürlich dort am größten, wo mehrere Jäger und Treiber zusammen jagen, also auf Gesellschaftsjagden. Aber interessanterweise passieren bei den großen, meist straff organisierten Treibjagden weniger Unfälle, als bei den oft wenig umsichtig geführten „Klüngeljagden" mit nur wenigen Teilnehmern. Bemerkenswert sind aus der Wissmann-Analyse auch die Schußentfernungen zu den Geschädigten. Jeweils 32,5% der Unfälle ereignen sich im Nahbereich bis zu 5m und bei Distanzen zwischen 11 und 30 m. Bei den größeren Entfernungen von 31 bis 50m waren es noch 18,1% und über 51 m nur noch 13,2%. Die Häufung der Unfälle bis 30m Entfernung mag ein Indiz für den oft fahrlässigen Umgang mit der Schußwaffe sein.

Flugweite und Breitenstreuung. Daß die Flugweite von Schroten mit der Faustformel Schrotdicke (in mm) x 100m zu berechnen ist, weiß eigentlich jeder Jäger. Kaum bekannt ist aber, daß diese maximale Flugweite schon bei einem Laufererhöhungswinkel von 20 bis 25° erreicht wird. Für die gängigeren Schrotdurchmesser 2,5–3,0 und 3,5 mm gelten die Flugweiten 250–300 und 350m. Tatsächlich fliegen die Schrote aber jeweils etwa 50m weniger weit. Trotzdem müssen aus Sicherheitsgründen die Faustformel- Flugweiten eingehalten werden, weil nicht auszuschließen ist, daß mehrere zusammengepreßte Schrote den Lauf verlassen, die dann als kompakter Klumpen eine deutlich größere Reichweite haben als ein Einzelkorn.

Die Verletzungsgefahr durch Schrote ist selbst bei größeren Schußentfernungen noch erheblich. Sellier ermittelte experimentell, daß 2,5-mm-Schrote bis zu 110 m und 3,5-mm-Schrote bis zu 160 m in Haut eindringen können, die entsprechenden Entfernungen für das Eindringen in Augen betragen 90 bzw. 130m. Nach Unfallberichten sind aber Augenperforationen und Hautdurchschüsse auch schon bei deutlich größeren Schußentfernungen vorgekommen.

An dieser Stelle muß unter Sicherheitsaspekten die Verwendung von Schroten unterschiedlicher Durchmesser erwähnt werden. Da bei der Berechnung der Energie die Geschwindigkeit quadratisch eingeht, hat beispielsweise ein 3,5mm-Schrot (Masse 0,25g) etwa die fünffache Energie gegenüber einem 2,5-mm-Schrot (Masse 0,091g), und damit steigt zwangsläufig das Unfallrisiko.

Bei Gesellschaftsjagden und insbesondere bei Kesseltreiben ist deshalb die Verwendung von feineren Schroten zwingend geboten, wobei als Obergrenze 3 mm angesehen werden.

Die Breitenstreuung einer freifliegenden Schrotgarbe wurde bereits im Kapitel „Außenballistik" (Ziff. 6.2.2 Seiten 104 und 105) beschrieben. Wegen der progressiven Ausdehnung der Garbe ergeben sich bei großen Schußweiten bereits Gefährdungsbereiche bei 2,5-mm-Schrot von über 10° (s. Diagramm Abb. 115). Diese große Streuung muß insbesondere im offenen, ebenen Gelände berücksichtigt werden, um Spaziergänger, Landarbeiter oder dergleichen nicht zu gefährden.

Abpraller. Es wird wohl kaum eine jagdliche Situation geben, in der nicht mit Abprallern gerechnet werden muß, gleichgültig, ob auf Flugwild oder Haarwild geschossen wird. Da Abpraller die Streuung immer vergrößern,

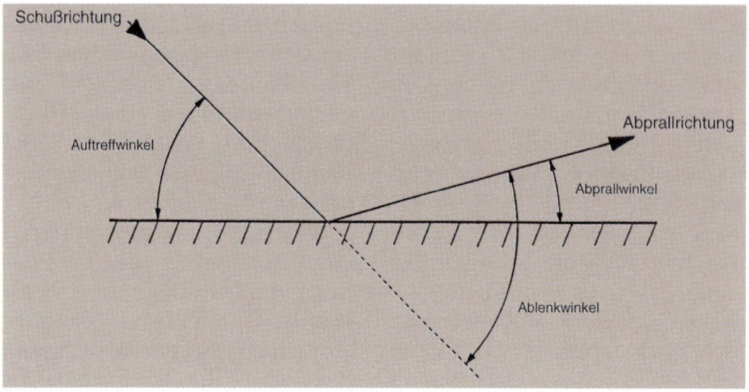

Abb. 120 Winkelbezeichnungen bei Abprallern

Ein Jäger muß den einzuhaltenden Sicherheitswinkel individuell je nach Beschaffenheit des Geländes abschätzen, als Richtwert können 30 bis 40° als ausreichend angesehen werden. Für die Jagd mit Stahlschrotpatronen gelten verschärfte Sicherheitsregeln.

kann der manchmal genannte Sicherheitswinkel von 10° niemals ausreichend sein. Es ist allerdings auch nicht möglich, dazu eine pauschale Angabe zu machen, da das Abprallverhalten sehr unterschiedlich sein kann.

Grundsätzlich steigt aber die Abprallneigung mit härter werdendem Aufprallmedium und flacherem Auftreffwinkel. Um dazu näheren Aufschluß zu erhalten, insbesondere auch über das Verhalten von Stahlschrot, wurden eigene Untersuchungen mit einzeln abgeschossenen Schroten sowie mit Schrotgarben durchgeführt.

Trifft eine Schrotgarbe unter flachem Winkel (etwa 10°) auf steinfreien, lockeren Boden oder Sand, dringen die Schrote darin ein oder werden nur wenig abgelenkt (etwa 10°), wobei viel Energie aufgezehrt wird. Bei einem Auftreffwinkel von ≥15° entstehen mit Bleischroten keine Abpraller mehr, wohl aber mit Stahlschroten.

Ganz anders verhalten sich Schrote, wenn sie auf harte Medien auftreffen, wie beispielsweise Steine, gefrorenen Boden, Äste, Ständer und Federkiele von Flugwild oder auch Wasser. Der Ablenkungswinkel ist natürlich abhängig vom Auftreffwinkel und der Art des Beschußmediums sowie auch von der Auftreffgeschwindigkeit, also der Schußentfernung.

Als Ergebnis aus den Versuchen läßt sich feststellen, daß Schrote unter ungünstigen Bedingungen bis zu 70° aus ihrer ursprünglichen Flugrichtung abgelenkt werden können und Abprallwinkel von über 40° auftraten. Diese Werte gelten für den Beschuß von Steinplatten unter einem Auftreffwinkel von 30°, wobei die Ablenkungswinkel von Stahlschrot im Mittel z.T. mehr als doppelt so groß sind als bei Bleischrot.

Stahlschrot hat aber nicht nur eine erheblich verstärkte Abprallneigung, es verformt sich auch kaum, und da auch die Masse vollständig erhalten bleibt, ist die Restenergie nach einem Aufprall noch so erheblich, daß bei flachen Auftreffwinkeln (<10°) fast die Flugweiten von frei fliegenden Schroten erreicht werden. Ein ähnliches Verhalten zeigen Bleischrote nur, wenn sie auf Wasser auftreffen (Winkel <10°); bei Berührung mit harten Medien, z.B. Steinen, und Auftreffwinkeln über 15° zerspritzen sie aber in kleinste Partikel, so daß praktisch keine kompakte Masse mehr vorhanden ist.

Auch hinsichtlich von Rückprallern bei annähernd rechtwinkligem Beschuß ist Bleischrot im allgemeinen harmlos. Nur wenn gegen harte, federnde Medien geschossen werden (harte Baumrinde), kann es zu Rückprallern kommen. Stahlschrot kann dagegen sogar für den Schützen gefährlich werden, wenn auf kurze Distanzen (≤40 m), z.B. gegen Stein, geschossen wird, weil dann energiereiche Rückpraller immer zu befürchten sind. Aus diesem Grund ist beim Schießen mit Stahlschrotpatronen auch das Tragen einer Schutzbrille zu empfehlen.

6.3 Zielballistik

6.3.1 Einzelgeschosse

Das Büchsengeschoß. Die Zielballistik beschreibt das Verhalten des Geschosses beim Auftreffen auf das Ziel und bei dessen Durchdringen sowie die Auswirkungen der vom Geschoß abgegebenen Energie auf das Ziel. Zielballistisch muß das Geschoß folgende Forderungen erfüllen:

1. Bestmögliche Umwandlung seiner Bewegungsenergie in „tötende" Energie beim Durchschlagen des Wildkörpers.
2. Begrenzung der Zerstörung auf das Innere des Wildes zur Schonung des Wildbrets (z.B. Hämatombildung auf der Einschußseite bei schnellen Geschossen).

3. Bei ungünstigem Treffersitz muß die Möglichkeit der Nachsuche bestehen, wenn das beschossene Stück flüchtig geworden ist. Das Geschoß soll demzufolge einen Ausschuß liefern, damit genügend Schweiß für den Hund vorhanden ist.

Aus Gründen der Jagdethik und des Tierschutzes (Vermeidung von Schmerzen) ist dem ersten Punkt die größte Bedeutung beizumessen.

Grundsätzlich scheiden Vollmantelgeschosse – von einigen Ausnahmen abgesehen – für die jagdliche Verwendung aus, weil sie nicht schnell genug töten.

Sicherlich kommt das von einem Vollmantelgeschoß getroffene Stück Schalenwild bei einigermaßen gutem Treffersitz zur Strecke. Aber außer bei rein mechanischen Zerstörungen im unmittelbaren Schußkanalbereich hat das Geschoß keine weitere Beeinträchtigung der Lebensfunktion bewirkt. Es verläßt mit noch hoher Energie den Wildkörper. Das Wild verblutet innerlich, aber in einem Zeitraum, der weit über das hinausgeht, was unter schnellem Töten verstanden werden muß.

Neben direkten, mechanischen Zerstörungen (Zerreißen von Blutgefäßen, Nerven, Gewebe) zeigen die Teilmantelgeschosse auch noch indirekte Wirkungen, die auf Stoß- und Druckwellen basieren.

Innerhalb der Gruppe der Teilmantelgeschosse gibt es, bezogen auf ihr Verhalten im Ziel, zwei unterschiedliche Geschoßtypen:

1. die Zerlegungsgeschosse
2. die Deformationsgeschosse

Wie der Name schon sagt, sind die Zerlegungsgeschosse (typischer Vertreter: H-Mantel-Geschoß) so konstruiert, daß sich das Geschoß ganz oder teilweise im Ziel zerlegt. Da der Wildkörper bei der hohen Geschoßgeschwindigkeit extrem hart ist, werden vom Geschoß reichlich Blei- und Mantelsplitter abgetrennt und in das um den Schußkanal liegende Gewebe und die Blutgefäße geschossen. Die Tiefenwirkung ist allerdings begrenzt, da die Geschoßsplitter nur eine geringe Masse haben und daher schnell abgebremst werden. Einen wesentlichen Wirkungsfaktor stellen diese Splitter nicht dar.

Im Zuge weiterer Forschungen hat sich jedoch gezeigt, daß sich die Wirkung noch verbessern läßt. Es entstand das Deformationsgeschoß (typische Vertreter: KS-Geschoß, ABC-Geschoß, Nosler- Partition-Geschoß). Das Verhalten dieses Geschoßtyps im Ziel ist dadurch gekennzeichnet, daß es sich durch den auf den Geschoßkopf wirkenden Zielwiderstand staucht („aufpilzt") und so seinen Querschnitt beachtlich vergrößert (siehe auch Deformation von Geschossen, Abb. 82, Seite 77). Dabei gibt das Geschoß keine oder nur wenig seiner Masse in Form von Splittern ab.

Der biologische Wirkungsmechanismus der Zerlegungs- und Deformationsgeschosse ist äußerst kompliziert. Er soll hier kurz erläutert werden.

Trifft das Geschoß auf den Wildkörper auf, wird diesem ein erheblicher Stoß vermittelt, der abhängig ist von der Auftreffgeschwindigkeit und dem Geschoßquerschnitt. Daher besteht die Forderung, daß sich der Geschoßkopf schon früh aufpilzen soll, damit eine möglichst große Fläche den Stoß übertragen kann. Die durch den Stoß angeregte Stoßwelle pflanzt sich mit großer Geschwindigkeit im stark wasserhaltigen Gewebe fort. Sie erschüttert das periphere Nervensystem so, daß es zu schockartigen Lähmungserscheinungen bis zum Schocktod kommen kann.

Neben dem Entstehen der Stoßwelle tritt noch ein weiterer, indirekter Wirkungsfaktor auf. Durch den Stoß angeregt, wird das wasserhaltige Gewebe senkrecht zur Schußrichtung beschleunigt (hydrodynamische Wirkung des Geschosses), so daß eine Wundhöhle entsteht, die ein Vielfaches vom Geschoßdurchmesser beträgt. Aufgrund der Elastizität des Gewebes bleibt die Wundhöhle aber in dieser Form nicht bestehen. Sie fällt wieder in sich zusammen. Damit ist aber die Bewegungsenergie, die dem Gewebe vermittelt wurde, nicht aufgebraucht, die Wundhöhle entsteht noch einmal.

Dieser Vorgang wiederholt sich mehrfach. Sind die Bewegungen zum Stillstand gekommen, bleibt ein Schußkanal zurück, wie wir ihn vorfinden, wenn das Stück aufgebrochen wird.

Es sind diese wiederholten Hohlraumbildungen („temporäre Wundhöhle"), die für eine nachhaltige, weit in den Körper hineinreichende Schädigung des gesamten Nerven- und Gefäßsystems sorgen.

Sehr häufig kann beim Aufbrechen von Schalenwild beobachtet werden, daß die Leber voller Einrisse ist, obwohl das Geschoß die Kammer weit vorn durchschlagen hat, ohne das Zwerchfell zu beschädigen. Dies ist sicherlich die Fernwirkung der pulsierenden Wundhöhle.

Die Wirkungsmechanismen eines Jagdbüchsengeschosses (Deformationsgeschoß) lassen sich wie folgt zusammenfassen:

Die physikalischen und biologischen Vorgänge beim Durchschlagen eines Geschosses sind so komplex und die Wirkung ist

1. Direkte mechanische Zerstörungen von Gewebe und Blutgefäßen im unmittelbaren Bereich des Schußkanals.
2. Entstehung einer Stoßwelle, angeregt durch den Stoß beim Auftreffen des Geschosses auf den Wildkörper. Diese Stoßwelle pflanzt sich mit einer Geschwindigkeit von 1450 m/s in den Körper fort und erschüttert das periphere Nervensystem. Folge: Ausfallerscheinungen bis hin zum Tod.
3. Gewebebeschleunigung mit pulsierender Wundhöhle. Diese beachtlichen Volumenänderungen stören und zerstören über den Schußkanal hinaus die Funktion von Organen, Gefäßen und Nerven erheblich.

von so vielen Faktoren abhängig, daß nicht erwartet werden kann, von Schuß zu Schuß immer ein gleiches Ergebnis zu bekommen, d.h. unmittelbares Verenden des Wildes, selbst bei bestem Sitz des Treffers nicht.

Man hüte sich also davor, das Wirkungsverhalten eines Geschosses nur anhand von 2 oder 3 Abschüssen zu beurteilen. Dieser Fehler wird von den Jägern allzu häufig begangen. Die Folge davon ist ein ständiger Wechsel der Patronen- oder Geschoßtypen, wie auch immer dann das Gewehr damit schießt.

Wichtigste Voraussetzung für die Auswahl eines Patronenfabrikats ist es, aus der jeweiligen Waffe eine gute Präzision zu erzielen.

Laboruntersuchungen. Es wäre dem Wild gegenüber unverantwortlich, Geschoß-Neuentwicklungen vom Reißbrett weg in der Praxis zu erproben. Zuerst werden deshalb umfangreiche Laboruntersuchungen vorgenommen. Hierzu muß das tierische Gewebe in irgendeiner Form nachgebildet werden, damit das Energieabgabeverhalten des Geschosses möglichst der Wirklichkeit entsprechend untersucht werden kann. Als Zielmedium eignet sich dafür eine Mischung aus Gelatine und Wasser, die zu Beschuß- Blöcken gegossen wird.

Ein solcher Block hat einen Querschnitt von etwa 17x17cm und eine Länge von etwa 35cm. Wird in den Block geschossen, laufen die gleichen Vorgänge ab wie im Wildkörper. Aufgrund der hydrodynamischen Vorgänge kommt es auch beim Gelatineblock zu pulsierenden Kavernen beim Geschoßdurchgang (Abb. 121).

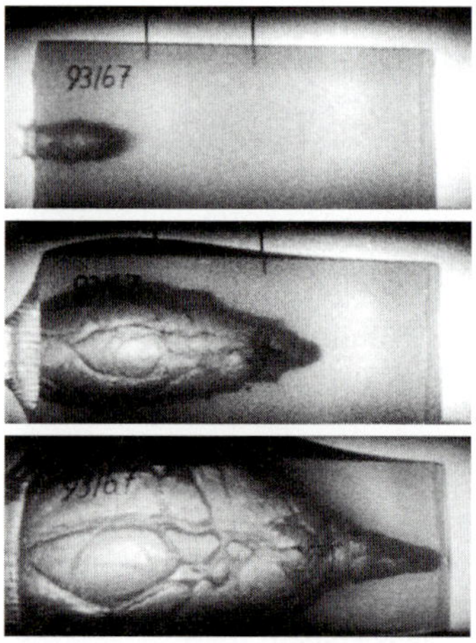

Abb. 121 Zeitlupenaufnahme eines Schußes durch einen Gelatineblock. Deutlich ist die Aufblähung (temporäre Wundhöhle) zu sehen
Technische Daten:
Munition: 8x68S, T-Mtl., 12,7g
Medium: 20% Standardgelatine
V_{Ziel}: 910 m/s
Zielentfernung: 15 m
Bildfrequenz: 18000 Bilder/sec.
Maßstab: ca. 1:7

Diese Hohlraumbildung hinterläßt Einrisse um den Schußkanal. Es ist einleuchtend, daß die Länge dieser Einrisse für das Leistungsvermögen des Geschosses herangezogen werden können, da sie ja ein Abbild der temporären Wundhöhle sind.

Gleichzeitig wird beim Beschuß die Geschwindigkeit des Geschosses beim Eintritt – und falls es Ausschuß gibt – auch beim Austreten gemessen. Hieraus läßt sich die Energie berechnen, die das Geschoß an den Gelatineblock abgegeben hat.

Dieses Verfahren hat sich als außerordentlich nützlich für die labormäßige Untersuchung des Wirkungsverhaltens von Geschossen erwiesen.

Das Kurzwaffengeschoß. Die Kurzwaffe wird vom Jäger für den Fangschuß verwendet. Für Schüsse auf den Träger von Schalen- oder Kleinwild in der Falle werden an das zielballistische Verhalten des Geschosses keine hohen Anforderungen gestellt. Ob Vollmantel- oder Teilmantelgeschoß, die Wirkung wird immer zufriedenstellend sein.

Bei den niedrigen Geschoßgeschwindigkeiten der üblichen Kurzwaffengeschosse (Kal. .22 lfB – 7,65 mm – .38 Spezial) treten ohnehin keine nennenswerten Deformationen der Geschosse auf, die eine Verbesserung der Wirkung hervorrufen könnten. Wird allerdings der Fangschuß in den Kammerbereich des kranken Stückes abgegeben, muß unbedingt auf deformationsfähige Geschosse (Teilmantel, Vollblei) zurückgegriffen werden. Hierfür ist der Revolver im Kaliber .357 Magnum das Gegebene.

Das Flintenlaufgeschoß. Das Flintenlaufgeschoß erfährt beim Aufschlag auf den Wildkörper wegen seiner niedrigen Geschwindigkeit kaum Deformationen. Da sein Querschnitt aber von Haus aus eine beachtliche Größe hat (z. B. Kal. 12 = 18 mm Durchmesser), beruht die Wirkung dieses Geschoßtypes auf massiven Zerstörungen von Gewebe und Blutgefäßen. Der große Querschnitt sorgt auch für eine schnelle Abbremsung im Zielkörper und damit gleichzeitig für effektive Energieabgabe.

Nicht nur wegen der nachlassenden Treffgenauigkeit, auch die schnell abnehmende Energie sollte Veranlassung sein, mit dem Flintenlaufgeschoß nicht weiter als 40–50 m zu schießen.

6.3.2 Der Schrotschuß

Das zielballistische Verhalten der Schrote ist aus ganz anderem Blickwinkel zu sehen als das der Einzelgeschosse. Die Einzelgeschosse dringen aufgrund ihrer Geschwindigkeit und ihrer Masse in den Wildkörper ein und durchschlagen ihn auch in den meisten Fällen.

Bei Schroten ist der Vorgang differenzierter! Im Nahbereich (bis 15 m je nach Streuung der Schrote) werden auch noch erhebliche Zerstörungen von Gewebe und Knochen hervorgerufen.

Aus absoluter Nähe geschossen, ist die Schrotladung noch so kompakt zusammen, daß sie den Hasen oder Fasan glatt durchschlagen würde. Die Addition der Energie der einzelnen Schrote ist in diesen Schußbereichen immer noch so groß, daß weitaus mehr Energie zur Verfügung steht als für einen sofortigen Tod erforderlich wäre.

Bei größeren Schußentfernungen (25-35 m) erreicht das Wild nur noch ein geringer Prozentsatz der in der Garbe fliegenden Schrote. Aber auch mit diesen wenigen Schroten tritt in aller Regel der augenblickliche Tod ein.

Zerstörungen der Blutgefäße oder Zerreißungen des Gewebes können es nicht sein, denn bei einer Untersuchung des Stückes wird man feststellen, daß die Schrote meist direkt unter dem Balg oder dem Federkleid sitzen. In den Organen wird man kaum Schrot finden und wenn, so können sie niemals diese Augenblickswirkungen hervorrufen.

Mechanische Zerstörungen, wie wir sie vom Einzelgeschoß her kennen, scheiden aus. Vielmehr muß die Wirkung so erklärt werden:
Voraussetzung für diese Wirkung ist das gleichzeitige Auftreffen einer Mindestanzahl von Schroten. Sonst reicht der übertragene Impuls nicht aus.

Das unmittelbare Aufschlagen mehrerer Schrote, verteilt über einen großen Teil der Fläche des Wildkörpers, ruft eine erhebliche Erregung des im äußeren Bereich liegenden Nervensystems hervor, die blitzschnell und schockartig stattfindet. Das Ergebnis: Schlagartige Fehlregulationen des zentralen Nervensystems und Kreislaufes, Stillstand des Herzens.

Die DEVA hat vor dem Kriege umfangreiches Zahlenmaterial ausgewertet und kommt zu folgenden Mindesttreffern für die einzelnen Wildarten:
4 Treffer Schrot 2,5 mm für das Rebhuhn,
5 Treffer Schrot 3,0 mm für den Fasan und die Ente,
6 Treffer Schrot 3,5 mm für den Hasen.

Zusammen mit der notwendigen Trefferzahl darf die Energie des Einzelschrotes nicht zu weit absinken, d.h. die Schußentfernungen beim Schrotschuß sind von daher auf höchstens 40–50 m beschränkt.

Wegen der geringen Treffchance wird der verantwortungsbewußte Jäger jedoch nicht aus solchen Entfernungen schießen, auch wenn es seine Flinte zulassen würde.

Aufgrund einer Empfehlung des Bundsministers für Ernährung, Landwirtschaft und Forsten in Übereinstimmung mit dem Deutschen Jagdschutz-Verband e. V. (DJV) soll Wasserwild an Gewässern nicht mehr mit Bleischroten beschossen werden (Vergiftungsgefahr der gründelnden Enten).

Es stehen Alternativ-Schrote aus Stahl, Zink und Wismut zur Verfügung. Mit diesen Schroten sollte man keineswegs weiter schießen als 30m, da sie wegen ihrer leichteren Werkstoffe gegenüber Bleischroten ungünstigere außenballistische Eigenschaften aufweisen.

6.4 Fragen und Antworten zur Ballistik

1. Sie stellen beim Flintenschießen einen unangenehmen Rückstoß fest. Welche Maßnahmen führen zu einer Verringerung des Rückstoßes?

a) Verwendung von Schrotpatronen mit geringerer Schrotmasse.
b) Waffe mit geringerer Masse.
c) Verwendung von Schrotpatronen mit Sternverschluß.

2. Was ist ein Nachbrenner?

a) Verzögerte Schußentwicklung.
b) Glimmende Pulverrückstände im Lauf.
c) Starkes Mündungsfeuer durch Nachverbrennen von Pulver.

3. Welche durchschnittliche Breitenstreuung hat eine Schrotgarbe (2,5 mm Schrotdurchmesser) auf 100 m Entfernung?

a) 3 m.
b) 10 m.
c) 17 m.

4. Bei einem Schuß in steilem Winkel (z. B. Hochgebirge) nach oben ergibt sich gegenüber dem waagerecht abgegebenen Schuß

a) die gleiche Treffpunktlage.
b) ein Hochschuß.
c) ein Tiefschuß.

5. Was ist unter dem Begriff „GEE" zu verstehen?

a) Es handelt sich dabei um die »Größte End-Energie« des Geschosses.
b) Kurzbezeichnung für günstige effektive Erhöhung bei 100 m Fleckschuß.
c) Es ist die »Günstigste Einschießentfernung«.

6. Die gute Treffgenauigkeit eines Büchsengeschosses wird erreicht durch

a) die Drallstabilisation.
b) die Verwendung von Tombak als Material für den Geschoßmantel.
c) Zielfernrohre mit guten Dämmerungszahlen.

7. Wie läßt sich das zielballistische Verhalten eines Deformationsgeschosses erklären?

a) Die umfangreiche Splitterabgabe (mehr als 50 % der Geschoßmasse) verursacht in Schußkanalnähe ausgeprägte Gewebeverletzungen, die zum sofortigen Verenden des beschossenen Wildes führen.
b) Die durch Deformation entstehenden Geschoßmantelfahnen fräsen einen großen Schußkanal (starke Blutungen), daher schnelles Verenden.
c) Die deformierte Geschoßspitze (Querschnittsvergrößerung) übermittelt dem getroffenen Gewebe Geschoßenergie. Die Folge davon ist ein radiales Ausweiten mit Bildung einer großen Wundhöhle (Kaverne). Der entstehende Überdruck schädigt auch fernab vom Schußkanal liegende Nervenbereiche. Folge: Überreizung des Nervensystems, schockähnliche Schußwirkung.

8. Wenn eine Patrone einem überhöhten Gasdruck ausgesetzt war, zeigen sich an der Hülse typische Veränderungen. Welche drei Merkmale?

a) Einebnen der Ringfuge zwischen dem Hülsenboden und dem Zündhütchen.
b) Beschmauchung des Hülsenhalses.
c) Verformung des Hülsenbodens und Aufweitung der Zündglocke.
d) Durchschlagen des Zündhütchens.
e) Aufweitung der Hülse über dem massiven Bodenteil.

9. Welche Schrotpatronenlängen (2) dürfen Sie nicht aus einem 65 mm langen Patronenlager verschießen?

a) 65 mm.
b) 67,5 mm.
c) 70 mm.
d) 76 mm.

10. Warum werden Hochleistungspatronen nicht aus kurzen Läufen (Stutzen) geschossen? (2 Gründe)

a) Weil dann die Ausnutzung der Pulverenergie unzureichend ist (schlechter Wirkungsgrad).
b) Kurze Läufe haben ein störendes Mündungsfeuer zur Folge.
c) Wegen der nachteiligen Auswirkung auf die Schußpräzision.

11. Von welchen Faktoren ist die Intensität des Rückstoßes abhängig? (drei Gründe)

a) Schaftlänge.
b) Gewehrmasse.
c) Geschoßmasse.
d) Geschoßkonstruktion.
e) Geschoßgeschwindigkeit.

Antworten:

1 a, 2 a, 3 c, 4 b, 5 c, 6 a, 7 c, 8 a, c, d, 9 c, d, 10 a, b, 11 b, c, e.

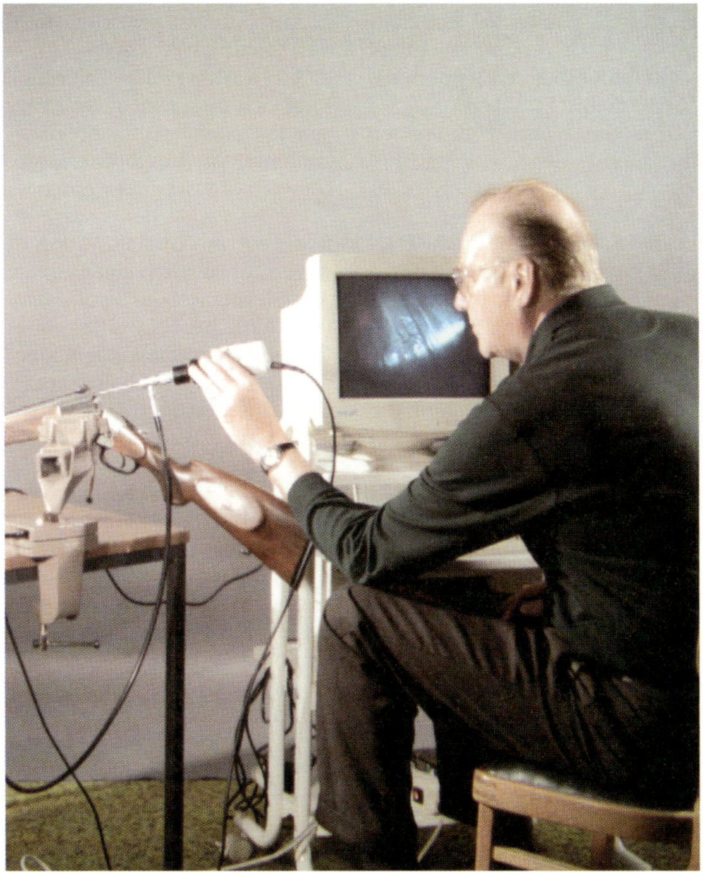

7 Prüfung von Waffen und Munition

In diesem Abschnitt wird erläutert, was und wie geprüft wird. Mit Ausnahme einiger Untersuchungen, für die Spezialgeräte erforderlich sind, kann der Jäger seine Jagdwaffen und die Munition bei einigem handwerklichen Geschick und etwas Talent zum Schießen auch selbst prüfen. Keinesfalls sollte der Jäger an dem Schloßwerk und der Sicherung manipulieren. Für solche Arbeiten ist ein Büchsenmacher zuständig.

7.1 Langwaffen

Bevor eine Waffe einer weiteren Prüfung unterzogen wird, muß zunächst einmal festgestellt werden, ob diese überhaupt den waffenrechtlichen Bestimmungen entspricht, d.h. die Kennzeichnung und die Beschußzeichen müssen kontrolliert werden (s. Abschnitt 5: Beschußwesen und Abschnitt 8: Handhabung).

7.1.1 Zustand

Zur Beurteilung des *allgemeinen Gebrauchszustandes* gehört in erster Linie die Prüfung der Außenteile der Waffe. Alle Stahlteile sind durch Rost gefährdet, und hier gilt die besondere Aufmerksamkeit speziell den dünnwandigen Flintenläufen von älteren Waffen. Hat der Rost schon tiefe Gruben gebildet, kann eine weitere Benutzung gefährlich sein (Laufsprengung). In Zweifelsfällen sollte ein Fachmann zu Rate gezogen werden.

Wie man weiß, werden leider auch die Laufbohrungen vom Rost befallen. Bei Flintenläufen kann sich daraus ein Sicherheitsrisiko ergeben. Büchsenläufe reagieren darauf mit drastisch verschlechterter Schußpräzision, wenn die Korrosion so weit fortgeschritten ist, daß das Geschoß nicht mehr einwandfrei geführt wird. Dies gilt insbesondere für den Mündungsbereich (Vorweite).

Wird der Büchsenlauf durch eine Sichtprüfung kontrolliert, sollte man auch auf die gelblich oder rötlich erscheinenden *Geschoßablagerungen* achten und diese, wenn erforderlich, mit chemischen Mitteln beseitigen (s. Kapitel 9: Pflege von Waffen und Optik). Blei- und Kunststoffablagerungen in Flintenläufen beeinträchtigen kaum die Trefferleistung, doch es ist zweckmäßig,

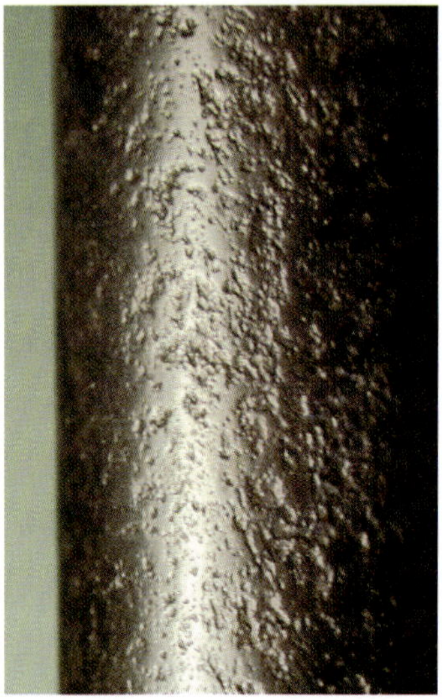

Abb. 123 Durch die starken Rostanfressungen des Flintenlaufes ist dessen Haltbarkeit nicht mehr gewährleistet

auch diese Rückstände von Zeit zu Zeit zu entfernen.

Die *Lötverbindungen* von mehrläufigen Gewehren können sich durch sehr häufigen Gebrauch (Wurftaubenflinten) oder – was häufiger auftritt – durch ungeeignete Brünierverfahren lösen. Bei letzterem wird dies gut sichtbar durch das Hervortreten einer weißen, pulvrigen Substanz aus den Lötnähten (Zinnfraß) oder von einer rostroten Flüssigkeit. Dies kann übrigens bei allen Weichlötverbindungen auftreten, wie z. B. den Zielfernrohr-Montagesockeln. Sofern ein Lösen der Verbindungen nicht durch abstehende Laufschienen oder ähnlichem offensichtlich ist, wird eine Prüfung vorgenommen, indem mit dem Fingerknöchel von verschiedenen Seiten gegen das Laufbündel geklopft wird. Ist die Verbindung nicht mehr vollständig, vernimmt man dabei ein schepperndes Geräusch. Lassen Sie sich aber nicht durch einen eventuell lockeren und dann klappernden Riemenbügel täuschen.

Risse im Schaft, vornehmlich im Bereich des Pistolengriffes, können zu ernsten Handverletzungen führen, wenn der Schaft bei der Schußabgabe bricht. Darüber hinaus wirkt sich ein durch einen Schaftriß gelockertes Verschlußgehäuse einer Kipplaufwaffe oder eine nicht festsitzende Verschlußhülse einer Repetierbüchse immer negativ auf die Schußpräzision aus.

Da die *Schäftung* ein häufig anzutreffender Schwachpunkt sowohl bei Repetierbüchsen als auch bei Kipplaufwaffen ist, gehört deren Kontrolle bei der DEVA zu den obligatorischen Arbeiten im Rahmen einer Schußleistungsprüfung. Ist nämlich die Waffe nicht richtig eingeschäftet, muß von vornherein mit einer unbefriedigenden Schußpräzision gerechnet werden.

Bei Kipplaufwaffen kommt es zu Schwierigkeiten, wenn der Hinterschaft nicht fest mit dem Verschlußgehäuse verbunden ist. Eine Schaftverbindungsschraube kann hier Abhilfe schaffen. Die Schäftung von Repetierbüchsen ist komplizierter, denn dort kann sowohl die Verschlußhülse verspannt sein als auch der Lauf unter mehr oder weniger starkem Anpreßdruck am Vorderschaft anliegen. Eine Verspannung der Hülse erkennt man sehr einfach durch wechselseitiges Lösen der Befestigungsschrauben. Die Hülse darf dabei ihre Lage im Schaft nicht verändern. Sollte dies der Fall sein, kann der Mangel durch Ausgießen der Auflageflächen mit einer druckfesten Kunstharzmasse behoben werden. Da mit einem Repetierbüchsenlauf in der Regel nur dann eine gute Schußleistung zu erzielen ist, wenn dieser frei schwingen kann, ist der Luftspalt zwischen Lauf und Schaft mit einem ca. 0,5 mm dicken Kartonstreifen zu prüfen. Läßt sich dieser nicht leicht bis zum Patronenlager hin durchziehen, muß das Laufbett entsprechend nachgearbeitet werden.

Die Kontrolle der *Verschlußfestigkeit* von Kipplaufwaffen ist wegen der Auswirkungen auf die Schußleistung ebenfalls ein wichtiger Punkt bei der Prüfung eines Gewehres, denn mit einem klapprigen Verschluß braucht man eine Schußleistungsprüfung gar nicht erst zu beginnen. Die Prüfung ist einfach: Das Gewehr wird bei abgenommenem Vorderschaft am Verschlußgehäuse in einen mit Korkbacken versehenen Schraubstock gespannt. Legt man die Fingerspitzen leicht auf die Berührungskanten von Lauf und Verschlußgehäuse und bewegt dann den Lauf an der Mündung in horizontaler und vertikaler Richtung, wird man selbst geringste Bewegungen spüren. Sollte die Verbindung nicht absolut fest sein, kann nur ein versierter Büchsenmacher eine fachgerechte Reparatur ausführen.

Es ist einleuchtend, daß selbst die beste Büchse nicht gut schießen kann, wenn die Verbindung zwischen dem Gewehr und dem Zielfernrohr nicht einwandfrei ist. Deshalb wird die *Zielfernrohrmontage* besonders sorgfältig untersucht. Fehler können bei jeder Montageart vorliegen, doch werden an Suhler-Einhakmontagen am häufigsten Mängel festgestellt. Es würde den Rahmen dieses Buches sprengen, wenn ausführlich die Prüfung einer Zielfernrohrmontage beschrieben werden sollte. Deshalb hier nur einige Fehler, die erfahrungsgemäß oft auftreten: Spiel der Montagefüße in den Fußplatten, Höhen- und Seitenverspannung des Zielfernrohres,

Verriegelungsschieber zieht nicht an, mangelhafte Befestigung der Montagesockel auf der Waffe.

Eine oberflächliche Fehlererkennung ist auch für den Jäger möglich, indem er das Gewehr wiederum einspannt, einen Finger unter leichtem Druck an Fußplatte und Montagefuß legt und dann das Zielfernrohr quer zur Längsachse kräftig hin- und herbewegt. Ist dabei eine Bewegung festzustellen, kann die Verbindung nicht fest sein. Abhilfe ist bei Montagen, die keine Nachstellvorrichtung haben, nur durch einen Büchsenmacher möglich.

Im Zusammenhang mit der Prüfung der Zielfernrohrmontage wird auch das Zielfernrohr auf seine Schußfestigkeit und Parallaxefreiheit untersucht (s. Kapitel 3: Jagdoptik).

7.1.2 Funktion

Einige Bauteile können nicht nur die Gebrauchsfähigkeit einer Waffe einschränken, sie stellen darüber hinaus auch ein Sicherheitsrisiko dar, wenn ihre Funktion nicht einwandfrei ist. Deshalb müssen diese Baugruppen unbedingt in eine Prüfung einbezogen werden.

Da ist zunächst das *Schloßwerk* mit Stecher und Sicherung, das wegen der möglichen Sicherheitsrisiken eine Sonderstellung einnimmt. Mangelhaft ausgeführte oder verschlissene Rasten in den Schlagstücken sowie zu „spitz“ eingestellte Stecher können schon bei geringer Stoßbelastung zu einer unbeabsichtigten Schußauslösung führen. Andererseits kommt es bei zu hohen *Abzugswiderständen* leicht zu einem Verreißen des Schusses. Zur Vermeidung dieser Gefahren bzw. Nachteile sollte sich ein Stecher erst nach Überwindung eines deutlich spürbaren Widerstandes auslösen lassen. Die Abzugswiderstände bei Flinten sollen 15 bis 20 Newton (1,5 bis 2,0 kp) betragen. Ein sorgfältig eingestellter, bzw. gearbeiteter Abzug geht „trocken“, d. h. der Weg vom Beginn des Widerstandes bis zum Ausrasten ist möglichst kurz. Geht ein Abzug zu schwer oder hat er einen langen Vorzug, kann nur ein erfahrener Büchsenmacher eine Nachbesserung vornehmen.

Daß eine *Sicherung* zuverlässig arbeiten muß, ist selbstverständlich. Man muß bei der Funktionsprüfung aber auch darauf achten, daß die Endstellung des Schiebers oder Hebels klar definiert ist, so daß man nicht im Unklaren darüber gelassen wird, ob die Waffe nun gesichert ist oder nicht.

Die Mechanik von Selbstladebüchsen, häufiger noch von *Selbstladeflinten*, ist besonders anfällig gegen Störungen durch starke Verschmauchung sowie durch Fremdkörper, die von außen in die Ladevorrichtung gelangen und dort Funktionsstörungen verursachen.

Manche *Selbstladeflinten* funktionieren nicht bei der Verwendung von Patronen mit geringer Schrotmasse, weil dabei der Rückstoß so schwach ist, daß der Repetiervorgang nicht vollständig erfolgt. Die Hülsen werden dann entweder gar nicht aus dem Patronenlager herausgezogen

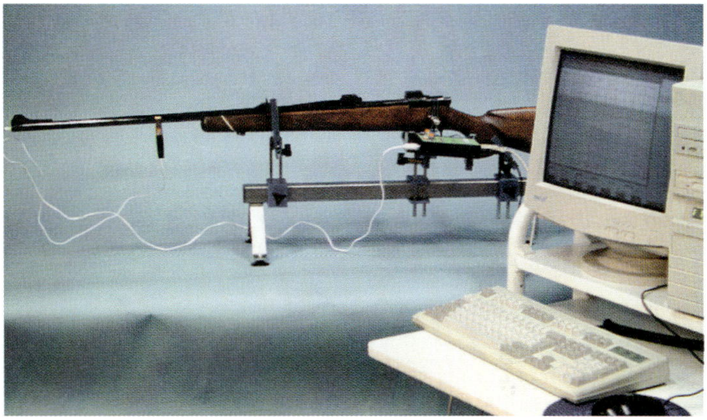

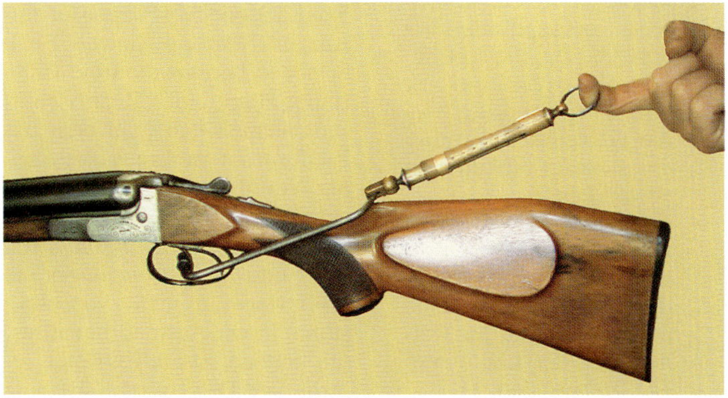

Abb. 124a und b Oben: Mit einer speziellen Vorrichtung wird die Abzugscharakteristik ermittelt und dazu ein Kraft-/Weg-Diagramm erstellt. **Unten:** Der Abzugwiderstand läßt sich sehr einfach mit einer Federwaage feststellen

oder sie verklemmen sich in der Ladeöffnung. Um die letztgenannten Schwierigkeiten von vornherein zu erkennen und damit auszuschließen, wird empfohlen, auf dem Schießstand ein Probeschießen mit den Patronen vorzunehmen, die man später bei der Jagd oder beim Übungsschießen verwenden will.

Mit der Mehrladevorrichtung von Repetierbüchsen gibt es kaum Probleme, ebenso nicht mit Patronenausziehern. Lediglich automatische Hülsenauswerfer (Ejektoren) müssen daraufhin geprüft werden, ob der Zeitpunkt des Auswerfens richtig abgestimmt ist und ob die Hülsen zuverlässig ausgeworfen werden (Kontrolle mit Pufferpatronen oder abgeschossenen Hülsen).

Abb. 125 Schießgestell. Das Gewehr liegt mit dem Vorderschaft auf einem höhenverstellbaren, muldenförmig profilierten Sandsack. Der Hinterschaft ruht in einem mit Filz ausgepolsterten Holzblock, der fest mit der Grundplatte verbunden ist

7.1.3 Schußleistungsprüfung

Eine Prüfung der Schußleistung wird erst vorgenommen, wenn Mängel, sofern sie die Schußpräzision beeinflussen können, nicht vorliegen. Für die Ermittlung der Schußgenauigkeit sind einige Grundvoraussetzungen zu beachten:

1. die Schußentfernung beträgt generell 100 m,
2. die Sichtverhältnisse müssen ein einwandfreies Zielen zulassen, die Luftbewegung darf nicht zu stark sein (s. Windabdrift),
3. die Gewehrauflage muß ein sicheres Abkommen gewährleisten,
4. der Lauf und das Patronenlager müssen entölt sein,
5. die zeitliche Reihenfolge der Schüsse und die Reihenfolge der Läufe sind ggfs. zu beachten.

Bemerkungen zu Ziffer 1. und 2. erübrigen sich, da die Schußentfernung eindeutig festgelegt ist und wohl niemand auf die Idee kommen wird, bei Nebel, Schneetreiben, Sturm oder starkem Regen die Schußleistung seiner Waffe prüfen zu wollen. Die anderen Prüfungsbedingungen bedürfen vor allem auch deshalb einer Erläuterung, weil wir wissen, daß gewisse Voraussetzungen nicht genügend beachtet werden.

Die *Gewehrauflage* am Vorderschaft muß nachgiebig sein, darf aber nicht federn, da sonst Treffpunktlagenabweichungen gegenüber den bei der Jagd üblichen Anschlagarten auftreten können. Ein nicht zu fest gestopfter Sandsack erfüllt die Anforderungen in optimaler Weise. Um die Schützenstreuung einzuengen, ist es zweckmäßig, den Hinterschaft ebenfalls auf einen Sandsack oder ein Filzpolster aufzulegen. Noch ein Hinweis: Beim Schießen berührt die freie Hand (linke Hand eines Rechtsschützen) niemals den Lauf oder das Zielfernrohr, weil auch dies zu einer Verfälschung des Schießergebnisses führen kann.

Da *Öl* und *Reinigungsmittel* im *Lauf* und im *Patronenlager* die Trefferlage in nicht vorausbestimmbarem Ausmaß beeinflussen können, ist ein Entfetten erforderlich. Dazu werden spezielle Waffenentfetter angeboten, es eignen sich aber auch andere fettlösende Mittel, wie z.B. Azeton, Äther und Alkohol. Das Durchwischen mit einem trockenen Wergbausch oder Leinenlappen genügt nicht, weil immer noch ein dünner Ölfilm zurückbleibt. Dieser bewirkt aber bereits eine Änderung der Reibungsverhältnisse zwischen dem Geschoß und dem Lauf bzw. zwischen der Patronenhülse und dem Patronenlager und damit das Schwingungsverhalten des Laufes, das letztlich für die Treffpunktlage und auch für die Schußpräzision maßgebend ist. Wegen der ungewissen und individuell unterschiedlichen Reaktion eines Laufes auf Ölrückstände, ist es für den Jagderfolg von ausschlaggebender Bedeutung, sich durch wiederholte Kontrollschüsse Kenntnis davon zu verschaffen, welche Lage der Ölschuß zum anvisierten Zielpunkt hat. Durch entsprechende Änderung des Haltepunktes können dadurch Fehlschüsse vermieden werden.

Werden aus einem Büchsenlauf mehrere *Schüsse in schneller Folge* abgegeben, ergeben sich aus der thermischen Belastung Konsequenzen, auf die in dem Abschnitt 1.3 eingegangen wird. Dies betrifft zwar in erster Linie kombinierte Waffen mit fest verlöteten Läufen, der Wärmeeinfluß kann sich aber auch bei anderen Bauarten auswirken und u. U. zu einer Verfälschung von Prüfungsergebnissen führen. Aus diesem Grunde sind bei einer Schußleistungsermittlung bestimmte Regeln zu beachten:

Bei folgenden Gewehren wird ein Schuß jeweils nur aus dem kalten Lauf abgegeben:
1. Gewehre mit einem Büchsenlauf (z. B. einläufige Büchsen, Drillinge, Bockbüchsflinten)
2. Gewehre mit mehreren Büchsenläufen unterschiedlicher Kaliber (Bergstutzen, Bockdrillinge, Vierlinge).

Die Prüfung von Läufen der unter 2. genannten Gewehre erfolgt also jeweils für sich allein, d. h., es werden nicht der klein- und der großkalibrige Lauf in schneller Folge nacheinander abgefeuert.

Die *Dauer der Abkühlung* nach einem Schuß (Erreichen der Ausgangstemperatur) ist von der Umgebungstemperatur abhängig. Bei ruhender Luft sollten im Sommer ca. 10 und im Winter ca. 5 Minuten nicht unterschritten werden.

Damit der Jäger eine Vorstellung von der Größenordnung des „Klettermaßes" bekommt, hier die Ergebnisse eines Versuches, der an 150 Drillingen und Bockbüchsflinten durchgeführt wurde: Bei einer Schußfolge von 15–20 Sekunden ergab sich nach dem 2. Schuß eine durchschnittliche Höhendifferenz von ca. 15 cm und nach dem 3. Schuß von 23 cm (bezogen auf die Trefferlage bei einem Schuß aus dem kalten Lauf).

Die Läufe von Gewehren mit mehreren Läufen gleicher Kaliber (z. B. Doppelbüchsen, Bockbüchsen, Doppelbüchsdrillinge) werden demgegenüber entsprechend ihrer Anwendung (Drückjagden) in bestimmter Reihenfolge und zeitlichem Abstand geschossen. Während bei quer angeordneten Läufen (z. B. Doppelbüchse) immer der rechte Lauf zuerst geschossen wird, schießt man bei vertikal zusammengefügten Läufen (z. B. Bockbüchse) grundsätzlich den unteren Lauf zuerst. Eine Umkehrung der Reihenfolge führt zu Treffpunktverlagerungen in einer Größenordnung, die die jagdliche Brauchbarkeit zumindest in Frage stellt.

Die Läufe dieser Gewehre sind, unabhängig von ihrer Bauart, so zusammengefügt, daß sich ein Zusammenschuß bei 100 m Entfernung ergibt, wenn die zeitliche Folge zwischen den Schüssen etwa 6–10 Sekunden beträgt. Wird von diesem Zeittakt abgewichen, müssen mehr oder weniger große Treffpunktlagendifferenzen einkalkuliert werden, weil auch diese Waffen ein unberechenbares Eigenleben führen. Das bedeutet wiederum: Probeschießen! Diese Betrachtungen gelten nur für Gewehre mit fest verlöteten Läufen. Freiliegende Läufe führen bei Erwärmung nicht zu Verspannungen des Laufbündels und damit ergeben sich auch keine Trefferverlagerungen.

Zur Herstellung praxisgerechter Schießbedingungen müssen während der Prüfung alle Läufe geladen sein.

Bislang sind nur die waffenseitig relevanten Einflüsse auf die Schußpräzision behandelt worden. Bei diesen Betrachtungen darf die *Munition* aber keineswegs unberücksichtigt bleiben, denn deren Abstimmung auf die Waffe kann von großer Bedeutung sein.

Wegen der individuellen Eigenarten eines Laufes wird nicht jedes Geschoß gleich gut „verdaut". Mehrere Gewehre des gleichen Kalibers, Herstellers und Modells – also äußerlich völlig identische Waffen – können mit einer Laborierung stark voneinander abweichende Ergebnisse liefern. Bei einer anderen Laborierung kann sich das Bild aber wandeln. Ähnliches kann sich auch bei unterschiedlichen Fertigungsserien der Munition innerhalb einer Laborierung ergeben. Dabei können Differenzen sowohl im Streukreisdurchmesser als auch in der Trefferlage auftreten. Aus diesen Erkenntnissen ergeben sich wichtige Konsequenzen:

1. Die Schußleistung eines Gewehres bzw. Laufes kann nicht anhand eines Schußbildes beurteilt werden.
2. Bei einem Wechsel der Munitionslaborierung und/oder der Fertigungsserie (Losnummer) ist ein Kontrollschießen erforderlich.
3. Ist die mit einer Waffe optimal harmonierende Munition ermittelt worden, sollte davon ein größerer Vorrat angeschafft werden.

Zu Punkt 2 wäre noch anzumerken, daß dies in besonderem Maße für Waffen mit mehreren Büchsenläufen gilt (z. B. Doppelbüchsen, Bergstutzen). Die Läufe dieser Gewehre werden vom Hersteller für eine ganz bestimmte Laborierung und Fertigungsserie zusammengefügt. Wird dann andere Munition verwendet, ist ein Zusammenschießen der Läufe nicht mehr gewährleistet.

Eine Schußleistungsprüfung kann nur richtig interpretiert werden, wenn man die Zusammenhänge kennt. Natürlich werden vordergründig der *Streukreisdurchmesser* und die Trefferlage beurteilt. Dazu muß man aber zunächst wissen, wie der

Streukreis ermittelt wird und wie eine Schußgruppierung entsteht.

Der Kreis verläuft durch die Mittelpunkte der äußeren Schußlöcher, wobei der Ölschuß nicht berücksichtigt wird. Der Mittelpunkt des Streukreises ist der mittlere Treffpunkt, dessen Lage nach Höhe und Seite vom Haltepunkt leicht auszumessen ist.

Die Schußgenauigkeit eines Laufes kann nicht für sich allein betrachtet werden, weil sich der Streukreisdurchmesser aus mehreren Einzelstreuungen zusammensetzt:

1. der Streuung der kompletten Waffe einschließlich Visierung,
2. der Munitionsstreuung,
3. der Schützenstreuung.

Unter Schießbedingungen im Revier wird die Gesamtstreuung auch als *Revierstreuung* bezeichnet.

Da alle drei unabhängig voneinander sind, können sie sich addieren oder, was in der Praxis leider kaum vorkommt, gegenseitig aufheben. Die Lage der Schüsse einer Schußgruppe ergibt sich also rein zufällig. Und dies erklärt auch, warum unter gleichen Bedingungen kein Schußbild dem anderen gleicht. Weder die Gruppierung der Schüsse, noch der Streukreisdurchmesser, noch die mittlere Treffpunktlage stimmen bei mehreren Schußbildern völlig überein. Es ist deshalb unsinnig, die Abnahme einer Waffe wegen einer geringfügigen Überschreitung eines geforderten Streukreisdurchmessers abzulehnen. Das nächste Schußbild könnte die Bedingungen erfüllen.

Die Zufälligkeit der Schußgruppierung muß aber auch in einem anderen Zusammenhang erwähnt werden, nämlich bei der Anzahl der Schüsse je Schußbild. Nach einer von uns vorgenommenen, statistischen Auswertung von sehr vielen Schußbildern zeigte sich, daß sich die Streuung um 25–30% vergrößert, wenn statt drei Schüssen fünf abgegeben werden. Aber auch fünf Schüsse reichen noch nicht für die repräsentative Aussage über die Schußleistung einer Waffe aus. Dazu sind wenigstens zehn Schüsse erforderlich, doch lassen fünf Schüsse immerhin schon eine recht deutliche Tendenz erkennen. Grundsätzlich gilt:

1. Mit Erhöhung der Schußzahl nimmt die Aussagefähigkeit zu.
2. Ein Schußbild mit vielen Schüssen ist aussagefähiger als viele Schußbilder mit jeweils wenigen Schüssen.

Nachdem nun bekannt ist, wie ein Schußbild einzuschätzen ist, stellt sich die Frage, welche Anforderungen an die Schußleistung gestellt werden können und müssen.

Trotz aller Zufälligkeiten und Negativeinflüsse wird ein Streukreisdurchmesser von 4cm bei fünf Schüssen als Wert angesehen, der von modernen Gewehren in Verbindung mit qualitativ hochwertiger Munition ohne weiteres erreicht werden kann. Für normale Anforderungen genügen aber bereits 5cm. Nur für die Jagd im Hochgebirge und in Feldrevieren, wo große Schußentfernungen oft nicht vermieden werden können, ist die Forderung nach 3–4 cm gerechtfertigt. Für Jagdgewehre sind weitergehende Forderungen überzogen!

Es ist zwar nicht gerade schmeichelhaft für die Jäger, aber die wenigsten sind unter Revierbedingungen in der Lage, eine derart gute Schußpräzision auszunutzen. Vielmehr dürfte bei der Mehrzahl von ihnen die eigene Streuung größer sein als die von Waffe und Munition zusammen.

Es ist verständlich, daß an Doppel- und Bockbüchsen nicht so hohe Anforderungen hinsichtlich der Gesamtstreuung beider Läufe gestellt werden können. Der Durchmesser des Gesamtstreukreises sollte aber trotzdem bei allen Gewehrbauarten 10cm bei 5 Schüssen je Lauf nicht überschreiten. Berücksichtigt man den Einsatzbereich z.B. von Doppelbüchsen (Drückjagden), so ist dieser Wert ausreichend. Für die einzelnen Läufe von Bergstutzen usw. gelten allerdings die zuvor erwähnten schärferen Bedingungen.

Was den Zusammenschuß der Läufe von Gewehren dieser Bauarten angeht, so muß differenziert werden. Besteht die Forderung nach *einem* Treffpunkt für beide Läufe – beispielsweise 4cm Hochschß bei 100m – so kann dies als eingehalten angesehen werden, wenn der Gesamtstreukreis 7cm nicht überschreitet, bzw. die mittleren Treffpunktlagen nicht mehr als 2–3cm voneinander abweichen.

Werden aber für die Läufe unterschiedliche Trefflagen bei 100m verlangt – etwa Fleckschuß für die 9,3x74R und 4cm Hochschuß für die 5,6x50R Mag. – werden für die einzelnen Läufe die Bedingungen zugrunde gelegt, die auch für Gewehre mit einem Büchsenlauf gelten.

7.1.4 Trefferleistungsprüfungen

Unter diesem Stichwort wird die Prüfung der Leistung von Flintenläufen verstanden. Die Prozedur bei der Durchführung der Prüfung ist weit weniger kompliziert als bei Büchsenläufen. So braucht man sich keine Gedanken über den Wärmeeinfluß bei

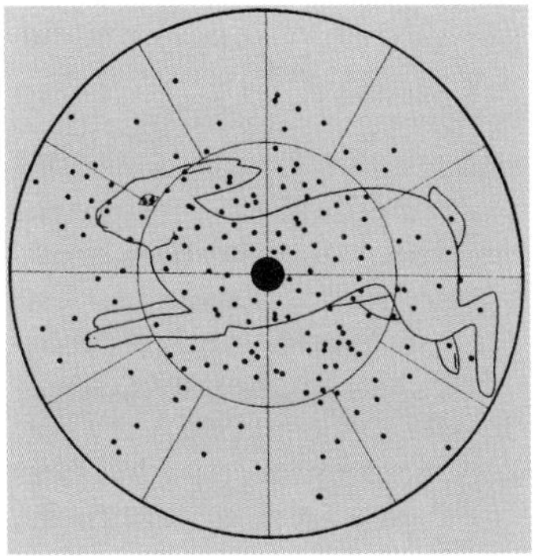

Abb. 126 Mit der 16-Felderscheibe wird die Trefferleistung von Flintenläufen bzw. Schrotpatronen geprüft. Außenring-Durchmesser = 75,0 cm, 12 Felder, Innenkreis-Durchmesser = 37,5 cm, 4 Felder

schneller Schußfolge und die Laufreihenfolge zu machen. Und auch der Ölschuß ist von untergeordneter Bedeutung, weil die unter Umständen auftretenden Unregelmäßigkeiten wegen der kurzen Schußentfernung und der ohnehin vorhandenen Streuung der Schrotgarbe nicht ins Gewicht fallen. Dennoch werden bei unseren Trefferleistungsprüfungen die Läufe vorher beschossen, um auch diesen, wenn auch geringen, Unsicherheitsfaktor auszuschließen.

Nach dem *Wannseer Beurteilungsverfahren* werden alle Läufe, gleichgültig mit welcher Mündungsverengung, auf einer Schußentfernung von 35m geprüft. Das Gewehr sollte am Vorderschaft auf eine weiche, ebene Auflage gelegt werden, so daß die seitliche Auslenkung beim Schuß nicht behindert wird.

Um die quantitative Erfassung der dreidimensionalen Schrotgarbe zu ermöglichen, wird eine ebene Fläche beschossen, dadurch erhält man eine zweidimensionale Projektion der Garbe.

Als Zielmedien dienen Papier, Plastikfolien, mit Farbe bestrichene Stahltafeln oder Scheiben, die bereits mit der sogenannten 16-Felderscheibe bedruckt sind. Diese ist Grundlage für der *Wannseer Schrotschußbeurteilung*. Aus Sicherheitsgünden (Rückprallgefahr) dürfen Stahlschrote nicht gegen Stahltafeln geschossen werden!

Aus der Wannseer Beurteilungsnorm sollen hier nur die wichtigsten Beurteilungskriterien erläutert werden. Es werden die Mittelwerte aus mindestens fünf Schüssen pro Lauf und Patronensorte herangezogen.

Als *Gesamttrefferzahl* wird die Anzahl der Schrote bezeichnet, die auf die Prüffläche mit einem Durchmesser von 75cm gelangt. Diese Zahl gibt Aufschluß über das radiale Ausbreitungsverhalten der Schrotgarbe (s. Abschnitt 6.2 und 6.3: Ballistik des Schrotschusses). Das Verhältnis der Gesamttrefferzahl zu der Anzahl der in einer Patrone enthaltenen Schrotkugeln wird häufig in Prozenten angegeben. Werden die prozentualen Ergebnisse mehrerer Läufe verglichen, ist dies nur mit Patronen gleicher Schrotzahl zulässig, da sich sonst Verfälschungen ergeben.

Die *Verdichtung* ist das Verhältnis der Anzahl der Schrote im Innenkreis zu denen im Außenkreis. Entsprechend der Flächenaufteilung in den Kreisen ergibt sich die Verhältniszahl aus der dreifachen Anzahl der Schrote im Innenkreis zu denen im Außenkreis.

Die *Deckung* beschreibt die Anzahl und Verteilung der Schrote in den 16 Feldern der Prüffläche. Ein Feld gilt als gedeckt, wenn – in Abhängigkeit von der Schrotdicke – eine bestimmte Anzahl von Schroten darin enthalten ist. Die Deckung ist um so besser je gleichmäßiger die Schrote über die gesamte Prüffläche verteilt und je mehr Felder gedeckt sind. Ein Feld ist gedeckt, wenn folgende Bedingungen erfüllt sind: Schrotdurchmesser 2,5mm = 12 Treffer, 3mm = 7 Treffer sowie 3,5mm = 5 Treffer in zwei nebeneinander liegenden Feldern.

Die *Regelmäßigkeit* gibt die Abweichungen der Gesamttrefferzahl der einzelnen Schüsse einer Prüfreihe vom Mittelwert an. In den Beurteilungstabellen wird die Regelmäßigkeit in Abhängigkeit von der Schrotdicke bewertet.

Anhand der Gesamttrefferzahl wird einem Lauf eine bestimmte *Eignung* zugeordnet und zwar mit der Klassifizierung Nahschuß-, Normal- und Weitschußzwecke.

Wer sich ausführlich mit dem Schrotschuß und dessen Beurteilung befassen will, sollte dies anhand der Fachliteratur tun (s. Literaturhinweise).

Für einen Büchsenlauf wird vorausgesetzt, daß dessen *Treffpunktlage* mit dem Haltepunkt möglichst gut übereinstimmt, also „Fleckschuß“ vorliegt. Die gleichen Bedingungen gelten auch für den Flintenlauf. Wegen der Streuung des Schrotschusses ist dieser für das Schießen auf sich bewegende Ziele bestimmt. Ein punktgenauer Schuß ist dabei kaum möglich, aber auch nicht erforderlich. Trotzdem muß die Schrotgarbe natürlich zumindest annähernd dort auftreffen, wohin man zielt. Nicht nur bei billigen Flinten wurden bei unseren Prüfungen immer wieder Treffpunktlagenabweichungen festgestellt, die das zulässige Maß überschreiten. Deshalb ist eine Kontrolle erforderlich.

Zu diesem Zweck beschießt man auf 35m Entfernung eine Scheibe oder Tafel, auf der ein gut sichtbarer Zielpunkt angebracht ist. Gezielt wird über Laufschiene und Korn, wobei man das Korn auf der Basküle

(Verschlußgehäuse) aufsitzen läßt, also keine Schiene sieht. Bei dieser Zielweise sollen die Läufe Fleckschuß haben, wobei das Zentrum der Garbe zugrunde gelegt wird. Wegen fertigungsbedingter Toleranzen ist die Idealtrefferlage nicht immer einzuhalten. Erfahrungsgemäß wird die Brauchbarkeit einer Waffe aber nicht nennenswert eingeschränkt, wenn folgende Abweichungen vom Haltepunkt nicht überschritten werden:

Höhenabweichung:
Tiefschuß maximal 5 cm, Hochschuß maximal 10 cm, Differenz der Läufe zueinander maximal 10 cm.
Seitenabweichung:
Rechts- bzw. Linksschuß maximal 10 cm, Differenz der Läufe zueinander maximal 10 cm.

Sollten darüber hinausgehende Abweichungen festgestellt werden, kann man u. U. mit einer anderen Patronenmarke eine Verbesserung erreichen. Werden auch dann die Anforderungen noch nicht erfüllt, müssen die Läufe umgelötet werden.

Die Prüfung der Schußgenauigkeit von *Flintenlaufgeschoßpatronen* erfolgt ebenfalls auf 35 m Entfernung mit fünf Schüssen je Lauf. Die Präzision kann als ausreichend gelten, wenn der Streukreis jedes einzelnen Laufes etwa 10 cm nicht überschreitet. Problematisch ist der Zusammenschuß der Läufe. Die Treffpunktlage mit Flintenlaufgeschossen gegenüber dem mit Schrotpatronen muß nicht identisch sein.

Im Einvernehmen mit namhaften deutschen Waffenherstellern kann aus jagdpraktischen Erwägungen für Drillinge konventioneller Bauart (Läufe fest verlötet) gelten, daß die geforderte Trefferlage als eingehalten anzusehen ist, wenn davon nicht mehr als 5 cm nach Höhe und Seite abgewichen wird.

Trotz modernster Fertigungsmethoden ist es bislang nicht gelungen, alle Läufe generell so herzurichten, daß sowohl die Schußpräzision wie auch die Treffpunktlagen den geforderten Ansprüchen gerecht werden. Aus diesem Grunde weisen die namhaften deutschen Jagdgewehrhersteller in einem Merkblatt darauf hin, daß für Flintenlaufgeschosse geeignete Läufe extra bestellt werden müssen und nur gegen Aufpreis geliefert werden, sowie eine Gewährleistung für das Zusammenschießen der Läufe nicht übernommen wird. Ferner behalten sich die Hersteller vor, das jeweils bestgeeignete Geschoß, und bei Doppelläufen den bestgeeigneten Lauf zu wählen.

7.2 Kurzwaffen

Pistolen und Revolver sind in der Hand des Jägers Jagdwaffen, deren Zustand, Funktion und Schußleistung auch geprüft werden müssen.

7.2.1 Zustand und Funktion

Im Prinzip wird bei der Prüfung des allgemeinen Gebrauchszustandes und des Pflegezustandes einer Kurzwaffe ebenso verfahren wie bei den Langwaffen. Dabei kann man sich auf die Feststellung von Rost an den Außenflächen, in der Laufbohrung und den Trommelkammern beschränken. Ferner sollte das Magazin daraufhin untersucht werden, ob Beulen oder Dellen vorhanden sind und ob die Magazinlippen Verformungen aufweisen.

Vor einer Funktionsprüfung sind eventuell vorhandene Bleiansätze an der Trommelstirnseite und dem Laufmundstück zu entfernen. Bei Pistolen müssen feste Schmauchansätze an der Stoßbodenfläche, dem Laufmundstück, dem Patronenaufstieg sowie dem Patronenzubringer im Magazin und dem gesamten Bereich der Auswerferöffnung beseitigt werden.

Zum Funktionsschießen der Selbstladepistole wird das Magazin ganz gefüllt. Der Schlitten darf beim Zurückziehen nicht haken und muß beim Vorschnellen die erste Patrone auch aus dem vollen Magazin einwandfrei in das Patronenlager einführen. Dabei ist zu beachten, daß der Schlitten am Laufmundstück anliegt (Masseverschluß), bzw. der Verschluß vollständig verriegelt ist. Das Magazin wird ganz leergeschossen, wobei die Schußfolge beliebig gewählt werden kann. Folgende Funktionsstörungen können auftreten:
- Zündversager,
- Hülse wird nicht ganz ausgeworfen und verklemmt sich in der Auswurföffnung,
- Schlitten bewegt sich nicht weit genug zurück, so daß die neue Patrone im Magazin nicht erfaßt wird,
- Patrone verkantet sich beim Repetiervorgang.

Bei derartigen Störungen sollte ein Büchsenmacher aufgesucht werden. Selbstverständlich wird auch die Sicherungseinrichtung auf ihre Funktion und Leichtgängigkeit hin überprüft.

Wird bei der Jagdausübung ein Revolver geführt, handelt es sich fast ausnahmslos um Modelle mit Spannabzug (double action). Die Funktionsprüfung konzentriert sich auf den Abzugs- und Trommelmechanismus, weil eigentlich nur in diesem Bereich Mängel auftreten können. Zur Kontrolle des Bewegungsablaufes (Timing) bremst man die Trommel mit einem Finger leicht ab und zieht dann den Hahn langsam bis in die Endstellung der Double Action-Funktion zurück. In dieser Position muß der Umsetzhebel die Trommel so weit gedreht haben, daß die Sperrklinke eingerastet ist, d.h. die Trommel muß arretiert sein. Die geladene und eingeschwenkte Trommel muß leicht drehbar sein und die abgeschossenen Hülsen sollen sich mit dem Auswerferstern ohne großen Kraftaufwand ausstoßen lassen. Ein Mangel, der allerdings nur sehr selten auftritt, besteht in einer ungenügenden Zentrierung der Trommel. In diesem Fall stimmen die Laufachse und die Kammerachsen nicht überein. Zu erkennen ist dies an den einseitigen Bleiablagerungen des Laufmundstückes und der Kammerstirnflächen.

7.2.2 Schußleistungsprüfung

Die Kurzwaffe wird im Jagdbetrieb nur ausnahmsweise und in ganz wenigen Bereichen eingesetzt: für den Fangschuß, die Fangjagd und den Selbstschutz. In keinem Fall werden besondere Anforderungen an die Schußleistung gestellt, weil die Schußentfernungen fast immer unter 10m liegen, und das ist hinsichtlich der Präzision selbst für wenig anspruchsvolle Pistolen- oder Revolverausführungen kein Problem.

Trotzdem sollen hier einige grundsätzliche Anmerkungen zum Präzisionsschießen von Kurzwaffen gemacht werden.

Vor dem Schießen wird der Lauf trockengewischt (Entfettung ist nicht erforderlich). Geschossen wird auf eine handelsübliche Präzisionsscheibe auf 25m Entfernung. Als Auflage für das Griffstück dient ein Sandsack. Um die Schützenstreuung einzuengen, schießt man beidhändig (Achtung, Verletzungsgefahr! s. Abschn. 10.3), und es ist zum genaueren Zielen zweckmäßig, eine Diopterbrille zu verwenden. Eine bestimmte Schußfolge braucht nicht eingehalten zu werden, da sich die Lauferwärmung nicht negativ auswirkt. Für exakte Schußleistungsermittlungen benutzt man Schießmaschinen, in die die Waffen eingespannt werden.

Die Auswertung von Schußbildern (mit jeweils mindestens fünf Schüssen) erfolgt ebenso wie beim Büchsenschuß. Entsprechend dem Anwendungszweck für Gebrauchswaffen ist ein Streukreisdurchmesser von Bierdeckelgröße völlig ausreichend. Es versteht sich von selbst, daß an Kurzwaffen für das jagdliche Übungs- und Wettkampfschießen nach der DJV-Schießvorschrift höhere Anforderungen zu stellen sind.

7.3 Munition

Abgesehen von der Ermittlung der bestschießenden Munition aus einer bestimmten Waffe umfaßt die Untersuchung der Munition durch den Jäger lediglich eine Prüfung des äußeren Zustandes.

Patronen, die nicht ordnungsgemäß gelagert werden, können an den Metallteilen korrodieren (Büchsen- und Kurzwaffenpatronen: Grünspan, Schrotpatronen: Rost an der Bodenkappe). Papphülsen von Schrotpatronen quellen zudem bei feuchter Lagerung. Starker Korrosionsansatz beeinträchtigt aber die Ladefähigkeit, ebenso gequollene Hülsen. Deshalb sollten derartige Patronen einem Büchsenmacher übergeben werden, der sie auf geeignete Weise unbrauchbar macht und entsorgt.

Bei Büchsenpatronen, die häufig repetiert worden sind, oder die Rückstoßbelastungen in Magazinen ausgesetzt waren, können die Geschoßspitzen verformt sein. Wegen der negativen Auswirkung auf die Schußpräzision sollten diese Patronen nicht mehr für die Jagd, sondern als „Ölschußpatronen“ verwendet werden. Will ein Jäger die Maßhaltigkeit, den Gasdruck und die Geschoßgeschwindigkeit seiner Munition prüfen lassen, kann er damit ein Beschußamt oder die DEVA beauftragen, die DEVA erstellt zudem individuelle Schußtafeln.

7.4 Fragen und Antworten zur Prüfung von Waffen und Munition

1. Bei der Schrotschußbeurteilung wird auch die „Deckung" geprüft. Was ist unter diesem Begriff zu verstehen?

a) Der Durchmesser der von Schroten bedeckten Fläche.
b) Die Anzahl und Verteilung der Schrote in der Prüffläche.
c) Bezeichnung für das Ausbreitungsverhalten der Schrote nach dem Verlassen der Mündung.

2. Warum kommt es bei schneller Schußfolge aus dem Büchsenlauf eines Drillings mit festverlöteten Läufen zu Treffpunktlageveränderungen trotz gleichen Haltepunktes?

a) Die Beanspruchungen sind für den Verschluß zu groß.
b) Durch die starre Verbindung der Läufe ergeben sich Wärmespannungen.
c) Durch das Wärmeflimmern über dem Laufbündel ist ein genaues Zielen mit dem Zielfernrohr nicht möglich.

3. Dürfen Flintenlaufgeschosse aus einem Vollchokelauf abgefeuert werden?

a) Nein, Gefahr einer Laufsprengung.
b) Ja.
c) Nur aus einläufigen Flinten (dickere Laufwandung).

4. Was ist bei einem „Ölschuß" zu beachten?

a) Gefährliche Gasdrucksteigerung.
b) Änderung der Treffpunktlage.
c) Unvollständige Abdichtung des Patronenlagers durch die Hülse.

5. Was ist die Revierstreuung?

a) Bezeichnung für eine Jagdfläche, die aus mehreren nicht zusammenliegenden Parzellen besteht.
b) Die Ausbreitung der Schrotgarbe aus einem Flintenlauf, der für spezielle Revierverhältnisse ausgelegt ist.
c) Die Streuung des Büchsenschusses unter Revierbedingungen , die sich aus der Waffen-, Munitions- und der Schützenstreuung ergibt.

6. Wenn der Vorderschaft einer Repetierbüchse auf einer harten Unterlage aufgelegt wird, kann sich

a) keine Veränderung der Treffpunktlage gegenüber einer elastischen Auflage ergeben.
b) Hochschuß ergeben.
c) Tiefschuß ergeben.

7. Wie wird die Schußleistung eines Bergstutzens mit fest verlöteten Läufen geprüft?

a) Die beiden Läufe werden in schneller Folge (Pause ca. 10 Sekunden) nacheinander geschossen.
b) Es wird jeweils immer nur aus einem kalten Lauf geschossen.
c) Jeder Lauf wird für sich in schneller Folge geschossen.

Antworten:

1 b, 2 b, 3 b, 4 b, 5 c, 6 b, 7 b

8 Handhabung von Lang- und Kurzwaffen

Die sichere Handhabung der Jagdwaffen hat bei der Ausbildung zum Jäger und bei der Jagdausübung den höchsten Stellenwert. Wer seine Waffe nicht sicher handhabt, gefährdet sich und andere!
In diesem Kapitel wird detailliert die sichere Handhabung der Jagdwaffen gezeigt, die der Prüfungsanwärter beherrschen muß. Darüber hinaus werden Erfahrungen aus Jägerprüfungen weitergeben, damit häufig vorkommende Fehler sich nicht immer wiederholen.
Dieses Kapitel empfehlen wir Ihrer besonderen Aufmerksamkeit, denn wer seine Jagdwaffe nicht sicher handhaben kann, kann unabhängig der übrigen Ergebnisse die Jägerprüfung nicht bestehen.

Diesem Kapitel sollte der Leser seine besondere Aufmerksamkeit widmen. Um die Jägerprüfung bestehen zu können, und um später ein guter Jäger zu sein, ist es einerseits erforderlich, ein fundiertes Wissen zu haben, andererseits überflüssig, sich von Anfang an mit nicht benötigtem Spezialwissen zu überladen. Die Bücher dieser Buchreihe machen deutlich, was verlangt wird.

Ist der Jäger im Ansprechen des Wildes, beim Führen des Hundes, in wildbiologischen Fragen unsicher, so kann er gravierende Fehler machen. Der Abschuß eines jungen, sehr gut veranlagten Hirsches ist sicher eine höchst unangenehme Angelegenheit. Er steht aber in keinem Verhältnis zu Unsicherheiten beim Umgang mit der Jagdwaffe und den daraus entstehenden Folgen, wie dem Verletzen oder Töten eines Menschen. Daher muß der Jäger, der das Recht hat, jegliche Handfeuerwaffen zu führen, auch damit umgehen können, und zwar in jeder Situation so sicher, daß er immer die Übersicht behält und nicht kopflos handelt. Der Leser wird sicherlich schon festgestellt haben, daß in der Presse meist nur dann über den Jäger berichtet wird, wenn er negativ aufgefallen ist. Handelt es sich dabei gar um einen Schaden, gleich welcher Art, den er mit seiner Waffe verursacht hat, dann wird leicht der Stab über die gesamte Jägerschaft gebrochen.

In diesem Kapitel wird aufgezeigt, wie man eine Waffe korrekt handhabt und in der Praxis damit umgeht. Da bei den Prüfungen nach mehr oder weniger gleichem Ritual die sichere Handhabung der Waffen durch den Kandidaten geprüft wird, werden natürlich auch die besondere Prüfungssituation und der Ablauf der Prüfung beleuchtet.

Wir können uns aufgrund der vielen Gutachten, die wir in den letzten Jahrzehnten zu Jagdunfällen erstellt haben, ein umfassendes Bild von den Fehlleistungen des Jägers mit der Waffe machen und wollen die daraus gewonnenen Erkenntnisse auch an dieser Stelle weitergeben.

Das gleiche gilt für die Durchführung der Jägerprüfungen. Durch Gutachten zu Widerspruchsverfahren zu Jägerprüfungsergebnissen und weiterer in Zusammenhang stehender Gutachten wissen wir, wo den Prüflingen der Schuh drückt.

Aber – und das muß ebenfalls an dieser Stelle gesagt werden – auch der eine oder andere Prüfer hat so seine Schwierigkeiten mit der Beurteilung, ob der Prüfling seine Waffe nun richtig gehandhabt hat oder nicht.

Das Buch wird also zu einer Vereinheitlichung des Niveaus für die Durchführung der Jägerprüfung beitragen können.

Unsere Erfahrung ist, daß die Handhabung der Waffen in den Vorbereitungen zur Jägerprüfung „gedrillt" wird, d.h., der Prüfungsanwärter muß nach einem bestimmten Schema so lange mit der Waffe üben, bis er diese Folge von Handhabungen sicher beherrscht.

In der Prüfung zeigt sich aber sofort die Schwäche dieses Ausbildungsprinzips. Sobald man als Prüfer den Prüfling beim „Abspulen" seiner Handhabungsfolge unterbricht, um sich etwas Bestimmtes zeigen zu lassen, was etwas von dem abweicht, was der Prüfling sich in vielen Übungsstunden in Handgriffen angeeignet hat, bekommen viele Prüflinge Schwierigkeiten und werden nervös. Sie wissen nämlich nicht richtig, was sie mit der Waffe gemacht haben, und warum sie es gerade so und nicht anders vorgeführt haben.

Gewiß, die Übungen mit der Waffe müssen in Fleisch und Blut übergehen. Wir wollen aber an dieser Stelle so viele Erklärungen und Erläuterungen geben, daß jeder in der Lage ist, die sichere Handhabung der Jagdwaffen auch logisch und verstandesbewußt nachzuvollziehen.

Wenn der Prüfling genau weiß, warum er bestimmte Handgriffe gerade so und nicht anders ausführen muß, kann der Prüfer in allen Phasen so oft unterbrechen und zwischenfragen wie er will. Den Prüfling ficht es nicht an, er ist sich in jeder Situation über den Zustand der Waffe im klaren.

Unbestritten ist, daß der mündlich-praktische Teil der Jägerprüfung, was die Waffenhandhabung angeht, allgemein als „Horror-Fach" gilt. Hierbei dürfte es wohl die meisten Ausfälle geben, zumal in allen Bundesländern die Prüfung hierbei wenigstens mit „ausreichend" absolviert werden muß. In den anderen Fächern kann man sich schon ein- oder zweimal „mangelhaft" erlauben, ohne gleich durchzufallen.

Hinzu kommt noch, daß im Umgang mit den Waffen Handfertigkeit, um nicht zu sagen, ein Minimum technischen Geschicks erforderlich ist. Wir werden manchmal kompliziert anmutende Handhabungen „entschärfen", sie einleuchtend erklären und die folgerichtige Ausführung verdeutlichen.

Weil das abstrakte Darstellen der Handhabungen schnell eintönig und langweilig werden kann, wollen wir das Thema dadurch anschaulich und lebendig halten, daß wir die erforderliche Handhabung beim Umgang mit den Waffen anhand des Verlaufs einer Jägerprüfung darstellen, also so, wie sie sich abspielen könnte und in der Regel auch abspielt.

Zuerst stellt sich die Frage: Muß ein Prüfling alle Jagdwaffen sicher handhaben können oder genügen aus der Sicht der Prüfung nur einige repräsentative Waffenkonstruktionen? Der erste Teil der Frage läßt sich schnell und überzeugend beantworten: Es ist unmöglich, von einem Prüfling zu erwarten, daß er alle Waffenfabrikate und -modelle, die marktüblich sind, handhaben kann. Dies wäre das gleiche, als wollte man von einem Sportflieger verlangen, daß er alle Sportflugzeugtypen, die er aufgrund seiner Lizenz fliegen darf, auch ohne vorherige Einweisung beherrscht. Das geht natürlich nicht!

Ebenso ist es beim Jäger!

Während seiner Ausbildung wird der angehende Jäger verschiedene Waffentypen kennenlernen und handhaben müssen. Idealerweise sollten sich dazu Ausbilder und Prüfer einigen, welche Waffen das sein werden. Es darf keinesfalls so sein, daß bei der Prüfung andere Waffentypen vorliegen, als dies während der Ausbildung der Fall war.

Die Auswahl wird von Prüfungskommission zu Prüfungskommission je nach vorhandenem Waffenbestand zwar verschieden sein; aber folgende Waffen sollten vorliegen, und diese müssen sie auch handhaben können. Dies sind zwar nur Empfehlungen; es wäre aber im Interesse vergleichbarer Prüfungen wünschenswert, hier zu Übereinstimmungen zu kommen.

- *Repetierbüchse.* Die klassische Waffe für das Erlernen der Handhabung einer Büchse, also eines Gewehres für den Kugelschuß, ist hierbei immer noch das mit dem Mauser-System 98. Es gibt eine große Anzahl von Waffen verschiedener Hersteller, die mit diesem Verschlußsystem ausgestattet

sind: Ein Prüfling muß es sicher handhaben können. Die Zeit ist aber nicht stehengeblieben, und so gibt es heute eine Reihe moderner System-Varianten. Sie sind alle mehr oder weniger ähnlich zu handhaben, aber doch abweichend von dem Ursprungs-98er (z. B. wegen verriegelter Kammer bei gesicherter Waffe).
Daher sollte der Prüfling mit wenigstens zwei Repetierbüchsenkonstruktionen umgehen können: mit dem Mauser-System 98 und einer neueren Entwicklung.

- *Doppelflinte oder Bockflinte.* Von den in Frage kommenden Jagdwaffen wird die Doppelflinte oder die Bockflinte wohl am meisten geführt. Auf dem Wurftaubenstand und bei der Niederwildjagd muß mit den Flinten sicher umgegangen und zuverlässig getroffen werden. Der Kandidat muß daher in der Jägerprüfung die Handhabung dieser Waffentypen beherrschen.
- *Drilling.* Soweit wir wissen, verliert der Drilling als Erstausrüstung zwar immer mehr an Bedeutung. Da aber ein sicherer Umgang mit diesem Gewehrtyp besondere Anforderungen stellt, ist eine Ausbildung und Prüfung am Drilling erforderlich.
Der Anteil der Drillinge mit der sogenannten „separaten Kugelspannung" hat erfreulicherweise zugenommen. Das begünstigt die Sicherheit im Umgang mit dieser Waffe. Sie sollte deshalb nur noch damit ausgerüstet werden. Daraus ergibt sich, daß der Prüfling an einer solchen (modernen) Waffe ausgebildet und geprüft werden soll.
Empfehlung: Optimal ist es, wenn man mit der Handhabung beider Versionen des Drillings (mit und ohne separater Kugelspannung) vertraut gemacht wird, denn beide Konstruktionen begegnen uns im Jägerleben und müssen in der Prüfung sicher beherrscht werden.
Wer den Drilling handhaben kann, wird im Umgang mit der Büchsflinte, der Bockbüchsflinte, der Kipplaufbüchse, dem Bergstutzen und allen weiteren konstruktionsverwandten Kipplaufwaffen keine Schwierigkeiten haben.

Die in der vorstehenden Aufzählung genannten Langwaffen muß ein Kandidat bei der Jägerprüfung sicher handhaben können.

Sicherlich kommt an erster Stelle von dem einen oder anderen Prüfer oder Ausbilder die Frage, warum in dieser Aufzählung die Selbstladeflinte oder -büchse nicht enthalten ist. Zugegeben, auch diese Gewehrart erfordert besondere Kenntnis zu ihrer sicheren Handhabung, ist sie doch nach Abgabe eines Schusses aufgrund ihrer selbsttätigen Ladevorgänge sofort wieder schußbereit und damit gefährlich. Ihre Verbreitung im jagdlichen Betrieb ist jedoch gering, daß sie nicht als „Prüfungswaffe" eingeführt werden sollte, wenngleich man in der Ausbildung die Eigenart dieser Selbstladegewehre und die gebotene besondere Vorsicht beim Umgang mit ihnen deutlich darstellen muß. Das gleiche gilt für Hahngewehre.

Wer sich nach der Prüfung dennoch mit diesem oder jenem anderen, in der vorstehenden Aufzählung nicht enthalten Waffentyp ausrüsten will, dem sei nur dringend empfohlen, sich durch den Verkäufer gründlich in die Handhabung einweisen zu lassen, zu Hause dann die Bedienungsanleitung sorgfältig zu lesen und intensives „Handhabungs-Trockentraining" zu absolvieren sowie schließlich die Fertigkeit im Umgang mit diesem Gewehr durch regelmäßiges Schießen auf einem Schießstand zu festigen.

Immer wieder läßt sich beobachten – und vielleicht werden Sie das einmal bestätigen –, daß sich das Handhaben einer ungeladenen Waffe ohne Schwierigkeiten bewerkstelligen läßt. Sobald aber der Lauf mit einer Patrone geladen ist, werden die Handgriffe vorsichtiger, um nicht zu sagen verkrampfter, weiß doch derjenige, der in diesem Moment mit der Waffe umgeht, daß sich bei einer Unvorsichtigkeit der Schuß lösen kann. Wie später noch ausgeführt wird, ist dies besonders beim Umgang mit der Kurzwaffe festzustellen. Daher: Ständiges Umgehen mit der „scharfen" Waffe auf dem Schießstand baut die Hemmungen und die Unsicherheiten ab.

Da vom Jäger neben der Langwaffe auch die Pistole und der Revolver geführt werden darf, muß er auch damit in der Prüfung sichere Handhabung nachweisen und zumindest während der Ausbildung auch damit geschossen haben. Wir wissen, daß häufig genug mit den Kurzwaffen nur Handhabungsübungen durchgeführt werden, ohne daß der Prüfling jemals einen Schuß daraus abgegeben hat. Dies ist aber unerläßlich.

- *Selbstladepistole.* Die Auswahl eines Selbstlade-Pistolenmodells für Ausbildung und Prüfung ist nicht schwierig. Grundsätzlich sollten es dem Stand der Technik entsprechende Modelle mit außen liegendem Hahn sein. Die wesentlichen Funktionen, auf die es bei der Handhabung ankommt, sind bei allen Modellen gleich. Sicherlich gibt es Va-

rianten, wie Waffen mit oder ohne Signalstift, Entspannhebel etc. Aber wer eine Selbstladepistole prinzipiell richtig zu handhaben gelernt hat, der wird sich schnell auf jedes Modell einstellen können. Da der Jäger seine Kurzwaffen zu reinigen hat, muß er auch imstande sein, die Waffen zu zerlegen und wieder zusammenzusetzen.
- *Revolver.* Die konstruktiven Unterschiede zwischen den verschiedenen Revolver-Modellen sind so geringfügig, daß es letztendlich unerheblich ist, welches Modell zum Ausbilden und Prüfen herangezogen wird. Wichtig ist nur, daß es sich um eine Konstruktion mit Spannabzug handelt.

Bevor nun Einzelheiten besprochen werden, soll die wichtigste Regel im Umgang mit einer Waffe, sei es bei der Jägerprüfung, im Jagdbetrieb oder bei anderer Gelegenheit, vorangestellt werden. Diese Regel und Forderung steht als Grundsatz an der Spitze aller anderen Handhabungsvorschriften:

Der Lauf einer Waffe muß in jeder Situation in eine Richtung zeigen, in der sich nach menschlichem Ermessen beim unbeabsichtigten Lösen eines Schusses kein Unfall ereignen kann.

Das Beherzigen dieser Regel ist der entscheidende Handhabungsgrundsatz überhaupt. Sie können an Ihrer Waffe noch so viel falsch machen, zeigt der Lauf aber dabei in eine keine Gefahr verursachende Richtung, so kann nichts Schlimmes passieren. Es ließen sich viele Beispiele anführen, wie oft und in welcher Form gegen diese Hauptregel verstoßen wird. Eine typische Situation mag stellvertretend für alle stehen (Abb. 128).

Abb. 128 Korrekt ist die Trageweise des Gewehres durch den linken Jäger. So wie der rechts abgebildete Jäger seine Waffe trägt, sollte sie nicht geführt werden

Sie ist zwar nachgestellt, aber bei Gesellschaftsjagden keine Seltenheit. Wie oft ist zu sehen, daß Gewehre so getragen werden! Man kann noch so sicher sein, daß das Gewehr soeben entladen worden ist und daß nun wirklich nichts passieren kann, der andere aber, der ungewollt in die Mündung Ihres Laufes sieht, kann das nicht wissen, und für ihn ist es mehr als nur ein ungutes Gefühl. Und irgendwann einmal – ein besonderer Umstand hat Sie daran gehindert, das Gewehr zu entladen, obwohl Sie es vorhatten – ist doch noch eine Patrone im Lauf, und dann kann es passieren.

Wie heißt es doch so hintergründig: Die meisten Schießunfälle passieren mit entladenen Waffen.

Bei allen Situationen, die nachfolgend besprochen werden, wird immer unterstellt, ohne daß noch einmal darauf hingewiesen wird, daß der Lauf bei allen Handhabungen in eine nicht gefährdete Richtung weist!

8.1 Handhabung der Langwaffen

Lassen Sie uns jetzt mit einer mündlich-praktischen Jägerprüfung in dem Fach „Jagdwaffenkunde" beginnen.

Aufforderung zum Handhaben einer Waffe. In aller Regel findet die Prüfung leider in einem geschlossenen Raum statt, die Prüflinge sitzen einzeln oder zu mehreren vor den Prüfern. Die Waffen, die zu handhaben sind, liegen auf Tischen oder stehen in Gewehrständern.

Häufig gibt es bei dem Prüfling die ersten Unsicherheiten, wenn er vom Prüfer aufgefordert wird, eine der Waffen aufzunehmen und sie zu handhaben. Dies wird dann nur äußerst zögerlich gemacht oder rundweg abgelehnt, weil befürchtet wird, die Waffe könnte von dem Prüfer in einen Zustand versetzt worden sein, der das Aufnehmen zu einem schweren Sicherheitsverstoß werden läßt. Mit auf dem Rücken verschränkten Armen steht der Prüfling dann vor der Waffe, schaut sie sich von allen Seiten her an, um zu ergründen, ob sie vielleicht gestochen ist – aber aufnehmen will er sie nicht.

In welchem Zustand die Waffe auch sein mag, Sie können sie ohne Bedenken aufnehmen, wenn dabei beachtet wird, daß die Finger nicht in die Nähe der Abzüge gehören und der Lauf beim Hochnehmen nicht in Richtung der Prüfer oder anderer Personen im Raum zeigt. Wenn dies beachtet wird, kann Ihnen nicht der geringste Vorwurf gemacht werden – selbst wenn, wie es leider häufig gemacht wird, die Waffe zuvor vom Prüfer eingestochen wurde. Das Ablegen eingestochener Waffen ist und bleibt ein so grober Sicherheitsverstoß, der in einer Jägerprüfung nur damit begründet werden kann, daß man das Verhalten des Prüflings in einer solchen Situation feststellen will. Da man aber einem Stecher nicht ohne weiteres ansehen kann, ob er eingestochen ist, muß man das Gewehr schon in die Hand nehmen, um den Stecher überprüfen zu können.

Grundsätzlich sollten sich die Waffen vor den Handhabungs-Demonstrationen im „schrankfertigen" Zustand befinden.

Des weiteren fühlen sich viele Prüflinge irritiert, wenn sie in einem geschlossenen Raum mit scharfer Munition (das ist ja die Annahme bei der Prüfung) hantieren. Sie finden keine Ecke, in die sie den Lauf halten könnten, ohne daß nicht Gefahr besteht, daß beim Lösen eines Schusses Schaden entsteht.

Hierzu gilt grundsätzlich, daß Sie sich darüber keine Gedanken machen sollten. Der Raum als solcher ist für den Prüfling nicht existent, es ist bei den Handhabungen ausschließlich auf die Prüfer, eventuelle weitere Prüflinge und in den Raum eintretende Personen zu achten.

Weiter ist noch die Frage zu klären, was wohl passiert, wenn nun doch auf dem Tisch oder im Gewehrständer Waffen vorhanden sind, die nicht den zuvor geschilderten Empfehlungen entsprechen und die der Prüfling noch nie in Händen hatte. In einem solchen Fall muß der Prüfling klaren Kopf behalten und sich folgendes vor Augen führen: Kein Prüfer kann einen Prüfling durchfallen lassen, weil er eine Waffe nicht handhaben kann, die er noch nicht in seinen Händen hatte. Der Prüfer kann lediglich solche Waffen verwenden, um das sichere Verhalten eines Prüflings zu beobachten und zu beurteilen. Aus der Sicht des Prüflings betrachtet heißt das: Er nimmt nach Aufforderung die Waffe an sich. Stellt er fest, daß es sich hier um eine Konstruktion handelt, die er nicht kennt, sollte er auf keinen Fall versuchen, alle Hebel und Schieber zu betätigen, um nun die Funktion der Waffe herauszufinden. Bei diesen unbedachten Handlungen, womöglich noch mit dem Finger am Abzug, ist ein Fehlverhalten programmiert und ein Durchfallen fast unvermeidlich.

Wie verhält sich der Prüfling also richtig?

Sobald er merkt, daß ihm das Waffenmodell nicht bekannt ist, sollte er sich davor hüten, auch nur irgendeinen Handhabungsversuch vorzunehmen. Vielmehr teilt er dem Prüfer mit, daß er die Waffe nicht kennt und demzufolge auch ihre Benutzung nicht demonstrieren kann. Wichtig ist nur, daß er sie so an sich nimmt, daß keine Gefährdung eintritt und keine unbedachten Handlungen vorgenommen werden.

Was der Prüfling an Waffen beherrschen muß, ist auf den Seiten 125 und 126 aufgelistet.

8.1.1 Handhabung der Repetierbüchse

Der Prüfer fordert den Prüfling auf, eine Repetierbüchse (M 98 oder ähnlich) vom Tisch oder aus dem Gewehrständer zu nehmen, um sich damit auf einen Rehbock schußfertig zu machen. Wie ist hier vorzugehen?

Aufnehmen der Waffe – Ausgangszustand herstellen. Das Gewehr wird vom Prüfling an sich genommen und mit dem Lauf schräg nach oben gehalten. Zunächst muß er feststellen, in welchem Zustand sich die Waffe befindet. Ist der Verschluß geöffnet, kann er sofort überprüfen, ob die Waffe eingestochen ist. Hierzu wird bei Ab-

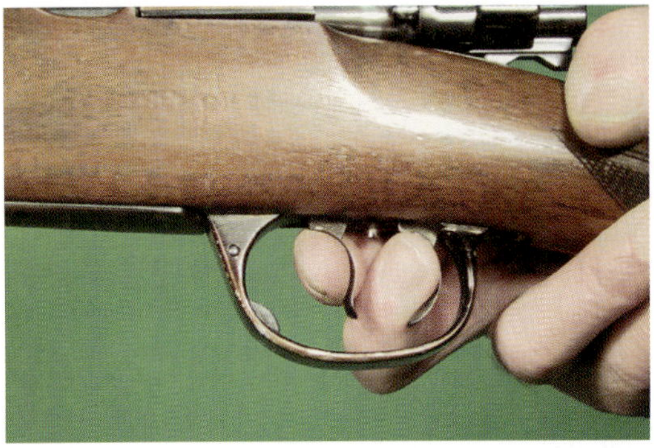
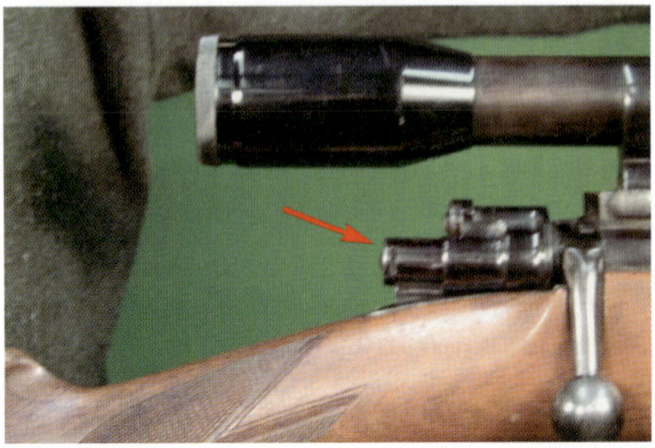

Abb. 129 ▲ Abb. 130 ▼ Abb. 131 ▲ Abb. 132 ▼

Abb. 129 Mittel- und Zeigefinger kontrollieren beim deutschen Stecher, ob die Waffe eingestochen ist
Abb. 130 Die Schlagbolzenmutter (Pfeil) ist fast nicht zu sehen: Das Schloß ist entspannt
Abb. 131 Die Schlagbolzenmutter (Pfeil) steht deutlich hervor: Das Schloß ist gespannt
Abb. 132 Zur Kontrolle der Laufbohrung wird der Verschluß herausgenommen

zugssystemen mit deutschem Stecher mit dem Mittelfinger auf den hinteren Abzug ein Druck ausgeübt, während der Zeigefinger den vorderen Abzug durchzieht (Abb. 129). War er gestochen, wird sofort ein Knacken vernehmbar sein. Der Druck auf den hinteren Abzug garantiert ein leises und schonendes Entstechen, falls der Abzug gestochen war.

Bei Repetierbüchsen mit Rückstecher wird der Abzug zwischen Daumen und Zeigefinger genommen und vorsichtig nach hinten gezogen. War er gestochen, wird sofort ein Knacken zu vernehmen sein.

Ist der Verschluß der aufgenommenen Repetierbüchse geschlossen, muß festgestellt werden, ob die Waffe ge- oder entspannt ist. Man kann dies an der Position der Schlagbolzenmutter erkennen (Abb. 1230 und 131). Kontrollieren läßt sich dies hingegen einfach durch Betätigung der Flügelsicherung Wenn sich das Gewehr nicht sichern läßt, ist die Waffe entspannt. In diesem Zustand wird der Verschluß geöffnet und die oben beschriebene Stecherüberprüfung vorgenommen.

Bei gespanntem Verschluß ist zu sichern (Sicherungsflügel senkrecht!) und danach wird der Verschluß geöffnet. Dann erfolgt die Stecherkontrolle.

Anmerkung zum System 98. Bei Handhabungen an Gewehren mit dem Mauser-System 98 ist zu beachten, daß der Sicherungsflügel drei Stellungen hat. Wenn er, vom Schützen aus gesehen, nach links umgelegt wird, ist die Waffe entsichert. Senkrecht gestellt bedeutet: Waffe gesichert, Verschluß läßt sich öffnen. Flügel nach rechts umgelegt: Waffe gesichert, Verschluß läßt sich nicht öffnen.

Wissen muß man hierbei, daß die Funktion der Sicherung bei Mittelstellung und bei nach rechts umgelegtem Flügel absolut gleich ist. Aus Widerspruchsverfahren ist uns bekannt, daß einige Prüfer der Auffassung sind, daß die Mittelstellung des Flügels auch eine verminderte Sicherungsfunktion bedeutet, weil sich dabei noch der Verschluß öffnen läßt. Dies ist nicht korrekt. In beiden Stellungen erfüllt die Sicherung ihre Aufgabe ohne Einschränkungen.

Feststellung des Beschußzeichens und des Kalibers. Nach den Bestimmungen des Waffengesetzes darf eine Schußwaffe, die kein gültiges Beschußzeichen trägt (siehe Kapitel 5), nicht geführt werden. Es wird daher vom Prüfling erwartet, daß er sich darüber informiert, ob das Gewehr gültige Beschußzeichen trägt und welches Kaliber es hat, da auch dies mit der vorhandenen Munition verglichen werden muß.

Folglich ist dafür Voraussetzung, daß der Prüfling die beschußrechtlichen Kennzeichnungen des deutschen Beschusses kennt.

Seit einigen Jahren wird das Beschußdatum verschlüsselt mit Buchstaben angegeben. Das Entschlüsseln ginge über das Niveau der Jägerprüfung hinaus. Die Identifizierung ausländischer Beschußzeichen kann ebenfalls nicht Gegenstand der Jägerprüfung sein.

Weiterhin muß das Kaliber der Waffe anhand der eingeschlagenen Kaliberbezeichnung mit der vorhandenen Munition verglichen werden, denn aus einer Waffe darf nur Munition des Kalibers verschossen werden, für das die Waffe eingerichtet ist: eine Selbstverständlichkeit.

Denken Sie aber einmal an das Kaliber 8x57I und 8x57IS. Bei oberflächlicher Betrachtung kann es sehr schnell zur Verwechslung kommen. Wird dann aus einer Waffe im Kaliber 8x57I eine Patrone des Kalibers 8x57IS verschossen, können sich wegen des größeren Geschoßdurchmessers des „S"-Kalibers Gasdrucksteigerungen ergeben, die so hoch werden, daß die Haltbarkeit der Waffe in Frage gestellt ist.

Überprüfung der Laufbohrung. Eine Gefahrenquelle stellen Hindernisse in der Laufbohrung dar. Sie können bei Abfeuern eines Schusses die Ursache für das Aufbauchen oder Aufreißen des Laufes sein. Deshalb gehört eine Überprüfung der Laufbohrung zu den Notwendigkeiten bei der Handhabung in der Prüfung und natürlich auch in der Praxis.

Hierzu wird aus der Waffe der Verschluß genommen (Abb. 132), die Laufbohrung gegen hellen Hintergrund gehalten und hindurchgesehen. Sie muß in ihrem gesamten Bereich frei von Fremdkörpern sein.

– *Prüfungserfahrungen*: Was hier als gefahrbringendes Hindernis zu betrachten ist, darüber bestehen bei den Prüflingen zum Teil erhebliche Unkenntnisse. Nach deren Auffassung können in der Laufbohrung „Gesteinsbrocken", Spinnweben, Äste, Wassertropfen und noch so manches andere sein.

In vielen Fällen hat der Prüfer zuvor darauf hingewiesen, daß unterstellt werden solle, daß die Waffe aus dem Gewehrschrank entnommen worden sei. Daraus ergibt sich eigentlich zwingend, daß Gesteinsbrocken, Äste etc. ja als Hindernis wohl kaum in Frage kommen können. Auf das Naheliegende, daß es sich bei den Hindernissen um Reinigungswerg- oder Reinigungsfilz- Rückstände handeln könnte, kommen die wenigsten.

„Hindernisse" in Form von Wasser- oder Öltropfen, Staubpartikeln, können keine Ursache von Laufaufbauchungen oder Sprengungen sein.

Erst massivere Gegenstände in Form von steckengebliebenen Geschossen, Geschoßresten, Erde, Reinigungsmitteln (Werg, Filz) bergen die Gefahr von Laufbeschädigungen.

Der Prüfling sollte an dieser Stelle darauf hinweisen, daß er nach dieser Sichtkontrolle Lauf- und Patronenlager trocken durchwischen wird, um den Einfluß des Waffen-Konservierungsmittels auf die Treffpunktlage des ersten Schusses zu beseitigen.

Laden der Waffe. Nachdem diese vorbereitenden Handhabungen abgeschlossen sind, wird in aller Regel davon ausgegangen, daß nunmehr der Prüfling im Revier sei und auf ein Stück Schalenwild ansitzt.

Das Gewehr muß jetzt geladen werden!

Vielfach werden jetzt dem Prüfling einige Patronen vorgelegt, und er muß die aussuchen, die dem Kaliber der Waffe entsprechen. Damit lädt er das Magazin, schließt den Verschluß und sichert. Durch das Schließen des Verschlusses wird gleichzeitig eine Patrone in das Patronenlager eingeführt.

Es wird eindringlich darauf hingewiesen, daß scharfe Patronen bei den Handhabungs-Übungen und in der Prüfung nichts zu suchen haben. Nur sogenannte „Exerzier-Patronen" ohne Pulver und scharfem Zündhütchen dürfen verwendet werden wenn es nicht zu Unfällen kommen soll.

– *Prüfungserfahrungen*: Bei Repetierbüchsen mit dem Mauser 98-System, die kein herausnehmbares Magazin haben, wird oftmals versucht, die Patrone auf das Magazin zu legen, um sie dann in den Lauf zu repetieren. Bei diesem Vorgehen kann die Auszieherkralle aber nicht in die Auszieherrille am Hülsenboden greifen. Die Patrone läßt sich nicht laden (Abb. 133 und 134), und es besteht die Gefahr, daß die Auszieherkralle abbricht, wenn durch Kraftaufwendung die

Patrone in das Lager vorgeschoben werden soll. Es ist daher zwingend erforderlich, die Patrone zunächst ins Magazin zu drücken.

Das Gewehr ist jetzt entstochen, geladen und der Verschluß geschlossen und gespannt. Es muß jetzt noch gesichert werden.

Fertigmachen zum Schießen. Im weiteren Prüfungsverlauf wird jetzt davon ausgegangen, daß das zu schießende Wild ausgetreten ist.

Der Prüfling darf nun keineswegs vergessen, den Prüfer davon zu informieren, daß er, nachdem er das Stück angesprochen hat, nicht eher schießen wird, bis er sich davon überzeugt hat, daß das Hintergelände einen gefahrlosen Schuß zuläßt und ein Kugelfang vorhanden ist. Er sollte auch darauf hinweisen, daß Hindernisse in unmittelbarer Nähe der Mündung (Äste) beachtet werden müssen, damit es nicht zu einer Ablenkung und Zerlegung des Geschosses kommt.

Entsichern des Gewehres. Das Gewehr ist nun zu entsichern! Es stellt keinen Verstoß gegen die Sicherheit dar, wenn die Waffe entsprechend der Abb. 135 nicht am Kopf sondern in dieser Position entsichert wird.

Sitzt man auf einer Kanzel oder einem Hochsitz, wird entsichert, wenn die Waffe auf der Brüstung liegt.

- *Prüfungserfahrungen*: Von vielen Prüfern wird gefordert, daß die Waffe, prinzipiell im Anschlag zu entsichern und zu sichern ist.

Wie Abbildung 136 zeigt, ist dies bei einer Repetierbüchse mit dem Mauser 98-System und aufgesetztem Zielfernrohr schon ein unübersichtliches Handhaben. Das Sichern oder Entsichern im Anschlag erschwert dies noch erheblich und dient keinswegs der Erhöhung der Sicherheit im Umgang mit einer Waffe. Die Handgriffe, die vorgenommen werden müssen, sollen nicht nur „erfühlt" sondern auch mit den Augen verfolgt werden können.

Stechen der Büchse. Die Büchse wird jetzt auf das Wild gerichtet (angeschlagen) und eingestochen.

Hier hängt es wieder vom Waffenfabrikat ab, welche Art von Stecher eingebaut ist. Büchsen, vornehmlich neuerer Konstruktionen (z. B. Sauer, Blaser) haben einen Rückstecher. Dieser wird jetzt mit dem Daumen in Schußrichtung gedrückt.

Bei Büchsen mit dem sogenannten „Deutschen Stecher" (z. B. Mauser 98) wird der hintere Abzug gezogen, bis ein knackendes Geräusch zu hören ist. Der Stecher ist jetzt eingerastet, die Waffe ist gestochen.

- *Prüfungs- und Praxiserfahrungen:* Sowohl in der Prüfung als auch in der jagdlichen Praxis sind durch falsches Bedienen des „Deutschen Stechers« Schüsse ausgelöst worden.

Wird der „Deutsche Stecher" mit dem „Französischen Rückstecher" verwechselt, kommt es zur sofortigen Schußauslösung (Abb. 139).

Wenn auch in der Prüfung in aller Regel der eingestochene Abzug nicht betätigt wird, so ist doch der Hinweis angebracht, daß ein zuverlässiges Auslösen des Schusses beim Rückstecher nur dann erreicht wird, wenn der Abzug nicht mit seitlichem Druck nach hinten bewegt wird. Der Finger muß den Abzug in

Abb. 133 Falsch! Die Patrone ist nicht ins Magazin gedrückt worden, die Auszieherkralle greift nicht in die Auszieherrille

Abb. 134 Richtig! Die Patrone muß zuerst in das Magazin gedrückt werden, damit die Auszieherkralle richtig fassen kann

Abb. 135 ▲ Abb. 136 ▼

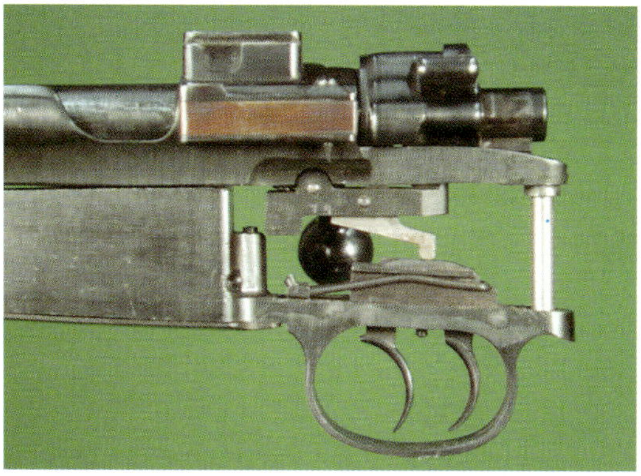

Abb. 137 ▲

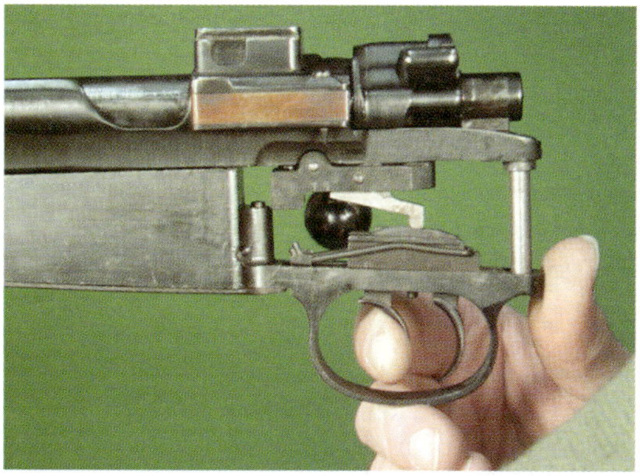

Abb. 138 ▲ Abb. 139 ▼

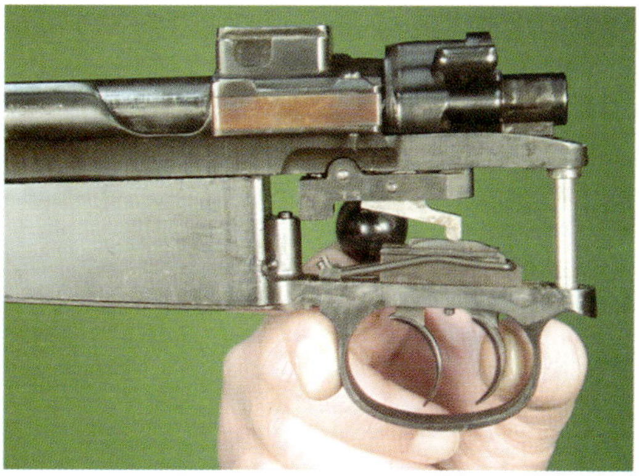

Abb. 135 Zulässig! Das Gewehr darf in dieser Position entsichert werden
Abb. 136 Das Entsichern im Anschlag ist verkrampft
Abb. 137 Abzugssystem mit gespanntem Schlagbolzen, Abzug nicht gestochen
Abb. 138 Der Abzug wird betätigt. Das Abzugsblatt (Stecherblatt) drückt gegen den Abzugsstollen, der Schuß wird ausgelöst
Abb. 139 Die gleichen Bewegungsabläufe ergeben sich bei Betätigen des hinteren Abzuges, wenn dieser wie ein Rückstecher betätigt wird. Der Schuß löst sich

Längsrichtung der Waffe betätigen. Dies wird hier in Abb. 140 und 141 an einem Drilling demonstriert).

Das Wild springt ab. Damit festgestellt werden kann, wie der Prüfling mit einer entsicherten und gestochenen Waffe umgeht, läßt der Prüfer in dieser Situation das Wild abspringen.

Wie jetzt zu verfahren ist, hängt wieder sehr vom Waffenmodell ab.

Entstechen der Repetierbüchse mit Mauser 98-System. Die Büchse muß gesichert und der Kammerstengel angehoben werden! Dazu wird sie soweit abgesetzt, daß diese Handhabungen bequem vorgenommen werden können (Sicherungsflügel senkrecht). Zulässig

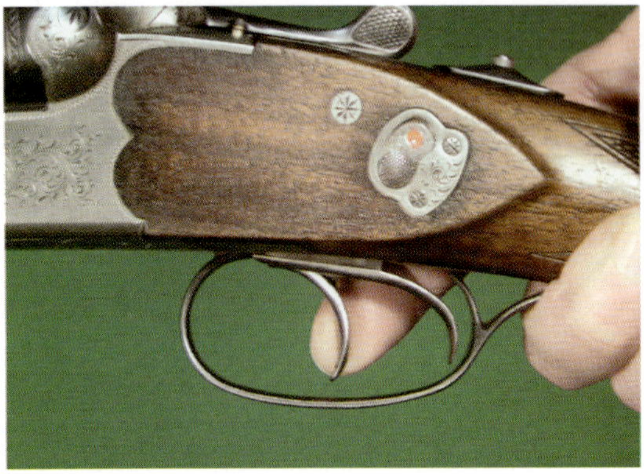

Abb. 140 Wird der eingestochene Abzug (Rückstecher) mit seitlichem Druck nach hinten gezogen, wird der Schuß nicht ausgelöst

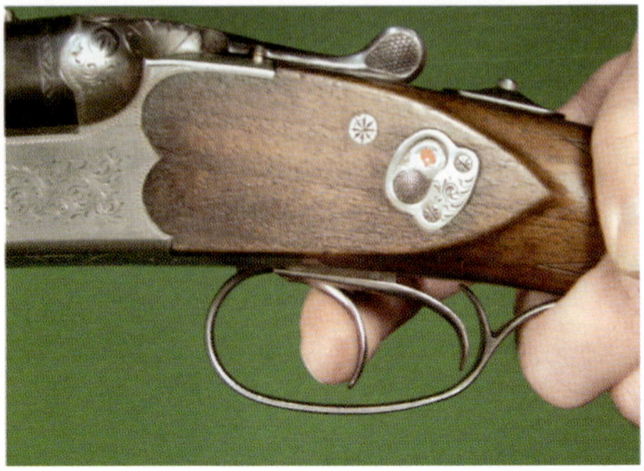

Abb. 141 Der Druck des Fingers muß von vorne auf den gestochenen Abzug kommen, damit sich der Schuß löst

ist aber auch, die Waffe zu sichern und sofort zu entstechen, ohne sie vorher zu öffnen.

Hier noch einmal der eindringliche Hinweis:
Bei den jetzt folgenden Handhabungsschritten muß der Lauf unter allen Umständen in eine Richtung gehalten werden, in der bei unbeabsichtigter Schußauslösung kein Schaden entstehen kann.

Auf dem Hochsitz oder auf der Kanzel bleibt sie auf der Brüstung liegen, und man kann aus dem Anschlag gehend sichern.

Zum Entstechen wird bei Abzugssystemen mit Deutschem Stecher mit dem Mittelfinger der hintere Abzug durchgezogen und festgehalten. Der Zeigefinger zieht den vorderen Abzug durch und hält ihn ebenfalls fest. Jetzt läßt der Mittelfinger den hinteren Abzug wieder frei, anschließend der Zeigefinger den vorderen.

Das alles hört sich kompliziert an, geht aber nach einiger Übung in Fleisch und Blut über.

Soll der Ansitz fortgesetzt werden, wird der Verschluß der Waffe wieder geschlossen und gesichert.

Zustand der Repetierbüchse:
geschlossen – geladen – gesichert – entstochen

- *Prüfungserfahrungen*: Eine Vielzahl von Prüfern hält es für unbedingt erforderlich, daß die gestochene Waffe noch am Kopf gesichert werden muß. Wie schon bei der Beschreibung des „Entsicherns" gesagt, ist dies beim 98er in stehender Haltung ein ungelenkes Hantieren, zumal wenn das Zielfernrohr aufgesetzt ist. Deshalb sollte die Waffe heruntergenommen werden, dann geht das Sichern besser und auch sicherer.

Entstechen anderer Waffenkonstruktionen. Bei einer Reihe von Fabrikaten läßt sich in gesichertem Zustand der Verschluß nicht öffnen, hier muß bei gesicherter und ungeöffneter Waffe entstochen werden. Es gibt auch Konstruktionen, bei denen wird beim Anheben des Kammerstengels die Waffe selbsttätig entstochen.

Waffe entladen. Der Prüfer läßt in der Regel nach dem Entstechen der Büchse auch den Ansitz beenden. Es muß entladen werden!

- *Repetierbüchsen mit Mauser 98-System:* Die Waffe ist gesichert (Sicherungsflügel senkrecht). Vielfach läßt sich so der Verschluß nicht öffnen, weil das Zielfernrohr im Wege ist. Deshalb ist man gezwungen, die Büchse für das Entladen zu entsichern (Sicherungsflügel links). Zuerst wird die im Patronenlager befindliche Patrone herausrepetiert. Danach können die Patronen aus dem Magazin repetiert oder bei einem nach unten aufklappbaren Magazin direkt entnommen werden (Abb. 142 und 143).
- *Repetierbüchsen anderer Konstruktionen:* Hier überwiegt das herausnehmbare Magazin. Zuerst wird die im Patronenlager vorhandene Patrone durch Öffnen des Verschlusses herausgezogen, dann das Magazin entfernt. Waffe und Magazin bleiben getrennt (Abb. 144).

Entspannen des Verschlusses. Bei den meisten Konstruktionen ist der Schlagbolzen des geöffneten Verschlusses gespannt. Zum Entspannen wird so vorgegangen:

Abb. 142 ▲

Abb. 143 ▼

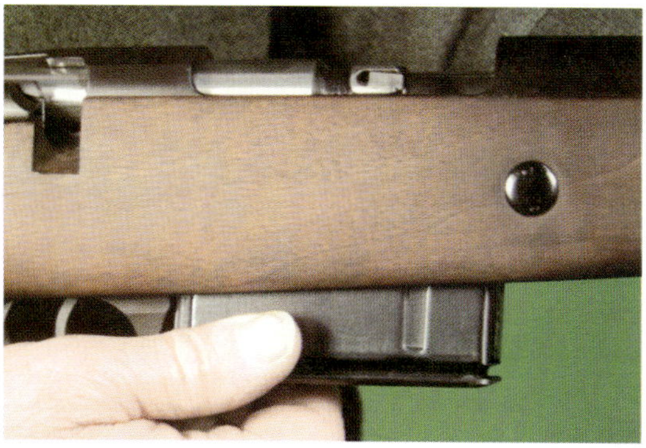

Abb.144 ▲

Abb. 145 ▼

Abb. 146 ▼

Abb. 142 Zuerst wird die Patrone aus dem Lager gezogen und entnommen ...
Abb. 143 ... dann werden die Patronen aus dem nach unten aufklappbaren Magazin entnommen.
Abb. 144 Das Einsteckmagazin wird nach unten herausgenommen.
Abb. 145 Beidhändiges Entspannen der Repetierbüchse.
Abb. 146 Einhändiges Entspannen der Repetierbüchse

Die entsicherte Büchse in die rechte Hand nehmen und mit dem Zeigefinger den (vorderen) Abzug durchziehen, mit der freien Hand den Verschluß schließen (Abb. 145). Vereinfacht wird diese Handhabung dadurch, daß man die Waffe nach links schwenkt, damit nicht übergriffen werden muß. Zusätzlich kann sie in der Hüfte abgestützt werden.

Auch das einhändige Entspannen ist möglich (Abb. 146). Der Zeigefinger zieht den Abzug durch, der Daumen drückt den Kammerstengel nach unten.

Handhabung einer modernen Repetierbüchse (Blaser R 93). Die Blaser-Repetierbüchse R 93 ist ein sogenannter „Geradezugrepetierer" und eine Sicherheitsrepetierbüchse. Zum Öffnen und Schließen der Kammer muß der Kammerstengel nicht geschwenkt werden, sondern die Verriegelung des Verschlusses erfolgt durch Vordrücken des Kammerstengels (Abb. 147 und 148). Durch Vor-

Abb. 147 ▲ Abb. 148 ▼ Abb.149 ▲ Abb. 150 ▼

Handhabung des Geradezugrepetierers Blaser R 93:
Abb. 147 Schließen der Waffe
Abb. 148 Verriegeln

Abb. 149 Zum Spannen des Schlosses wird der Spannschieber nach vorne geschoben
Abb. 150 Roter Punkt – Schloß gespannt

schieben des Spannschiebers wird das Schloß gespannt (Abb. 149 und 150). Dies kann unmittelbar vor der Schußabgabe geschehen. Ansonsten bleibt die Waffe entspannt, und sie ist so vollkommen sicher, auch wenn sich die Patrone im Lager befindet.

Im gespannten Zustand kann repetiert werden, so daß mehrere Schüsse hintereinander abgegeben werden können.

8.1.2 Handhabung der Doppelflinte/Bockflinte

Das Handhaben der jetzt noch zu beschreibenden Waffenkonstruktionen ist in vielen Punkten vergleichbar mit der zuvor beschriebenen Handhabung der Repetierbüchse. Deshalb kann das eine oder andere kürzer gefaßt werden.

Aufnehmen der Flinte, Ausgangszustand herstellen. Die Flinte ist nach dem Aufnehmen, bei dem die linke Hand sie um den Vorderschaft ergreift, falls erforderlich, zu sichern und zu öffnen.

Feststellen des Beschußzeichens und des Kalibers. Anders als bei der Repetierbüchse sind die Beschußzeichen meist am Laufbündel unterhalb der Patronenlager eingeschlagen. Es muß daher zunächst die Verriegelung des Vorderschaftes gelöst und dieser abgenommen werden, bevor das Laufbündel aus der Basküle gehoben wird. Hier kann die Kaliberbezeichnung stehen; es muß aber nicht so sein, denn es gibt eine ganze Reihe Fabrikate, bei denen die Kaliberangabe schräg oben am Laufbündel, ähnlich wie bei den Repetierbüchsen, zu finden ist.

Kontrolle der Laufbohrung. Bei den großen Durchmessern der Schrotläufe ist natürlich die Wahrscheinlichkeit, daß ein Hindernis in die Laufbohrung gelangt, größer als bei den kleinkalibrigen Büchsenläufen. Deshalb ist die Sichtkontrolle der Laufbohrungen besonders wichtig.

Fertigmachen zum Schießen. Die Flinte wird nach vorherigem Vergleich der Kaliber von Waffe und Patronen (Exerzier- oder Pufferpatronen) geladen, geschlossen und mit schräg nach oben gerichtetem Lauf gehalten.

Abb. 151 Beim Schließen der Flinte darf der Finger nicht am Abzug liegen

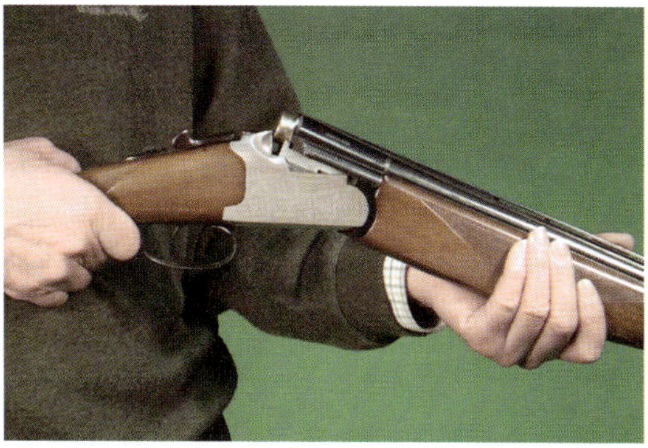

Abb. 152 So wird die Flinte korrekt geschlossen

–*Prüfungs- und Praxiserfahrungen*. Die Handhabung der Flinte ist nicht schwierig, dennoch werden eine Reihe von Fehlern gemacht:

1. Beim Schließen der Flinte wird der Schießfinger (Zeigefinger) am Abzug gehalten (Abb. 151). Das führt häufig zur Schußauslösung, weil durch das Festhalten der Waffe beim Schließvorgang allzuleicht der Finger gekrümmt wird. Bei einer gesicherten Flinte, wie im vorliegenden Fall, wird diese Situation nicht eintreten. Dennoch hat der Finger nichts am Abzug verloren. Beim Schießen auf dem Wurftaubenstand wird die Flinte nicht gesichert (allerdings wird sie auch erst unmittelbar vor dem Schuß geschlossen!). Hierbei ist dieser Grundsatz, daß der Finger beim Schließen der Waffe nicht an den Abzug gehört, unbedingt zu beachten. Die vielen Schußlöcher auf den Schützenständen der Wurftaubenschießstände zeigen, wie oft gegen diesen Grundsatz verstoßen wird.
   Grundsätzlich wird beim Schließen die Flinte so gehalten, wie das in Abb. 152 dargestellt ist.
2. Die Flinte wird mit weit vernehmbarem „Krachen“ geschlossen.
   Folge: Bei einem fehlerhaften Abzugssystem kann sich durch diese Erschütterungen ein Schuß lösen, und auf Dauer gesehen beeinträchtigt dieses heftige Zuschlagen die Haltbarkeit des Verschlusses. Er wird undicht, und ein neuer Scharnierstift muß eingepaßt werden. Deshalb muß die Flinte gefühlvoll geschlossen werden.
3. Nach dem Schließen der Flinte überzeugt sich der Prüfling oder Jäger nicht davon, daß der Oberhebel auch wirklich in Längsachse oder annähernd Längsachse des Laufbündels steht.
   Folge: Durch kleinste Fremdkörper im Verschluß klappt das Laufbündel nicht vollständig an, und der Oberhebel kann sich nicht schließen. Bei den meisten Waffenfabrikaten ist aber noch eine Schußauslösung möglich. Wie Unfälle zeigen, kippt dann beim Lösen des Schusses das Laufbündel ab, und die Patronenhülse wird dem Schützen an den Kopf, ja ins Auge geschleudert. Neue Flinten sind in ihrem Verschluß noch etwas schwergängig, und der Oberhebel schließt sich nicht immer vollständig. Man muß es sich daher zur Regel machen, die Stellung des Oberhebels nach dem Schließen der Flinte zu kontrollieren; ein kurzer Blick oder ein leichtes Nachdrücken verschaffen Gewißheit.

Schießen. Sollte der Prüfer den Prüfling zum Schießen auffordern, so ist die Waffe vor dem Anschlagen zu entsichern. Der Finger darf erst unmittelbar vor der Aufwärtsbewegung der Waffe in den Abzug gelegt werden.

Flinte entladen und entspannen. Nach dem Schießen wird die Flinte aus der Anschlaghaltung gesenkt und sofort geöffnet. Ein vorheriges Sichern ist nicht erforderlich. Die Hülse und die nicht abgeschossene Patrone bzw. beide Hülsen werden der Waffe entnommen, sofern sie nicht durch einen Ejektor ausgeworfen werden.

Das Entspannen der Schlosse hängt von der Konstruktion der Waffe ab.

1. *Flinten mit Patronenausziehern und Doppelabzügen:* Beide Abzüge werden bei gleichzeitigem Schließen der Flinte durchgezogen.
2. *Flinten mit Ejektoren und*

Doppelabzügen: Hier muß man unterscheiden zwischen den „Feder-Ejektoren" und den Ejektoren der Bauart „Holland & Holland". Das Entspannen der Flinten mit Feder-Ejektoren läßt sich wie bei Flinten mit Patronenausziehern durchführen. Bei den Holland & Holland- Ejektoren soll die Flinte nur durch das Abschlagen der Schlosse entspannt werden, um die Rasten an den Ejektoren nicht zu beschädigen. Dies wird grundsätzlich mit Pufferpatronen durchgeführt.

3. *Flinten mit Einabzug:* Es ist schon kompliziert genug, wenn zwischen Feder-Ejektoren und Holland & Holland- Ejektoren unterschieden werden muß. Zusätzlich muß man noch zu unterscheiden lernen zwischen dem Einabzug, bei dem durch Betätigung des Abzuges auf den zweiten Lauf umgeschaltet wird oder dem Einabzug, bei dem der Rückstoß des ersten Schusses die Umschaltung vornimmt („dynamische Umschaltung").
   Im ersten Fall läßt sich die Flinte nach dem Laden von Pufferpatronen und zweimaligem Betätigen des Abzuges entspannen. Wer seine Flinte, die mit einer dynamischen Umschaltung der Abzüge ausgestattet ist, entspannen will, muß die Läufe mit Pufferpatronen laden. Durch Betätigung des Abzugs läßt sich ein Schloß abschlagen. Durch einen kräftigen Schlag mit der Hand auf die Schaftkappe (Erzeugung eines Rückstoßes) wird auf den zweiten Abzug umgeschaltet, der jetzt auch betätigt werden kann. Sollte der Schlag mit der Hand für eine Umschaltung nicht ausreichen, so bleibt nichts anderes übrig, als die Flinte mit der Schaftkappe auf den Boden (Teppichboden) zu stoßen, damit die Umschaltung erfolgt. Danach läßt sich der Abzug zum Abschlagen des zweiten Laufes betätigen.
4. *Flinten mit automatischer Sicherung:* Hierbei kann man die Schlosse nur entspannen, wenn die Waffe nach dem Schießen entsichert und abgeschlagen wird (Pufferpatronen nicht vergessen!).

- *Prüfungserfahrungen*: Das Abstellen nicht entspannter Flinten ist einige Male als „Sicherheitsverstoß" gewertet worden. Das ist es nicht!
  Bei falsch dimensionierten Schlagfedern kann allenfalls eine Erlahmung der Schlagkraft des Schlagbolzens oder des Schlagstückes eintreten, wenn die Flinte längere Zeit gespannt im Schrank steht. Bei den heutigen modernen Fertigungsmethoden und hochwertigen Federwerkstoffen ist dies aber nicht zu befürchten.

8.1.3 Handhabung des Drillings

Wegen seiner vielfältigen Bedienungsmöglichkeiten stellt der Drilling die größten Anforderungen an die Handhabungssicherheit von Langwaffen.

Aufnehmen des geschlossenen Drillings, Ausgangszustand herstellen. Der Prüfling ergreift den Drilling mit der linken Hand um den Vorderschaft und der rechten zunächst um den Kolbenhals und öffnet ihn durch Abkippen des Laufbündels. Vorher ist zu sichern. Er muß prüfen, ob die Waffe entladen und entstochen ist. Der Wahlschieber für die Umstellung „Schrot"/„Kugel" wird in Stellung „Schrot" gebracht, falls noch nicht geschehen.

Bei Drillingen mit separater Kugelspannung wird durch Niederdrücken des Knopfes auf dem Spannschieber und dessen Zurückgleiten das Kugelschloß entspannt.

Ob der Drilling gestochen ist, wird überprüft, indem man den vorderen Abzug zwischen Daumen und Zeigefinger nimmt und zurückzieht. War er gestochen, so wird man ein Knacken vernehmen – der Abzug wurde entstochen (Abb. 153).

Feststellung des Beschußzeichens und der Kaliber, Überprüfung der Laufbohrungen. Dabei muß so verfahren werden, wie bei der Handhabung der Flinte beschrieben, also Drilling schließen, Vorderschaft abnehmen und nachschauen.

Laden des Drillings. Dies gestaltet sich nach den Vorgaben

Abb. 153 (oben) Der Drilling wird überprüft, ob er gestochen ist
Abb. 154 (unten) Die Signalstifte zeigen an, welches Schloß ge- oder entspannt ist

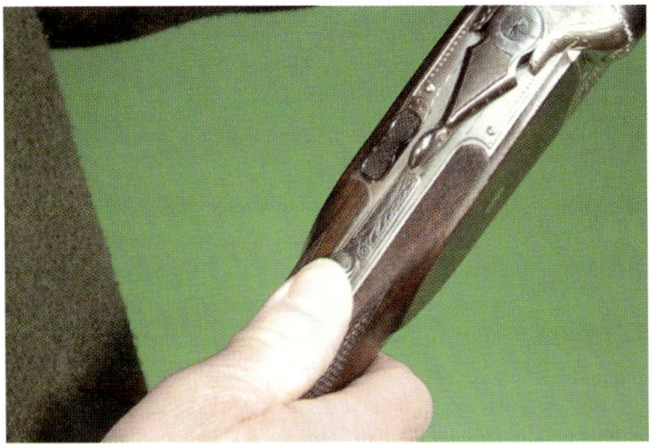

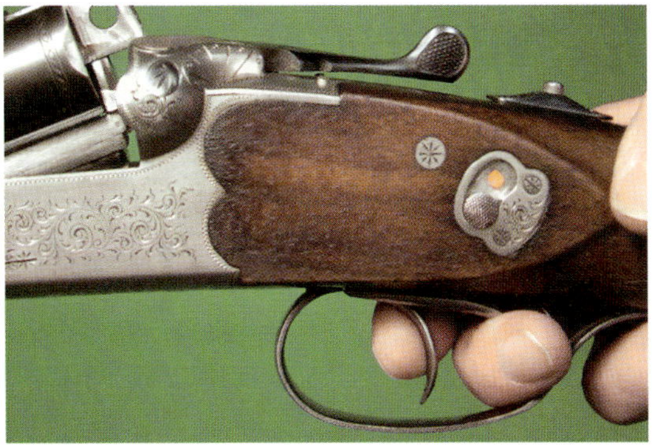

Abb. 155 ▲ Abb. 156 ▼ Abb. 157▲

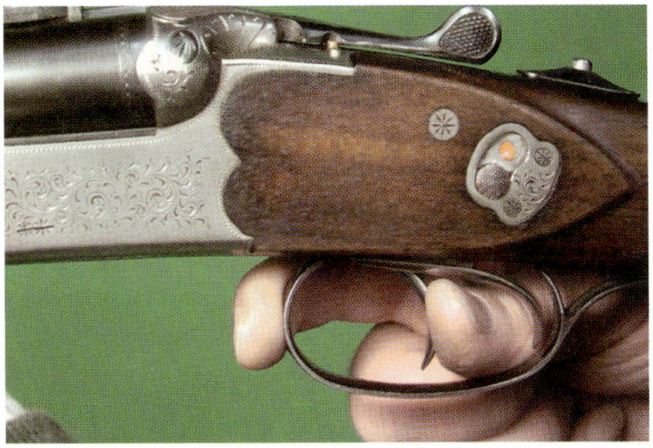

Abb. 155 Der Spannschieber der separaten Kugelspannung wird betätigt (nach vorne schieben = Spannen des Schlosses)
Abb. 156 Der Abzug wird gestochen
Abb. 157 Entspannen des Drillings ohne Pufferpatronen

des Prüfers. In unserem Beispiel werden alle drei Läufe geladen. Nach dem Schließen des Drillings muß er folgenden Zustand aufweisen:
entstochen – geladen – gespannt – auf „Schrot" gestellt bzw. separate Kugelspannung entspannt – gesichert.

Die Signalstifte zeigen durch Hervorstehen an, welches Schloß gespannt ist. Auf Bild 154 zeigen die Stifte an, daß alle 3 Schlosse gespannt sind.

Fertigmachen zum Schießen. Mit der Vorgabe, daß ein Stück Schalenwild geschossen werden soll, sind der Reihe nach folgende Handgriffe nötig:

Schieber für die Umstellung von „Schrot" auf „Kugel" nach vorne schieben.

Nach dem Ansprechen des Wildes und der Beurteilung des Hintergeländes den Drilling anschlagen und stechen (Abb. 156).

Entsichern. Beim Standarddrilling wird jetzt entsichert, beim Drilling mit separater Kugelspannung der Spannschieber nach vorne gedrückt, bis er einrastet (Abb. 155).
Die Schrotläufe bleiben gesichert!

– *Prüfungserfahrungen*: Um festzustellen, wie sich die Kandidaten in bestimmten Situationen verhalten, werden an dieser Stelle von Prüfern besondere Situationen vorgegeben.

Zum Beispiel läßt der Prüfer jetzt den Bock abspringen und in 25 m Entfernung einen Fuchs auftauchen, auf den geschossen werden soll. Da es sich um eine ideale Schrotschußentfernung handelt, wird vom Kandidaten erwartet, daß er den Drilling auf Schrot umstellt oder bei separater Kugelspannung den Büchsenlauf entspannt und die Schrotläufe entsichert. Dann kann mit dem gestochenen Abzug für den rechten Schrotlauf auf den Fuchs geschossen werden. Wesentlich ist hierbei: Es stellt keinen Verstoß gegen die Sicherheit dar, wenn die Umschaltung des Drillings von Kugel auf Schrot in gestochenem Zustand ohne vorheriges Sichern erfolgt, immer unterstellt, der Lauf wird, wie eingangs gefordert, in eine nicht gefährdete Richtung gehalten. Ist im rechten Schrotlauf ein Einstecklauf eingelegt, so kann ein Schuß aus dem linken Schrotlauf nur abgegeben werden, wenn der Drilling entstochen ist. Würde nämlich der für den linken Schrotlauf zuständige hintere Abzug vorher betätigt, löste sich unweigerlich bei gestochenem vorderen Abzug auch ein Schuß aus dem rechten Lauf. Also unbedingt vorher entstechen.

Entstechen des Drillings. Hierzu wird der Drilling aus dem Anschlag genommen, gesichert, geöffnet und entstochen.

Entladen. Alle Patronen bzw. Hülsen werden aus den Patronenlagern entfernt.

Entspannen des Drillings.

1. *Standarddrilling*: Für das Entspannen der drei Läufe mit zwei Abzügen gibt es grundsätzlich zwei Möglichkeiten:
   Der geöffnete Drilling wird entsichert und auf „Schrot" gestellt. Dann werden die beiden Abzüge durchgezogen und der Drilling etwa bis zur Hälfte geschlossen. Damit sind die Schlosse der beiden Schrotläufe entspannt (Abb. 157). Anschließend wird auf „Kugel" umgestellt und der vordere Abzug bei gleichzeitigem Schließen der Waffe durchgezogen. Nun ist auch das Schloß des Büchsenlaufes entspannt. Dieses Verfahren hat jedoch den Nachteil, daß sich Beschädigungen des Abzugssystems einstellen können, wenn zum Entspannen der Schrotlaufschlosse nicht die richtige Position des Laufbündels eingehalten wird.
   Besser ist es, den Drilling auf „Schrot" zu stellen,zu entsichern und eine Pufferpatrone in den Büchsenlauf zu laden. Bei gleichzeitigem Durchziehen beider Abzüge wird der Drilling geschlossen. Die Schlosse der Schrotläufe sind entspannt. Danach wird auf „Kugel" umgestellt und der vordere Abzug bis zum Abschlagen des Büchsenlaufschlosses betätigt, das somit auch entspannt ist.
2. *Drilling mit separater Kugelspannung:* Bei dieser Waffenkonstruktion sind die Verhältnisse einfach. Die Schrotläufe werden entsichert, und den Spannschieber für den Büchsenlauf läßt man zurückgleiten. Bei gleichzeitigem Durchziehen beider Abzüge wird der Drilling geschlossen. Alle Schlosse sind entspannt!

8.2 Handhabung der Kurzwaffen

Die höchsten Anforderungen stellt das sichere Handhaben der Kurzwaffen.

Repetierbüchsen, Flinten und Drillinge sowie andere Gewehrkonstruktionen sind wegen ihrer langen Läufe nicht so beweglich wie die Kurzwaffen, bei deren Umgang sich sehr schnell gefahrbringende Situationen ergeben können.

Der Revolver und die Pistole sind Selbstverteidigungswaffen, die zu Jagdzwecken in speziellen Fällen eingesetzt werden (Fangschuß). Man trägt sie in einem Zustand, der ein schnelles Schießen ermöglicht. Denken Sie z.B. an den Revolver, der ohne äußere Sicherungen getragen wird und sofort schußbereit ist. Das sichere Tragen, Ziehen, Schießen, also der ganze Umgang mit der Kurzwaffe muß daher intensiv geübt werden, auch, oder gerade weil im Jagdgeschehen die Kurzwaffe gegenüber den Langwaffen weitaus weniger Verwendung findet.

Die Jägerprüfung entspricht der Sachkundeprüfung nach den Bestimmungen des Waffengesetzes. Da dem Jäger zwei Kurzwaffen ohne Bedürfnisnachweis zugestanden werden, ergibt sich daraus, daß er ebenso sicher mit diesen umgehen muß, wie man es bei den Langwaffen voraussetzt.

8.2.1 Revolver

Der Revolver ist eine Kurzwaffe, deren Handhabung unkompliziert und übersichtlich ist. Sicherheitsgerecht präsentiert er sich wie in Abb. 158 dargestellt. Die Trommel ist ausgeschwenkt, und damit wird sofort für jeden sichtbar, daß die Waffe ungeladen ist und keine Gefahren birgt.

Abb. 158 Korrekt abgelegter Revolver

Aufnehmen des Revolvers. Wenn der Kandidat aufgefordert wird, den Revolver aufzunehmen, muß er auf folgendes achten:

1. Der Finger darf nicht in den Abzugsbügel greifen.
2. Die Waffe muß beim Aufnehmen so gehalten werden, daß der Lauf in keinem Moment in eine gefährdete Richtung zeigt.
3. Die Trommel bleibt ausgeschwenkt, der Lauf zeigt schräg nach unten.

War der Revolver mit eingeschwenkter Trommel abgelegt, so wird er in gleicher Weise aufgenommen; es muß aber sofort die Trommel ausgeschwenkt werden.

– *Prüfungserfahrungen*. Beim Aufnehmen der Langwaffen sind die Kandidaten zaghaft, fürchten sie doch irgendeine Falle, die vom Prüfer gestellt sein könnte. Bei den Kurzwaffen jedoch sind die Hemmungen, den Revolver oder die Pistole an sich zu nehmen, zum Teil unüberwindlich. Es ist während der Jägerprüfung vorgekommen, daß sich Kandidaten mit den Händen auf dem Rücken geradezu weigerten, die Kurzwaffe an sich zu nehmen, aus Angst, beim ersten Handgriff schon etwas falsch zu machen.
  Denken Sie immer daran: Es kann Ihnen überhaupt nichts passieren, wenn Sie die Waffe nach Aufforderung an sich nehmen und dabei beachten, daß der Finger nicht im Abzug liegt und der Lauf in eine ungefährdete Richtung zeigt.
  Die Scheu vor der Kurzwaffe müssen Sie vor der Prüfung überwunden haben; dies ist dann eingetreten, wenn Sie mindestens genausoviel geübt und am Schießstand damit geschossen haben, wie Sie dies mit der Flinte oder Büchse taten.

Feststellung des Beschußzeichens und des Kalibers. Die Beschußzeichen finden sich beim Revolver auf Trommel, Rahmen und Lauf.

Wie bei den Langwaffen, muß vor dem Laden geprüft werden, ob das Kaliber der Waffe und der bereitgestellten Munition zueinander passen.

– *Prüfungserfahrungen*: Verschiedentlich werden den Kandidaten Revolver im Kaliber .357 Magnum und Munition mit der Kaliberbezeichnung „.38 Special" vorgelegt. In Unkenntnis, daß das Kaliber .38 Special aus einem Revolver Kal. .357 Magnum verschossen werden kann und darf, lehnen Kandidaten die Verwendung dieser Munition ab. Das ist nicht richtig und offenbar eine Kenntnislücke. Munition des Kalibers .38 Special kann immer aus einem Revolver des Kalibers .357 Magnum verschossen werden.

Überprüfung der Sauberkeit der Laufbohrung. Diese Prüfung ist bei der Kurzwaffe genauso unerläßlich wie bei der Langwaffe. Da man jedoch beim Revolver nicht vom „Patronenlager" her durch den Lauf sehen kann, muß man hier einen anderen Weg gehen. Abb. 159 zeigt anschaulich, wie das Laufinnere auf Fremdkörper hin untersucht werden kann. Der Daumen wird so in die Öffnung des Rahmens gehalten, daß die Helligkeitsreflexion auf dem Fingernagel in das Laufinnere gelenkt wird. Von der Mündung her läßt sich dann gut beurteilen, welchen Pflegezustand der Lauf hat und ob sich Fremdkörper darin befinden.

– *Prüfungserfahrungen*: Diese Vorgehensweise ist manchem Kandidaten schon vorübergehend zum Verhängnis geworden. In falscher Anwendung des Leitsatzes, daß niemals der Lauf auf einen Menschen zeigen darf, waren Kandidaten durchgefallen, weil sie direkt in die Mündung der Waffe gesehen hatten.
  Es gibt aber gar keinen Zweifel, daß man den Lauf eines Revolvers am besten in der gezeigten Art kontrollieren kann. Außerdem besteht nicht das geringste Sicherheitsrisiko. Die negativen Prüfbescheide mußten folglich rückgängig gemacht werden.

Laden des Revolvers. Zum Laden wird der Revolver so gehalten wie in Abb. 160 dargestellt. Die Trommel kann in diesem Zustand nicht selbsttätig einschwenken, und sie läßt sich zum Laden der einzelnen Kammern drehen.

Sichern des Revolvers. Bei den Langwaffen ist an dieser Stelle das Sichern besprochen worden. Beim Revolver muß das entfallen, denn er hat keine von außen zu bedienende Sicherung. Die Funktion der vorhandenen „inneren" Sicherung ist an anderer Stelle beschrieben.

Schießen. Bei einem Revolver mit Spannabzug gibt es zwei Wege der Schußauslösung:

1. Mit gespanntem Hahn: Insbesondere zur Abgabe eines gezielten Schusses (Schießstand) ist es zweckmäßig, den Hahn zu spannen, weil dadurch die erforderlichen Kräfte des Abzuges geringer werden. Wie in Abb. 161 zu sehen ist, zieht der Daumen den Hahn bis zum Einrasten in die Endstellung. Der Finger darf dabei nicht am

Abb. 159 ▲

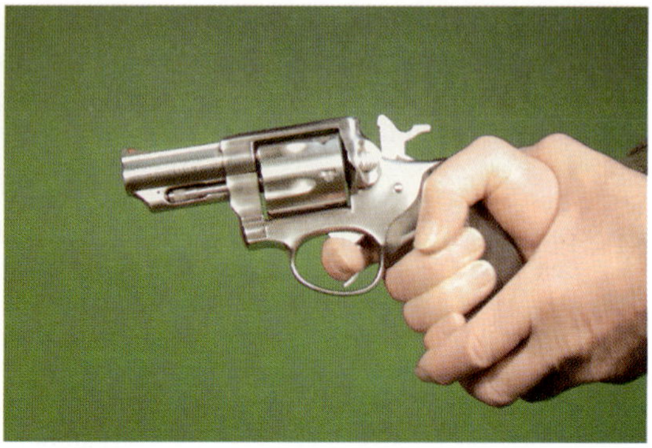

Abb. 163 ▲

Abb. 160 ▼

Abb. 164 ▼

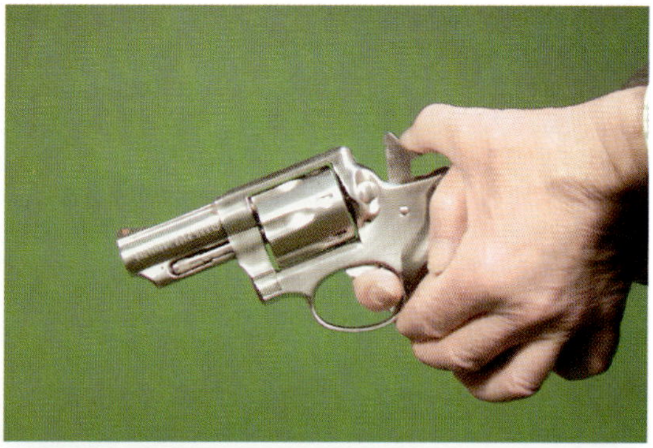

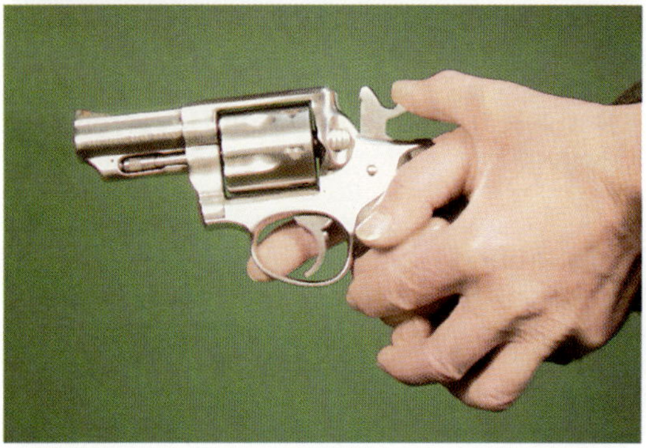

Abb. 161 ▲

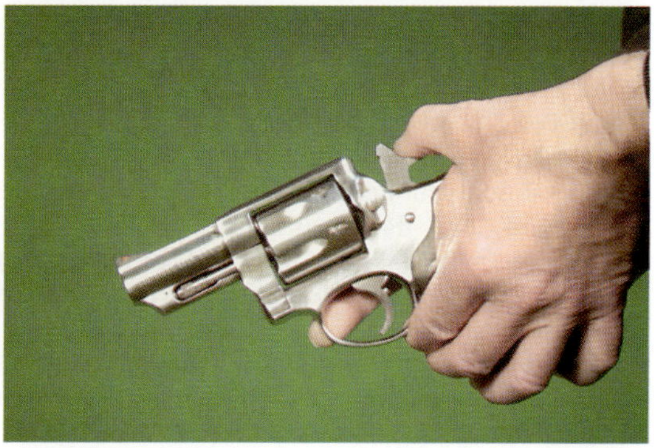

Abb. 165 ▲

Abb. 162 ▼

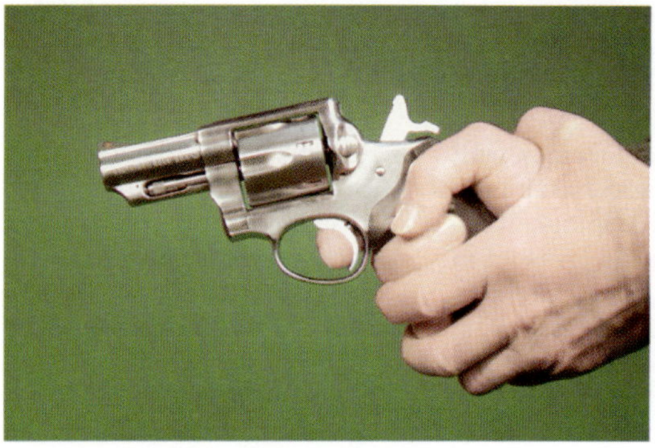

Abb. 166 ▼

Abb. 159 Kontrolle der Laufbohrung durch Einspiegeln von Licht mit dem Daumennagel
Abb. 160 Laden der Trommel
Abb. 161 Spannen des Hahnes
Abb. 162 Auslösen des Schusses
Abb. 163 Schießen mit Abzugsspannung
Abb. 164 Korrektes Entspannen des Revolvers
Abb. 165 Nach dem Ausrasten des Hahnes muß der Abzug losgelassen werden
Abb. 166 Wer ganz sicher gehen will, kann den Daumen beim Entspannen vor den Hahn legen

Abzug liegen. Dies erfolgt erst unmittelbar vor der Schußabgabe (Abb. 162).

2. *Mit Abzugsspannung*: Wenn ein schneller Schuß abgegeben werden muß, wird ein vorheriges Spannen des Hahnes nicht möglich sein. Er muß mit dem Abzug gespannt und ausgelöst werden.
Abb. 163 soll verdeutlichen, daß der Finger den Abzug betätigt und damit den Hahn bis in seine Endstellung spannt, wo er selbsttätig ausrastet und den Schuß auslöst.

Entspannen des Revolvers. Der gespannte und geladene Revolver (Hahn in Endstellung) soll entspannt werden. Dies muß mit größter Konzentration erfolgen, wenn man nicht Gefahr laufen will, jetzt unbeabsichtigt einen Schuß abzugeben. Der Revolver wird in die Hände genommen, wie das in Abb. 164 zu sehen ist.

Der Finger zieht jetzt den Abzug durch, bis der Hahn ausrastet. In dieser Phase muß unter allen Umständen sichergestellt sein, daß der Daumen den Hahn „fest im Griff hat". Starke Schweißbildung (Prüfungsstreß) oder ein zu lockeres Halten können dazu führen, daß der Sporn unter dem Daumen wegrutscht. Das Lösen eines Schusses wäre unvermeidlich.

Der Daumen wird auf den Sporn des Hahnes gelegt, dann erst darf der Zeigefinger den Abzug berühren. Sobald der Hahn durch die Betätigung des Abzuges freigegeben worden ist, löst sich der Finger vom Abzug (Abb. 165). Den Hahn läßt man bis zu seinem Anschlag vorgleiten, dies ist seine Sicherheitsstellung.

Dieses Vorgehen ist von größter Bedeutung! Selbst wenn der Sporn nach dem Loslassen des Abzuges vom Daumen rutschte, könnte der Hahn nicht mehr auf das Zündhütchen schlagen, sondern wird in der Sicherheitsrast gefangen. Bleibt der Abzug jedoch durchgezogen, während der Hahn nach vorne gleitet, träfe er nach einem Abrutschen vom Finger ungehindert auf das Zündhütchen und würde doch den Schuß auslösen. Wer ganz sicher gehen will, kann vor dem Auslösevorgang den freien Daumen zwischen Hahn und Rahmen legen.(Abb. 166).

Entladen des Revolvers. Zum Entladen wird der Revolver so gehalten, wie in Abb. 167 gezeigt. Die Schräglage nach oben begünstigt das Herausgleiten der Patronen oder Hülsen und verhindert, daß Pulverrückstände hinter den Auswerferstern gelangen; die Trommel ließe sich dann nicht mehr schließen.

8.2.2 Selbstladepistole

Die Handhabung der Selbstladepistole mit außenliegendem Hahn – im folgenden Pistole genannt – entspricht in Abwand-

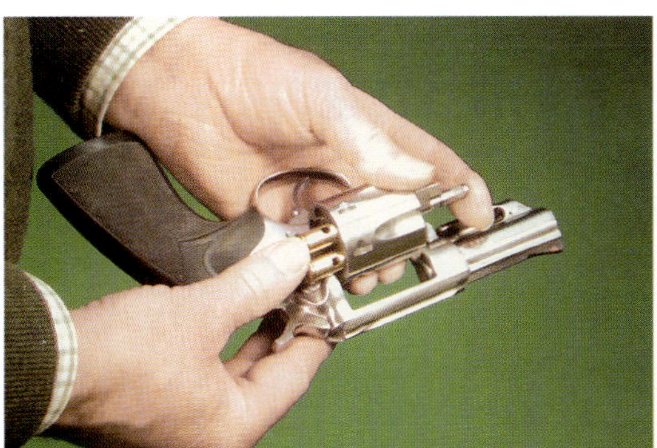

Abb. 167 So wird der Revolver richtig entladen

Abb. 168 Richtig abgelegte Selbstladepistole

lung der des Revolvers. Wegen der automatischen Patronenzuführung nach dem Schuß unter gleichzeitiger Spannung des Hahnes sind jedoch zusätzliche Sicherheitsgesichtspunkte zu beachten. Der folgende Prüfungsablauf bezieht sich auf das Pistolenmodell „Walther PP“, das bei der Ausbildung und Prüfung noch sehr häufig vertreten ist.

Aufnehmen der Pistole. Richtig abgelegt ist die Pistole, wie auf der Abb. 168 zu sehen ist. Sie ist gesichert, das Magazin herausgenommen, die Munition liegt getrennt vom Magazin.

Wie die Pistole richtig an sich genommen wird, zeigt Abb. 169.

In Abb. 163 ist der Finger am Abzug, das ist nicht korrekt.

Ist die Pistole mit eingeschobenem Magazin entsichert abgelegt, so ist die Waffe nach dem Aufnehmen sofort zu sichern, das Magazin zu entfernen und durch Zurückziehen des Schlittens zu prüfen, ob eine Patrone im Lager ist.

Feststellung der Beschußzeichen und des Kalibers. Die Beschußzeichen befinden sich am Schlitten, Rahmen und am Lauf.

Sonst gilt das gleiche, wie beim Revolver und bei den übrigen Waffen gesagt wurde.

Überprüfung der Laufbohrung. Die Überprüfung des Laufes auf Hindernisse und seinen Pflegezustand kann bei dieser und bei jeder anderen Pistole auf zwei Arten durchgeführt werden.

1. Das Magazin wird in den Magazinschacht geschoben und der Schlitten zurückgezogen. Da das Magazin keine Patronen enthält, bleibt der Schlitten hängen, und der Verschluß steht offen, das Magazin wird wieder entfernt.
   Abb. 171 zeigt, wie das Laufinnere betrachtet wird.
   Der Verschluß wird geschlossen, indem der Schlitten ein kurzes Stück weiter aufgezogen wird, damit er entriegelt. Dann läßt man ihn in die vordere Endstellung gleiten.
2. Durch Abnehmen des Schlittens (Abb. 172) ist der Lauf von allen Seiten zugänglich und kann überprüft und auch besser gereinigt werden. Die Bedienungsanleitung gibt Aufschluß darüber, wie die Waffe zerlegt werden kann.

Nach dem Aufsetzen des Schlittens ist die Pistole wieder geschlossen und gesichert.

Laden der Pistole. Das Magazin wird mit Patronen gefüllt und eingeschoben. Die Pistole ist unterladen (Abb. 173 und 174).

Zum Einführen der Patrone in den Lauf muß der Schlitten bis zu seinem Anschlag zurückgezogen und dann losgelassen werden. Er schnellt nach vorne und führt dabei eine Patrone ins Patronenlager (Abb. 175).

- *Prüfungserfahrungen:* In der Prüfung macht das Zurückziehen des Verschlusses häufig Schwierigkeiten. Feuchte und kraftlose Finger führen dazu, daß der Schlitten nur mit Mühe aufgezogen werden kann. Besonders weibliche Kandidaten haben hier ihre Schwierigkeiten.
  Wenn Sie also in Folge der Prüfungsbelastung mit feuchten Fingern zu kämpfen haben, wischen Sie diese vor dem Aufziehen des Schlittens kurz ab. Es ist wichtig, daß der Schlitten energisch aufgezogen wird, damit gewährleistet ist, daß er mit genügend Schwung nach vorne schnellen und die Patrone zuführen kann. Wird das zaghaft gemacht, kommt es zu Ladehemmungen.

Schießen. Pistole wird entsichert (Abb. 176). Wie bei dem

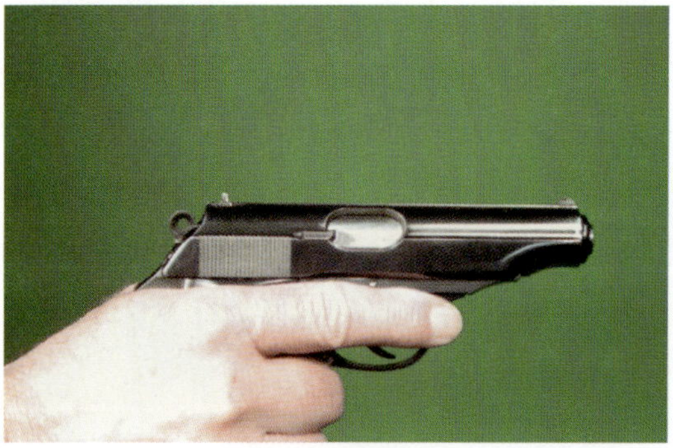

Abb. 169 Die Kurzwaffe nimmt man so an sich

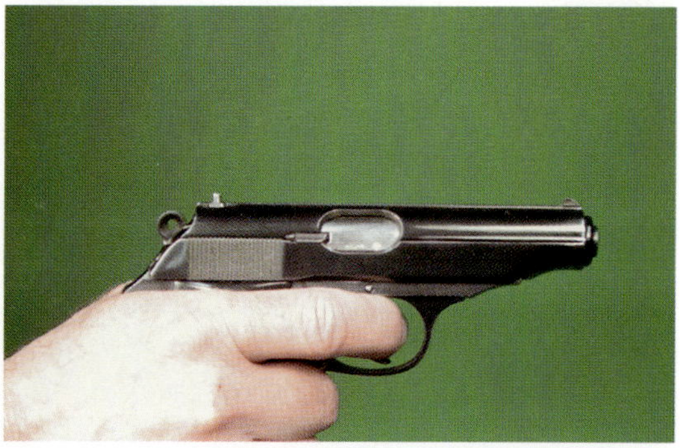

Abb. 170 Beim Aufnehmen gehört der Finger nicht an den Abzug

Abb. 171 ▲

Abb. 172 ▼

Abb. 174 ▲

Abb. 175 ▼

Abb. 173 ▼

Abb. 176 ▼

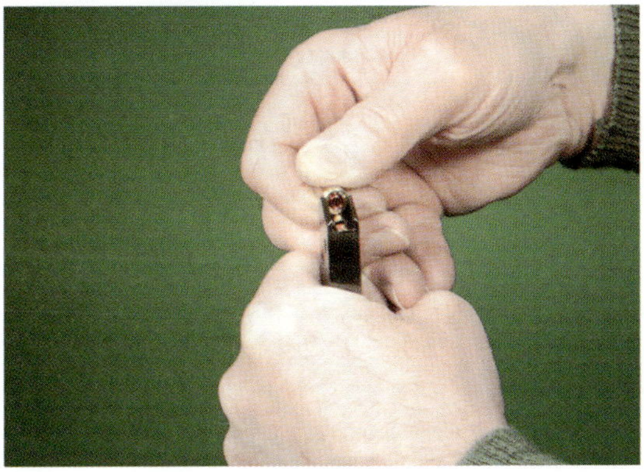

Abb. 171 Wie beim Revolver läßt sich auch in dieser Form die Laufbohrung kontrollieren ...
Abb. 172 ... oder bei abgenommenem Schlitten
Abb. 173 Laden des Magazins

Abb. 174 Einschieben des Magazins
Abb. 175 Einführen der Patrone ins Patronenlager durch Zurückziehen des Schlittens und anschließendem Vorschnellen
Abb. 176 Entsichern

Revolver gibt es jetzt die Möglichkeit, mit gespanntem Hahn oder mit Abzugsspannung zu schießen. Da es die gleiche Vorgehensweise ist, wird auf eine nochmalige Beschreibung verzichtet (Abb. 177)

Achtung! Nach Abgabe eines Schusses wird durch den Selbstladevorgang sofort wieder eine Patrone aus dem Magazin in das Patronenlager geschoben und der Hahn ist gespannt. Die Pistole ist wieder schußbereit.

Entspannen und Entladen der Pistole. Während des Prüfungsablaufes läßt der Prüfer in der Regel zwei oder mehrere Patronen in das Magazin laden, durchladen und entsichern, teilweise auch den Hahn spannen. In diesem Zustand muß der Kandidat nun die Pistole entspannen und entladen. Folgende Handgriffe müssen jetzt der Reihe nach vorgenommen werden:

- War der Hahn gespannt, muß er zuerst entspannt werden. Abb. 178 zeigt wie vorzugehen ist. Ein Daumen hält den Hahn, während der andere den Sicherungsknebel in Stellung „gesichert" dreht. Damit wird der Hahn entriegelt, und der Daumen kann ihn nach vorne in seine Ruhelage gleiten lassen.

2. Durch Betätigen des seitlichen Druckknopfes wird das Magazin entriegelt, herausgenommen und abgelegt.
3. Die im Patronenlager vorhandene Patrone muß hinausrepetiert werden. Damit sie nicht aus der Auswerferöffnung in hohem Bogen in den Raum geschleudert wird, ist der Schlitten zum Zurückziehen so anzufassen, wie in Abb. 179 zu sehen ist. Dadurch erreicht man, daß beim Aufziehen des Schlittens die Patrone aus der Auswerferöffnung in die Hand fällt.

- *Prüfungserfahrungen:* Die meisten Handhabungsfehler an der Pistole passieren beim

Abb. 177 ▲

Abb. 178 ▼

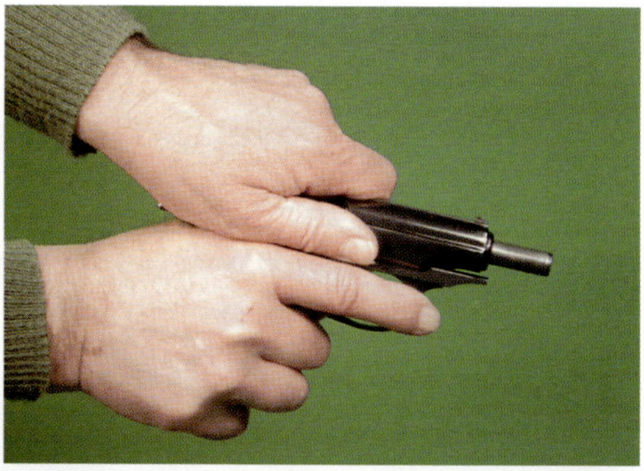

Abb. 179 ▲

Abb. 180 ▼

Abb. 177 Spannen des Hahnes
Abb. 178 Entspannen

Abb. 179 Entladen
Abb. 180 Das Modell P 228 (SIG-Sauer) hat keine Sicherung. Der Hahn wird mit dem Entspannhebel entspannt

Entspannen und Entladen. Statt zuerst das Magazin herauszunehmen, um dann die Patrone aus dem Patronenlager zu repetieren, wird es aber in vielen Fällen umgekehrt gemacht.
Der Kandidat repetiert die Patrone aus der Pistole, nicht beachtend, daß durch den Repetiervorgang eine neue Patrone außerdem Magazin wieder zugeführt wird. Er ist in dem Glauben, alles richtig gemacht zu haben, nimmt das Magazin heraus und legt die geladene Pistole ab.
Ein so gravierender Handhabungsfehler endet immer mit dem Nichtbestehen der Prüfung.

Selbstladepistole moderner Konstruktion (SIG Sauer P228). Gegenüber der Handhabung der zuvor beschriebenen Selbstladepistole Walther, Modell „PP", unterscheidet sich die Handhabung der SIG Sauer P228 nur unwesentlich.

Zum Entspannen des Hahnes besteht ein konstruktiver Unterschied. Das Modell P228 hat wie der Revolver keine von außen bedienbare Sicherung. Im Gegensatz zum Revolver muß zum Entspannen des Hahnes nicht der Abzug betätigt werde, sondern ein eigens dafür vorgesehener Entspannhebel, mit dem völlig gefahrlos entspannt werden kann. (Abb. 180).

8.3 Fragen & Antworten zur Handhabung von Lang- und Kurzwaffen

1. Worauf ist beim Entspannen eines Revolvers besonders zu achten?

a) Bevor der Hahn entspannt wird, muß die Trommel ausgeschwenkt werden.
b) Sobald der Hahn durch die Betätigung des Abzuges freigegeben worden ist, wird der Finger aus dem Abzug genommen, und man läßt den Hahn an seine Sicherheitsstellung gleiten.
c) Der Revolver muß zuerst gesichert werden.

2. Auf welche Art wird eine Ejektorflinte am zweckmäßigsten entspannt?

a) Durch Niederdrücken der Spannstangen.
b) Die Abzüge werden beim Schließen der Flinte durchgezogen.
c) Durch Abschlagen der Schlosse mit Pufferpatronen im Patronenlager.

3. Wie verhält man sich, wenn beim Schießen der Pfropfen einer abgefeuerten Schrotpatrone im Lauf steckengeblieben ist?

a) Das Hindernis wird durch den nächsten Schuß aus dem Lauf geschossen.
b) Für diesen Fall darf beim nächsten Schuß nur eine Patrone ohne Schrote verwendet werden.
c) Das Hindernis muß mit einem Putzstock entfernt werden.

4. Wenn der Sicherungsflügel beim Repetierbüchsensystem Mauser 98 senkrecht steht, dann ist die Waffe

a) gesichert, aber der Verschluß läßt sich öffnen.
b) gesichert, aber der Verschluß läßt sich nicht öffnen.
c) entsichert.

5. Wie kann ein Schuß aus einer Waffe ausgelöst werden, die mit einem „Deutschen Stecher“ ausgestattet ist? (zwei Möglichkeiten)

a) Zurückziehen des vorderen Abzuges.
b) Zurückziehen des hinteren Abzuges.
c) Vordrücken des vorderen Abzuges.
d) Vordrücken des hinteren Abzuges.

6. Wann wird eine Waffe „gestochen“?

a) Nachdem man sich auf dem Hochsitz eingerichtet hat.
b) Bei angeschlagener Waffe.
c) Sobald das Gewehr schußfertig gemacht worden ist.

Antworten:
1 b, 2 c, 3 c, 4 a, 5 a, d, 6 b.

9 Pflege von Waffen und Optik

Warum pflegen? Dafür gibt es eine gute Begründung, denn die Vernachlässigung der Pflege einer Jagdwaffe kann zur Folge haben, daß die zur waidgerechten Jagdausübung erforderliche Schußgenauigkeit verlorengeht. Sowohl die Sicherheit wie auch die Gebrauchstüchtigkeit können also ernsthaft beeinträchtigt werden. Nicht zuletzt dient aber auch die sorgfältige Pflege der wertvollen Waffen und der Jagdoptik zu deren Werterhaltung.

Auch dieses Kapitel sollte ernst genommen werden, selbst wenn in den meisten Jägerprüfungen kaum Zeit und Gelegenheit ist, einmal eine diesbezügliche Frage zu stellen. Dabei steht in den Jägerprüfungsordnungen verschiedener Bundesländer ausdrücklich die Forderung nach Kenntnissen in „Gebrauch und Pflege" der Jagdwaffen.

Ferner ist eine Jagdwaffe ein Wertgegenstand, für den vom Erwerber oft beträchtliche Aufwendungen gemacht werden müssen. Sie soll nach Möglichkeit bei einer eventuellen späteren Veräußerung einen hohen Wiederverkaufswert darstellen oder soll einmal auf den Nachfolger bzw. Erben übergehen und diesem mit der gleichen Zuverlässigkeit dienen.

Wie sieht es in der Praxis aus?

Es ist aber leider eine Tatsache, daß der Zustand der im Gebrauch befindlichen Jagdwaffen allzu häufig beklagenswert schlecht ist.

Damit sind nicht die Waffen gemeint, die vom vielen Tragen an bestimmten Stellen eine durchgewetzte Brünierung haben, dafür aber immer blanke Läufe und ein sauberes Schloß, und deren Schaft zwar einige Kratzer aufweist, dafür aber gut geölt und glänzend ist. Eine Jagdwaffe ist nun einmal ein Gebrauchsgegenstand, der selbst bei vorsichtiger Behandlung im Laufe der Zeit Gebrauchsspuren bekommt. Sehr viele Läufe werden aber offenbar nie oder nur selten gereinigt, so daß sich Geschoßmantelablagerungen aufbauen

Wie oft hört man von Leuten, die es eigentlich besser wissen müßten, die alten Schlagworte, daß eine Flinte nur gut schießen kann, wenn sie „Brand“ hat, daß eine Waffe eher kaputtgepflegt als -geschossen ist und daß man wegen des Ölschusses das Reinigen des Büchsenlaufes besser unterläßt.

Diese Worte, das muß man einmal ganz klar sagen, sind nichts als ein Alibi für die persönliche Faulheit und Gedankenlosigkeit der Leute, die sie von sich geben.

können. Aus vielen Systemen lassen sich unglaubliche Mengen von Schmutz herauskratzen, und teure Luxuswaffen werden im Regen geführt und stehen so lange herum, bis die Läufe im Systemkasten festgerostet sind.

Die Vorstellung, daß eine Flinte mit Brand, d. h. rauhen Läufen besser schießt, ist ein Relikt aus der Vorderladerzeit. Bei einer Vorderladerflinte trifft das tatsächlich zu, weil eine rauhe Laufwandung das eingesetzte Zwischenmittel besser festhält und es daran hindert, durch den Rückstoß des abgefeuerten Nachbarlaufes nach vorn zu rutschen. Auf moderne Flinten angewendet, ist das blanker Unsinn.

Ebenso unsinnig ist die Behauptung, daß das Reinigen einer Waffe schadet. Wenn man es falsch macht, stimmt das natürlich! Aber was beweist das? Wenn einer von sich gibt, daß er sein Auto nicht mehr sauber macht, weil Drahtbürste und Schmirgelpapier den Lack durchkratzen, wird man ihn sicher für verrückt erklären.

Die Angst vor dem Ölschuß ist schließlich auch kein Argument. Wer diese Ausrede gebraucht, kann in der Regel nicht angeben, wohin der Ölschuß aus seiner Büchse nun eigentlich geht. Ausprobiert hat er es nie, sondern er hat einmal gehört, daß der Ölschuß aus allen Waffen erheblichen Hochschuß ergibt. Das stimmt aber ganz und gar nicht! Was an dem Ölschuß wirklich dran ist, kann man im Abschnitt 7.1.3: Schußleistungsprüfung nachlesen.

Was ist Korrosion? Korrosion ist die an der Oberfläche beginnende Zerstörung von festen Werkstoffen durch einen chemischen oder elektrochemischen Prozeß, der den metallenen Werkstoff in ein Korrosionsprodukt umwandelt, das mit den Eigenschaften des Grundwerkstoffes nichts mehr gemein hat. Bei Eisenwerkstoffen nennen wir dieses Zerfallprodukt Rost. Der Rost kann den Stahl großflächig als Flugrost angreifen oder kann sich auf begrenzte Angriffspunkte beschränken, wo er sich in die Tiefe frißt. In extremen Fällen können Gegenstände aus Stahl durchrosten oder völlig zerstört werden.

Wie entsteht Korrosion und wie kann man sie verhindern? Um das Rosten zu verhindern, braucht man weiter nichts zu tun, als den Korrosionsauslöser von der Stahloberfläche fernzuhalten, bzw., wenn er sie besetzt hat, ihn möglichst bald zu entdecken und gründlich zu entfernen, um gleich danach ein Mittel aufzutragen, das die Oberfläche des Stahls gegen weitere Angriffe von außen schützt.

Es gibt keinen Stahl, der von sich aus zu rosten beginnt. Zur Einleitung der Korrosion muß von außen ein anderer Stoff auf seine Oberfläche kommen, der diesen Prozeß begünstigt.

Damit ist das ganze Problem beschrieben! Man muß nur wissen, welcher Stoff rostend wirkt, womit man ihn wirkungsvoll bekämpfen kann und welche Methoden man dabei anwenden muß. Man muß ferner bereit sein, sich im Interesse der Sache etwas Mühe und schmutzige Finger zu machen.

Wichtig ist, daß man nicht nachlässig wird, denn die Korrosion braucht nur wenige Stunden, um eine ungeschützte Stahloberfläche „anzufressen“. Eine „angefressene“ rauhe Oberfläche dagegen begünstigt von sich aus das weitere Fortschreiten der Korrosion.

Was geht nach dem Schuß im Lauf vor? *Nach dem Schuß ist der Lauf innen völlig trocken, seine Züge und Felder haben keinen Schutz mehr.* Jetzt kann die Feuchtigkeit der Luft ungehindert angreifen. Befindet man sich mit der Waffe draußen im Nebel- oder Regenwetter, so kann sich Rost in wenigen Stunden bilden. Auch eine andere Umgebung kann die gleiche Wirkung hervorrufen, z. B. ein feuchter Raum im Haus oder ein Kunststoffkoffer, in dem sich unter Sonnenbestrahlung Schwitzwasser bildet. Besonders rostfördernd ist auch Kondenswasser, das sich bei krassem Temperaturwechsel (kalt/warm) an allen Metallteilen bildet.

Die Rückstände, die der Schuß im Lauf hinterlassen hat, sind an sich harmlos. Es ist jedoch nicht völlig auszuschließen, daß sie in Verbindung mit der Luftfeuchtigkeit aggressive Substanzen bilden.

Bei einer Serie von Schüssen werden die Rückstände vom vorherigen Schuß durch das Geschoß auf die Stahloberfläche gepreßt. Es bildet sich eine fest anhaftende Schicht, die sich nicht leicht entfernen läßt, und die unter Umständen sogar Einfluß auf die Schußpräzision nehmen kann.

Das Geschoß reibt außerdem beim Durchgang durch den Lauf von seinem Mantelmaterial etwas auf der Stahloberfläche ab. Je öfter man schießt, desto mehr wird es. Die Schicht kann bei Vernachlässigung der Pflege so dick werden, daß wegen der Laufverengung der Gasdruck ansteigt. Eine Tombakablagerung ist an der rötlichen Färbung zu erkennen, wenn man schräg von vorn in die Mündung sieht. Aber auch Nickel kann sich auf diese Art ablagern, und der ist kaum zu sehen.

Die metallischen Rückstände können unter Feuchtigkeit mit dem Laufstahl ein elektrochemisches Element bilden und so den Stahl stellenweise angreifen. Auf jeden Fall verändern sich die Reibungsverhältnisse im Lauf und wirken sich so nachteilig auf die Schußleistung aus.

Alle Arten von Rückständen im Lauf sind schädlich. Sie müssen daher immer wieder entfernt werden. Haben sie erst einmal eine rauhe Oberfläche vorgefunden, so lagern sie sich schneller und in größerer Menge ab und sind auch viel schwerer wieder zu entfernen.

Wie reinigt man den Lauf wirksam? Die größten Umsätze der Büchsenmacher werden sicher nicht mit den Reinigungsmitteln gemacht. Wer einen Putzstock mit einer Wischbürste darauf und ein Fläschchen Waffenöl besitzt, der glaubt sich ausreichend versorgt. Ein Fläschchen Waffenöl, so meint er, hält jahrelang vor, selbst wenn man einmal außen an der Waffe ein paar Tropfen anwenden muß.

Haben Sie einmal gesehen, daß ein Mann sein Auto reinigt, indem er die total verdreckte und verstaubte und mit vielen Teerspritzern bedeckte Karosserie mit der einen Seite eines etwas angefeuchteten Putzlappens von vorn bis hinten abwischt? Nein. Aber so mancher Jäger glaubt alles richtig zu machen, wenn er nach der Jagd seine Gewehrläufe »reinigt«, indem er eine auf dem Putzstock befestigte, leicht ölige Bürste zwei- oder dreimal hindurchzieht!

Man kann sich kaum vorstellen, daß jemand so dumm sein soll, sich auf diese Art die Lackierung seines Wagens zu verderben! Um den losen Dreck wegzuspülen, nimmt der Mann in Wirklichkeit viel Wasser, das er zuerst aus dem Schlauch spritzt und dann mit einem triefendnassen Schwamm anwendet, den er immer wieder auswäscht. Und für die hartnäckigen Teerflecken hat er ein Lösungsmittel bereit, mit dem er sie so lange einweicht, bis sie sich durch Abwischen entfernen lassen.

Der oben beschriebene Jäger scheint dagegen leider repräsentativ für viele Jäger im Lande zu sein. Er könnte sich seine schwache Übung ebensogut sparen, denn er verteilt nur die Rückstände gleichmäßig im Lauf und benutzt meistens dazu eine Bürste, an der noch die Rückstände der letzten zweihundert Schüsse kleben. Ein so behandelter Lauf täuscht beim flüchtigen Hindurchsehen zwar eine saubere Bohrung vor; die Rückstände sind jedoch keineswegs beseitigt.

Wie gehen wir nun beim Reinigen am besten vor? Wir denken an die Autowäsche und spülen zunächst alle Rückstände fort, die lose im Lauf haften, indem wir auf dem Putzstock einen Halter anbringen, um den wir Werg oder ein Stoffläppchen wickeln. Dieser wird dann mit einigen Tropfen Waffenöl benetzt und durch den Lauf gedrückt. Man sollte mehrfach durchziehen und dem Öl Zeit zum Einwirken geben. Dann werden die gelösten Rückstände herausgewischt. Für diesen Zweck eignen sich auch die im Handel befindlichen Filzwischer. Eine Bürste eignet sich nicht gut, ihre mechanische Reinigungskraft ist zu gering, und man müßte sie immer wieder auswaschen.

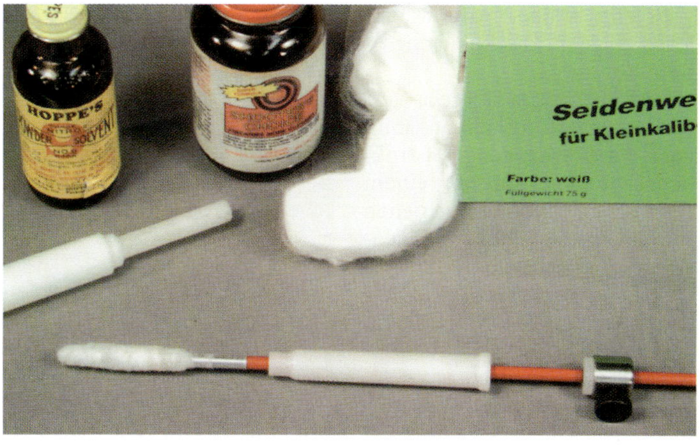

Abb. 183 Werghalter mit Anschlag und Führungshülse für Büchsenläufe

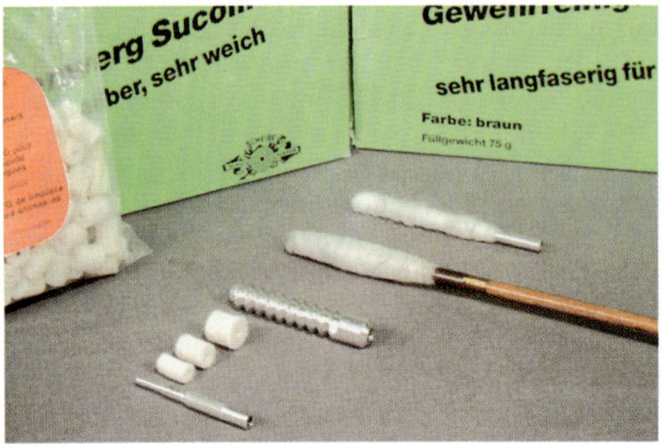

Abb. 184 Diverse Werg- und Filzhalter zur Laufinnenreinigung

Abb. 185 Reinigungsfilz mit Halter für Flintenläufe

Sitzen die Verbrennungsrückstände fest, so ist es zweckmäßig, eine harte, in Öl getauchte Borstenbürste anzuwenden. Sitzen die Rückstände sehr fest, schadet auch die Anwendung einer Messingbürste nicht. Sie sollte jedoch nur in eine Richtung durch den Lauf geschoben werden, um Bürste und Lauf zu schonen

Nach der Reinigung wird der Lauf gut trocken- und saubergewischt.

> Wenn der Lauf rauh ist, können sich nach ein bis zwei Tagen Reste von Rückständen aus den Poren lösen. Der Lauf ist nachgeschlagen, wie man sagt. Die Reinigung wird daraufhin wiederholt.

Ist alles sauber, wird wieder leicht eingeölt. Die Reinigung ist beendet.

Sind im Lauf metallische Verschmierungen vorhanden, muß nach der Vorreinigung der trokkengewischte Lauf mit einem chemischen Mittel eingestrichen werden, das metallösende Eigenschaften hat. Pflegemittel mit entsprechenden Zusätzen sind von mehreren Herstellern im Handel.

Danach wird die Waffe nicht abgestellt, sondern flach abgelegt, damit das Mittel nicht in die Waffenmechanik läuft. Das Einstreichen wird so oft wiederholt, bis alle Rückstände beseitigt sind.

Wer nicht soviel Geduld hat, kann die Angelegenheit durch Einsatz einer Messingbürste in Verbindung mit dem Lösungsmittel beschleunigen.

Am Ende der Behandlung steht wieder das Trockenwischen und Einölen.

Viele greifen bei Metallverschmierungen gern zu Spezialmitteln, die eigentlich für hoffnungslose Fälle vorbehalten sind und deren Anwendung verlangt, daß die Läufe an der Mündung verschlossen und vollgefüllt werden müssen. Man kann sich solche Roßkuren sparen, wenn man die normalen Pflege- und Lösungsmittel, so wie oben beschrieben, regelmäßig anwendet.

Ein Sonderfall ist ein Lauf, aus dem mit Schwarzpulver geschossen wurde, wie es in Leucht- und Signalpatronen sowie bei seltenen alten Jagdpatronen noch verwendet wird und dessen Rückstände die Korrosion fördern. Die beste Reinigungsmethode ist die, während des Wischens mit einer Bürste reichlich heißes Wasser durch den Lauf zu gießen und ihn dann zu trocknen und einzuölen.

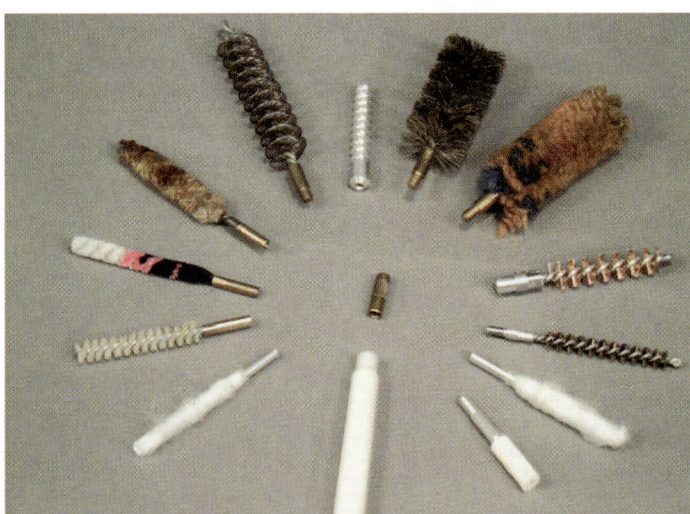

Abb. 186. Diverse Reinigungsbürsten, Aufnahmen für Filze bzw. Werg und Ptuzstockführungshülse

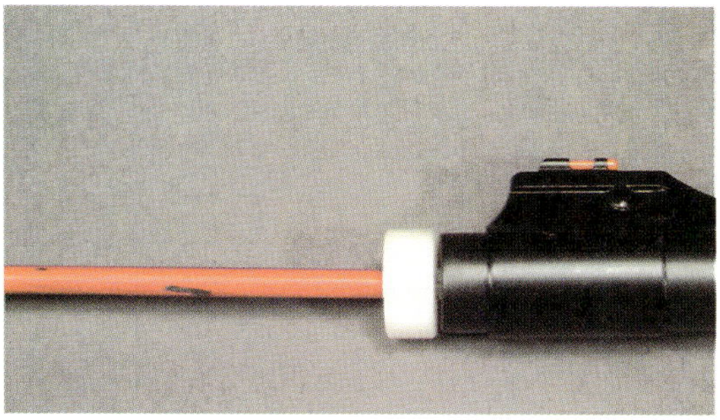

Abb. 187 Zur Schonung der Mündung sollte bei Läufen, die von vorn gereinigt werden müssen, eine Führungshülse eingesetzt werden

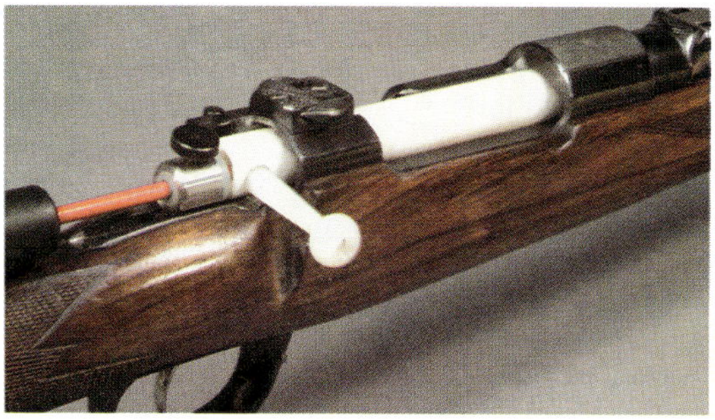

Abb. 188 Das sogenannte „Falsche Schloß" verhindert als Putzstockführung Beschädigungen am Übergangskegel

Probleme bringen auch verbleite Läufe. Mit speziellen Bleilösern lassen sich auch diese hartnäckigen Rückstände aus Büchsen- und Flintenläufen entfernen.

Nachdem wir uns geeinigt haben, die Laufreinigung mit „Einweg"-Wischern vorzunehmen und außer einem guten Waffenöl mit Reinigungs- und Konservierungseigenschaften noch ein Spezialmittel einzusetzen, das in der Lage ist, Metalle zu lösen, sollten wir auch über die Putzstöcke sprechen.

Ummantelte Stöcke sollen die Läufe schonen. Leider tun sie oft das genaue Gegenteil. Es ist nicht gut, wenn die Ummantelung rauh wird und sich dann in ihrer Oberfläche nicht nur Rückstände und Staub ansammeln. So ein Putzstock gleicht dann eher einen Schmirgelstock. Die heute seltenen, holzummantelten Stöcke sind in dieser Beziehung besonders anfällig. Entweder muß man den Stock peinlichst sauber halten oder einen Stahlstock anschaffen, bei dem das Sauberhalten problemlos ist.

Wer etwas Besonderes für die Erhaltung seines Laufes tun will, der gibt sich die Mühe, den Wischer an der Mündung der Waffe sorgfältig zu handhaben und für das Patronenlager eine Führung für den Putzstock, ein „falsches" Schloß aus Kunststoff oder eine am Boden aufgebohrte Patronenhülse zu beschaffen.

Wer eine Waffe von der Mündung her reinigen muß, z. B. eine Selbstladebüchse, muß besonders darauf achten, den Stock so zu führen, daß er in dem kritischen Bereich der Mündung, Ansenkung und Laufkontur die Felder nicht beschädigt. Hier ist eine Führung für den Stock unumgänglich.

Die Reinigung der äußeren Metallteile. Auch die äußeren Metallteile unterliegen dem Angriff der Korrosion. Sie sollten daher mit einem guten Konservierungsöl behandelt werden. Für Stellen, die schlecht erreichbar sind, wird eine alte Zahnbürste oder ein zurechtgestutzter Borstenpinsel verwendet. Schmutz, der sich in den Ecken des Systems angesammelt hat, läßt sich durch einen Holzspan oder Pinsel entfernen.

Es ist keine gute Idee, einfach Öl in jede Ritze zu sprühen und darauf zu hoffen, daß innen alles in Ordnung bleibt. Es ist sogar ungünstig, das Schloß des öfteren mit Ölduschen zu traktieren. Ebenso ist es nicht gut, wenn Waffen mit stark geölten Läufen aufrecht stehen, weil dabei das Öl nach und nach hinunterfließt und sich im Schloß ansammelt.

Die Korrosion droht nicht nur an den Stellen, die man sieht. Metallteile, die durch das Schaftholz verdeckt werden sowie das Innere der Schlosse, müssen regelmäßig, etwa jedes halbe Jahr, inspiziert und gepflegt werden.

Bewegliche Stellen, Scharniere, Bolzen und gleitende Flächen sollen einen dünnen, aber haltbaren Schmierfilm erhalten. Seit einiger Zeit sind Waffenöle mit Teflonzusatz im Handel, die sich für diesen Zweck besonders gut bewähren.

Bei neuen Waffen, deren Flächen sehr stark aufeinander reiben und deren Gelenke noch sehr streng gehen, empfiehlt sich in der ersten Zeit die Anwendung eines der bekannten Feststoffschmiermittel auf der Basis von Molybdändisulfid (z. B. Molycote-Paste). Alle hochbelasteten gleitenden Flächen, wie Verschlußkeile, Scharnierbolzen, Spannocken, sollten mit einem steifen harz- und säurefreien Fett versehen werden.

Die Pflege des Schaftes.

Der Schaft wird vielfach sehr stiefmütterlich behandelt. Entweder wird er gar nicht gepflegt, oder er bekommt bei jeder Waffenreinigung eine Abreibung mit Waffenöl. Beides ist gleich schlimm für ihn.

Im ersten Fall trocknet er aus, wird matt und unansehnlich.

Weil seine Oberfläche ohne Schutz ist, dringt Feuchtigkeit in ihn ein und er verzieht sich. Im zweiten Fall greifen die im Öl enthaltenen Zusätze das Holz an und schaden seiner Struktur.

Wer einen Lackschaft hat, soll darauf achten, daß dieser keine Kratzer bekommt, denn wenn die Lackschicht erst durchbrochen ist, kann der Holzwerkstoff dort angegriffen werden.

Ein Ölschaft sollte von Staub und Schmutz freigehalten und regelmäßig mit einem Spezial-Schaftöl behandelt werden. Je öfter das geschieht, desto schöner, glänzender und wetterfester wird das Holz. Es ist nutzlos, aus dem Schaft eine Ölsardine zu machen, indem man so viel Öl aufträgt, daß es an allen Seiten herabläuft. Die einzig richtige, aber auch die mühsamste Pflege des Schaftes geschieht dadurch, daß man das Schaftöl sparsam aber regelmäßig aufträgt und sorgfältig mit dem Handballen verreibt. Diese Prozedur muß häufig wiederholt werden, bis der Schaft in trockenem Zustand matt glänzt.

Zum Abschluß einige praktische Hinweise.

Die Aufbewahrung der Waffen in Futteralen, Taschen und Koffern ist in der Regel nicht empfehlenswert.

Mit Schaumstoff gepolsterte Futterale und Koffer sammeln irgendwann einmal Luftfeuchtigkeit und geben dieser bei gegebener Gelegenheit an die Waffe ab. Vor allen Dingen bei Aufwärmung durch Sonneneinstrahlung bildet sich Schwitzwasser und eine Treibhausatmosphäre, die alles zum Rosten bringt.

Wo Stahlteile in direktem Kontakt mit Leder sind, das gilt besonders für Kurzwaffen in ihren Holstern, besteht durch aufgenommene Feuchtigkeit in Verbindung mit Resten von Gerbsäure aus dem Leder ebenfalls Rostgefahr.

Grundsätzlich sollte die Lagerung von Waffen in Räumen mit hohem Feuchtegehalt vermieden werden.

Schwitzwasser bildet sich auf allen Waffenteilen in starkem Maße, wenn man mit einer kalten Waffe in einen geheizten Raum kommt. Ein sorgfältiges Trockenwischen und Aufbringen eines Ölfilmes sollte schon nach kurzer Zeit erfolgen. Man muß aber bedenken, daß das Schwitzwasser sich auch an Stellen bildet, die man nicht sieht, wie zwischen Stahl und Schaftholz und im System, wo die Luft nur geringen Zutritt zum Trocknen hat.

Die beliebten Waffenöle in Sprayflaschen können falsch oder richtig angewendet werden. Falsch ist es, die Waffe nach Gebrauch von innen und außen vollzunebeln und sie dann fortzustellen in der Annahme, alles für die Pflege getan zu haben.

Nützlich sind die Sprayflaschen bei Beendigung der Jagd. Sie geben die Möglichkeit, durch Einsprühen des Laufes und der äußeren Teile einen vorübergehenden Schutz bis zur Heimkehr ins Haus zu geben, wo nach den jetzt bekannten Regeln gründlich gereinigt wird.

Beginnt man die Treibjagd im Regen oder ist damit zu rechnen, daß dieser bald einsetzen wird, ist es gut, die äußeren Waffenteile mit einem Ölfilm zu versehen, der einige Stunden Schutz gewährt.

Jungjäger verwenden in den Vorbereitungskursen im allgemeinen viel Zeit und Energie mit den Schießübungen. Es wird dringend empfohlen, am Ende eines jeden Schießens, unter Aufsicht des Kursleiters, eine halbe Stunde für eine sachgemäße Waffenpflege anzusetzen! Das würde sicher außerdem noch der Angewöhnung einer sicheren Handhabung dienen.

Die Pflege der Optik. Über die Pflege der optischen Geräte, Ferngläser und Zielfernrohre, gibt es vergleichsweise wenig zu sagen. Daß man sich bemüht, diese empfindlichen Gegenstände vor rauher Behandlung und vor Witterungseinflüssen zu schützen, versteht sich von selbst.

Äußere Verschmutzung läßt sich in der Regel leicht abwischen und ein Abreiben der eventuell freiliegenden Metallteile mit einem entsprechend präparierten Lappen, der einen dünnen Schutzfilm von Konservierungsöl hinterläßt, ist empfehlenswert.

Problematisch wird es da, wo bei solchen Geräten erfahrungsgemäß am meisten geputzt wird, an den Linsen. Jeder weiß, daß Glas ein sehr harter Werkstoff ist. Man kann mit einem Glassplitter sogar Metallteile anritzen. Das schließt natürlich nicht aus, daß es auf der anderen Seite Stoffe gibt, die noch härter sind und ihrerseits wiederum in der Lage sind, Glas zu zerkratzen.

Sie verbergen sich an den Stellen, wo wir sie am wenigsten vermuten, in dem Staub, der sich immer wieder auf den Linsen an-

Abb. 189 Bei der Pflege von optischen Geräten müssen insbesondere bei der Reinigung der Linsen geeignete Mittel zur Anwendung kommen

> Die Linsen sind zur Erzielung höchster Leistung sehr fein poliert. Werden sie durch unsachgemäßes Reinigen mit vielen winzig kleinen Kratzern überzogen, leidet die Bildqualität.

sammelt und den wir gerne abwischen möchten. Winzig kleine Schmirgelkörnchen warten darauf, von uns über die empfindlichen Linsenoberflächen gerieben zu werden.

Erinnern wir uns auch hier wieder an den Mann, der die lackierte Oberfläche seines Autos reinigen wollte! Er hatte eine wirksame Methode, die kratzenden Sand- und Staubteilchen zu entfernen, ohne daß sie Schaden anrichteten.

Vor allem nicht, wenn das gleiche Teil immer wieder zum Ab-

> Die auf den Linsen anhaftenden Staub- und Schmutzteilchen mit einem Lappen oder einem häufig für diesen Zweck verwendeten Lederläppchen trocken abzuwischen, ist nicht zu empfehlen.

wischen verwendet wird. Der Schmutz sammelt sich in dem Tuch und verwandelt es nach kurzer Zeit in ein Schmirgelleinen. Es ist besser, stets für diesen Zweck ein sauberes Tuch, z. B. ein frisch gewaschenes Taschentuch, zur Hand zu haben. Die optischen Herstellerfirmen empfehlen nicht umsonst weiche Spezialpapiere, die im Handel erhältlich sind, und die nach einmaligem Gebrauch weggeworfen werden. Sehr gut geeignet sind Papier-Brillenreinigungstücher, die mit einer fettlösenden Flüssigkeit getränkt sind. Die schonendste Reinigungsmethode beginnt damit, auf der Glasoberfläche haftende Schmutzteilchen mit einem weichen Pinsel zu lösen und anschließend wegzublasen. Zu diesem Zweck werden im Handel kombinierte Geräte (Pinsel mit Blasebalg, Lenspen usw.) angeboten. Erst nach dieser Vorreinigung darf mit Reinigungsflüssigkeiten und Spezialpapier bzw. -lappen gereinigt werden.

> Das Abreiben der Linsen mit den Fingerkuppen ist eine unsachgemäße Reinigungsmethode.

Bei einer groben Verschmutzung der Linsen sollte man ruhig Wasser zu Hilfe nehmen, um den Schmutz abzuspülen. In anderen Fällen reicht ein Anhauchen der Gläser vor dem Abwischen.

Ein Berühren der Linsen mit den Fingern hinterläßt auf den Linsen eine Schicht von Schweiß und Fett, die durch Reiben nur verteilt wird und mit Wasser entfernt werden muß.

Der Schmutz, der entfernt werden sollte, wird mit Schweiß und Fett vermischt und bleibt zum größten Teil auf der Linsenoberfläche. Er vereinigt sich mit den an der Hautoberfläche sitzenden Schmutzteilchen und bewirkt genau das Gegenteil von dem was beabsichtigt war.

9.1 Fragen & Antworten zur Pflege von Waffen und Optik

1. Aus einem Büchsenlauf werden nur Tombak-Mantelgeschosse verfeuert. Wie werden die auftretenden Metallablagerungen im Lauf entfernt?

a) Ein Entfernen von Tombak-Rückständen ist nicht erforderlich.
b) Durch Benetzen der Laufbohrung mit Waffenöl.
c) Die Laufbohrung muß mit einem speziellen Mittel behandelt werden, das in der Lage ist, Tombak-Rückstände aufzulösen.

2. Was versteht man unter Laufverschmierung?

a) Ansammlung von verharztem Fett im Gewehrlauf.
b) Abgeriebenes Metall vom Geschoßmantel auf Zügen und Feldern.
c) Schlecht gereinigter Lauf nach einem Sturz in den Schlamm.

3. Wodurch lassen sich metallische Ablagerungen im Büchsenlauf am besten vermeiden?

a) Sorgfältiges Trockenwischen des Laufes vor dem Schuß.
b) Keine Tombak-Mantelgeschosse verschießen.
c) Regelmäßige Anwendung eines Laufpflegemittels mit metallösender Wirkung.

4. Was bewirken Roststellen im Büchsenlauf?

a) Sie verringern die Geschoßgeschwindigkeit.
b) Sie begünstigen Ablagerungen von Verbrennungsresten und Geschoßmaterial und fördern weitere Korrosion.
c) Sie bewirken durch Aufrauhen des Geschoßmantels eine bessere Geschoßwirkung im Wildkörper.

5. Was ist Korrosion im Gewehrlauf?

a) Ein Festbrennen von Schmiermittelrückständen durch die beim Schuß entstehenden Temperaturen.
b) Eine flächige oder örtliche Umwandlung des Laufstahls in Zerfallsprodukte durch chemische oder elektrochemische Prozesse.
c) Ein Verschleißen mit Riß- und Grubenbildung in der Oberfläche des Übergangskegels durch heiße Gase und Pulverpartikel.

6. Was versteht man unter Nachschlagen?

a) Verstärkter Rückstoß der Flinte beim Doppeln.
b) Zweiter Versuch der Zündung bei einer Versagerpatrone.
c) Nach einigen Tagen auftretende Verschmutzung des Gewehrlaufes trotz erfolgter Reinigung.

7. Eignet sich Gewehröl auch zur Pflege des Schaftes?

a) Ja, aber nur in angewärmten Zustand.
b) Ja, aber wegen der Dünnflüssigkeit ist der Verbrauch höher als bei Schaftöl.
c) Wegen seiner Zusammensetzung grundsätzlich nicht.

Antworten:
1 c, 2 b, 3 c, 4 b, 5 b, 6 c, 7 c.

10 Schieß-technik

Wer sich in der Ausbildung zum Jäger an diesem Buch orientierte, hat grundlegende Kenntnisse u.a. über die Waffen- und Munitionstechnik und über die Handhabung von Jagdwaffen erworben. Die Voraussetzungen für das sichere Schießen wurden damit geschaffen. Doch der Erfolg stellt sich erst durch das sichere Treffen ein. In diesem Kapitel wird die Technik des Schießens mit der Büchse, der Flinte und der Kurzwaffe behandelt. Dabei muß im Rahmen des Gesamtkonzeptes dieses Buches, von einigen Ausnahmen abgesehen, auf eine ausführliche Darstellung verzichtet werden. Die Ausführungen können also kein Lehrbuch über das Schießen ersetzen, sie sollen vielmehr eine Anleitung sein, auf deren Grundlage die Schießtechnik verfeinert werden kann.

10.1 Schießen mit der Büchse

Bevor auf die verschiedenen Techniken des Schießens mit der Büchse eingegangen wird, zunächst einige Bemerkungen zur Waffe selbst, weil daran einige Anforderungen gestellt werden müssen, die Voraussetzung für ein gutes Schießen sind.

- Die *Schäftung* soll ein schnelles Anschlagen und unverkrampftes Zielen ermöglichen. Dazu muß insbesondere die Schaftlänge und die Höhe des Schaftrückens (für das Schießen mit Zielfernrohr) zur Figur des Schützen passen. Der Pistolengriff soll so geformt sein, daß er fest und bequem umfaßt werden kann. Für die Schäftung sollte grundsätzlich gelten: Funktionalität geht vor Ästhetik.
- Dem *Abzugssystem* ist besondere Aufmerksamkeit zu widmen. Sowohl Stecherabzüge wie auch Druckpunkt-, Direkt- und Matchabzüge lassen sich individuell auf die Sensibilität des Abziehfingers einstellen. Durch Versuche sollte der optimale Abzugswiderstand so justiert werden, daß weder ein Schuß verrissen wird (Abzug zu hart) noch ein Schuß vorzeitig und unbeabsichtigt ausgelöst werden kann (Abzug zu weich).
- Als *Visiereinrichtung* wird fast ausschließlich das Zielfernrohr verwendet. Nach Einnahme der Schießposition, z.B. auf dem Hochsitz oder auf dem Schützenstand, ist die Scharfeinstellung zu kontrollieren, bei variablen Gläsern auch die Vergrößerung.
- Das günstigste *Gewicht* einer Büchse ergibt sich aus dem Verwendungszweck und dem Kaliber. Für den reinen Schießstandeinsatz (DJV-

Wettbewerbe) bevorzugt man wegen der ruhigeren Gewehrlage und der besseren Schußpräzision schwerere Büchsen (dicke Läufe). Im Jagdbetrieb sollte eine Anpassung an die überwiegend ausgeübte Jagdart (Pürsch, Ansitz) und die Reviergegebenheiten (Hochgebirge, Flachland) erfolgen. Im Hinblick auf die Rückstoßbelastung sollten Waffen, aus denen Hochleistungspatronen geschossen werden, nicht zu leicht sein. Dieser Hinweis ist besonders auch deshalb angebracht, weil manche Schützen wegen des starken Rückstoßes zum „Mucken" neigen.

Unabhängig von der Anschlagsart sind beim Büchsenschießen - und hier sind kombinierte Waffen eingeschlossen – einige Regeln zu beachten.

- Voraussetzung für ein treffsicheres Schießen ist der absolut sichere Umgang mit der Waffe, d.h., ein Schütze muß mit der Bedienung der Spann- und Umstellhebel, der Sicherung und des Abzugssystems unter allen Bedingungen völlig vertraut sein.
- Zur *Handhabung* im weitesten Sinne gehört die Berücksichtigung von waffenseitigen Eigenarten. So muß die Trefferlage des Ölschusses ebenso bekannt sein, wie das Kletterverhalten der kombinierten Waffe. In die Kategorie der Handhabungsfehler fällt auch das Andrücken des Laufes gegen den Schaft. Dieser Fehler, der nur für Büchsen mit feststehendem Lauf gilt, hat eine Beeinflussung der Laufschwingungen (Vergrößerung der Streuung) oder sogar eine Trefferverlagerung nach unten zur Folge. Die gleichen Auswirkungen hat auch das Ziehen am Gewehrriemen, wenn dieser am Lauf befestigt ist.
- Eine gleichbleibend gute Schießleistung ist nur gegeben, wenn es gelingt, den Körper unter allen Bedingungen bei der Schußabgabe ruhig zu stellen. Sowohl auf der Jagd als auch auf dem Schießstand muß deshalb in erster Linie Nervosität unterdrückt werden. Diese Fähigkeit kann man trainieren. Neben der geistigen Entspannung, die mit einer körperlichen Entkrampfung einhergeht, trägt auch die Atemtechnik dazu bei, dieses Ziel zu erreichen. Während das „Abschalten" gegenüber Umgebungseinflüssen auf dem Schießstand vorteilhaft ist, können sich durch ein eingeschränktes Wahrnehmungsvermögen beim Jagdbetrieb gefährliche Situationen ergeben. Häufiges Schießen auf dem Schießstand, auch mit dem Luftgewehr und dem Kleinkalibergewehr, hat einen entkrampfenden Gewöhnungseffekt und trainiert zudem die bei den jeweiligen Anschlagsarten belasteten Muskelpartien.
- Auch die Kleidung spielt eine nicht unwesentliche Rolle. Bei der Jagd kleidet man sich natürlich entsprechend der Witterung. Während eine dicke Kleidung bei der Ansitzjagd kaum nachteilig ist, sollte man bei den winterlichen Drückjagden darauf achten, daß ein schnelles Anschlagen der Waffe nicht durch ungeeignete (zu dicke) Kleidung behindert wird. Das Tragen von Handschuhen kann unter derartigen Bedingungen problematisch sein. Besser ist es, die Schießhand in der Manteltasche oder einem Muff warmzuhalten. Viele Schützen bevorzugen auf dem Schießstand eine eng sitzende, ausgepolsterte Kleidung, um dadurch eine Stützwirkung zu erhalten und um Körperschwingungen (Puls) zu dämpfen.
- Obwohl es heute kaum noch einen Jäger gibt, der auf die Vorteile eines Zielfernrohres verzichtet, soll doch das Schießen über die sogenannte „freie Visierung" (Visier und Korn) nicht unerwähnt bleiben. Durch unterschiedlichen Lichteinfall auf die Visiereinrichtung (wechselnde Beleuchtungsverhältnisse) können sich Abweichungen der Treffpunk-

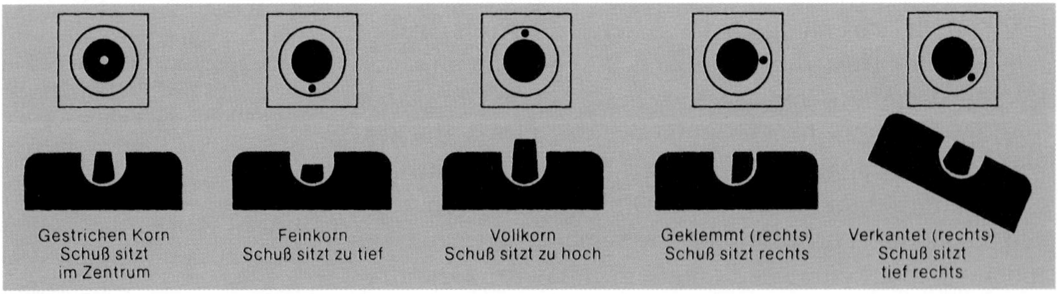

Abb. 190 Das Zielen über Visier und Korn

Seiten- und Höhenabweichung des Geschosses in Zentimetern beim Verkanten der Waffe

Patrone	**Verdrehwinkel in Grad**	**Fleckschußentfernung**					
		100 m Abweichung zur		**200 m Abweichung zur**		**300 m Abweichung zur**	
		Seite	**Höhe**	**Seite**	**Höhe**	**Seite**	**Höhe**
6,5x54 M.-Sch.	1	0,2	0	1,0	0	1,7	0
10,3 g TR	5	1,1	0	5,0	0,2	13,1	0,6
V_0 = 670 m/s	10	2,2	0,2	10,0	0,9	26,0	2,3
GEE = 140 m	15	3,2	0,4	14,9	2,0	38,8	5,1
7x64	1	0,1	0	0,6	0	1,5	0
10,5 g TIG	5	0,6	0	2,8	0,1	7,3	0,3
V_0 = 880 m/s	10	1,3	0,1	5,7	0,5	14,5	1,3
GEE = 175 m	15	1,9	0,3	8,4	1,1	21,6	2,8
7 mm Rem. Mag.	1	0,1	0	0,4	0	1,0	0
9,4 g TS	5	0,5	0	2,1	0,1	5,2	0,2
V_0 = 1005 m/s	10	0,9	0,1	4,2	0,4	10,3	0,9
GEE = 210 m	15	1,4	0,2	6,2	0,8	15,4	2,0

Die für die Berechnung erforderlichen Werte wurden den RWS-Schußtafeln entnommen.

te ergeben. Auch individuelle Zielgewohnheiten der Schützen führen zu Verschiebungen der Treffpunktlage. Durch Zielfehler der in Abbildung 190 dargestellten Art ergeben sich Trefferverlagerungen, wobei das Verkanten natürlich auch für das Schießen mit dem Zielfernrohr gilt. Der sich daraus ergebende Fehler wird aber häufig überbewertet, beachtenswerte Abweichungen ergeben sich nämlich erst bei Verkantungswinkeln ab ca. 15 Grad. Diese Abweichung von der Horizontallage tritt aber bereits so deutlich in Erscheinung, daß sie in der Praxis kaum erreicht wird.

Auf die optischen Belange des Schießens mit dem Zielfernrohr ist im Kapitel 3 Optik, bereits eingegangen worden. Die Technik des Schießens mit dieser Zieleinrichtung stellt keine besonderen Anforderungen an den Schützen. Sie ersparen sich aber schmerzhafte Erfahrungen in Form von Augenbrauen- und Nasenbeinverletzungen, wenn Sie immer daran denken, daß ein Gewehr einen Rückstoß hat. Auch bei ungünstigen Schießpositionen auf dem Hochsitz oder beim Liegend-Anschlag muß der Schaft fest an die Schulter gezogen werden, ferner soll der Augenabstand zum Okular nie kleiner als 5 cm besser 8 cm sein.

10.1.1 Die Anschlagsarten

Sitzend aufgelegt. Auf dem Schießstand lassen sich in der Regel optimale Voraussetzungen für das Präzisionsschießen schaffen (s. Kapitel 7: Prüfung von Jagdwaffen). Auf dem Hochsitz oder im Ansitzschirm wird

Abb. 191 und 192 Links: Falsch aufgelegtes Gewehr! Der Lauf darf keinesfalls die Brüstung berühren. Rechts: Richtig aufgelegtes Gewehr. Als elastische, weiche Unterlage dient die Hand.

zwar im allgemeinen auch sitzend aufgelegt geschossen, aber dort findet man kaum ideale Bedingungen vor. Ein Hochsitz kann nun einmal nicht für alle Körpergrößen und Schießpositionen maßgeschneidert sein. Trotzdem bietet er die relativ besten Voraussetzungen für die Abgabe eines gezielten Schusses, sofern folgende Regeln beachtet werden:

- Der Vorderschaft soll nie direkt auf der Brüstung, sondern auf einer weichen Unterlage aufliegen,
- keinesfalls darf der Lauf die Brüstung berühren.

Werden diese Regeln nicht beachtet, kommt es zu einem Prellschlag, der Hochschuß zur Folge hat.

Um das Gewehr ruhiger halten zu können, ist eine Armauflage zweckmäßig (quer gelegtes Brett oder Rundholz).

Stehend angestrichen. Im Revier ergibt sich diese Anschlagsart wohl am häufigsten bei der Pürsch. Denn bevor man einen Schuß stehend freihändig abgibt, wird man versuchen, das Gewehr an einem Baumstamm oder Ast anzulegen (anzustreichen), weil dadurch die Treffchancen erheblich verbessert werden. Im Gebirge ist der Bergstock, an den angestrichen wird, ein unentbehrliches Hilfsmittel.

Für den in der Ausbildung befindlichen Jäger ist der Anschlag stehend angestrichen besonders interessant, weil er so das Prüfungsschießen zu absolvieren hat. Der Schütze stellt sich mit leicht gespreizten Beinen so weit vor die Latte, daß er sich mit dem gestreckten Führungsarm (linker Arm bei einem Rechtsschützen) und etwas nach vorn geneigt an der Latte abstützen kann. Das Gewehr wird etwa in Schulterhöhe an der linken Seite der Latte (bei Rechtsschützen) in die Handkehlung zwischen Daumen und Zeigefinger gelegt, wobei der Vorderschaft die Latte nicht berühren darf. Durch Korrektur dieser Körperhaltung ist eine Position anzustreben, in der das Gewehr bei bequemer Kopfhaltung ohne nennenswerte Seiten- und Höhenbewegung gehalten werden kann.

Abb. 193 Anschlag „Stehend angestrichen“

Liegend freihändig. Dieser Anschlag wird selbst im Gebirge höchst selten angewendet, denn dort schießt man, insbesondere oberhalb der Baumgrenze, wenn irgendwie möglich, liegend aufgelegt oder am Bergstock angestrichen. Und in den übrigen Gebieten ist es meistens riskant, liegend zu schießen, weil durch die geringe Mündungshöhe das Geschoß sehr leicht mit dem Bewuchs in Berührung kommen kann. Diese Anschlagsart bleibt also fast ausschließlich dem Wettbewerbsschützen auf dem Schießstand vorbehalten; sie ist durch das freie Handgelenk und den freien Unterarm gekennzeichnet, es liegt nur der Ellenbogen auf.

Der Anschlag, so einfach er auch erscheinen mag, hat seine Tücken. Stützen nämlich die Arme und die Schulter das Gewehr nicht im richtigen Winkel zueinander ab, hat der Lauf immer eine Bewegungstendenz in einer Diagonalen zwischen links oben und rechts unten (beim Rechtsschützen). Durch Abstützen des Ellenbogens, senkrecht unter dem Gewehr und einer individuell zu erprobenden Haltetechnik, kann jedoch eine Stabilisierung der Gewehrlage erreicht werden.

Stehend freihändig. Für die meisten Jäger ist dies die schwierigste Anschlagsart, weil es nur schwer gelingt, die Waffe ruhig zu halten. Bei der Jagd wird stehend freihändig eigentlich nur bei der Pürsch (meist auf ein stehendes Wild) geschossen, und dies auch nur, wenn aus zeitlichen Gründen oder wegen zu hohen Aufwuchses (Sträucher, hohes Gras, Getreide) eine günstigere Anschlagsart, wie z. B. sitzend oder kniend, nicht möglich ist.

Auf flüchtiges Wild (Drückjagden) wird demgegenüber fast ausschließlich stehend freihändig geschossen. Die Bewegungsabläufe der Waffe ähneln allerdings mehr dem Schießen mit der Flinte, deshalb wird im Zusammenhang mit der Jagd hier nur auf

Abb. 194 Anschlag „Liegend freihändig“

Abb. 195 Anschlag „Sitzend“

Abb. 196 Anschlag „Kniend“

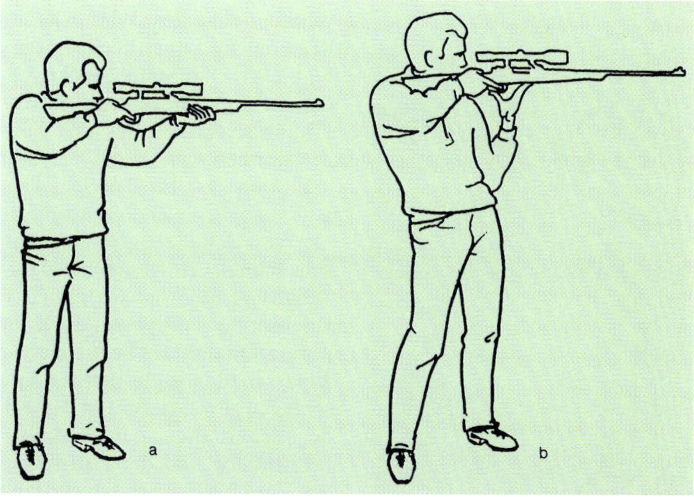

Abb. 197 Anschlag „Stehend freihändig“. **a)** jagdlich; **b)** sportlich

Randbedingungen hingewiesen.

Nicht immer wird durch Knacken oder Hetzlaut der Hunde das Anwechseln von Wild so rechtzeitig angekündigt, daß genügend Zeit bleibt, sich schußbereit zu machen. Andererseits ist es nicht möglich, unter Umständen stundenlang in höchster Konzentration am Dickungsrand auf einer schmalen Schneise zu stehen. Aber auch in derartigen Situationen muß eine rasche Schußbereitschaft gewährleistet sein. Dazu kann das Gewehr entsichert (aber nicht gestochen) in den Händen gehalten oder in die Ellenbeuge gelegt werden. Selbstverständlich ist dabei die Mündung nach unten und nicht zu dem Nachbarschützen gerichtet. Eine schnelle Schußfolge ist manchmal erforderlich, deshalb muß schnelles Repetieren bzw. Nachladen geübt werden. Dazu müssen die Patronen griffgünstig, am besten in der Manteltasche, untergebracht sein. Ist man nicht in der Lage, längere Zeit zu stehen, wird üblicherweise ein Sitzstock verwendet, der allerdings so hoch sein sollte, daß man schnell aufstehen kann. Wird ein Jungjäger zu einer Drückjagd eingeladen, darf er es nicht versäumen, sich vorher auf dem Schießstand auf dem „Laufenden Keiler“- Stand eine gewisse Schießfertigkeit anzueignen, und zwar mit der Waffe, die er auch bei der Jagd führen wird.

Bei DJV-Schießwettbewerben wird der „Stehende Überläufer“ stehend freihändig geschossen. Zwei unterschiedliche Techniken sind üblich: der jagdliche Anschlag mit ausgestrecktem, leicht angewinkeltem Führungsarm und der sportliche Anschlag, bei dem der Ellenbogen des Führungsarmes auf dem Hüftknochen aufliegt. Dieser Anschlag bietet durch günstigere statische Verhältnisse die besseren Voraussetzungen für die Gewehrstabilisierung, ferner ermöglicht er ein längeres Zielen ohne Ermüdung des Führungsarmes. Im jagdlichen Anschlag erlahmt der Führungsarm relativ schnell, so daß das Gewehr nicht mehr ruhig gehalten werden kann. Bei Erreichen dieser Phase sollte man die Waffe absetzen und erst nach einer kurzen Entspannungspause erneut anschlagen.

Der „Laufende Keiler“ ist eine sehr praxisnahe Disziplin beim jagdlichen Schießen. Die Schußdistanz beträgt 50m, die Scheibe bewegt sich in 2 Sekunden über eine 6m breite Schneise. Auch für diese Übung wird ein Zielfernrohr benutzt. Um ein größeres Sehfeld zu erhalten, sollte die Vergrößerung nicht zu groß gewählt werden (etwa 5- bis 6fach).

Nach dem Abruf geht der Schütze in Anschlag, wobei der Zielstachel in Höhe des Erscheinungspunktes des Wurfes der Überläuferscheibe gerichtet ist und der rechte Bildrand des Zielfernrohres die Deckung tangiert. Dieses Zielverfahren hat den Vorteil, daß man sofort nach Erscheinen der Scheibe das Gewehr in Bewegungungsrichtung mitziehen kann, das Ziel also nicht überholen muß, wodurch Zeit für Korrekturen verlorengeht. Das Vorhaltemaß richtet sich nach der Geschoßgeschwindigkeit, es beträgt bei Standardkalibern, wie z. B. 7x64, etwa 15 bis 20cm.

Abb. 198 Konzentrationshaltung mit der Büchse vor dem Abruf der Scheibe „Laufender Keiler“

Diese Schießtechnik läßt sich gut auf die Praxis übertragen, wenngleich dort selten Schießstandbedingungen anzutreffen sind. Die unterschiedlichen Wildgeschwindigkeiten und Fluchtwinkel sowie Schußentfernungen erfordern ein ständig neues Anpassen des Haltepunktes, und es bedarf großer Erfahrung und guter Schießfertigkeit, flüchtiges Wild sicher zu treffen.

10.2 Schießen mit der Flinte

Ebenso wie für das Schießen mit der Büchse, muß auch beim Flintenschießen das Handwerkszeug gewisse Bedingungen erfüllen. Dabei liegt bestimmungsgemäß der Schwerpunkt bei der Flinte, wenngleich auch eine kombinierte Waffe, wie Drilling oder Bockbüchsflinte, die Möglichkeit des Schrotschusses bietet, allerdings überwiegend für den Gebrauch im Revier. Für das Wurftaubenschießen sind diese Waffen kaum geeignet und auch nicht ausgelegt. Das schließt aber nicht aus, daß sie dort gelegentlich für das Übungsschießen eingesetzt werden können.

Flinten sind für das Schießen auf bewegliche Ziele konzipiert. Da eine Schußabgabe meistens sehr schnell erfolgen muß, ist die Schäftung, mehr noch als bei der Büchse, den individuellen Körpermerkmalen des Schützen anzupassen, damit ein rasches Anschlagen gewährleistet ist. Neben der Schaftlänge, der Senkung, Schränkung und der Griffigkeit des Vorderschaftes ist die Balance – die Ausgewogenheit der Gewichtsverteilung – ein wichtiges Kriterium beim Kauf einer Flinte. Während die Schaftmaße durch eine Maßschäftung oder Schaftkorrekturen optimiert werden können, ist die Balance nachträglich kaum beeinflußbar.

Die technischen Anforderungen an eine Flinte (Abzüge, Ejektor, Treffpunktlagen der Läufe) wurden bereits im Abschnitt „Prüfung von Jagdwaffen“ behandelt. Da beim Schrotschuß nicht im Sinne des Büchsenschusses gezielt wird, ist auch eine Visiereinrichtung nicht erforderlich. Dazu dient lediglich die Laufschiene. Alle anderen Hilfsmittel, wie Vorrichtungen, die auf dem Lauf befestigt werden, sind überflüssig, wenn man eine „saubere“ Schießtechnik beherrscht. Noch eine Bemerkung zu den Läufen: Deren Trefferleistung sollte sowohl für die Anforderungen im Revier als auch für das Wurftaubenschießen ausgelegt sein (s. Kapitel 11: Auswahl von Waffen und Munition), damit ein Umgewöhnen an eine andere Waffe nicht zu erfolgen braucht. Da die Trefferleistung unabhängig von der Lauflänge ist, sollte diese von den Balanceverhältnissen abhängig gemacht werden. Eine Lauflänge von etwa 70 cm hat sich unter allen Einsatzbedingungen als günstig erwiesen.

Im Revier wird die Kleidung den Witterungsbedingungen angepaßt (Abschnitt 10.1: Das Schießen mit der Büchse). Ausrüstungsgegenstände wie Horn, Jagdtasche oder Hundeleine müssen dabei so getragen werden, daß die Handhabung der Waffe nicht beeinträchtigt wird.

Bei warmem Wetter wird auf dem Wurftaubenstand zweckmäßigerweise eine Schießweste und bei niedrigen Temperaturen eine Schießjacke getragen, die nicht zu leger sein sollten, um das Gleiten der Flinte nicht zu behindern. Um einen ausreichenden Vorrat Patronen unterbringen zu können, ist eine Patronentasche am zweckmäßigsten.

Das Wurftaubenschießen. Das jagdliche Wurftaubenschießen umfaßt die Disziplinen Trap, Skeet und Jagdparcoursschießen. Letzteres erfreut sich seit einigen Jahren zunehmender Beliebtheit, weil es sehr abwechslungsreich ist und zudem durch die Simulation von jagdnahen Situationen eine ausgezeichnete Übungsmöglichkeit für das Schießen im Revier bietet. Im Jagdparcours oder Schießgarten wird unter praxisnahen Bedingungen auf Flugziele (Wurftauben) und Bodenziele (Roll- oder Kipphase) geschossen. Das jagdliche Trap- und Skeetschießen ist von den gleichnamigen sportlichen Disziplinen abgeleitet. Beim Trapschießen befindet sich der Schütze 11 m hinter der in einem Unterstand installierten Wurfmaschine, die die etwa bierdeckelgroßen Asphaltscheiben (Wurftauben) in wechselnde Richtungen wirft. Ein Skeet-Wurftaubenstand besteht aus zwei unterschiedlich hohen Tür-

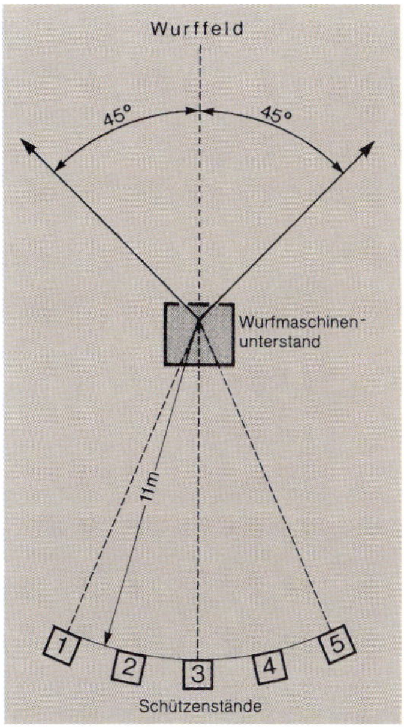

Abb. 199 Trapstand mit einem Wurfautomaten

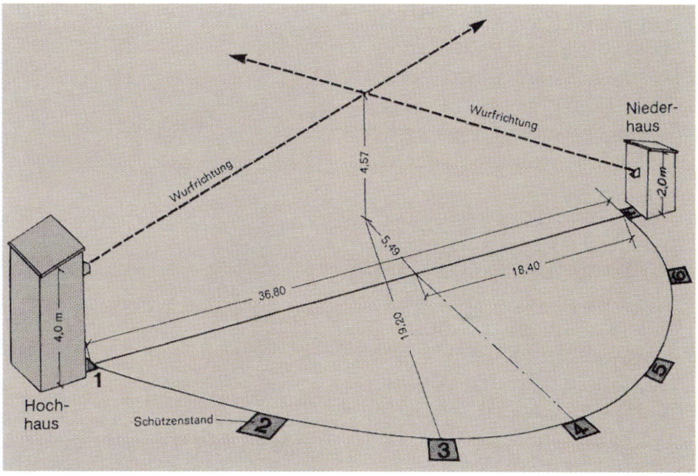

Abb. 200 Schematische Darstellung eines Skeetstandes mit 7 Schützenständen

men (Hochhaus, Niederhaus), aus denen die Wurfmaschinen die Tauben in gleichbleibender Richtung abwechselnd oder gleichzeitig (Doubletten) werfen. Sieben Schützenstände sind auf einem Kreissegment angeordnet, die Schützen wechseln den Stand nach dem Beschießen von jeweils zwei Tauben (s. Abb. 190, 200).

Das Jägerprüfungsschießen auf bewegliche Ziele findet auf dem Trap-, Skeet- oder Kipphasenstand statt. Das Schießen mit Stahlschrot auf den Kipphasen ist wegen der Rückprallgefahr nicht zugelassen. Einige grundlegende Dinge der Schießtechnik haben aber für alle Disziplinen Allgemeingültigkeit:

- Der *jagdliche Anschlag* umfaßt zwei Phasen: die „Konzentrationsphase", in der sich der Schütze auf das Erscheinen der Taube vorbereitet und konzentriert. Dabei hält der Schütze die Flinte mit leicht nach vorn geneigtem Oberkörper so, daß der Schaft den Hüftknochen berührt und die Laufmündung etwas über Augenhöhe bleibt. Beide Füße stehen ganzflächig in normaler, bequemer Stellung nur etwas gegeneinander abgewinkelt auf der Grundplatte, wobei das Gewicht überwiegend auf dem linken Fuß ruht.
  Nur bei stärkerer Rechtsdrehung des Körpers oder bei Steilschüssen nach oben (Überkopftauben) wird das Gewicht auf den rechten Fuß verlagert. Diese Grundhaltung läßt natürlich einen gewissen Spielraum zu. Ein Grundsatz sollte aber immer beachtet werden:
  Die Körperhaltung soll gelockert und bequem sein, niemals unnatürlich und verkrampft.
  In der zweiten Phase wird die Taube durch Absenken der Laufmündung in Kinnhöhe

Abb. 201 Gewehrhaltung, in der die Taube erwartet wird

Abb. 202 Voranschlag beim sportlichen Trapschießen

Abb. 203 a-d Der Bewegungsablauf beim Anschlagen der Flinte, dargestellt in vier Phasen

„abgewinkt" (s. Abb. 192). Sobald der Lauf diese Lage erreicht hat und stillsteht, wird die Taube ausgelöst. Hier kommt es auch bei erfahrenen Schützen immer wieder zu Mißverständnissen, weil das Anzeigen der Schußbereitschaft nicht eindeutig ist. Die Folge sind zu früh oder zu spät ausgelöste Tauben. Vermeiden Sie daher unnötige Schlenkerbewegungen mit der Flinte, signalisieren Sie dem Auslöser unmißverständlich durch Ihr Verhalten, daß Sie jetzt die Taube erwarten.

Das beschriebene Abwinken gilt allerdings nur für den Trapstand mit 15 Wurfmaschinen und für die Skeetstände 1 und 7. Bei Trapständen mit einem Wurftaubenautomaten wird der Lauf immer in Richtung des Erscheinungspunktes der Tauben gehalten. Für das Skeetschießen von den Ständen 2 bis 6 gilt folgende Regel: In der „Konzentrationsphase" ist der Lauf auf den Bereich zu richten, in dem die Taube beschossen werden soll, darauf ist auch die übrige Körperhaltung einzustellen. Zum Abwinken wird der Lauf unter gleichzeitigem Absenken bis etwa 3 m vor den jeweiligen Wurfturm geschwenkt. In dieser Stellung wird die Taube erwartet.

- Beim sportlichen Trapschießen wird die Taube im *Voranschlag* erwartet und abgerufen. Körper- und Fußhaltung entsprechen etwa dem jagdlichen Anschlag, lediglich die Flinte befindet sich beim Erscheinen der Taube bereits im Anschlag. Diese Anschlagsart ist weder für das jagdliche Wurftaubenschießen noch für das Schießen im Revier von Bedeutung.
- Erst wenn die Taube sichtbar ist, darf die Waffe angeschlagen werden. Der Bewegungsablauf beim Anschlagen ist für das Treffen ausschlaggebend und praktisch der Schlüssel zum Erfolg. Die Flinte wird mit beiden Händen gleichzeitig angehoben, indem sie nahe am Körper auf kürzestem Weg nach oben gleitet. Die rechte Hand führt den Schaft zur Schulter, die linke dirigiert den Lauf in Richtung des Zieles. In der Schlußphase dieser beiden Bewegungen, die annähernd gleichzeitig beendet sein sollen, liegt der Schaft so an der Wange an, daß Sie mit dem rechten Auge über die Mitte der Laufschiene blicken. Das Anschlagen der Waffe muß schnell erfolgen, es soll harmonisch-fließend sein, also nicht hastig und ruckartig. Während des Inanschlagbringens der Flinte wird die Körper-Grundhaltung nicht verändert. Die Flinte wird zum Kopf bewegt, niemals umgekehrt (s. Abb. 203 a–d)!

Dem Anfänger wird dieser Bewegungsablauf sicher kaum auf Anhieb gelingen. Aber er kann ihn, auch ohne zu schießen, durch „Trockenübungen" trainieren, indem er die Flinte zunächst bewußt langsam und nach Erreichen einer gewissen Sicherheit immer schneller anschlägt.

Fleißiges und regelmäßiges Üben lohnt sich, denn „sitzt“ der Anschlag einmal, stellt sich auf dem Schießstand das Treffen beinahe von selbst ein.

– Mit der Flinte wird jedoch auf bewegliche Ziele geschossen, und deshalb reicht ein perfekter Anschlag und das schnelle Anvisieren des Zieles nicht aus, um dieses auch zu treffen. Von der Betätigung des Abzuges bis zu dem Zeitpunkt, an dem die Schrotgarbe den Zielbereich erreicht, vergeht eine gewisse Zeitspanne, in der sich das Ziel aber weiterbewegt hat. Dieser Weg muß durch das Vorhalten ausgeglichen werden. Dabei ist das Vorhaltemaß abhängig von der Geschwindigkeit und dem Flugwinkel des Zieles sowie der Schußentfernung. Das Vorhaltemaß muß also immer den jeweiligen Gegebenheiten angepaßt werden. Das klingt sehr kompliziert, ist es aber durch die Anwendung einer bestimmten Schießtechnik durchaus nicht.
Damit die Taube nicht gesucht werden muß – dadurch geht Zeit verloren – blickt man beim Trapstand in den meistens gekennzeichneten Bereich, unter dem die Taube erscheint und beim Skeetschießen auf die jeweilige Wurfluke. Dies ermöglicht eine rasche Zielerfassung und somit kurze Reaktionszeit. Erscheint die Taube, wird die Flinte schon während des Anschlagens in die Flugrichtung geführt, auf der Flugbahn wird vorgeschwungen, die Taube wird überholt und dann geschossen. Das sich dadurch ergebende Vorhaltemaß ist natürlich von der Überholgeschwindigkeit abhängig, die deshalb möglichst gleich sein sollte. Diese Methode des Überholens und des Vorschwingens, hat den Vorteil, daß das Vorhaltemaß automatisch der Situation angepaßt wird. Zunächst wird ein ungeübter Schütze dazu neigen, auf die Taube zu schießen, was zwangsläufig einen Fehlschuß zur Folge hat. „Kleben“ Sie also nicht an der Taube, sondern überholen Sie diese zügig, ohne dann im Schuß anzuhalten. Trotzdem werden Sie viel Munition und Zeit aufwenden müssen, bis Sie ein Gefühl für das richtige Vorschwingen der Flinte bekommen.

Das Schießen im Revier. Die Grundtechniken des Wurftaubenschießens lassen sich zumindest auf die Flugwildjagd ohne weiteres übertragen. Natürlich bietet das Revier ständig wechselnde Situationen hinsichtlich der Entfernung und Flugrichtung des Wildes und nicht zuletzt auch der „Flugschneisen“. Und hier erweist sich auch, daß sich nicht jeder gute Wurftaubenschütze im Revier mit seinen Schießkünsten bewährt. Der Grund dafür dürfte die zu einseitige Ausrichtung auf das Trap- und Skeetschießen mit dessen relativ enger Variationsbreite sein. Wie schon erwähnt, bietet der Jagdparcours ein ideales Übungsfeld, insbesondere, wenn er auch mit Bodenzielen ausgestattet ist. Denn hier scheiden sich erneut die Geister: so mancher gute Flugwildschütze macht bei Hasenjagden eine klägliche Figur. Während er bei schnellen Fasanen vorschwingt, kann er

Abb. 204 und 205 Der Jagdparcours bietet ideale Übungsmöglichkeiten für das Schießen mit der Flinte wie hier z. B. auf Rollhasen (unten) oder das Schießen überkopf (oben)

sich vom Hasen nicht weit genug lösen und schießt deshalb hinten vorbei. Der Kipphase ist kein besonders geeignetes Übungsobjekt, weil die Geschwindigkeit und Laufrichtung nicht variabel sind. Ein richtig angelegter, vernünftig eingestellter und gut gepflegter Rollhasenstand bietet weitaus bessere Möglichkeiten zur Vervollkommnung der Schießfertigkeit auf Bodenziele. Es sollten mehrere Schützenstände vorhanden sein, die das Schießen aus unterschiedlichen Positionen ermöglichen. Ferner sollten die Schneisen nicht zu schmal und die Hasenscheiben nicht zu schnell eingestellt sein. Und schließlich muß auch darauf geachtet werden, daß die Rollbahn eben und sauber ist, damit die „Hasen" keine Luftsprünge machen. Die sichere Handhabung der Waffe und ein unter allen Bedingungen optimaler Anschlag sind auch im Revier unabdingbare Voraussetzungen für ein erfolgreiches Jagen.

Persönlicher Schallschutz. Der Schießlärm steht zwar nur in einem indirekten Zusammenhang mit der Schießtechnik, weil ein lauter Knall ebenso wie ein starker Rückstoß zum „Mucken" bei der Schußabgabe führen kann, dennoch soll und darf diese unangenehme und gefährliche Begleiterscheinung beim Schuß nicht unerwähnt bleiben.

Gelegentliche Schußknalle, wie z.B. bei der Jagd, führen in der Regel nicht zu bleibenden Gehörschäden, sondern nur zu einer vorübergehenden Vertaubung des Ohres. Auf einem Schießstand mit häufig wiederholter Knalleinwirkung kommt es jedoch zu einer permanenten Beeinträchtigung des Hörvermögens, wenn das Ohr nicht geschützt wird. Dabei ist nicht nur der Schütze selbst gefährdet, sondern auch die Nachbarschützen, Ausbilder, Prüfer, Richter, Helfer usw. Der Personenkreis, der sich im Nahbereich des Schützen aufhält, muß sich also ebenfalls in geeigneter Weise vor der Schußknalleinwirkung schützen. Die Möglichkeiten reichen von Gehörschutzwatte über Stöpsel bis zu Gehörschutzkapseln.

Das Tragen eines Gehörschutzes ist keine übertriebene Vorsicht, sondern eine vorbeugende Maßnahme zur Erhaltung der Gesundheit.

10.3 Schießen mit der Kurzwaffe

Dem Jäger wird vom Gesetzgeber der Erwerb von zwei Kurzwaffen ohne besonderen Bedürfnisnachweis zugestanden. Dahinter steht die Anerkennung der Notwendigkeit, daß er in bestimmten Situationen auf eine Kurzwaffe angewiesen ist. Gemeint ist damit vor allem der Fangschuß auf Schalenwild. Ferner läßt sich die Kurzwaffe zur Bau- und Fallenjagd einsetzen sowie als Selbstverteidigungswaffe in Notwehrfällen.

Dem Jäger soll nicht empfohlen werden, jede Nachsuche nur mit der Kurzwaffe anzutreten. Sie soll speziellen Fällen vorbehalten bleiben. Es gilt die Regel, daß in jeder Situation, in der eine Langwaffe eingesetzt werden kann, die Kurzwaffe fehl am Platz ist.

Der Fangschuß. Die Sache mit dem Fangschuß mit der Kurzwaffe wird vielleicht falsch verstanden. Das verweist die Kurzwaffe auf ihren eigentlichen, *typischen Einsatzbereich*, den beschränkten Raum oder das *Fehlen einer Langwaffe*, mit anderen Worten, auf den Fangschuß in der bürstendichten Dickung, in der nicht genügend Bewegungsfreiheit für den Einsatz einer Büchse ist oder das unvorhergesehene Zusammentreffen mit krankem Wild.

Psychologische Hindernisse beim Schießen mit der Kurzwaffe. Die Kurzwaffe wird von den meisten Menschen als ein besonders gefährlicher und unfallträchtiger Gegenstand angesehen. Das stimmt nur bedingt.

Gefährlich und unfallträchtig kann die Kurzwaffe nur durch den Mensch werden, der sie falsch bedient.

Sie ist ein technisches Gerät, das wie andere auch, einer zweckentsprechenden und sicheren Handhabung bedarf.

Gerade bei der Kurzwaffe muß sich der Jungjäger bemühen, Vorurteile über Bord zu werfen und ein *natürliches Verhältnis* zu seiner Waffe zu erwerben. Das geht nur über ein *genaues Verständnis* ihrer Funktionen und durch in *intensiver Übung* erworbene schlafwandlerische *Sicherheit bei der Beherrschung aller Handgriffe* an und mit der Waffe.

Was für die sichere Handhabung von Waffen allgemein gilt, das gilt in besonderem Maße für das Schießen mit der Kurzwaffe. Die Waffe ist verhältnismäßig leicht, recht kurz und für das Schießen mit einer Hand ausgelegt. Die *Visierlinie* ist viel kürzer als bei der Büchse, wodurch das *präzise Zielen* erschwert wird.

Schließlich verursacht der kurze Lauf einen unangenehmen lauten *Knall*, und je nachdem welches Kaliber man schießt, schrecken den Schützen ein ungewohnter *Feuerblitz* und ein schmerzhafter *Rückstoß* des vielleicht scharfkantigen Griffstückes in der Handgabel. Schließlich schlägt der Rückstoß die Waffe mit der Schießhand so weit aus der Richtung, daß ein erneutes *Abkommen* auf dem Ziel oft beträchtliche Zeit in Anspruch nimmt.

Praktische Schwierigkeiten. Wer zum ersten Mal eine geladene Kurzwaffe in die Hand nimmt und damit auf ein Ziel in Anschlag geht, wird unweigerlich feststellen, daß das Schießen damit gar nicht so einfach ist. Mit einer Büchse, deren Schaft man fest in die Schulter setzen und die man mit beiden Händen gut festhalten kann, geht das jedenfalls erheblich besser.

Die natürliche Nervosität verstärkt noch das durch die krampfhafte Umklammerung des Griffstückes bedingte Zittern, so daß Ziel und Visierung einfach nicht übereinstimmen wollen. Die Erwartung von Knall, Blitz und Rückstoß trägt auch nicht zur Beruhigung bei, so daß der Schütze schließlich anfängt, die Schüsse immer dann auszulösen, wenn die Visierlinie einmal auf das Ziel zeigt, um enttäuscht festzustellen, daß die Scheibe nur ab und zu einmal getroffen wird. Mal staubt es vor ihr im Sand, mal fliegen vom Scheibenrahmen die Splitter davon, mal läßt sich gar nicht erkennen, wo die Schüsse hingegangen sind.

Wer so anfängt, wird bald enttäuscht sein. Er hat sicher keine Ahnung, wieviele grundlegende Fehler er gemacht hat, die jeden erzielten Treffer zum reinen Zufall werden lassen. Entweder wirft er endgültig, in Abänderung des bekannten Sprichwortes, die Pistole bzw. den Revolver ins Korn, oder er übt verbissen weiter und beginnt einen sehr langwierigen Lernprozeß, der mit einem riesigen Munitionsverbrauch verbunden ist.

Was wollen wir erreichen?

Es wäre besser, den Anfänger von Beginn an entsprechend vorzubereiten und gleich auf den richtigen Weg zu bringen. Die kommenden Sätze sind der alleinige Schlüssel zum Erfolg, vorausgesetzt, sie sind gedanklich verstanden und werden ganz konsequent befolgt. Bevor der erste scharfe Schuß abgegeben wird, sollte man sich darüber klar sein, daß über Erfolg und Mißerfolg beim Schießen zu neunzig Prozent vorher im Kopf des Schützen entschieden wird.

Rollen wir also unser Problem einmal auf! Was wollen wir treffen; welche Anforderungen werden an uns gestellt?

Wir wollen keine Olympiade und keine Weltmeisterschaft betreiben. Wir wollen erreichen, daß wir in allen Situationen auf eine Entfernung von 5 m ein Ziel von der Größe einer Untertasse sicher treffen.

Wenn wir das schaffen, haben wir als Jäger alles, was wir für unsere Zwecke brauchen.

Die Kurzwaffe als Zweihandwaffe. Die Kurzwaffe ist für das Schießen mit einer Hand konstruiert. Wir haben bereits gemerkt, wie schwierig das *ruhige Halten* der Waffe ist. Nervosität und mangelnde Übung behindern uns erheblich. Also erklären wir hiermit unsere Kurzwaffe zur Zweihandwaffe und schießen *grundsätzlich* bei jeder Gelegenheit, bei der wir die zweite Hand zur Unterstützung frei haben, *beidhändig*.

Das beidhändige Schießen. Das wird so gemacht, daß die Schießhand die Waffe fest, aber nicht krampfhaft umfaßt, wobei der *Lauf* möglichst genau in die *gleiche Richtung* zeigt *wie der Unterarm*. Der *Schießarm* wird *voll ausgestreckt*, und die *freie Hand unterstützt entweder die Schießhand oder die Waffe*.

Es gibt mehrere Möglichkeiten. Entweder umgreift die freie Hand von vorn die Finger der Schießhand, oder die Schußhand stützt sich mit der Waffe auf die Handfläche der freien Hand auf. Bei moderneren Pistolentypen ist die Vorderseite des Abzugsbügels so geformt, daß der Zeigefinger der freien Hand dort angehängt werden kann. Und mancher findet es vorteilhaft, mit der freien Hand das Handgelenk der Schießhand zu umklammern.

Die Verbindung der beiden

Abb. 206 und 207 Links das beidhändiges Schießen, dargestellt mit der Pistole und **rechts** mit dem Revolver

Hände soll nicht übertrieben krampfhaft sein, soll aber über die beide Arme und die Schultern des Schützen ein verwindungssteifes Dreieck als Träger für die Waffe bilden. Aus dieser Position läßt sich sogar sehr gut mit der Abzugsspannung schießen.

Richtig visieren. Nachdem wir die Waffe so sicher, ohne zu zittern und zu wackeln, halten können, müssen wir über das Zielen sprechen. Hier hat der oben zitierte Anfänger einen zwar verzeihlichen, aber doch entscheidenden Fehler gemacht. Er hat nämlich scharf auf das Ziel gesehen anstatt auf seine Visierung.

Beim Schießen über das offene Visier steht man vor dem Problem, drei Punkte, nämlich Visier, Korn und Ziel gleichzeitig scharf zu sehen, was in idealer Weise nie gelingt. Der Schütze versucht, in schnellem Wechsel entweder die Visierung oder das Ziel scharf zu sehen, was sehr ermüdend und umständlich ist. Schließlich konzentriert er sich auf das Ziel, weil ihm das wichtiger zu sein scheint, und das ist falsch.

> Es ist gerade bei der kurzen Visierlinie der Kurzwaffe von entscheidender Bedeutung, die Visierung scharf zu sehen und ein perfektes Visierbild einzustellen. Wie undeutlich das Visier dabei erscheint, ist von untergeordneter Bedeutung. Man muß sich einfach dazu zwingen, aber der Fehler, der durch ein nicht einwandfrei zentriertes Visierbild entsteht, ist sehr viel größer als der Fehler, der dadurch entsteht, daß man beim Ziel nicht ganz auf die richtige Stelle hält.

Kontrolliert abziehen. Wie findet man aber jetzt ein gutes Abkommen, wo doch die Visierung auf dem Ziel nicht zur Ruhe kommen will? Um es gleich zu sagen, der Mensch ist noch nicht geboren, der die Kurzwaffe so lange Zeit absolut ruhig halten kann, bis der Abzug ganz durchgezogen ist und der Schuß bricht. Trösten wir uns damit, daß auch der Weltmeister im Pistolenschießen das nicht kann!

Wir helfen uns damit, daß wir bewußt nicht versuchen, auf einen bestimmten Punkt abzukommen, denn das verleitet dazu, den Abzug schnell durchzureißen, wenn die Visierung auf diesen Punkt zeigt.

Das war der zweite Fehler, den der Anfänger oben gemacht hat. Bei einer schnellen Bewegung des Abzugsfingers bewegen sich ungewollt andere Muskeln der Hand und des Armes mit und bringen dadurch die Waffe aus der Richtung. Bei einer gut festgehaltenen Büchse kann das Reißen am Abzug noch einen brauchbaren Treffer liefern, bei der Kurzwaffe geht es hoffnungslos vorbei.

> Kontrolliert abziehen heißt, den Druck auf den Abzug während des Zielens allmählich so lange zu verstärken, bis der Schuß sich löst.

Man muß also das Zielen und das langsam-stetige Durchdrücken des Abzuges bis zum Schuß koordinieren.

Das geschieht, indem man sich auf dem Ziel nicht einen Abkommenspunkt, sondern einen Abkommensbereich auswählt, der annähernd rund und so groß ist, daß die Visierung bei allen Bewegungen innerhalb dieses Bereiches für die Zeit bleibt, die man zum Abziehen braucht.

Man blickt also auf die Visierung, stellt sie optimal scharf ein

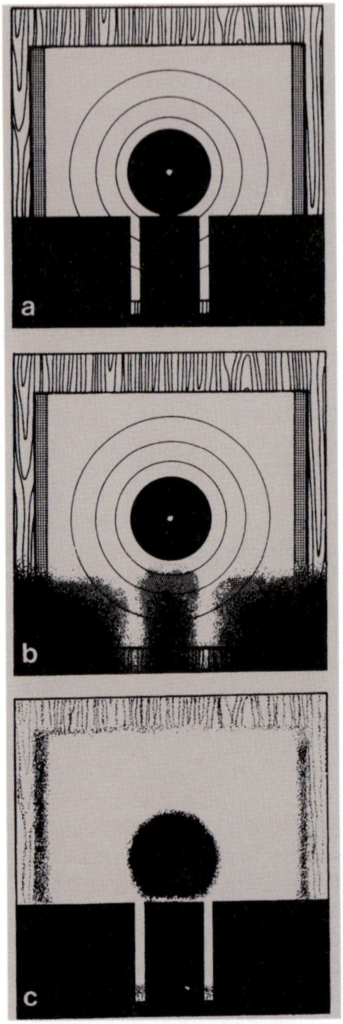

Abb. 208 Das richtige Visieren:
a) gleichzeitiges Scharfsehen von Visier, Korn und Ziel ist nicht möglich
b) es ist falsch, nur das Ziel scharf zu sehen,
c) wenn die Visierung scharf gesehen wird, spielt es keine Rolle, wenn das Ziel unscharf erscheint

und versucht, so lange in dem gewählten Abkommensbereich hin und her zu wandern, bis der Fingerdruck den Abzugswiderstand überwunden hat und der Schuß bricht. Geht die Visierung aus dem Bereich heraus, muß der Druck auf den Abzug so lange unverändert gehalten werden, bis sie in den Bereich zurückgewandert ist.

Wenn man so verfährt, und den Abzug so durchzieht, daß man vom Schuß überrascht wird, sitzt die Kugel garantiert innerhalb des gewählten Bereiches. Der Rest ist Übungssache. *Je mehr Übung, um so kleiner kann der Abkommensbereich gewählt werden.*

Übrigens, der Weltmeister schießt nach der gleichen Methode, nur ist bei ihm durch langes intensives Training der Abkommensbereich sehr klein geworden.

Ein Jäger kann zufrieden sein, wenn seine Schüsse auf 5 m Entfernung in einer Untertasse sitzen. Wird durch fleißiges Üben erreicht, daß die Öffnung einer Kaffeetasse jedesmal getroffen wird, ist das eine ausgezeichnete Leistung.

Trockentraining. Es wird dringend empfohlen, sich vor dem ersten Schießen ganz intensiv mit der Handhabung der Waffe und mit ihrer Funktion zu befassen. Wer die Waffe nicht perfekt beherrscht und nicht genau weiß, wie die einzelnen Teile zusammenwirken, kann nur Unheil anrichten. Man kann alles ausgiebig *zu Hause* im Zimmer *üben*, einschließlich der Anschlag-, Ziel- und Schießübungen (mit *Exerzierpatronen*). *Auf gar keinen Fall darf bei den Übungen scharfe Munition in der Nähe sein!* Wenn vorhanden, wird diese am besten außer Reichweite gebracht und eingeschlossen! Sodann besteht kein Hinderungsgrund mehr, ausgiebig auf ein Ziel an der Zimmerwand zu üben.

Schießübungen. Die Schießübungen mit scharfer Munition finden auf dem Schießstand statt. Weil hier aus Sicherheitsgründen auf fast allen Ständen nur auf 25 m Entfernung geschossen werden kann, wird auf die Pistolen- Ringscheibe geübt. Als Abkommensbereich wird dabei zunächst die ganze Scheibe (ca. 60x60 cm) gewählt, und wenn das einwandfrei beherrscht wird, der schwarze Spiegel (20 cm Durchmesser). Mehr brauchen Sie eigentlich nicht, denn der entspricht einem Ziel von 4 cm Durchmesser auf 5 m Entfernung.

Stellen Sie dabei fest, daß die Visierung schlecht zu sehen ist, bringen Sie farbige oder weiße Markierungen auf Visier und Korn an. Paßt das Griffstück schlecht in die Hand beschaffen Sie einen Spezialgriff, den es für fast alle Waffenmodelle im Handel gibt.

Trageweise der Kurzwaffen. Die Kurzwaffe soll so getragen werden, daß sie vor schädlichen Einflüssen geschützt ist. Ferner soll sie unauffällig, nicht unbequem und gut erreichbar sein.

In der Jacken-, Mantel- oder Hosentasche ist sie nicht gut geschützt und nicht unbedingt sicher. Dort kann sie allenfalls vorübergehend in einem Zustand erhöhter Zugriffsbereitschaft aufbewahrt werden.

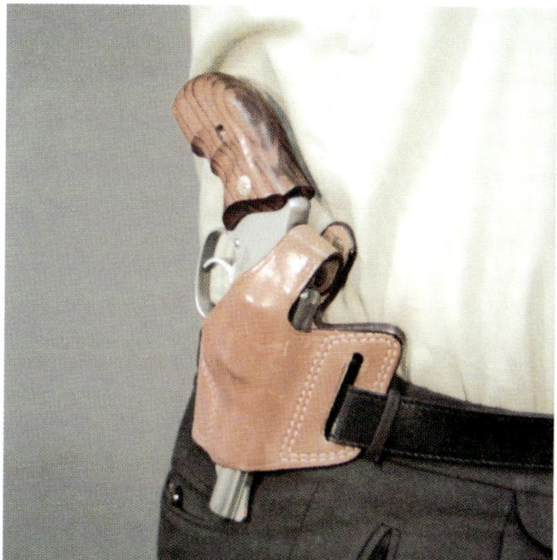

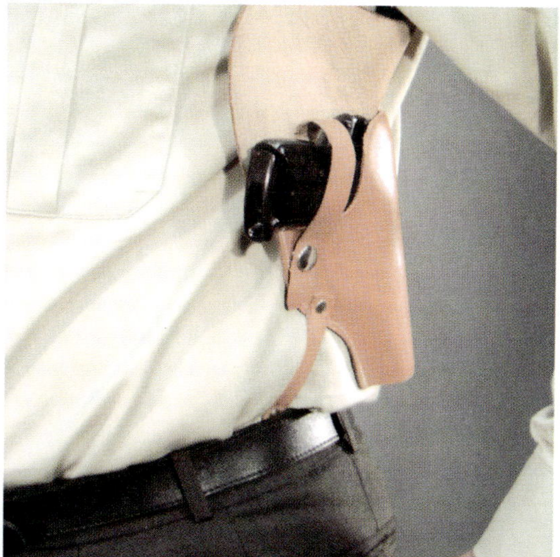

Abb. 209 und 210 Tragen des Revolvers im Gürtelholster (oben) und der Pistole im Schulterholster

Deshalb sollte man für das Tragen der Kurzwaffen ein geeignetes Holster beschaffen, in dem die Waffe am Gürtel oder in einem Schulterholster getragen werden kann. Holster gibt es in reichlicher Auswahl, oberster Grundsatz dabei sollte sein, daß die Waffe gegen Herausfallen gesichert ist und sich kein Schuß unbeabsichtigt lösen kann.

Im Zusammenhang mit der Trageweise stellt sich die Frage, in welchem Ladezustand eine Kurzwaffe im Revier getragen wird. Nur Pistolen mit innen liegendem Hahn ohne Spannabzug werden unterladen geführt, d.h. im Patronenlager befindet sich keine Patrone, das gefüllte Magazin kann sich aber in der Waffe befinden. Alle anderen im Jagdbetrieb üblichen Kurzwaffen können geladen geführt werden, selbstverständlich mit entspanntem Hahn oder mit dem Hahn in der Sicherheitsrast - falls vorhanden.

Für die einheitliche Aus- und Fortbildung im jagdlichen Schießen, aber auch für Leistungs- und Vergleichswettbewerbe hat der Deutsche Jagdschutzverband eine Schießvorschrift herausgegeben. Die Schießvorschrift ist im Verlag Dieter Hoffmann, Mainz-Ebersheim, erschienen und kann von dort bezogen werden.

10.4 Fragen & Antworten zur Schießtechnik

1. Das jagdliche Übungs- und Prüfungsschießen findet häufig auf dem „Trapstand“ statt. Hierbei handelt es sich um einen Wurftaubenstand, bei dem

a) der Schütze nur auf ankommende Wurftauben schießen kann.
b) die Wurftauben aus gegenüberliegenden Häusern geworfen werden.
c) der Schütze 11 m hinter einem Unterstand steht, aus dem die Wurftauben von ihm weg geworfen werden.

2. Bei Jägern ist häufig zu beobachten, daß sie beim Schießen z.B. mit der Repetierbüchse, den Lauf und Vorderschaft fest umklammern. Im Hinblick auf die Schußleistung bedeutet dies:

a) Es ist kein Einfluß festzustellen.
b) Durch das Festhalten des Laufes verbessern sich die Trefferergebnisse.
c) Der Lauf wird in seinem Schwingungsverhalten beeinträchtigt, so daß es zu Treffpunktveränderungen kommt.

3. Auf einem Büchsenschießstand treten zwangsläufig laute Schußgeräusche auf. Ist es erforderlich, sich mit besonderen Maßnahmen dagegen zu schützen?

a) Nein, die Schallpegel sind nicht so hoch, daß es zu Gehörschäden kommen kann.
b) Nein, es genügt zum Druckausgleich den Mund zu öffnen.
c) Es sollten unbedingt Gehörschutzkapseln getragen werden.

4. Wovon ist das Vorhaltemaß beim Schießen auf bewegliche Ziele abhängig? (4 Antworten)

a) Von der Geschwindigkeit des Zieles.
b) Von der Größe des Zieles.
c) Von der Entfernung des Zieles.
d) Von dem Bewegungswinkel des Zieles gegenüber dem Schützen.
e) Von der Lauflänge.
f) Von der Geschoß-/Schrotgeschwindigkeit.
g) Von der Schnelligkeit beim Anschlagen der Waffe.

5. Worauf ist bei dem Anschlag „stehend angestrichen“ besonders zu achten?

a) Richtige Fußhaltung.
b) Zur Vermeidung von Treffpunktlageveränderungen sollte das Gewehr so in die Handkehlung zwischen Daumen und Zeigefinger gelegt werden, daß der Schaft die Latte nicht berührt.
c) Der rechte Arm (eines Rechtsschützen) muß rechtwinklig zum Körper gehalten werden.
d) Der Zeigefinger der linken Hand muß den Lauf leicht umfassen.

6. Was versteht man unter dem Begriff „Trockentraining“ im Zusammenhang mit dem jagdlichen Schießen?

a) Schießübungen, die zur Verbesserung der Ergebnisse nur bei trockenem Wetter vorgenommen werden.
b) Anschlag- und Zielübungen mit der Waffe, ohne einen Schuß abzugeben.
c) Das Schießen aus trockenen Büchsenläufen zur Vermeidung des sogenannten „Ölschusses“.

7. Wie verhalten Sie sich bei einem Zündversager?

a) Waffe sofort öffnen und nachladen.
b) Etwa 10 Sekunden warten und dann den Verschluß öffnen.
c) Waffe geschlossen lassen und einen Büchsenmacher aufsuchen.

8. Ändert sich die Treffpunktlage einer Büchse, wenn sie verkantet wird? Wenn ja, wo liegt der Treffpunkt, wenn nach rechts verkantet wird?

a) Keine Treffpunktlagenveränderung.
b) Rechts-tief.
c) Links-tief.

Antworten:
1c, 2c, 3c, 4a, c, d, f, 5b, 6b, 7b, 8b

11 Auswahl von Waffen und Munition

Die Auswahl einer Waffe, des Kalibers und Zubehörs muß sich nach der Jagdart und des zu bejagenden Wildes richten. Der jagdliche Erfolg hängt entscheidend von der richtigen Auswahl ab.
Die nachstehenden Empfehlungen basieren auf den praktischen Erfahrungen langjähriger Jäger und stellen für Jägerprüfungskandidaten und angehende Jäger wertvolle Hinweise dar.

11.1 Waffen und Munition für den Büchsenschuß

11.1.1 Waffen

Erfahrungsgemäß stellt sich hier sofort die Frage, ob zuerst eine Repetierbüchse und Flinte oder als Kombination dieser beiden Waffen ein Drilling gekauft werden soll. Die Entscheidung hängt im wesentlichen von den voraussichtlichen Jagdgegebenheiten ab und davon, ob später in größerem Umfang mit der Waffe Wurftauben geschossen werden sollen.

Wer bereits absehen kann, daß er überwiegend dort die Jagd ausüben wird, wo vom Hasen über den Fuchs bis hin zum Schalenwild alles vorkommt und häufiger gleichzeitig bejagt wird (Treib- und Drückjagden), der ist mit dem Drilling gut beraten. Er kann noch universeller gemacht werden, wenn man sich zum Einlegen eines Einstecklaufes (z.B. Kaliber .22 Win. Mag., .22 Hornet, 5,6x52R, 5,6x50R, .222 Rem.) entschließt.

Auf jeden Fall sollte ein Modell mit „Separater Kugelspannung“ gewählt werden. Diese Einrichtung erhöht die Sicherheit im Umgang mit dem Drilling erheblich und verbessert auch den Bedienungskomfort der Waffe.

Wir wissen, daß viele Jäger vom Kauf eines Drillings nur deshalb zurückschrecken, weil er etwas aufwendiger in der Bedienung ist und bei Streßsituationen eher Handhabungsfehler möglich sind. Es gibt genügend Beispiele, die deutlich machen, daß dann Schalenwild mit Schrot und der Hase mit der „großen Kugel“ beschossen werden, weil sich der Schütze bei den erforderlichen Umschaltungen vertan hat. Intensive Übungen mit dem Drilling sind erforderlich, damit diese Situationen gar nicht erst entstehen.

Die Entscheidung Repetierbüchse und Flinte oder Drilling wird auch dadurch beeinflußt, ob sich der Jäger in verstärktem Umfang dem jagdlichen Übungsschießen oder sogar Leistungsschießen auf dem Wurftaubenstand zuwenden will.

Gelegentliches Schießen von Wurftauben mit dem Drilling dient der Übung im Umgang mit der Waffe und kann nur gutgeheißen werden. Wer jedoch regelmäßig Wurftauben schießen und an Wettkämpfen teilnehmen will, muß zur Flinte greifen.

Alles in allem überwiegt die Zahl derer, die so jagen werden, daß gelegentlich entweder die Büchse oder die Flinte benötigt wird. Deshalb ist, auf den Durchschnitt gesehen, als Erstausrüstung des Jägers die Repetierbüchse und die Flinte zu empfehlen.

Die Repetierbüchsenfabrikate, die heute angeboten werden, genügen den Anforderungen, die im Hinblick auf Sicherheit, Bedienbarkeit und Schußleistung gestellt werden müssen. Hierbei kann nur der eigene Geschmack die Wahl beeinflussen. Handhaben Sie intensiv einige der Waffen, die Sie in die engere Wahl gezogen haben, und entscheiden Sie sich dann für das Modell, das Ihnen am besten „liegt", d.h. dessen Bedienung – vor allem im Bereich der Sicherung – am einfachsten erscheint.

Es soll an dieser Stelle nicht unerwähnt bleiben, daß trotz vieler neuer Repetierbüchsensysteme das Mauser 98-System eines der zuverlässigsten und sichersten ist. Für dieses System gibt es auch Einsteckmagazine, so daß der bisherige Nachteil der Geschoßdeformation durch Rückstoß und Repetiervorgang behoben ist.

Wenn man sich aus Gewichtsgründen (z.B. Jagd im Gebirge) für einen Stutzen entscheidet, so muß berücksichtigt werden, daß es bei dem kurzen Lauf zu größerem Mündungsfeuer und intensiverem Mündungsknall kommt. Die intensivere Lichterscheinung des Mündungsfeuers kann das Erkennen des Zeichnens des Wildes überdecken, insbesondere in der Dämmerung. Der sich einstellende Geschwindigkeits- und Energieverlust der Geschosse ist für die jagdliche Praxis nahezu belanglos und kann unberücksichtigt bleiben.

Noch ein Wort zum Abzugssystem. Bei älteren Systemen überwiegt der „Deutsche Stecher". Die neueren Repetierbüchsen haben einen kombinierten Flintenabzug/Rückstecher bzw. einen reinen Direktabzug. Es herrscht die Meinung vor, daß nur mit der eingestochenen Waffe ein Schuß ohne „Verreißen" möglich ist, und der Schuß mit dem nicht eingestochenen Abzug nicht präzise sein kann.

Das gilt nur für den „Deutschen Stecher". Auch mit dem "trocken" stehenden Flintenabzug kann bei einiger Übung präzise geschossen werden, ohne einzustechen. Dies hat den großen Vorteil, daß der Umgang mit der Waffe wesentlich sicherer wird. In eine Waffe mit „Deutschem Stecher"lassen sich nachträglich Flintenabzüge einbauen.

Eine der häufigsten waffenseitigen Ursachen für eine schlechte Schußleistung ist die Suhler-Einhakmontage des Zielfernrohres. Ihre Herstellung stellt höchste Anforderungen an das handwerkliche Können des Büchsenmachers, kostet Zeit und muß dementsprechend teuer sein. Die Erfahrung zeigt aber, daß der Käufer häufig den Büchsenmacher preislich unter Druck setzt, so daß dieser, um keinen Verlust zu machen, die Montage in kürzerer Zeit fertigen muß. Ungenauigkeiten sind die Folge. Wer also sein Zielfernrohr mit einer Suhler-Einhakmontage montieren lassen will, sollte dem Büchsenmacher Zeit lassen. Problemloser lassen sich die Schwenkmontagen montieren, so daß diesen der Vorzug gegeben werden sollte.

Im Grunde ist die Repetierbüchse eine Waffe, die für alle Gegebenheiten – vom Wettkampfschießen über die Einzeljagd bis zur Drückjagd – Verwendung finden kann. Dennoch gibt es für die verschiedenen Einsatzgebiete spezielle Waffentypen.

Für das Wettkampfschießen des Deutschen Jagdschutz-Verbandes e. V. Bonn wird ein Einzellader (die sogenannte „DJV-Wettkampfbüchse") mit dem Kaliber .22 Hornet verwendet. Das Schießen mit diesem Kaliber ist preiswert, geräuschärmer und präziser als mit den großen jagdlichen Kalibern.

Speziell für die Drückjagd auf Schalenwild sind die Bockbüchse, die Doppelbüchse oder die Selbstladebüchse geeignet. Ohne zu repetieren, lassen sich bei den erstgenannten Waffen zwei Schüsse hintereinander abgeben (z.B. auf eine Rotte Sauen, die die Schneise überquert). Bei der Selbstladebüchse sind es drei Schüsse, die hintereinander abgegeben werden können (zwei Patronen im Magazin, eine im Patronenlager).

Vor der Änderung des derzeit gültigen Waffengesetzes war die Magazinkapazität unbeschränkt, so daß aus der Waffe eine größere Anzahl Schüsse abgegeben werden konnte. Sicherlich stammt auch daher die Einstellung, daß die Selbstladebüchse unter vielen Jägern verpönt ist.

Bockbüchse, Doppelbüchse und Selbstladebüchse gehören nur in die Hand eines erfahrenen Jägers, der auch beurteilen kann, ob der erste Schuß auf ein Stück der Rotte auch ein Treffer war, bevor er auf das zweite schießt.

Die einschüssigen Büchsen (z.B. Kipplauf, Blockverschluß) sind relativ leicht gebaut und eignen sich sehr gut als Pirsch- und Gebirgswaffe. Sie bieten sich generell für den an, der über größere Entfernungen nicht schwer tragen kann oder will.

So wie der Drilling sind auch die Bockbüchsflinte und die Büchsflinte Waffen für den Jäger, der häufig kombinierte Jagdgegebenheiten vorfindet und nutzen will. Da sie nur einen Schrotlauf haben, stellen diese Waffen erhöhte Anforderungen an die Schießfertigkeit mit Schrot, wenn der Schütze nicht Gefahr laufen will, mit dem ersten Schuß das Wild krankzuschießen, das ihm dann entkommt, weil er nachladen muß.

11.1.2 Munition

Bei der Angabe geeigneter Kaliber für die verschiedenen Wildarten sind die Grenzen fließend. Selbstverständlich ist es möglich, ein Stück Rehwild mit einem Geschoß des Kalibers .222 Rem. wie auch des Kalibers 9,3x64 zu erlegen. Es käme allerdings dem Spruch „ mit Kanonen auf Spatzen schießen“ gleich, wenn man jetzt dazu raten sollte, mit dem großen Kaliber auf Rehwild zu jagen.

Folgende Kaliber lassen sich bei den angegebenen Wildarten verwenden. Es wird aber darauf hingewiesen, daß diese Auflistung nur beispielhaft sein kann. Es gibt noch viele andere Kaliber, die ebenfalls verwendbar sind.

Wildart	*Kaliber*
Fuchs	.22 Hornet
	.222 Rem.
Rehwild	.222 Rem. Mag.
	5,6x50R Mag.
	.243 Win.
	6,5x57(R)
	7x57(R)
	7x64(65R)
	.308 Win.
	.30-06 Sprg.
Gamswild	6,5x57(R)
	6,5x68
	7mm Rem. Mag.
	7x64(65R)
	7x66SE v. H.
Muffelwild	6,5x57(R)
Damwild	7x57(R)
Rotwild	7x64(65R)
Schwarzwild	.308 Win.
	.30-06 Sprg.
	8x57I(R)S
	8x75RS
Schweres	.30-06 Sprg.
Rot-und	8x68S
Schwarzwild	8x75RS
	.300 Win. Mag.
	9,3x62
	9,3x74R

Unabhängig von den Geschoßkonstruktionen sollten die Geschosse etwa folgende Masse haben:

Kaliber	*Masse*
5,6mm	3,2–4,8g
6,5mm	6,0–8,2g
7mm–8mm	9–11g
8mm und darüber	mindestens 11g

Bei der Wahl der Geschoßkonstruktion sollte man sich nicht sofort festlegen, denn vorrangig ist, eine gute Schußpräzision der Waffe. Da dies von Geschoß zu Geschoß sehr verschieden sein kann, wird die Laborierung mit der besten Präzision ermittelt. Man sollte sich jedoch innerhalb der Palette der Deformationsgeschosse orientieren.

Es wird häufig der Wunsch nach einem „Universalkaliber“ geäußert. Dies läßt sich aus vielerlei physikalischen und biologischen Gründen – von der Wirkung her betrachtet – nicht realisieren. Als guten Kompromiß kann man in dieser Hinsicht aber die Kaliber 7 x 64 und .30-06 Sprg. ansehen.

11.2 Waffen und Munition für den Schrotschuß

11.2.1 Waffen

Beim Kauf einer Flinte stellen sich Fragen nach
- der Bauart ,
- dem Kaliber,
- der Verengung der Würgebohrung (Choke).

Da dem Jäger dringend anzuraten ist, den Schrotschuß auf bewegliche Ziele ständig zu trainieren, muß die Flinte „jagd- und schießstandtauglich“ sein, d.h., die Frage Bockflinte oder Doppelflinte wird in der Regel zugunsten der Bockflinte entschieden.

Insbesondere bei längeren Schußserien bekommt man beim Anfassen der Doppelflinte Schwierigkeiten, weil die Läufe so heiß sind, daß man sich fast die Führhand verbrennt. Ein Handschutz und ein Lederschutz, der über die Läufe geschoben wird, muß dann Abhilfe schaffen. Eine weitere Möglichkeit ist das Montieren eines „Biberschwanz“-Vorderschaftes an der Doppelflinte, anstatt des schmächtigen Original-Vorderschaftes.

Mit der Wahl der Bockflinte ist auch die Frage nach dem Abzug beantwortet. Der Einabzug erhält gegenüber dem Doppelabzug den Vorrang. Es müßte dies eigentlich eine Selbstverständlichkeit sein, denn der Pistolengriff der Bockflinte erschwert ohnehin ein Verrutschen der Hand zum zweiten Abzug.

Der Abzugswiderstand soll sich im Bereich von 20 Newton bewegen, nicht härter.

Ganz entscheidend für das gute Treffen mit einer Flinte ist ein Maßschaft. Der werkseitig angebrachte Schaft ist mit seinen Maßen den Durchschnittsschützen angepaßt. In vielen Fällen muß jedoch den Anschlaggewohnheiten des Schützen Rechnung getragen werden, und dazu ist ein spezieller Schaft erforderlich.

Für das Ermitteln der Schaftmaße sollte ein erfahrener Büchsenmacher oder Schießlehrer herangezogen werden.

Beim gemischten Einsatz der Flinte für die Jagd und das Wurftaubenschießen – aber auch zur jagdlichen Verwendung allein – bereitet die Wahl des Kalibers keine Kopfschmerzen. Ob nur jagdlich oder auch gemischt eingesetzt – das Kaliber 12 ist das am häufigsten geführte Flintenkaliber. Es wird auch an dieser Stelle empfohlen, weil die Treffchancen gegenüber den anderen Kalibern größer sind. Nur dann, wenn körperliche Gegebenheiten es erfordern, sollte man das Kaliber 16 oder 20 wählen, denn mit kleinerem Kaliber werden auch die Flinten leichter.

Im Jagdbetrieb liegen aufgrund statistischer Untersuchungen die durchschnittlichen Schußentfernungen bei 15 bis 25 m. Daraus folgert, daß die bis vor einigen Jahren noch propagierten Choke-Bohrungen von ½-Choke und Voll-Choke als Verengungen der Würgebohrungen diesen Schußentfernungen nicht angepaßt sein können. Empfehlenswert für diese Entfernungen sind ¼- bis ¾-Choke.

Bei einigen Flintenfabrikaten besteht auch die Möglichkeit der variablen Gestaltung der Würgebohrung durch auswechselbare Mündungseinsätze, die von „Zylinderbohrung“ bis „Voll-Choke“ reichen. Diese Einsätze ermöglichen das Herrichten der Flinte für jede jagdliche und schießsportliche Anwendung.

11.2.2 Munition

Dem Jäger steht eine große Anzahl Schrotpatronenfabrikate zur Verfügung. Von wenigen Ausnahmen abgesehen, sind die Leistungsunterschiede zwischen den Fabrikaten gering. Wichtig ist nur, daß das verwendete Schrotpatronenfabrikat eine gleichmäßige Streuung ergibt.

Zu empfehlen ist immer das Schießen verschiedener Schrotpatronenfabrikate auf Papierscheiben oder „Schrotanschuß“-Tafeln, wie sie auf Schießständen zu finden sind. Damit läßt sich die Streuung prüfen und die Patrone auswählen, die die beste Streuung ergibt.

Die Schrotpatronen werden mit unterschiedlichen Schrotladungsgewichten angeboten (24 bis 42 g im Kal. 12). Es ist nicht erforderlich, die Schrotpatronen mit der höchsten Schrotladung auszuwählen, in der Annahme, damit die besten Treffchancen zu haben. Auch mit geringeren Schrotladungen werden ausreichende Deckungen erzielt. Vorteil: Mit sinkender Anzahl der Schrote in der Patrone verringert sich auch der Rückstoß und die Belastung bei längeren Schußserien. 32 bis 34 g im Kaliber 12 sind voll ausreichend. Für den besonders rückstoßarmen Schuß empfiehlt sich die Verwendung von 27 g-Patronen.

Wenn mit engen Flinten (Vollchoke) auf kurze Entfernungen geschossen werden soll, müssen Jagd-Streupatronen verwendet werden, die den Einfluß der engen Würgebohrungen zu einem großen Teil aufheben. Für das Schießen auf dem Skeetstand werden auch Streupatronen für enge Flinten verwendet. Diese sind mit 2 mm-Schrot laboriert, die jagdlichen Streupatronen mit 2,75 mm. Für die Auswahl der geeigneten Schrote auf verschiedene Wildarten gilt die untenstehende Tabelle.

Bei der Auswahl der Schrote gilt immer das Prinzip:

Deckung geht vor Durchschlagskraft!

Darunter ist zu verstehen, daß eine größere Anzahl kleiner Schrote auf einer Zielfläche effektiver ist als wenige dicke, die zwar tiefer eindringen, aber keineswegs

Schrotgröße in mm	Schrotgröße (Nr.)	Wildart
2½	7	angeschossene schwimmende Wildente, Waldschnepfe, Rebhuhn, Krickente, Taube, Kaninchen
2½–2¾ oder 3	7–6–5	Stockente, Fasan, Marder
3 oder 3½	5–3	Auerhahn, Birkhahn
3	5	Hase im Herbst und bei Wildjagd
3½	3	Dachs, Fuchs, Wildgans, Hase zur Winterzeit und bei Feldjagd

besser töten. Der Schockeffekt erhöht sich durch die Zunahme der Trefferzahl. Deshalb ist es ohne weiteres zulässig, bei Waldjagden mit den geringen Schußentfernungen auf den Hasen 2,5 mm-Schrot zu verwenden. Es ist besser, eine geringere Schrotstärke zu nehmen, sich dafür aber in der Schußentfernung zu beschränken.

Eine Besonderheit ist zu beachten, wenn an Gewässern auf Wasserwild (z. B. Stockenten) geschossen wird. Hier gilt seit einigen Jahren eine Empfehlung des Bundeslandwirtschaftsministeriums und des Deutschen Jagdschutz-Verbandes aus Tierschutzgründen keine Bleischrote mehr, sondern Schrote aus Alternativ-Werkstoffen zu verwenden. Von den Alternativen Eisen, Zink und Wismut werden Weicheisenschrote aus verschiedenen Gründen am meisten verwendet.

Eine Beschädigungsgefahr für die Läufe – wie häufig geäußert – besteht bei den Weicheisenschroten nicht.

Da der Werkstoff Eisen leichter ist als Blei, muß der Durchmesser dieser Schrote größer sein. Es gilt: Wurden bisher Bleischrote mit einem Durchmesser von 2,75 mm verwendet, muß der Durchmesser der Weicheisenschrote 3,2 mm betragen, um vergleichbare außenballistische Eigenschaften zu erzielen. Die Schußentfernung sollte nicht größer gewählt werden, als 30 m, enge Würgebohrungen vorausgesetzt.

11.3 Fragen und Antworten zu der Auswahl von Waffen und Munition

1. Für den Schuß auf die Ringeltaube hat sich in der Praxis die Verwendung folgender Schrotdicke besonders bewährt:
a) 2,25 mm
b) 2,5 mm
c) 3,0 mm

2. Für einen wirkungsvollen Schrotschuß ist es wichtig, daß
a) die Schrote eine möglichst hohe Energie aufweisen;
b) die Schrotgeschwindigkeit sehr hoch ist;
c) die Schrotgarbe eine gute Deckung aufweist.

3. Welche Waffen werden vorzugsweise für Drückjagden eingesetzt?
a) Bergstutzen
b) Doppelbüchsen, Bockbüchsen
c) Kipplaufbüchsen

4. Welches Abzugssystem eignet sich am besten für Drückjagdwaffen?
a) „Deutsche Stecher“
b) Rückstecher
c) Flintenabzug

5. Welches Kaliber wird vorzugsweise für das Übungs- und Wettkampfschießen des Deutschen Jagdschutz-Verbandes verwendet?
a) Kaliber .22 l.r.
b) Kaliber .22 Hornet
c) Kaliber .308 Win

6. Welches Kaliber läßt sich für deutsche Verhältnisse am ehesten als „Universalkaliber“ bezeichnen?
a) Kaliber 7x57
b) Kaliber .30-06 Springfield
c) Kaliber .300 Win. Mag.

7. Welche Größenordnung sollten die Abzugswiderstände eines Doppelabzuges (Blitzsystem) haben?
a) 10 Newton
b) 20 Newton
c) 30 Newton

Antworten:
1 b, 2 c, 3 b, 4 c, 5 b, 6 b, 7 b.

Literatur

BEKANNTMACHUNG DER MASSTAFELN FÜR HANDFEUERWAFFEN UND MUNITION vom 10. Januar 2000, Bundesanzeiger ISSN 0720- 6100

C.I.P.-BESCHLÜSSE, Brüssel

DEUTSCHE VERSUCHS- UND PRÜFANSTALT FÜR JAGD- UND SPORTWAFFEN – DEVA: (2000): Wiederladen – Vorbereitung und Praxis. 4. Aufl. nimrod-verlag, Hanstedt

DEUTSCHE VERSUCHS- UND PRÜFANSTALT FÜR JAGD- UND SPORTWAFFEN (DEVA): Untersuchungen und Veröffentlichungen. In: Wild und Hund, versch. Jahrgänge. Hamburg

CARL ZEISS, Optische Werke, Oberkochen: Prospekte

DYNAMIT NOBEL AG (Hrsg.), 1976: Die Jagd. Troisdorf

DYNAMIT NOBEL AG: Fachberater. Troisdorf

HAGLUND, B.; CLAESSON, E., 1967: Die Jagdwaffe und der Schuß. 3. Aufl. Hamburg u. Berlin: Paul Parey

HAGLUND, B.; CLAESSON, E., 1978: Die Jagdwaffe und der Schuß. 4. Aufl., bearb. v. H. KINSKY. Hamburg u. Berlin: Paul Parey

KLUPS, NOBERT (1995): Grosswildbüchsen, Ausrüstung für die Jagd auf starkes Wild. nimrod-verlag, Suderburg

KLUPS, NOBERT (1998): Buch der Geschosse – Aufbau, Eigenschaften, Einsatzzweck. nimrod-verlag, Suderburg

KNAPPWORST; GAWLICK (1977): Zielballistische Untersuchungsmethoden an Jagdbüchsengeschossen. Nürnberg: Firmenschrift

KNEUBUEHL, BEAT (1994): Wiederladebuch – Geschosse, Ballistik, Treffsicherheit, Wirkungsweise. Motorbuch-Verlag, Stuttgart

LAMPEL / MAHRHOLD (1992): Waffenlexikon. Bearbeitet von JÜRGEN AHLBORN / KURT TEICHMANN, 10. Auflage, BLV-Verlagsgesellschaft München

LAMPEL, W.; SEITZ, G. (1983): Jagdballistik. 3. Aufl., Neumann-Neudamm, Melsungen

LEITZ GmbH, Wetzlar: Prospektmaterial

SELLIER, K. (1982): Schußwaffen und Schußwirkung. Bd. 1: Ballistik. 2. Aufl., Schmidt-Römhild, Lübeck

SELLIER, K., KNEUBUEHL, B. (1992): Wundballistik und ihre ballistischen Grundlagen, Springer-Verlag, Berlin

SPRENGSTOFFGESETZ, 1. SprengV., BGBL.

WAFFENGESETZ, 1. u. 3. WaffV.

WISSMANN, H. v. (1967): Der Schrotschuß. 2. Aufl., Paul Parey, Hamburg u. Berlin

Bildnachweis

Die in diesem Buch enthaltenen Abbildungen und Zeichnungen wurden von folgenden Fotografen und Zeichnern zur Verfügung gestellt bzw. den genannten Titel entnommen

APEL, E. Abb. 62
BORGER, WOLF Abb. 50, 52–53
CIP-Sammlung Abb. 96–100
DEVA Abb. 10, 21–27, 29–30, 32, 35, 36–38, 60–61, 63–65, 73a, 76–77, 79, 83–84, 91–92, 101–102, 104–105, 107, 114, 118, 127–189, 203–205, 209–210
DEVA, aus „Wiederladen, Vorbereitung und Praxis", 4. Aufl., nimrod-verlag Abb. 80–81, 103, 106, 111
DYNAMIT NOBEL AG Abb. 2, 3b, 4–7, 11–13, 28, 31, 49, 106, 126
HAGLUND/CLAESSON, Die Jagdwaffe und der Schuß, 3./4. Aufl. Abb. 1, 40, 42,
HERBERTZ GMBH Abb. 44
KETTNER, E. Abb. 51
KIND Abb. 8
KRIEGHOFF Abb. 14, 41, 54, 58–59
LEITZ GMBH Abb. 67
MERZ, M. Abb. 16–20, 33–34, nach HAGLUND/CLAESSON: Die Jagdwaffe und der Schuß, 3./4. Aufl.; 116, 199–200 nach DYNAMIT NOBEL: Die Jagd; 117, 119 nach V. WISSMANN: Der Schrotschuß; 21, 78, 86, 208 nach Entwürfen der Verfasser
OPPERMANN, HEINZ (Schießschule) Abb. 193–198, 201–202
RAKOW, F. Abb. 211
RWS Abb. 108
SAUER & SOHN GMBH Abb. 3a, 46–47
SCHMIDT & BENDER Abb. 73b
SEIDEL, H. Abb. 112–113, 115, nach Entwürfen der Verfasser
SWAROVSKI Abb. 69–70
WALTHER, C. Abb. 43–45
WALTHER, L. Abb. 55–57
ZEISS Abb. 68a + b, 71–72, 74–75

Sachregister